de votre manuel

SUJETS D'ÉTUDE

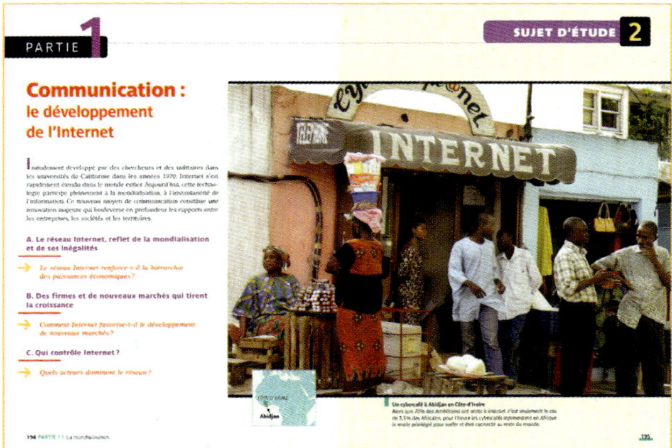

Ouverture d'un sujet d'étude

- Le titre du sujet
- Une introduction pour présenter le thème
- Les titres et les problématiques des 3 doubles pages qui composent le sujet
- Un document pour entrer dans le thème

Sujet d'étude

- Un titre de partie suivi d'une courte introduction
- Un ensemble de documents pour traiter le sujet
- Un savoir-faire spécifique à travailler
- Des questions sur les documents dont une question spécifique pour mettre en œuvre le savoir-faire de la double page

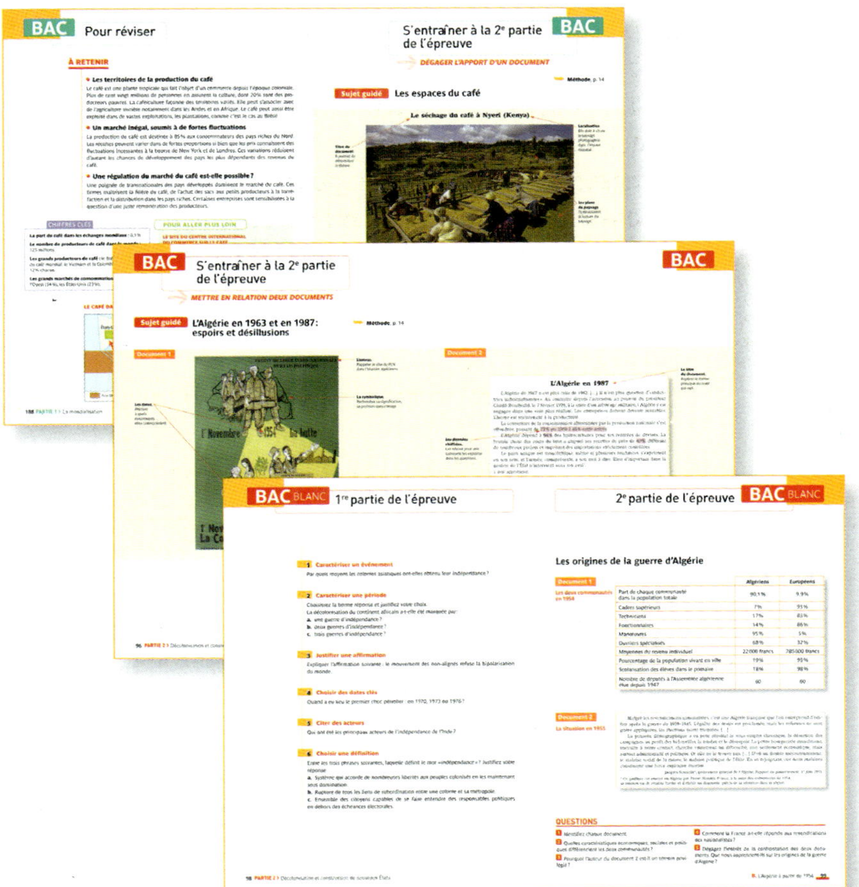

Trois doubles pages BAC à la fin de chaque sujet d'étude

- Une page « Pour réviser » qui présente une synthèse des sujets d'étude ainsi que les données clés à retenir
- Trois pages pour s'entraîner à la seconde partie de l'épreuve grâce à des sujets guidés
- Un Bac blanc pour s'entraîner dans les conditions de l'examen aux deux parties de l'épreuve

Sommaire

Sommaire

GÉOGRAPHIE

Programme d'Histoire

BO, n° 36, 5 octobre 2006
CLASSE TERMINALE DE LA SÉRIE SCIENCES ET TECHNOLOGIES DE LA GESTION (STG)

Le programme comporte trois thèmes généraux traités chacun en deux temps :
- un développement général obligatoire de la question (A) ;
- un sujet d'étude à choisir parmi deux propositions (B).

Le professeur décide de l'ordre dans lequel il aborde les étapes A et B, le sujet d'étude pouvant être traité en préalable ou en approfondissement.

Les recompositions d'un monde interdépendant

Le programme de la classe terminale a pour objectif de montrer, selon une approche historique, les principales transformations du monde depuis 1945. Le panorama des relations internationales propose une vue d'ensemble qui privilégie les transformations consécutives à l'effondrement du communisme et souligne la montée en puissance de l'Asie. L'étude de la décolonisation introduit à l'analyse des problèmes rencontrés par les nouveaux États, problèmes dont la solution implique souvent une solidarité internationale. La focalisation sur la France permet d'observer comment la vie politique, économique, culturelle est inséparable d'enjeux européens et mondiaux.

Thèmes généraux	Question obligatoire (A) et sujet d'étude au choix (B)	Notions	Commentaire
I – Les relations internationales (10-12 h)	A – Le jeu des puissances dans un espace mondialisé de 1945 à nos jours	**Guerre froide** Impérialisme **Monde bipolaire/ multipolaire** **Islamisme**	A – On étudie trois mouvements de l'histoire des relations internationales : – 1947-1949 : la coupure du monde, symbolisée par la création de deux Allemagnes, se cristallise dans la Guerre froide. – 1989-1991 : l'effondrement du mur de Berlin et l'éclatement de l'URSS encouragent les aspirations à la démocratie ; ils favorisent en Europe un réveil des nationalismes qui bouleverse la carte de l'Europe ; parallèlement s'affirment de nouvelles idéologies. – Le début du XXIe siècle voit l'émergence de nouveaux rapports de force. On axe l'étude sur la super-puissance des États-Unis, la construction européenne et la montée en puissance de la Chine.
	B – Sujet d'étude au choix :		B – Il s'agit d'appréhender l'histoire d'une grande région en la mettant en relation avec la vie internationale, dont elle dépend et qu'elle influence à son tour.
	– Le Proche-Orient		Après avoir présenté les principaux conflits dont le Proche-Orient est le théâtre, on analyse les enjeux stratégiques essentiels de cette région du monde (pétrole, eau).
	– L'Amérique latine		On propose une vue d'ensemble de l'évolution politique de l'Amérique latine depuis 1945 en montrant le poids du contexte international et le rôle des États-Unis.

Thèmes généraux	Question obligatoire (A) et sujet d'étude au choix (B)	Notions	Commentaire
II - Décolonisation et construction de nouveaux États (8-10 h)	A - Du reflux colonial à l'État-nation depuis 1945	**Décolonisation** Anticolonialisme **Tiers-monde** Nationalisme **Non-alignement**	A - Les nouveaux États doivent compter avec l'héritage colonial et les conditions difficiles dans lesquelles ils accèdent à l'indépendance. On montre qu'ils sont confrontés à des défis politiques (construction d'un État-nation, démocratie) et économiques (lutte contre la pauvreté, développement). Ils cherchent à y répondre dans le cadre national et international.
	B - Sujet d'étude au choix : - L'Algérie à partir de 1954 - L'Inde à partir de 1947		B - Sans faire le récit systématique des événements, cette étude décrit l'évolution générale du système politique. Elle met en évidence les choix des pays en matière de développement, les résultats obtenus, la place occupée dans les relations régionales et internationales. Elle permet de cerner certains caractères communs.
III - Les mutations de la France depuis 1945 (8-10 h)	A - La Ve République : cadre institutionnel, vie politique, défis européens	**Constitution** Cohabitation Droite/Gauche Nationalisation Privatisation Société des loisirs Catégorie sociale	A - On montre comment la Ve République instaure en 1958, puis en 1962, un nouvel équilibre des pouvoirs et favorise une distribution bipolaire des forces politiques. En rupture avec les institutions de la IVe République, elle permet une plus grande stabilité des gouvernements en dégageant des majorités qui peuvent diverger (majorité présidentielle, majorité parlementaire). Elle mène à son terme le processus de décolonisation et poursuit la construction de l'Europe.
	B - Sujet d'étude au choix : - Les jeunes - Les classes moyennes		B - Le sujet d'étude choisi est envisagé à partir de l'exemple français mais on n'hésitera pas à établir des rapprochements internationaux. Il suppose de réfléchir au préalable au sens de l'expression « jeunes » et « classes moyennes ». On s'arrêtera sur quelques moments-clés pour faire mesurer l'ampleur des changements sur les plans économique, social et culturel.

Programme de Géographie

BO, n° 36, 5 octobre 2006
CLASSE TERMINALE DE LA SÉRIE SCIENCES
ET TECHNOLOGIES DE LA GESTION (STG)

L'espace mondial

L'étude de l'espace mondial est centrée sur le phénomène de mondialisation. Analysant l'organisation du monde, elle insiste sur le rôle des différents acteurs, le fonctionnement des échanges et des réseaux, à diverses échelles. La mondialisation est un processus complexe, ancien. Elle tisse entre les États et les autres acteurs du monde des liens d'interdépendance de plus en plus affirmés et produit certains modes d'uniformisation de la consommation sous toutes ses formes ; elle n'aboutit pas à un monde unifié et ne réduit pas les inégalités entre les pôles moteurs et les régions du monde qui sont laissées à l'écart de cette dynamique. Ainsi, l'analyse des réseaux et interdépendances, puis des grandes aires de puissance à l'échelle mondiale, conduit à s'interroger sur le rôle des États ; elle débouche sur le constat de multiples différences et inégalités.

Thèmes généraux	Question obligatoire (A) et sujet d'étude au choix (B)	Notions	Commentaire
I – La mondialisation (8-10 h)	A – Un monde en réseaux	**Mondialisation** Acteurs spatiaux Flux Tansnational Réseaux	A – L'espace mondial est construit par un ensemble complexe de flux migratoires, matériels et immatériels (marchandises, capitaux, informations, biens culturels). L'évolution des moyens de transports et des techniques de communication est à l'origine d'une croissance accélérée de ces échanges. En privilégiant l'analyse de cartes à l'échelle planétaire, l'espace mondial est présenté comme un système caractérisé par la multiplication rapide de ces nombreux flux et leur organisation en réseaux hiérarchisés, dont une part non négligeable entre dans la sphère des économies parallèles et illicites.
	B – Sujet d'étude au choix : – Commerce : un grand marché mondial, le café – Communication : le développement de l'internet		B – La compréhension du système mondial passe par la présentation des tentatives de régulation des échanges et du rôle des différents acteurs spatiaux qui interviennent dans leur organisation à l'échelle mondiale. – On décrit le marché mondial du café, les liens entre régions productrices et régions consommatrices, les termes de l'échange et les mécanismes et tentatives de régulation qui permettent d'en comprendre le fonctionnement. – La croissance exceptionnelle de l'internet bouleverse les codes et modalités de la communication internationale, ouvre les possibilités d'accès à la connaissance ; on montrera cependant que le degré d'équipement en moyens informatiques et la stratégie des grands groupes multimédias peuvent accentuer les inégalités entre les individus, les groupes sociaux et les États dans la maîtrise et la diffusion de l'information.
II – Pôles et aires de puissance (8-10 h)	A – Centres d'impulsion mondiaux et inégalités de développement	**Développement** **Puissance** Interface Mégalopole Métropole Pôle	A – L'espace mondial, dominé par trois grands centres d'impulsion et de commandement (les mégalopoles américaine, européenne et l'archipel mégalopolitain asiatique), est d'abord décrit. Cette organisation doit compter avec l'émergence de nouvelles puissances économiques. On analyse les rythmes de croissance et les différenciations dans l'ensemble des pays du Sud et du Nord, en posant la question du développement durable.

	B – Sujet d'étude au choix : – L'Union européenne – La Chine		B – La puissance de l'aire choisie est présentée dans ses manifestations planétaires et ses fondements (capacités d'intervention économique, militaire et culturelle). – L'Union européenne est d'abord présentée comme une aire de puissance économique, par l'intensité de ses échanges commerciaux internes et externes. Son projet politique en devenir vise, notamment, à un développement territorial équilibré mais les élargissements successifs renforcent, dans les premiers temps, les différenciations économiques régionales. – La Chine est présentée comme un des pôles de puissance de l'aire asiatique. Sans remettre en cause son régime politique autoritaire, la Chine a opté pour le libéralisme économique et l'insertion dans les marchés mondiaux. La croissance, principalement localisée dans les espaces littoraux et métropolitains, accentue les inégalités sociales et territoriales.
III – Uniformisation et fractures du monde (8-10 h)	A – Cultures et religions	**Civilisation** **Culture** Interdépendance	A – Le poids dominant des grandes entreprises multinationales dans l'industrie, les services, la culture et la communication, la croissance des flux migratoires pour le travail et le tourisme favorisent l'émergence d'une culture mondiale et une uniformisation des modes de consommation. On montre comment les grandes manifestations mondiales sportives participent de cette évolution. Mais cette mondialisation par la culture et la consommation suscite des formes de rejet et de contestation – que tente d'exprimer le mouvement altermondialiste – et l'affirmation des identités locales ou régionales. La permanence des aires de civilisation reste un facteur de différenciation de l'espace mondial.
	B – Sujet d'étude au choix : – La santé – L'éducation		B – Cette lecture du monde est approfondie par un sujet d'étude où se croisent et se confrontent les aspects inhérents au processus de mondialisation et les différences de développement. Cette approche est l'occasion de présenter les voies de la solidarité et de la coopération internationales, et d'analyser la carte mondiale de l'IDH. – Les cartes des diverses pathologies et pandémies à l'échelle mondiale soulignent les inégalités régionales relevant des niveaux de développement et de la qualité de l'environnement ainsi que de l'équipement des systèmes de santé des États et des stratégies des grandes entreprises pharmaceutiques transnationales… L'étude des cartes débouche sur une analyse des politiques de santé, à diverses échelles. – L'éducation demeure une des clés du développement. Des cartes mettent en évidence, à diverses échelles, les différences spatiales : taux d'alphabétisation, effectifs d'élèves et d'étudiants… L'accès à l'éducation reste une source d'inégalités entre les régions ou entre les États. Les échanges d'étudiants tissent des liens entre États et entre continents.

La nouvelle épreuve

BO, n° 4, 25 janvier 2007
BACCALAURÉAT TECHNOLOGIQUE, SÉRIE STG :
DÉFINITION DE L'ÉPREUVE D'HISTOIRE-GÉOGRAPHIE

Épreuve écrite

Durée : 2 heures 30
Coefficient : 2

L'épreuve comporte deux parties, comptant chacune pour un nombre de points identique. Elle porte sur les programmes d'histoire et de géographie de la classe terminale. Elle évalue aussi les capacités acquises en histoire et géographie au long de la scolarité secondaire.

PREMIÈRE PARTIE

Elle porte sur les « questions obligatoires » du programme d'histoire et du programme de géographie.

Elle consiste en une série de cinq à sept questions à réponse courte.
Cette partie de l'épreuve amène le candidat :
- à caractériser un espace, une période, un événement, une situation ou un personnage ;
- et/ou à citer des acteurs ;
- et/ou à justifier une affirmation en proposant ou choisissant des arguments ;
- et/ou à localiser ou à compléter un croquis ;
- et/ou à proposer ou à choisir les dates-clefs ou les périodes-clefs d'une évolution ;
- et/ou à proposer ou à choisir une définition pour une notion.

SECONDE PARTIE

Elle porte sur les « sujets d'étude au choix » du programme d'histoire et du programme de géographie. Elle consiste en un exercice qui porte sur un ou deux document(s). Des notes explicatives peuvent éclairer le(s) document(s). Des questions guident le candidat.

Quatre exercices sont proposés au choix du candidat, qui en traite un et un seul. Les quatre exercices proposés relevant des quatre « sujets d'étude au choix » correspondant à deux « thèmes généraux » du programme d'histoire et/ou du programme de géographie ; il est rappelé, à cet égard qu'à chaque « thème général » du programme sont associés deux « sujets d'étude au choix ».

Cette partie de l'épreuve amène le candidat :
- à dégager d'apport d'un document à la connaissance d'une question figurant dans les programmes ou à la compréhension d'une notion ;
- ou à mettre en relation deux documents, pour en dégager les points communs, les différences, les oppositions ou les complémentarités.

Connaître les caractéristiques de l'épreuve d'histoire-géographie

BAC

1. L'épreuve

L'épreuve comporte deux parties, comptant chacune pour un nombre de points identique. Elle porte sur les programmes d'histoire et de géographie de la classe terminale. Elle évalue aussi les capacités acquises en histoire et géographie au long de la scolarité secondaire.

BOEN n° 4 du 25 janvier 2007

L'épreuve écrite d'une durée de 2 heures 30, porte sur l'histoire et la géographie. Chacune des deux parties de l'épreuve, sous des formes différentes, questionne à la fois l'histoire et la géographie. Il faut donc connaître l'ensemble du programme pour obtenir une note satisfaisante.
Le temps imparti permet de consacrer environ une heure à la première partie, une heure et quart à une heure trente à la seconde partie.

La première partie porte sur **« les questions obligatoires »** du programme d'histoire **et** de géographie. Cette partie de l'épreuve amène le candidat :
- à caractériser un espace, une période, un événement, une situation ou un personnage ;
- et/ou à citer des acteurs ;
- et/ou à justifier une affirmation en proposant ou choisissant des arguments ;
- et/ou à localiser ou à compléter un croquis ;
- et/ou à proposer ou à choisir les dates-clefs ou les périodes-clefs d'une évolution ;
- et/ou à proposer ou à choisir une définition pour une notion.

BOEN n° 4 du 25 janvier 2007

Cette partie permet d'évaluer les connaissances du candidat et sa maîtrise de l'ensemble du programme de la classe de terminale. Les six questions obligatoires (trois en histoire, trois en géographie) sont questionnées. Pour obtenir le maximum de points, il convient donc de ne pas faire d'impasses sur une question. Elles seront toutes évaluées.

La seconde partie porte sur les **« sujets d'étude au choix »** du programme d'histoire **et** du programme de géographie. Elle consiste en un exercice qui porte sur un ou deux document(s). [...] Quatre exercices sont proposés au choix du candidat qui en traite un et un seul. Les quatre exercices proposés relèvent des quatre sujets d'étude au choix correspondant à deux thèmes généraux du programme d'histoire et/ou du programme de géographie.

BOEN n° 4 du 25 janvier 2007

Cette seconde partie met en œuvre l'étude d'un ou deux documents se rapportant aux sujets d'étude en histoire et en géographie. À chaque question obligatoire sont associés deux sujets d'étude dont un seul est étudié en classe. Il y aura quatre exercices proposés, deux correspondant à deux sujets d'étude d'un même thème, les deux autres relevant de deux autres sujets d'étude d'un autre thème. Le sujet sera choisi en fonction du sujet d'étude étudié en classe.

2. L'évaluation

La note obtenue est une note globale appréciant le travail effectué pendant l'année dans les deux matières. L'évaluation porte à la fois sur la maîtrise des connaissances et les aptitudes développées pendant le cursus d'histoire et géographie. Les deux parties comptent pour le même nombre de points, donc 10 points pour la première partie, 10 points pour la seconde.
Le coefficient de l'épreuve est 2.

BAC

Méthode – La première partie de l'épreuve

Elle porte sur les « **questions obligatoires** » du programme d'histoire et du programme de géographie.
Elle consiste en une série de cinq à sept questions à réponse courte.

BOEN n° 4 du 25 janvier 2007

Les questions portent sur les six questions obligatoires du programme. Ce sont des questions à réponse courte (une dizaine de lignes maximum), de telle sorte que la première partie ne dépasse pas une heure. Les questions peuvent être ouvertes ou fermées. Une question ouverte amène une réponse construite. Une question fermée suppose un choix réfléchi à effectuer parmi des propositions fournies. Les différents types de questions de l'épreuve sont les suivants :

- Caractériser un espace, une période, un événement, une situation ou un personnage
- Citer des acteurs
- Justifier une affirmation en proposant ou choisissant des arguments
- Localiser ou compléter un croquis
- Proposer ou choisir les dates clés d'une évolution
- Proposer ou choisir une définition ou une notion

1. Caractériser un espace, une période, un événement, une situation ou un personnage

Il s'agit de donner les principaux traits d'un espace, d'une période, d'un personnage ou de montrer l'importance d'un événement.

Exemples :

- Quelles sont les caractéristiques principales des centres d'impulsion de l'espace mondial ?
- Que désigne-t-on par « doctrine Truman » ?

2. Citer des acteurs

En géographie, ce peut être une question portant sur les acteurs de la mondialisation : par exemple les FTN, les institutions internationales, les États, les ONG, etc.
En histoire, on peut demander, par exemple, les noms des principaux participants à la conférence de Bandung : Nehru, Soekarno, etc.

3. Justifier une affirmation en proposant ou choisissant des arguments

Si la question est ouverte, il faut chercher dans les connaissances celles qui répondent à l'affirmation.
Exemple : en géographie, on peut demander de justifier l'affirmation suivante : « L'espace mondial est un espace mondialisé ». On répond en utilisant les arguments qui montrent que cette phrase est exacte. On peut notamment citer la multiplication des échanges commerciaux, d'informations, des réseaux, etc. Si la question est fermée (choix entre plusieurs propositions), vous devez justifier votre choix par des arguments, c'est-à-dire des connaissances pertinentes.

4. Localiser ou compléter un croquis

Ce type de question concerne plus particulièrement la géographie.
À partir d'un fond de carte, on peut vous demander de localiser des métropoles mondiales (New York, Paris, etc.), ou de représenter des flux sur un croquis en partie déjà rempli (flux de marchandises, flux migratoires, etc.). On peut aussi proposer un fond de carte avec légende fournie et vous demander de compléter le fond de carte à partir de la légende.

5. Proposer ou choisir les dates clés d'une évolution

Ce type de question concerne plus particulièrement l'histoire.
Il peut s'agir d'une question ouverte : À quel moment la guerre froide entre-t-elle dans la période de la détente ? Ou bien d'une question fermée : À partir de quelle date la détente s'installe-t-elle : 1956, 1975, 1962 ? Justifiez votre choix.

6. Proposer ou choisir une définition ou une notion

Il s'agit de la même démarche que précédemment, avec une question ouverte ou fermée.
Exemple : on peut vous demander de donner une définition de la métropole ou de choisir entre trois possibilités et de justifier votre choix.

Méthode – La seconde partie de l'épreuve

BAC

Quatre exercices sont proposés, le candidat choisit librement celui qu'il souhaite traiter. Par exemple, il peut avoir le choix entre un exercice sur l'Union européenne et un sur la Chine (les deux sujets d'étude correspondant à la même question obligatoire en géographie), un sur l'Algérie et un sur l'Inde (les deux sujets d'étude correspondant à la même question obligatoire en histoire).
Parmi ces quatre sujets d'étude, deux auront été vus en classe.
Cela veut donc dire qu'à travers les sujets d'étude, deux thèmes obligatoires sont étudiés dans cette seconde partie.

DÉGAGER L'APPORT D'UN DOCUMENT

La seconde partie consiste en un exercice qui porte sur un ou deux document(s). Des notes explicatives peuvent éclairer le(s) document(s). Des questions guident le candidat.
Quand elle porte sur un document, cette partie de l'épreuve amène le candidat :
– à dégager l'apport d'un document à la connaissance d'une question figurant dans les programmes ou à la compréhension d'une notion.

BOEN n° 4 du 25 janvier 2007

1. Le document

Les documents sont très variés, ce sont tous les documents autour desquels le candidat peut mobiliser ses savoir-faire. Ce peut être un texte officiel, une carte, une caricature, un extrait de mémoires, un graphique, etc.
Un intitulé renvoie au thème évoqué par le document.

2. Les questions

Elles ne sont ni trop nombreuses ni trop morcelées.
La première question peut aider à la lecture du document. Ensuite les questions vont guider le candidat de façon progressive. La dernière question est plus synthétique : ce qui est important, le message du document, son apport à l'étude d'un thème figurent dans la dernière question.
La réponse doit pouvoir dégager l'apport du document à la connaissance d'une question ou à la compréhension d'une notion de manière développée et argumentée. La longueur de la réponse attendue est d'une demie-page environ.

3. Un exemple

Face à un texte officiel, une résolution du conseil de sécurité de l'ONU concernant le Proche-Orient, les questions peuvent être :

1 Pourquoi est-il important que l'ONU fasse cette déclaration à ce moment-là ?

2 Quelles solutions propose le texte ?

3 Qu'apporte le document à la connaissance du sujet d'étude sur le Proche-Orient et les relations internationales ?

L'objectif est de conduire le candidat à situer le document dans le contexte général qu'il connaît et de montrer grâce à ses connaissances l'intérêt du document, sa portée, et d'une façon plus générale la compréhension du thème étudié.

METTRE EN RELATION DEUX DOCUMENTS

La seconde partie consiste en un exercice qui porte sur un ou deux document(s). [...]
La deuxième partie de l'épreuve amène le candidat :
- à mettre en relation deux documents, pour en dégager les points communs, les différences, les oppositions ou les complémentarités.

BOEN n° 4 du 25 janvier 2007

Certains exercices peuvent proposer un travail sur deux documents. Mais ce n'est pas un dossier documentaire.

1. Les documents

Les documents sont variés, on peut retrouver tous les types de documents utilisés lors d'études d'histoire-géographie.

L'intitulé de l'exercice renvoie au thème étudié.

2. Les questions

Une première question peut aider à la lecture des documents.
Ensuite les questions (deux ou trois) guident le candidat de façon à identifier le thème commun aux deux documents, puis l'amener à mettre en relation ces deux documents.
Cette mise en relation peut permettre :
- de dégager des points communs ;
- de montrer des différences ;
- de distinguer des oppositions ;
- de révéler des complémentarités.

La dernière question est développée et argumentée. Ce n'est pas une mini-dissertation, ni une question de cours. Il s'agit sur une demie-page environ d'argumenter, de faire preuve de distance et d'esprit critique, d'effectuer un choix judicieux dans ses connaissances pour répondre.

3. Un exemple

Le sujet peut fournir deux cartes de l'IDH dans le monde, l'une datant de 1991 (carte 1) l'autre de 2006 (carte 2), avec une limite Nord-Sud.

Il s'agit alors de mettre en relation des informations concernant une notion importante du programme, celle de l'IDH. Une première question demande quelles oppositions existent dans la carte 1 et dans la carte 2. La deuxième question interroge sur l'évolution repérée entre les deux dates. Enfin, la troisième qustion demande de conclure sur la notion de développement et sollicite une réflexion sur la pertinence de la limite Nord-Sud.

24 Sujets guidés 12 Bacs blancs

BAC

HISTOIRE

Partie 1

Partie 2

Partie 3

GÉOGRAPHIE

Partie 1

Partie 2

Partie 3

Les relations internationales

A Question obligatoire

Le jeu des puissances dans un espace mondialisé de 1945 à nos jours

Cartes. Le monde et l'Europe de 1945 à nos jours
Cours 1. 1947-1949 : la naissance de la guerre froide
Cours 2. Les crises de la guerre froide
Cours 3. Le bras de fer final dans les années 1980
Cours 4. L'effondrement du bloc de l'Est et ses conséquences
Cours 5. Depuis 1991, les difficultés du nouvel ordre mondial
Cours 6. Vers un monde multipolaire ?

→ **Bac :** pour réviser
→ **Bac :** s'entraîner à la première partie de l'épreuve

B Sujets d'étude au choix

Le Proche-Orient depuis 1945

→ **Bac :** pour réviser
→ **Bac :** s'entraîner à la seconde partie de l'épreuve
→ **Bac** blanc

L'Amérique latine depuis 1945

→ **Bac :** pour réviser
→ **Bac :** s'entraîner à la seconde partie de l'épreuve
→ **Bac** blanc

PARTIE 1

Le président des États-Unis, Ronald Reagan, et le nouveau dirigeant soviétique, Mikhaïl Gorbatchev, à Genève le 21 novembre 1985. C'est le premier sommet américano-soviétique depuis juin 1979.

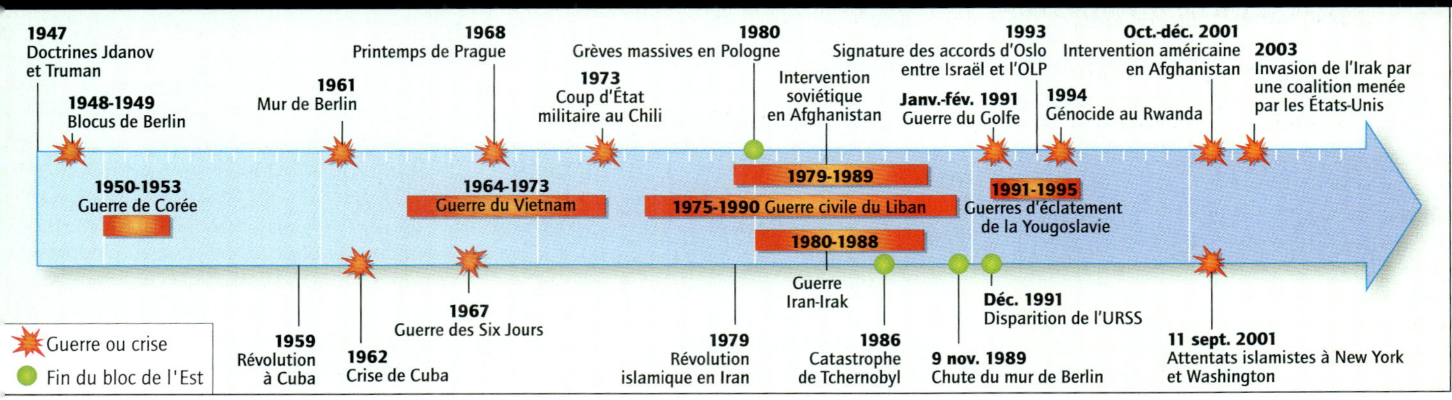

Le jeu des puissances dans un espace mondialisé de 1945 à nos jours

La fin de la Seconde Guerre mondiale laisse le monde affaibli mais aussi riche d'espoirs de paix, grâce notamment à de nouvelles institutions comme l'ONU. Cependant, les États-Unis et l'Union soviétique s'opposent à partir de 1946, divisés par leurs idéologies : le libéralisme contre le communisme. Cet affrontement devient vite politique et militaire, contraignant les autres pays du monde à choisir entre le bloc libéral et le bloc communiste. Quand la guerre froide prend fin en 1989, un nouvel ordre mondial se met en place, qui n'empêche pas la multiplication des conflits dans de nombreuses régions du monde.

Comment l'opposition entre l'Union soviétique et les États-Unis structure-t-elle les relations internationales à partir de 1947 ? Comment la guerre froide prend-elle fin et quel nouvel ordre mondial lui succède ?

QUESTION OBLIGATOIRE

Les chars américains et soviétiques se font face de part et d'autre du mur de Berlin à un point de passage entre zones d'occupation (février 1961).

Le monde et l'Europe de 1945 à nos jours

A Le monde dans la guerre froide

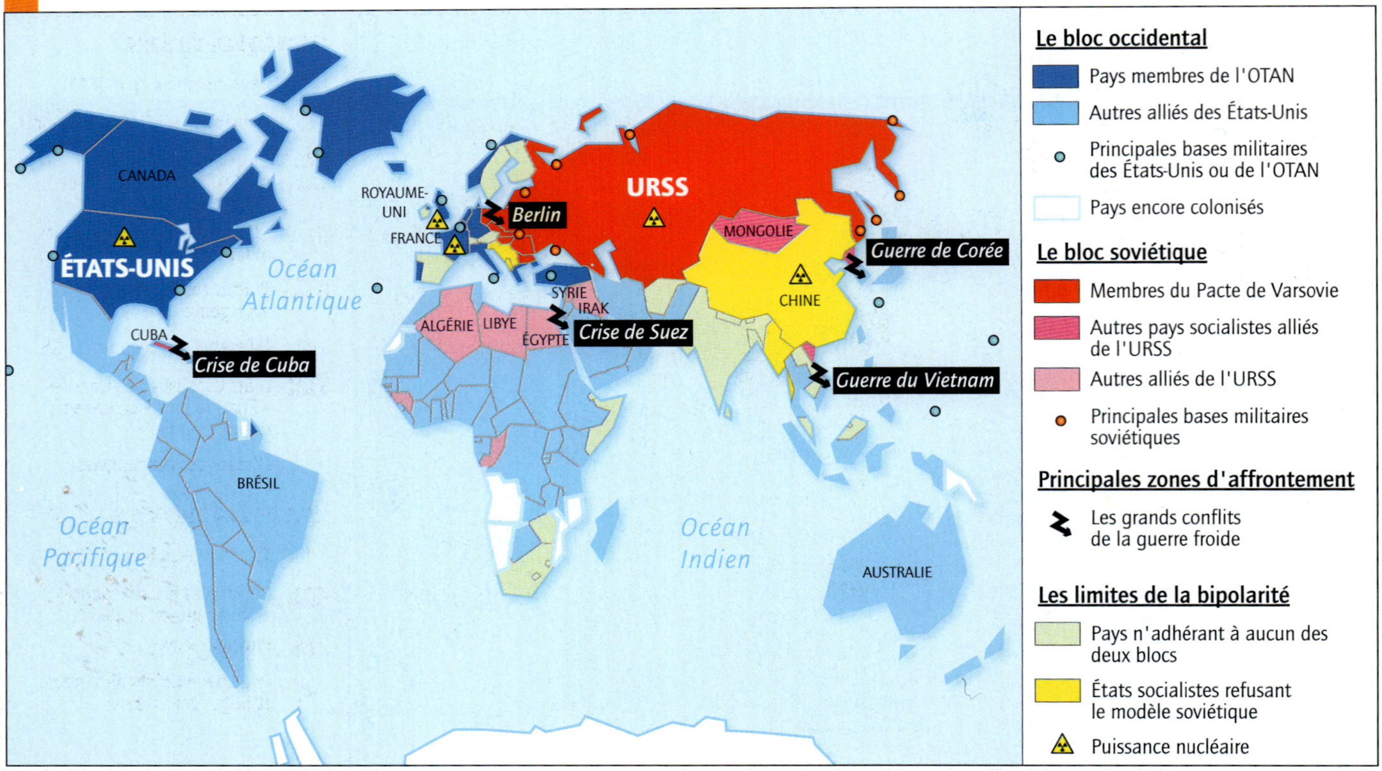

- Comment le monde bipolaire s'organise-t-il ?

B L'Europe dans la guerre froide

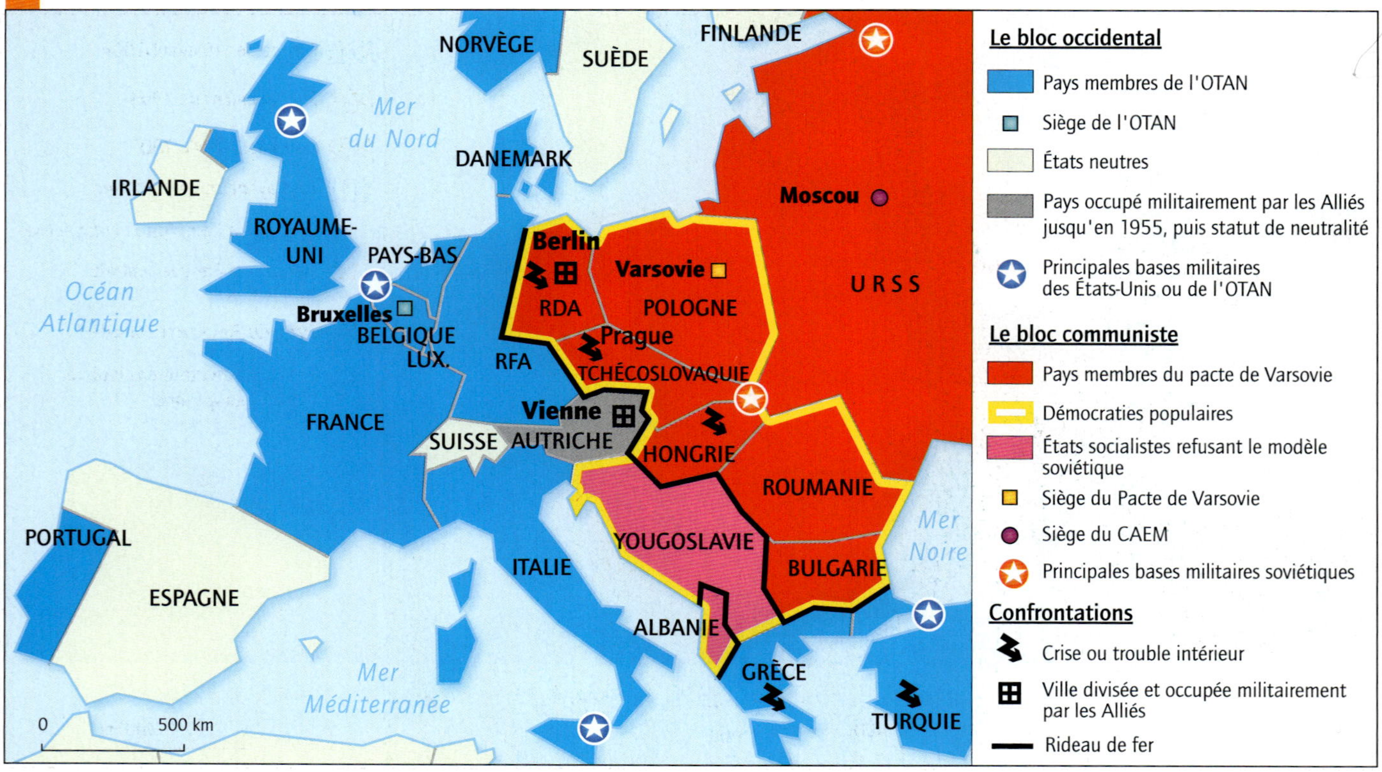

- Justifiez l'expression « rideau de fer » utilisée par Churchill pour désigner la situation en Europe.

C Le monde d'aujourd'hui

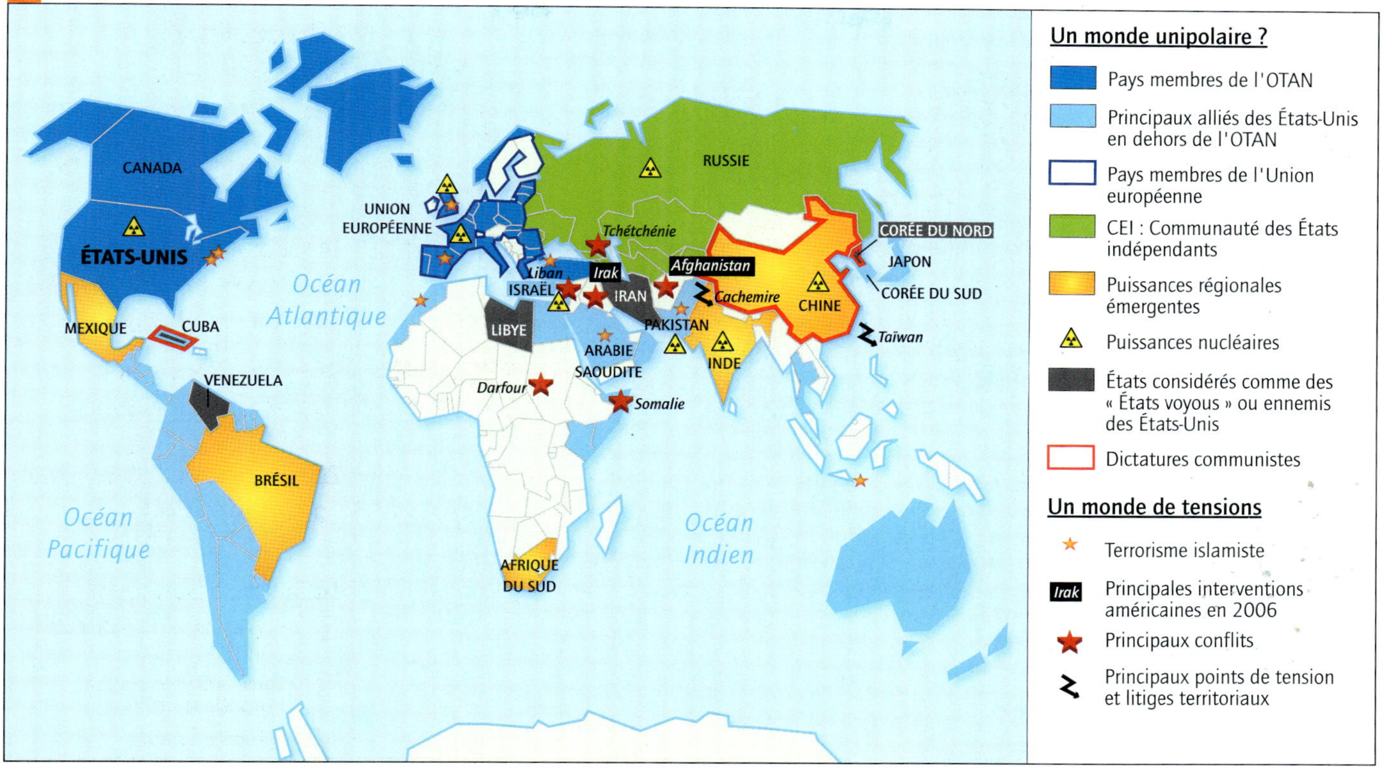

- Dans quelles régions du monde les difficultés sont-elles les plus nombreuses ?

D L'Europe en 2007

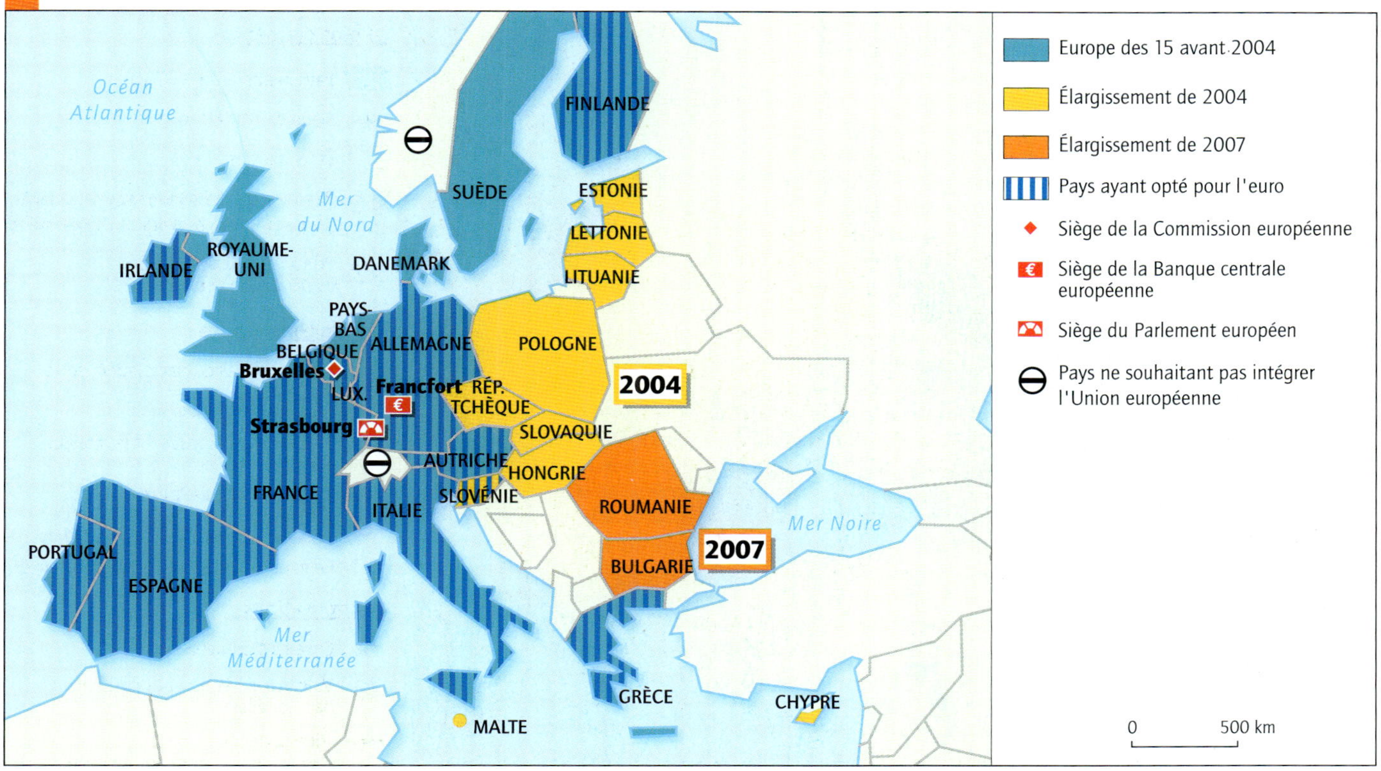

- Dans quelle direction l'Union européenne s'est-elle élargie depuis 2004 ?

COURS 1

1947-1949 : la naissance de la guerre froide

À partir de 1947, une période de tension extrême, appelée guerre froide, commence. Les deux blocs, formés autour de l'Union soviétique et des États-Unis, s'affrontent en défendant des modèles de société opposés.

1 Deux modèles opposés

• **À la tête du bloc occidental, les États-Unis d'Amérique.** Les États-Unis se définissent par la liberté individuelle et la démocratie. Le modèle de société repose sur l'économie libérale capitaliste et le mode de vie américain, l'*american way of life*. Son succès semble démontré par le plus haut niveau de vie du monde.

• **Le bloc de l'Est est dirigé par l'URSS, patrie du communisme.** Le modèle soviétique est caractérisé par le contrôle total du parti communiste sur l'État. La société est étroitement encadrée par des organes de sécurité et des organisations de masse, les libertés fondamentales ne sont pas respectées. L'économie est planifiée et administrée par l'État, le secteur privé est inexistant. Dans les pays libérés par l'Armée rouge s'installent des régimes communistes, parfois à la suite de coups d'État, comme à Prague en 1948. Ces régimes se nomment « démocraties populaires » et adoptent les institutions soviétiques.

2 Des réseaux d'alliances

• **Sur le plan militaire.** Craignant une guerre, les deux blocs se protègent par des alliances. À l'OTAN, créée par les États-Unis en 1949, répond le Pacte de Varsovie en 1955. Les États-Unis concluent des alliances régionales défensives contre l'URSS en Asie, ou au Moyen-Orient avec le Pacte de Bagdad en 1955. Ils soutiennent partout dans le monde les gouvernements, même autoritaires, qui luttent contre le communisme. L'URSS soutient, quant à elle, les partis révolutionnaires et les mouvements indépendantistes.

• **Sur le plan économique.** En Europe, l'OECE à l'Ouest distribue les aides du plan Marshall, et le CAEM à l'Est regroupe les pays autour de l'URSS. En 1947, l'ensemble des partis communistes du monde adhère au Kominform.

3 La division de Berlin et de l'Allemagne, symbole de la guerre froide

• **La crise de Berlin.** La première grande crise entre les États-Unis et l'URSS se déclenche avec le blocus de Berlin en juin 1948. Les Soviétiques, irrités de la fusion des zones d'occupation occidentales de l'Allemagne et de l'introduction d'une monnaie unique, décident de couper les voies d'accès aux zones alliées de Berlin-Ouest. Staline compte sur l'épuisement des réserves pour chasser les Occidentaux et réunifier la ville. Américains et Britanniques résistent grâce à un pont aérien alimentant Berlin-Ouest durant onze mois. Ayant échoué, les Soviétiques lèvent le blocus en mai 1949.

• **Les deux Allemagne.** Les Occidentaux instituent alors la RFA (République fédérale d'Allemagne), nouvel État regroupant leurs trois zones. En octobre, les Soviétiques répliquent avec la RDA (République démocratique allemande). Les deux Allemagne, membres de blocs antagonistes, s'ignorent diplomatiquement, illustrant la bipolarisation du monde durant la guerre froide.

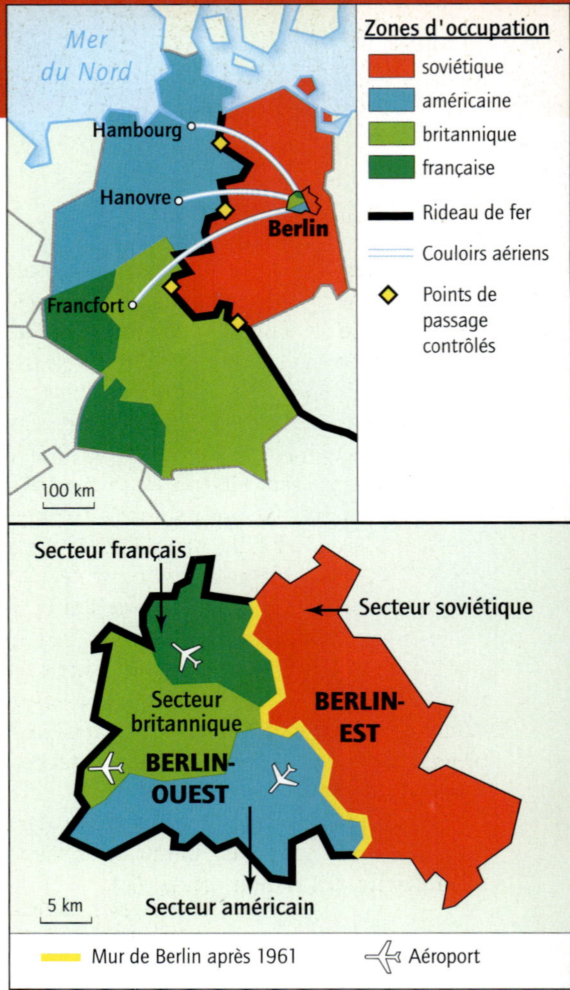

1 L'Allemagne et Berlin divisés

LEXIQUE

- **CAEM :** organisation soviétique de coopération économique entre pays du bloc de l'Est.
- **Guerre froide :** situation de tension entre les États-Unis et l'URSS dans laquelle chacun des deux tente de prendre l'avantage sur l'autre, tout en évitant de déclencher un conflit armé direct.
- **Kominform :** organisation politique subordonnant tous les partis communistes du monde au parti communiste d'Union soviétique. Créé en 1947, il est dirigé par Jdanov.
- **Monde bipolaire :** division du monde en deux blocs ennemis, chaque État devant adhérer à l'un ou l'autre modèle idéologique, système politique et alliance économique et militaire.
- **OECE :** Organisation européenne de coopération économique, qui promeut le capitalisme libéral.
- **OTAN :** Organisation du traité de l'Atlantique Nord, alliance militaire créée en 1949 sous la direction des États-Unis, regroupant essentiellement des pays occidentaux européens.
- **Pacte de Varsovie :** alliance militaire créée en 1955 regroupant, sous la direction de l'URSS, les armées des pays communistes européens.

2 La doctrine Truman

Au moment présent de l'histoire du monde, presque toutes les nations se trouvent placées devant le choix entre deux modes de vie. Et trop souvent ce choix n'est pas un libre choix. L'un de ces modes de vie est basé sur la volonté de la majorité. Ses principaux caractères sont des institutions libres, des gouvernements représentatifs, des élections libres, des garanties données à la liberté individuelle, à la liberté de parole et du culte et à l'absence de toute oppression politique. Le second mode de vie est basé sur la volonté d'une minorité imposée à la majorité, il s'appuie sur la terreur et l'oppression, sur une radio et une presse contrôlées, sur des élections dirigées et sur la suppression de la liberté personnelle.

Je crois que les États-Unis doivent pratiquer une politique d'aide aux peuples libres qui résistent actuellement aux manœuvres de certaines minorités armées ou à la pression extérieure. Je crois que notre aide doit se manifester en tout premier lieu sous la forme d'une assistance économique et financière.

En aidant les nations libres et indépendantes à maintenir leur liberté, les États-Unis mettront en œuvre les principes de la Charte des Nations unies. [...]

Discours de H. Truman, président des États-Unis, au Congrès, le 12 mars 1947.

4 L'anti-américanisme communiste

3 La doctrine Jdanov

Les États-Unis sont la principale force dirigeante du camp impérialiste. L'Angleterre et la France sont unies aux États-Unis, marchent comme des satellites [...] de la politique impérialiste des États-Unis.

Le camp impérialiste est soutenu aussi par des États possesseurs de colonies, tels que la Belgique et la Hollande, et par des pays au régime réactionnaire antidémocratique, tels que la Turquie et la Grèce, ainsi que par des pays dépendant politiquement et économiquement des États-Unis, tels que le Proche-Orient, l'Amérique du Sud, la Chine.

Les forces anti-impérialistes et antifascistes forment l'autre camp. L'URSS et les pays de la démocratie nouvelle en sont le fondement. Les pays qui ont rompu avec l'impérialisme et qui se sont engagés résolument dans la voie du progrès démocratique, tels que la Roumanie, la Hongrie, la Finlande, en font partie. Au camp anti-impérialiste adhèrent l'Indonésie, le Vietnam, l'Inde. L'Égypte et la Syrie y apportent leurs sympathies. Le camp anti-impérialiste s'appuie dans tous les pays sur le mouvement ouvrier et démocratique, sur les partis communistes frères, sur les combattants des mouvements de libération nationale dans les pays coloniaux et dépendants [...].

Le but que se donnent les États-Unis est l'établissement de la domination mondiale de l'impérialisme américain. C'est aux partis communistes qu'incombe le rôle historique de se mettre à la tête de la résistance au plan américain d'asservissement de l'Europe.

Discours de A. Jdanov, 3e secrétaire du Parti communiste de l'URSS, lors de la conférence fondatrice du Kominform, septembre 1947.

Étude des documents

1. Pourquoi peut-on dire que l'Allemagne est un enjeu au cœur de la guerre froide ? **(Doc. 1)**
2. Quelle est la valeur principale défendue dans la doctrine Truman ? **(Doc. 2)**
3. Quel reproche Jdanov adresse-t-il au camp américain ? Quelles forces lui oppose-t-il ? **(Doc. 3)**
4. D'après les communistes, quels moyens utilisent les Américains pour « coloniser » l'Europe ? Commentez cette expression. **(Doc. 4)**

Questions BAC

1. Les États-Unis défendent un modèle de société :
   - impérialiste et capitaliste ?
   - démocratique et capitaliste ?
   - communiste ?
2. Quelle est la première crise de la guerre froide ?

COURS 2 Les crises de la guerre froide

L'Union soviétique et les États-Unis s'affrontent à plusieurs reprises durant la guerre froide. Mais ni les tensions en Europe ni les conflits périphériques n'aboutissent à un affrontement direct : dotées d'armes nucléaires, les deux puissances ont instauré un équilibre de la terreur qui évite le déclenchement d'une guerre ouverte.

1 Les conflits périphériques

- **La guerre de Corée (1950-1953).** Elle oppose les deux blocs par l'entremise des deux Corées, séparées depuis 1945. Le régime communiste du Nord, soutenu par la Chine communiste depuis 1949, attaque le Sud capitaliste et celui-ci ne doit son salut qu'à l'intervention des Américains et de l'ONU. Après des combats qui font près de 1,5 million de morts, la situation se stabilise en 1953.
- **La crise de Cuba (1962).** En 1962, les États-Unis découvrent que l'URSS installe des fusées porteuses d'armes nucléaires à Cuba. Les Américains instaurent un blocus autour de l'île, et exigent le retrait des navires soviétiques apportant les fusées. L'épreuve de force américano-soviétique dure une semaine, mettant le monde au bord d'une guerre nucléaire. Khrouchtchev finit par céder contre la promesse du président Kennedy de ne pas envahir Cuba.
- **La guerre du Vietnam (1964-1973).** À partir de 1964, les États-Unis s'impliquent lourdement dans le conflit opposant les Vietnamiens du Nord (communistes soutenus par l'URSS et la Chine) aux Vietnamiens du Sud (pro-occidentaux). Après dix ans de guerre, malgré 550 000 soldats sur place et des bombardements massifs du Vietnam, du Laos et du Cambodge, les Américains doivent se retirer en signant les accords de paix de Paris (1973).

2 Les crises internes aux blocs

- **Les Soviétiques maintiennent la cohésion de leur bloc par la force.** L'Armée rouge intervient dans les démocraties populaires d'Europe de l'Est contre des volontés d'indépendance. Les chars du Pacte de Varsovie répriment la population révoltée à Berlin en 1953, puis à Budapest, en Hongrie, en 1956. À l'été 1961, la RDA doit construire un mur séparant Berlin-Est de l'Ouest pour arrêter la fuite vers la liberté des Allemands de l'Est. Les chars interviennent une nouvelle fois lors de la révolte du Printemps de Prague, en Tchécoslovaquie, en 1968, pour rétablir le régime communiste.
- **Les Américains imposent leur domination sur l'Amérique latine.** Ils y interviennent directement pour empêcher toute installation de régime socialiste, comme à Saint-Domingue en 1965. Au Chili, en 1973, en Argentine, en 1976, des juntes militaires prennent le pouvoir contre des gouvernements élus, avec le soutien officieux de la CIA.

3 L'équilibre de la terreur

- **La guerre entre les deux Grands est impossible.** Elle se solderait par une destruction mutuelle automatique du fait de la puissance des armes nucléaires.
- **La coexistence pacifique.** Les deux Grands trouvent la voie d'une coexistence pacifique. Garantissant la parité des forces, des accords de limitation des armes nucléaires sont signés en 1968 (non-prolifération) et en 1972 (SALT 1).

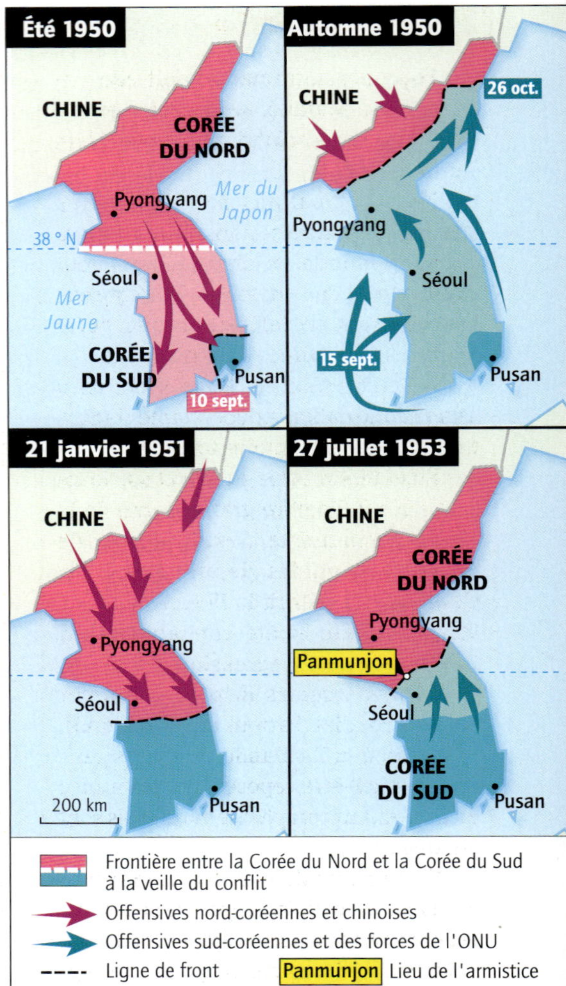

1 La guerre de Corée (1950-1953)

LEXIQUE

- **Armes nucléaires :** armes utilisant la fission du plutonium : « bombe atomique » ou « bombe A » (États-Unis 1945, URSS 1949) ou la fusion de l'hydrogène : « bombe thermonucléaire » ou « bombe H » (États-Unis 1952, URSS 1955). Les têtes nucléaires équipent bombes, fusées ou missiles.
- **ONU :** Organisation des Nations unies, créée à San Francisco en juin 1945. L'organe de décision est le Conseil de sécurité, où les cinq membres permanents (Grande-Bretagne, France, États-Unis, Chine, Union soviétique) détiennent chacun le droit de veto.
- **SALT :** traités de limitation des armes stratégiques (armes à longue distance) signés en 1972 pour le premier, en 1979 pour le second, mais jamais appliqués.

2 « Why Vietnam ? »

Pourquoi notre nation doit-elle risquer sa tranquillité, ses intérêts et son pouvoir pour le salut d'un peuple si loin de nous ?

Nous combattons parce que nous devons combattre si nous voulons vivre dans un monde où chaque pays peut décider seul de son destin. Et c'est seulement dans un tel monde que notre liberté sera assurée définitivement.

Premièrement, le Nord Vietnam a attaqué une nation indépendante : le Sud. Son but est la conquête totale. [...]

Ensuite, sur cette guerre et sur toute l'Asie plane l'ombre grandissante de la Chine communiste. Les dirigeants de Hanoi sont guidés depuis Pékin. La Chine a déjà détruit la liberté au Tibet, attaqué l'Inde et été condamnée par l'ONU pour son agression en Corée [...]. Nous sommes là pour renforcer l'ordre mondial. Partout dans le monde, de Berlin à la Thaïlande, il y a des gens dont le bien-être repose sur l'assurance qu'ils peuvent compter sur nous s'ils sont attaqués. [...]

Notre retrait du Vietnam n'amènerait pas la fin du conflit. La guerre se renouvellerait dans un autre pays, puis dans un autre encore. Nous avons appris que l'appétit des agresseurs n'est jamais satisfait. Nous devons dire en Asie du Sud-Est la même chose que nous avons dite en Europe : « Vous avez pu avancer jusqu'ici, mais vous n'irez pas plus loin. »

Extraits du discours du président Johnson à l'Université John Hopkins de Baltimore, 7 avril 1965, in *Public Papers of the Presidents of the United States : Lyndon B. Johnson*, 1965.

3 L'équilibre de la terreur : la dissuasion mutuelle

La clef de voûte de notre stratégie est la dissuasion contre une attaque dirigée sur les États-Unis ou nos alliés. Nous assurons cette dissuasion par une capacité très certaine à infliger des dommages inacceptables à tout agresseur, à tout moment d'un conflit nucléaire, et même après avoir subi une première frappe surprise. Cela peut être défini comme notre capacité de destruction assurée.

La destruction assurée est l'essence même de la notion de dissuasion. Nous devons posséder cette capacité de destruction et cette capacité doit être crédible. Tout agresseur potentiel doit être convaincu que notre capacité de destruction assurée est un fait réel, et que notre volonté de l'utiliser en représailles à une attaque est un fait indiscutable. La conclusion est alors claire : si les États-Unis veulent dissuader de toute attaque nucléaire contre eux ou leurs alliés, ils doivent posséder une capacité réelle et crédible de destruction assurée. [...]

Nous devons être capables d'absorber la charge totale d'une attaque nucléaire sur notre pays, sur nos forces de riposte, sur notre commandement, sur nos capacités industrielles, nos villes et notre population, et d'être toujours en mesure de causer des dommages si importants à l'adversaire que sa société ne sera tout simplement plus viable. Voilà ce que la dissuasion contre une attaque nucléaire signifie ; la certitude du suicide pour l'agresseur, pas seulement pour ses forces militaires, mais pour sa société tout entière.

Extraits d'un discours de Robert McNamara, secrétaire à la Défense, San Francisco, 18 septembre 1967.

4 Le Printemps de Prague (1968)

Des manifestants tchécoslovaques sur les chars soviétiques.

Étude des documents

1. En quoi la guerre de Corée est-elle typiquement un conflit de guerre froide ? **(Doc. 1)**

2. Quels sont, d'après Johnson, les motifs de l'intervention américaine au Vietnam ? Expliquez la dernière phrase du texte. **(Doc. 2)**

3. En quoi l'assurance de destruction mutuelle a-t-elle rendu toute guerre directe impossible entre les deux Grands ? **(Doc. 3)**

4. Pourquoi les Soviétiques interviennent-ils à Prague ? **(Doc. 4)**

5. Comment expliquer la passivité des Américains face aux interventions dans les démocraties populaires ? **(Doc. 4)**

Questions BAC

1. Pourquoi peut-on dire que l'Asie est un théâtre majeur de la confrontation entre les deux Grands ?

2. Citez deux interventions de l'Armée soviétique en Europe de l'Est.

COURS 3 Le bras de fer final dans les années 1980

Dans les années 1980, les États-Unis relancent la guerre froide, qui tourne à leur avantage. En proie à de grandes difficultés, l'URSS entreprend des réformes sous l'impulsion de Mikhaïl Gorbatchev. On entrevoit dès lors la fin de la guerre froide.

1 La reprise des tensions

- **Une rivalité exacerbée.** Après la Détente, période de réchauffement de leurs relations qui suit la crise de Cuba, la rivalité entre les deux Grands s'exacerbe. La reprise des tensions marque les années 1980 avec un renouveau des conflits entre guérillas communistes et anticommunistes soutenues par les Grands en Afrique (Angola, Mozambique) et en Amérique latine (Salvador, Nicaragua).
- **La guerre d'Afghanistan.** Profitant de la faiblesse des États-Unis après leur défaite au Vietnam, l'URSS envahit en 1979 l'Afghanistan. Les États-Unis répliquent en armant la résistance des combattants afghans. Les Soviétiques s'épuisent dans la lutte interminable contre une guérilla insaisissable dans les montagnes.
- **La reprise de la course aux armements.** Président à partir de 1981, Ronald Reagan déclare « *America is back* » (« l'Amérique est de retour ») et reprend la course aux armements contre l'URSS, appelée « l'Empire du mal ». De nouveaux missiles sont installés par les deux camps en Europe (SS-20 et Pershing). Les États-Unis développent des programmes de défense antimissile (« guerre des étoiles » en 1983) et de bombardier stratégique furtif (B-2). L'URSS dépense une part croissante de ses ressources pour essayer de maintenir ses armements au niveau des États-Unis, ce qui fragilise son économie.

2 Les difficultés du bloc communiste

- **La contestation du communisme en Pologne.** Elle est menée par Solidarnosc, syndicat libre constitué à la suite de grèves massives et dirigé par Lech Walesa. La contestation est renforcée par l'élection d'un pape polonais, Jean Paul II, en 1978. Les troubles obligent le général Jaruzelski à proclamer la loi martiale en 1981. Il devient de plus en plus clair que les populations des démocraties populaires rejettent le système soviétique.
- **Les difficultés économiques de l'URSS.** La course aux armements et la guerre en Afghanistan sont des dépenses trop lourdes pour l'économie soviétique de moins en moins performante. La population souffre de pénuries du fait de la priorité donnée aux dépenses militaires. Les retards technologiques s'accumulent. Cette régression apparaît aux yeux du monde lors de l'accident à la centrale nucléaire de Tchernobyl en 1986 qui se transforme en catastrophe majeure, causant, selon les estimations disponibles, plus de 50 000 décès.

3 La *perestroïka* et la fin de la guerre froide

- **Les réformes de Gorbatchev.** Dirigeant de l'Union soviétique à partir de 1985, Mikhaïl Gorbatchev décide de lancer de nombreuses réformes pour sortir le pays de l'impasse : la *perestroïka* et la *glasnost*. Il libéralise le régime soviétique et encourage ainsi les contestations internes dans les démocraties populaires.
- **Une nouvelle ère diplomatique et militaire.** Gorbatchev met un terme à la course aux armements et se rapproche des États-Unis, aboutissant à la signature d'un accord de désarmement important en 1987. Il annonce aussi, en 1988, le retrait des troupes soviétiques d'Afghanistan.

1 La contestation du communisme en Pologne

Ouvrier aux chantiers navals de Gdansk, Lech Walesa est président de Solidarnosc, le premier syndicat indépendant dans un pays socialiste.

LEXIQUE

- **Détente :** période de réchauffement des relations entre les Grands à partir de 1962 (téléphone rouge, échanges scientifiques spatiaux, reconnaissance de la Chine par le président Nixon, accords de désarmement Salt 1 puis Salt 2).
- ***Glasnost* :** politique d'ouverture et de transparence, refus de la censure et recherche de la vérité sur le passé de l'URSS.
- **Guérilla :** forme de guerre de partisans utilisant des troupes très mobiles, profitant d'un milieu contraignant (jungle, montagnes), frappant par embuscades, refusant de livrer des batailles frontales, avec des combattants dissimulés parmi la population civile.
- ***Perestroïka* :** nom donné aux réformes de Gorbatchev, signifiant « restructuration » / « reconstruction ».

2 Les États-Unis contre l'« Empire du mal »

Prions pour le salut de tous ceux qui vivent dans l'obscurité du totalitarisme. […] Soyons conscients que pendant qu'ils prêchent la supériorité de l'État, déclarent sa toute-puissance sur l'individu, et prédisent sa domination sur tous les peuples de la terre, ils sont le foyer du mal dans le monde moderne. […]

L'Histoire nous apprend que prendre nos désirs pour des réalités et rechercher naïvement la conciliation avec nos adversaires n'est que folie. Cela reviendrait à trahir notre passé et à brader notre liberté.

En conséquence, je vous engage à vous élever contre ceux qui voudraient placer les États-Unis dans une position d'infériorité militaire et morale. […] Dans nos discussions sur les propositions de gel des armes nucléaires, je vous adjure de vous méfier de la tentation de déclarer que les deux parties sont également coupables – la tentation d'ignorer les faits historiques et les tentatives agressives de l'Empire du mal. Je vous adjure de ne pas considérer la course aux armements comme un gigantesque malentendu, et par là, de vous soustraire à la lutte entre le juste et le faux, entre le bien et le mal. […]

Je crois que nous devons relever le défi. Je crois que le communisme est un chapitre de plus, bizarre et triste, de l'histoire de l'humanité, et ses dernières pages sont en train d'être écrites. Je crois cela parce que la source de notre force dans la recherche de la liberté humaine n'est pas matérielle mais spirituelle. Et comme elle ne connaît aucune limite, elle doit terrifier et finalement triompher […].

Extraits du discours de Ronald Reagan, le 8 mars 1983, à la convention de l'Association nationale des évangélistes, Orlando, Floride.

3 La catastrophe de la centrale de Tchernobyl (1986)

Après l'accident du réacteur nucléaire de Tchernobyl, les autorités soviétiques envoient entre 600 000 et 800 000 hommes sur place. Ils sont gravement irradiés.

4 La fin de la guerre froide

Le principe fondamental de la nouvelle approche politique est simple : la guerre nucléaire ne peut être un moyen de parvenir à ses objectifs, qu'ils soient politiques, économiques, idéologiques ou autres. […] Du point de vue de la sécurité, la course aux armements est devenue une absurdité parce que sa logique même conduit à la déstabilisation des relations internationales et, au bout du compte, à un conflit nucléaire. […] La sécurité universelle à notre époque repose sur la reconnaissance du droit de chaque nation à choisir sa propre voie vers le progrès social, sur la renonciation à l'ingérence dans les affaires intérieures des États.

Mikhaïl Gorbatchev, *Perestroïka. Vues neuves sur notre pays et le monde*, Flammarion, 1987.

5 La guérilla des « moudjahiddin » en Afghanistan (1979-1989)

Combattants afghans, armés par les Américains, sur un hélicoptère soviétique abattu.

Étude des documents

1. Quel défi Solidarnosc lance-t-il à l'Union soviétique ? (Doc. 1)
2. Pourquoi peut-on comparer l'Afghanistan au Vietnam ? (Doc. 5)
3. Au nom de quoi Reagan veut-il relancer la course aux armements ? (Doc. 2)
4. Comment l'accident de Tchernobyl et ses suites mettent-ils en évidence les faiblesses soviétiques ? (Doc. 3)
5. Montrez que ce texte de Gorbatchev marque une rupture idéologique et politique pour le communisme. (Doc. 4)

Questions BAC

1. Expliquez l'expression « course aux armements ».
2. À quelles difficultés économiques, politiques et militaires l'URSS est-elle confrontée dans les années 1980 ?

COURS 4 L'effondrement du bloc de l'Est et ses conséquences

La fin de la guerre froide précède la fin du communisme en Europe de l'Est et la dislocation de l'URSS. Elle provoque l'effondrement des gouvernements communistes et d'importantes transformations territoriales.

1 La fin du communisme en Europe de l'Est

• **L'automne des peuples (1989).** Les signes d'ouverture donnés par Gorbatchev en URSS encouragent les populations des démocraties populaires à revendiquer plus de liberté auprès de leurs gouvernements. La Pologne, à l'été 1988, évolue vers la démocratie libérale. À l'automne 1989, la Hongrie ouvre sa frontière vers l'Autriche et crée ainsi la première faille dans le rideau de fer depuis quarante ans. Le 9 novembre 1989, après des semaines d'énormes manifestations, la population de Berlin-Est ouvre une brèche dans le mur : cet acte symbolique a un retentissement mondial et signe la fin du régime communiste de la RDA.

• **La transition démocratique.** À la fin de l'année 1989, les autres démocraties populaires connaissent des révolutions ou des transitions en douceur vers la démocratie (sauf en Roumanie). Tous les pays abandonnent le communisme et reprennent leur indépendance vis-à-vis de l'URSS.

2 La fin de l'Union soviétique (1990-1991)

• **La dislocation de l'Union soviétique.** L'ouverture démocratique voulue par Gorbatchev réveille les volontés d'indépendance nationale des Républiques qui constituaient l'URSS : Russie et États baltes proclament leur indépendance en 1990. En Russie, une tentative de coup d'État des conservateurs soviétiques qui voulaient rétablir le régime antérieur échoue. Le parti communiste est interdit en août 1991.

• **La naissance de la Communauté des États indépendants (CEI).** En décembre 1991, Gorbatchev démissionne, c'est la fin officielle de l'URSS. Une partie des Républiques qui la composaient forme la CEI autour de la Russie.

3 Des frontières remaniées en Europe centrale et orientale depuis 1991

• **La naissance de nouveaux États.** La fin de la guerre froide et de la bipolarisation réveille des tensions nationalistes. Pour la première fois depuis 1918, de nouveaux États naissent en Europe et les frontières sont modifiées. Alors que la RFA et la RDA se réunifient en 1990, la Tchécoslovaquie se divise pacifiquement en deux États en 1993 : la Slovaquie et la République tchèque.

• **Des conflits en Asie centrale.** Ils éclatent dans les anciennes Républiques soviétiques. La guerre civile ravage la Géorgie et le Tadjikistan ; des affrontements opposent d'anciennes Républiques autonomes soviétiques à la Russie, comme la guerre menée par l'armée russe en Tchétchénie depuis 1994.

• **La guerre en ex-Yougoslavie.** En Yougoslavie, les élections libres de 1990 marquent la fin du communisme. Des nationalistes sont élus, qui proclament l'indépendance de la Croatie et de la Slovénie. Une guerre civile suit avec l'armée serbe à partir de 1991. Le conflit s'étend en Bosnie-Herzégovine, où il est marqué par l'épuration ethnique. En 1993, l'intervention des casques bleus de l'ONU, suivie en 1995 par celle des États-Unis, n'évite pas des massacres de civils. Les bombardements de l'OTAN permettent un règlement du conflit le 21 décembre 1995. Cinq nouveaux États apparaissent. Des troubles éclatent à nouveau dans la province serbe du Kosovo en 1999.

1 La chute du mur de Berlin (9 novembre 1989)

2 La dislocation de l'Union soviétique (1991)

Symbole de l'Union soviétique, la statue de Lénine est déboulonnée à Vilnius, capitale de la Lituanie, qui proclame son indépendance en 1991.

LEXIQUE

- **Bipolarisation :** division du monde en deux blocs, chacun dirigé par un pôle ou une grande puissance (États-Unis et URSS durant la guerre froide).
- **Casques bleus :** soldats internationaux servant sous l'autorité de l'ONU, dans des opérations de maintien ou de rétablissement de la paix. Leur drapeau et leurs casques portent la couleur bleue, celle du drapeau de l'ONU.
- **Épuration ethnique :** volonté de chasser d'un territoire une population en raison de son appartenance ethnico-religieuse, au moyen de meurtres, viols et déportations.
- **Transition démocratique :** passage de la dictature à la démocratie par l'autorisation du multipartisme, la fin de la censure, l'organisation d'élections libres.

3 Les conséquences territoriales de la fin du bloc communiste

4 Juger les crimes commis pendant la guerre en ex-Yougoslavie

Saisis par la Bosnie dès mars 1993, au plus fort de la guerre, les magistrats de la Cour internationale de justice (CIJ), instance onusienne chargée de régler les différends entre États, ont estimé qu'un génocide a bien été commis à Srebrenica (Bosnie) en juillet 1995. La chute de l'enclave, « zone protégée » par l'ONU, avait été suivie de l'assassinat, en trois jours, de près de 8 000 hommes, tous musulmans.

Mais ce génocide, la Serbie n'en est pas responsable, selon les juges de la CIJ, qui en attribuent la charge à l'armée des séparatistes serbes de Bosnie, dont les principaux responsables, Ratko Mladic et Radovan Karadzic, sont en fuite depuis plus de onze ans. Si Belgrade a apporté « un soutien considérable à la Republika Srpska (constitutive, avec la Fédération croato-musulmane, de la Bosnie-Herzégovine) », si Belgrade a permis de payer les soldats de l'armée des sécessionnistes ou a fourni quelques officiers, elle n'a ni planifié, ni ordonné le génocide. […]

Belgrade est cependant montrée du doigt pour avoir violé la Convention sur le génocide établie en 1948, et selon laquelle elle aurait dû prévenir les crimes. Slobodan Milosevic n'ignorait « rien du climat haineux qui régnait entre les Serbes de Bosnie et les musulmans de la région de Srebrenica » et qui allait conduire au génocide. « Le génocide aurait été effectivement empêché » si la Serbie avait « adopté un comportement conforme à ses obligations internationales », écrivent les juges.

Stéphanie Maupas, *Le Monde*, 28 février 2007.

Étude des documents

1. En quoi la chute du mur de Berlin est-elle un événement et un symbole important ? (Doc. 1)
2. Situez cette scène sur la carte. Que symbolise-t-elle ? (Docs 2 et 3)
3. Quels États sont issus de l'éclatement de l'URSS ? (Doc. 3)
4. Comment la puissance russe continue-t-elle de se manifester ? (Doc. 3)
5. Quelle évolution a connue la Tchécoslovaquie depuis 1991 ? (Doc. 3)
6. Pourquoi parle-t-on de « poudrière » pour désigner l'ex-Yougoslavie ? (Docs 3 et 4)
7. Qu'est-ce qu'un génocide ? Quelle institution a statué sur le génocide de Srebrenica ? Qui en est responsable ? (Doc. 4)

Questions BAC

1. Citez quatre États nés suite à l'éclatement du bloc communiste.
2. Citez dans l'ordre chronologique les événements majeurs caractérisant la période 1989-1991.

COURS 5 Depuis 1991, les difficultés du nouvel ordre mondial

La fin de la guerre froide manifeste le renouveau de l'ONU et l'affirmation de l'hyperpuissance américaine. La montée de l'islamisme constitue aussi la nouvelle donne des relations internationales.

1 Le renouveau de l'ONU et ses limites

- **Le renouveau de l'ONU.** La fin de la guerre froide marque le renouveau de l'ONU, dont l'action avait été paralysée durant la guerre froide. En ex-Yougoslavie, en Somalie, à Chypre, au Timor oriental ou en Haïti, les missions d'interposition ou de maintien de la paix se font au nom du « droit d'ingérence ».
- **Une efficacité limitée.** L'ONU ne parvient pas à interrompre le génocide des Tutsis au Rwanda qui fait près d'un million de morts en 1994. De même, la guerre civile en République démocratique du Congo (Zaïre), à partir de 1996, cause plus de 3 millions de morts malgré la présence de l'ONU.
- **La guerre du Golfe (1991).** Elle est menée sous mandat de l'ONU par une coalition nombreuse, contre l'Irak qui a envahi le Koweït en 1990. Cette crise démontre la puissance de l'armée américaine qui a dirigé les opérations et remporté la guerre en quelques semaines.

2 Un monde unipolaire dominé par les États-Unis ?

- **Les États-Unis « gendarmes du monde » ?** Victorieux de la guerre froide, les États-Unis sont désormais l'« hyperpuissance » du fait de la richesse de leur économie et de la puissance de leur armée. Ils aspirent à jouer le rôle de « gendarmes du monde. » Le président G. Bush parle de « nouvel ordre mondial » pour désigner la situation.
- **Les États-Unis tentés par l'unilatéralisme.** Les interventions militaires américaines se font sous mandat de l'ONU durant la guerre du Golfe, en Somalie en 1992 ou en Bosnie en 1995. Mais dans la guerre contre l'Irak à partir de 2003, les États-Unis interviennent sans l'accord de l'ONU, malgré les protestations de la communauté internationale.

3 L'islamisme, nouvelle doctrine politique

- **Une idéologie.** L'islamisme est une idéologie complexe visant à instaurer des théocraties dans les pays arabo-musulmans. Il s'oppose aux valeurs occidentales démocratiques, mais aussi au communisme. À partir de 1970, avec l'échec du panarabisme de Nasser, ce courant se développe comme une voie d'expression des mécontentements vis-à-vis de l'échec économique, de l'autoritarisme et de la corruption de certains gouvernements en place.
- **Les mouvements islamistes.** Avec la révolution en Iran en 1979 naît la première République islamique. À partir de 1980 apparaissent des mouvements ou partis islamistes, le Hezbollah au Liban, le Hamas en Palestine, le Front islamique du salut en Algérie, Jemaah Islamiya en Indonésie. La plupart recourent à la violence et au terrorisme. En 1996, les talibans instaurent une dictature islamique en Afghanistan.
- **Les attentats islamistes.** Al-Qaida, organisation islamiste fondée par Oussama Ben Laden en 1988, se fait connaître par des attentats terroristes visant les États-Unis, au Kenya et en Tanzanie en 1998, et aux États-Unis le 11 septembre 2001. Al-Qaida reproche à la puissance américaine son impérialisme et appelle les populations musulmanes à se tourner vers un islam radical. D'autres attentats suivent en Asie, en Afrique et au Proche-Orient, ainsi qu'en Espagne en 2004 et à Londres en 2005.

1 Un militant de l'organisation islamiste palestinienne Hamas

Derrière le militant, le portrait de Cheikh Yassine, fondateur du Hamas.

LEXIQUE

- **Droit d'ingérence :** droit qui permet à la communauté internationale d'intervenir sans prendre en compte la souveraineté d'un État, afin de secourir des populations en détresse ou des minorités opprimées.
- **Hyperpuissance :** situation des États-Unis, premiers dans tous les domaines (économique, militaire, scientifique) et ne connaissant pas de rivaux parmi les puissances de second rang.
- **Islamisme :** le terme est à distinguer de l'islam. Il désigne les courants les plus radicaux de l'islam qui veulent l'application stricte de la Charia (loi islamique inspirée du Coran) dans la société et l'instauration d'États islamiques.
- **Panarabisme :** idéologie des années 1950 espérant voir tous les pays arabes s'unir, autour de l'Égypte de Nasser, pour s'affirmer au Moyen-Orient face aux Occidentaux.
- **Théocratie :** gouvernement de Dieu, régime où c'est le texte religieux qui sert de constitution politique.

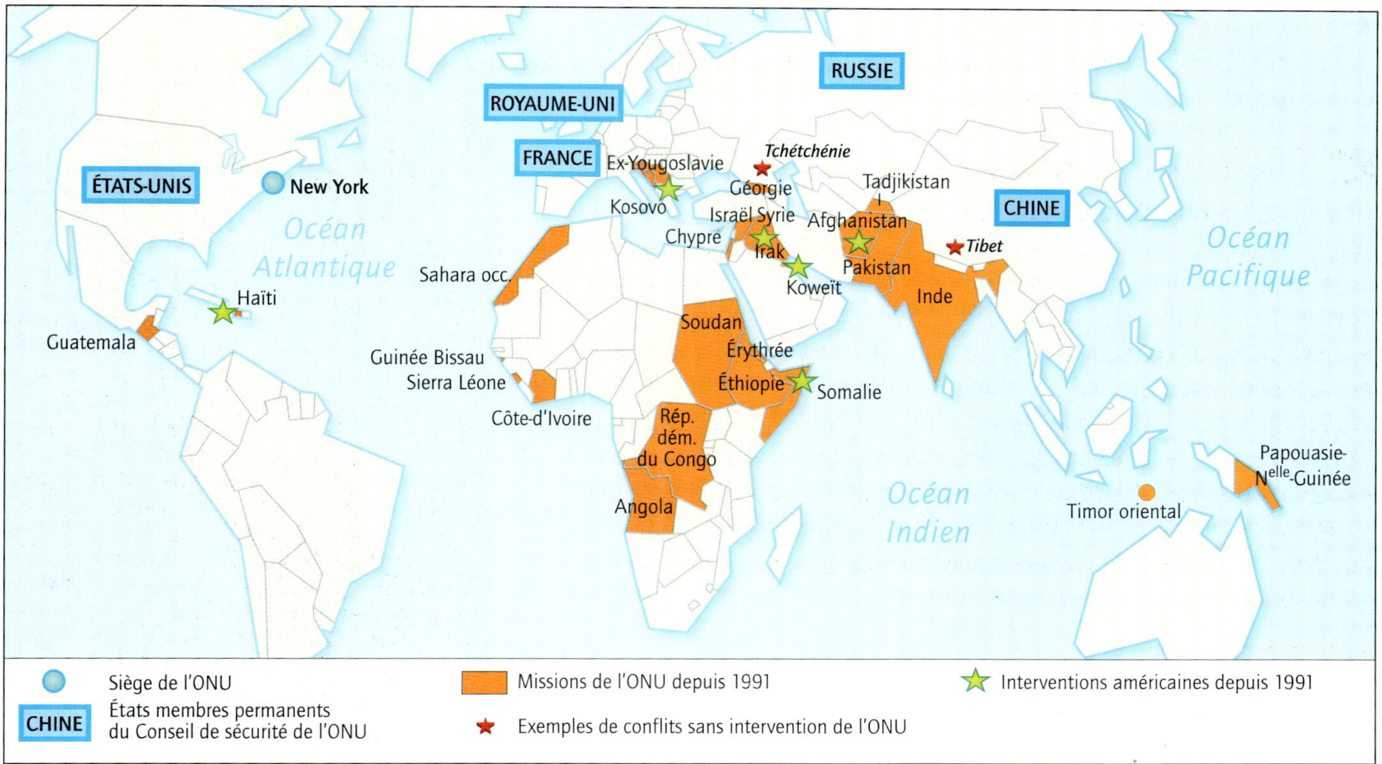

2 Les interventions de l'ONU et des États-Unis dans le monde depuis 1991

3 La guerre du Golfe et le nouvel ordre mondial

Aux premières heures du 2 août, une puissante armée irakienne envahit son voisin nullement méfiant et beaucoup plus faible, le Koweït. [...]

Nos objectifs sont clairs : l'Irak doit se retirer du Koweït [...] Ils ont été approuvés par le Conseil de sécurité de l'Organisation des Nations unies à cinq reprises. [...] À Helsinki, avec le président de l'URSS, M. Mikhaïl Gorbatchev, nous avons déclaré : « Nous sommes unis pour estimer que l'agression par l'Irak ne doit pas être toléré. Aucun ordre international pacifique n'est possible si des États plus forts peuvent dévorer leurs voisins plus faibles. » Aucun dictateur ne peut plus compter sur l'affrontement Est/Ouest pour bloquer l'action de l'ONU contre toute agression.

[...] La crise dans le golfe Persique, malgré sa gravité, offre une occasion rare pour s'orienter vers une période historique de coopération. De cette période difficile, un nouvel ordre mondial, peut voir le jour [...] Un monde où la primauté du droit remplace la loi de la jungle.

Des intérêts économiques vitaux sont également menacés. L'Irak plus le Koweït détiennent 20 % des réserves pétrolières mondiales. Nous ne pouvons pas permettre qu'une ressource aussi essentielle soit dominée par un être aussi tyrannique (Saddam Hussein). Les récents évènements ont certainement montré qu'il n'existe pas de substitut au leadership américain. [...]

Notre intérêt, notre engagement dans le Golfe, n'est pas passager. [...] Longtemps après le rapatriement de toutes nos forces, les États-Unis auront un rôle durable à jouer afin d'aider les pays du golfe Persique : il s'agit de décourager toute future agression, et d'aider nos amis à assurer leur propre défense [...] à freiner la prolifération des armes chimiques, biologiques, des missiles balistiques et, surtout, des techniques nucléaires.

Extraits du discours du président américain George Bush, prononcé devant le Congrès le 11 septembre 1990.

Étude des documents

1. Décrivez cette photographie. En quoi les islamistes radicaux sont-ils une force politique très différente des logiques de la guerre froide ? **(Doc. 1)**

2. D'après G. Bush, sur quelles valeurs et quelles forces se fonde le nouvel ordre mondial ? **(Doc. 3)**

3. Quel rôle jouent les États-Unis et l'ONU dans ce nouvel ordre mondial ? **(Doc. 2)**

4. Dans quelles régions l'ONU et les États-Unis interviennent-ils le plus souvent ? **(Doc. 2)**

Question BAC

1. La guerre du Golfe a été menée :
- par les États-Unis contre l'Irak ?
- par les États-Unis sous mandat de l'ONU contre l'Irak ?
- par une coalition sous mandat de l'ONU contre l'Irak ?

2. Qu'est-ce que l'ONU et quel rôle joue-t-elle dans les relations internationales entre 1945 et nos jours ?

COURS 6 Vers un monde multipolaire ?

Les États-Unis sont aujourd'hui la seule hyperpuissance mondiale, ce qui leur permet de prendre des décisions unilatéralement. Cependant d'autres puissances s'affirment, notamment l'Union européenne et la Chine.

1 Les États-Unis : la tentation de l'unilatéralisme

• **Le choc du 11 septembre.** Après les attentats du 11 septembre 2001, les États-Unis mènent une « guerre mondiale contre le terrorisme ». Une vaste opération militaire est menée par les États-Unis et leurs alliés (France, Royaume-Uni, Italie, Allemagne et Pakistan) contre les talibans et Al-Qaida en Afghanistan en 2001-2002. Après la défaite des talibans, la coalition a institué un gouvernement élu. Cependant, des talibans combattent encore et Al-Qaïda poursuit ses attentats dans le monde.

• **La guerre contre l'Irak.** En 2003, le président Bush déclenche la guerre contre le régime du dictateur irakien Saddam Hussein, malgré les vives critiques de l'ONU et de certains pays comme la France. La première puissance mondiale fait ainsi le choix de l'unilatéralisme dans ses relations internationales. La victoire militaire est immédiate en Irak, mais les États-Unis ne trouvent pas de solution politique, et le pays est confronté depuis au terrorisme et à une situation de guerre civile entre Kurdes, chiites et sunnites.

• **L'engagement au Proche-Orient.** Les États-Unis sont fortement engagés au Proche-Orient, où leurs intérêts sont la défense d'Israël, allié traditionnel, la protection de leurs approvisionnements en pétrole, ressource stratégique, et la lutte contre le terrorisme islamiste.

2 L'Union européenne : le paradoxe d'une puissance

• **Une grande puissance économique.** Le début du XXIe siècle voit la montée en puissance de l'Union européenne, comptant 27 États membres et plus de 490 millions d'habitant depuis le 1er janvier 2007. Première puissance commerciale de la planète, l'UE représente un contrepoids économique et culturel à l'influence américaine.

• **Un faible poids politique.** Les Européens sont en faveur du multilatéralisme dans les relations internationales. Toutefois, l'UE reste divisée, comme l'a montré le désaccord entre ses États membres au moment de la guerre d'Irak. En outre, l'UE n'a pas de diplomatie unique ni d'armée propre.

3 La Chine : une nouvelle puissance mondiale

• **Une puissance économique.** État le plus peuplé du monde, la Chine connaît au début du XXIe siècle une croissance économique et un enrichissement jamais vus auparavant. Elle est devenue le premier partenaire commercial des États-Unis. Rivale du Japon, elle mène une politique agressive de développement commercial vers l'Europe, l'Afrique et l'Amérique.

• **Une puissance militaire et diplomatique.** Membre permanent du Conseil de sécurité de l'ONU, la Chine est désormais une grande puissance militaire (nucléaire depuis 1969) et diplomatique. Elle est en mesure de jouer le rôle de puissance dominante en Asie. La Chine entend aussi jouer un rôle diplomatique mondial, en particulier dans le Pacifique, qui pourrait devenir une zone de confrontation avec les États-Unis. La Chine est aussi très présente et très active dans les pays du Sud, particulièrement en Afrique.

1 Le choc du 11 septembre 2001
À 8 h 46, l'avion American Airlines n° 11, détourné par des terroristes d'Al-Qaida, s'écrase sur la tour Nord du World Trade Center à New York.
À 9 h 03, l'avion United Airlines n° 175 s'écrase sur la tour Sud.
L'attentat, qui fait près de 3 000 morts, est le plus meurtrier jamais commis sur le sol américain.

LEXIQUE

- **Chiites/sunnites :** les deux principales branches de l'islam. Les chiites (10% des musulmans) vivent principalement en Iran, Irak, et sont présents dans une quinzaine d'autres pays dont le Liban et Bahreïn.
- **Multilatéralisme/unilatéralisme :** conception des relations internationales et de la diplomatie, selon que l'on opte pour la négociation et la recherche du consensus ou au contraire quand une puissance impose ses vues.
- **Monde multipolaire/unipolaire :** monde dans lequel plusieurs puissances régionales exercent une forme de domination régionale ou, au contraire, est dominé par une seule grande puissance.

2 La puissance des États-Unis

À partir de 20 critères différents (appartenance au G7, au Conseil de sécurité de l'ONU, PNB, prix Nobel, IDE, etc.), il est possible d'établir un classement des puissances mondiales. Sans surprise, les États-Unis se classent, largement, en première position des nations, avec un total de 93 points sur 100 possibles (un groupe de 5 nations arrive loin derrière avec un total de 37 à 33 points : Royaume-Uni, Allemagne, France, Japon, Russie). Les États-Unis se classent partout en première position (en particulier sur des critères clés, tels que la défense, le nucléaire, l'espace, les dépenses de R & D, la langue, les firmes transnationales ; le monétaire et le financier), sauf sur les critères suivants : production de blé, production de pétrole, superficie, population. Il convient néanmoins de souligner que la population urbaine, plus que la population totale, est un indicateur de puissance ; sur ce point, les États-Unis, avec plus de 225 millions de citadins, se trouvent dans les premiers rangs, à un niveau proche de la Chine et de l'Inde.

Alain Musset, *Géopolitique des Amériques*, 2006, Nathan.

3 Le bourbier irakien depuis 2003

Un soldat américain patrouille sur les lieux d'un attentat à la voiture piégée dans le centre de Bagdad en 2005.

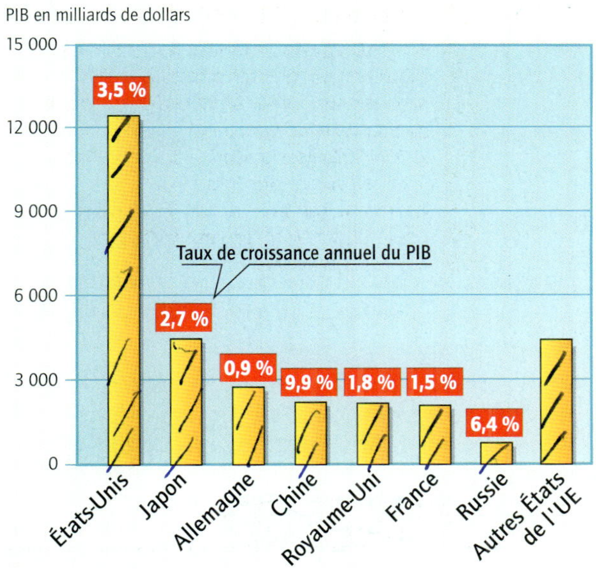

4 Les puissances économiques mondiales

5 Les puissances militaires mondiales

Pays – (rang en fonction des dépenses d'armement)	Budget militaire en milliards de $ en 2005	Effectifs militaires en 2003	Nombre de porte-avions + sous-marins nucléaires lanceurs d'engins
États-Unis 1er	518	1 496 000	12 + 18
Chine 2e	81,4	2 241 000	0 + 1
France 3e	45	356 000	1 + 4
Japon 4e	44,3	236 000	0
Royaume-Uni 5e	42,8	214 000	0 + 4
Allemagne 6e	35	285 000	0
Italie 7e	28	285 000	0
Russie 8e	21	325 000	1 + 3

Étude des documents

1. Pourquoi peut-on dire que les attentats du 11 septembre ont touché le cœur de la puissance américaine ? (Doc. 1)
2. En quoi les États-Unis sont-ils une hyperpuissance ? (Docs 2, 4 et 5)
3. Comment le conflit en Irak peut-il affaiblir les États-Unis ? (Doc. 3)
4. Additionnez les PIB des pays de l'Union européenne. Que constatez-vous ? (Doc. 4)
5. Quelle est la situation de la Chine ? (Doc. 4)
6. Quelles sont les principales puissances militaires ? (Doc. 5)

Question BAC

1. Ces affirmations sont-elles vraies ? Justifiez.
   - La Chine est la première puissance militaire au monde.
   - La Chine est la première puissance démographique.
   - La Chine est la première puissance économique.
2. Pourquoi le 11 septembre 2001 marque-t-il un tournant dans les relations internationales ?

BAC Pour réviser

À RETENIR

DATES CLÉS

1949 : l'Allemagne est coupée en deux

1950-1953 : guerre de Corée

1961 : construction du mur de Berlin

1962 : crise des fusées de Cuba

1964-1973 : guerre du Vietnam

1989 : chute du mur de Berlin

1991 : guerre du Golfe

1991 : disparition de l'Union soviétique

2001 : attentats du 11 septembre

2003 : invasion de l'Irak

• La guerre froide

À partir de 1947, les deux grandes puissances, les États-Unis et l'Union soviétique, et leurs modèles idéologiques s'opposent en deux blocs. Ce monde bipolaire est symbolisé par la coupure en deux de l'Europe. La guerre froide est ponctuée par des conflits entre des États soutenus par les États-Unis ou l'Union soviétique et par des guerres civiles opposant communistes et libéraux.

• La fin de la guerre froide

À partir des années 1980, l'affrontement entre les deux blocs épuise l'Union soviétique qui est ruinée. La chute du mur de Berlin en 1989 marque la fin de la guerre froide. L'Union soviétique disparaît en 1991 et de nombreux pays apparaissent en Europe. La décennie 1990 est marquée par un renouveau de l'ONU ; avec la guerre du Golfe, en 1991, le monde semble devenir unipolaire et les États-Unis passent pour les « gendarmes du monde ».

• Vers un monde multipolaire ?

Au début du XXIe siècle, de nouvelles forces sont apparues qui remettent en cause la domination des États-Unis et leur unilatéralisme dans les relations internationales. L'islamisme, nouvelle idéologie politique s'exprimant souvent par la violence, séduit certaines populations pauvres des pays du Sud. Deux grandes puissances économiques tentent de rivaliser avec les États-Unis : l'Union européenne et la Chine.

ACTEURS CLÉS

Joseph Staline (1878-1953)
Dictateur de l'Union soviétique, il s'oppose aux États-Unis (Berlin, Corée) durant la période la plus dure de la guerre froide.

John Fitzgerald Kennedy (1917-1963)
Président américain démocrate. En 1962, lors de la crise de Cuba, il conduit l'Union soviétique à retirer ses fusées. En 1963, il soutient les Berlinois après la construction du mur.

Ronald Reagan (1911-2004)
Président américain républicain et ultra-libéral (1980-1988), il relance l'affrontement avec l'URSS au début des années 1980, ce qui aboutit à la fin de la guerre froide.

Mikhaïl Gorbatchev (né en 1931)
Dirigeant soviétique à partir de 1985, il lance des réformes qui aboutissent à la fin de la guerre froide et à la dissolution du bloc de l'Est. Il démissionne en 1991 après l'éclatement de l'Union soviétique.

NOTIONS CLÉS

Bipolarisation : division du monde en deux blocs idéologiquement unifiés et dirigés chacun par l'un des deux Grands.

Guerre froide : période d'affrontement idéologique, économique et diplomatique de l'Union soviétique et des États-Unis n'allant jamais jusque à la guerre ouverte directe.

Impérialisme : politique d'expansion d'un État qui cherche à assurer sa domination sur un autre État ou une aire géographique. Cette domination peut prendre plusieurs formes : politique, économique ou culturelle.

Islamisme : désigne les courants les plus radicaux de l'islam qui veulent l'application stricte de la *charia* (loi islamique inspirée du Coran) dans la société et l'instauration d'États islamiques.

Multilatéralisme : conception des relations internationales mettant l'accent sur le pluralisme et le dialogue plus que sur la force.

S'entraîner à la 1re partie de l'épreuve

BAC

Méthode, p. 14

1 Caractériser un événement

Le Blocus de Berlin en 1948-49 :

a. marque la fin de la guerre froide
b. se termine par la victoire du camp occidental
c. est une défaite de l'ONU

2 Caractériser une période

À partir de 1989, le monde entre dans une période :

a. de guerre froide
b. de bipolarisation
c. de renouveau du rôle de l'ONU

3 Caractériser un personnage

Quel rôle joue Ronald Reagan dans la fin de la guerre froide ?

4 Citer des acteurs

Quel dirigeant soviétique a joué un rôle majeur dans la fin de la guerre froide ?

5 Justifier une affirmation en proposant des arguments

Justifiez l'affirmation suivante : à partir de 1990, on peut parler d'un monde unipolaire dominé par les États-Unis.

6 Choisir les dates clés d'une évolution

La disparition de l'URSS a lieu en :

a. 1989
b. 1991
c. 2001

7 Choisir une définition pour une notion

Quelle définition donneriez-vous de la guerre froide ? Justifiez votre réponse.

a. période d'affrontement idéologique entre les États-Unis et l'Union soviétique.
b. période caractérisant les relations internationales depuis la chute du mur de Berlin.
c. nom donné à l'opposition entre l'Europe et les États-Unis.

PARTIE 1

Le Proche-Orient depuis 1945

Le Proche et le Moyen-Orient se caractérisent par une mosaïque complexe de peuples et de religions et par le mélange d'États et de civilisations très anciens avec de jeunes États issus de l'époque coloniale, ainsi que la présence des lieux saints des trois monothéismes. La période qui s'ouvre en 1945 est marquée par des crises et des guerres parfois très longues. Ces conflits relèvent d'enjeux propres à la guerre froide. Cependant, leurs causes principales relèvent surtout de problématiques régionales : la question palestinienne, le pétrole, les rivalités nationales ou religieuses et la recherche d'une puissance dominante stabilisatrice.

A. Une région au cœur de multiples enjeux

→ *Quels sont les enjeux territoriaux, stratégiques et politiques qui structurent la région ?*

B. Le conflit israélo-arabe

→ *Comment le conflit israélo-arabe déstabilise-t-il le Proche et Moyen-Orient ?*

C. Les autres conflits du Proche et Moyen-Orient

→ *Quels conflits agitent le Proche et Moyen-Orient ?*

Proche-Orient : désigne l'espace occupé actuellement par l'Égypte et les pays du Croissant fertile : Irak, Syrie, Liban, Israël, les Territoires occupés palestiniens, la Jordanie.

Moyen-Orient : désigne l'espace occupé par les pays du Proche-Orient plus la Turquie, la péninsule arabique et l'Iran.

Jérusalem est une ville sainte pour les trois religions monothéistes. L'église du Saint-Sépulcre abrite le tombeau du Christ : c'est un lieu saint du christianisme ; le Mur des Lamentations (premier plan sur la photographie) est le vestige du Temple de Salomon rasé par les Romains (Ier s. ap. J.-C.) : c'est un lieu saint du judaïsme ; l'esplanade des mosquées et le Dôme du Rocher (second plan) sont des lieux saints pour les musulmans. Depuis 1947, le partage de la ville est l'objet de tensions et de conflits entre les communautés.

A. Une région au cœur de multiples enjeux

Le Proche et Moyen-Orient est une mosaïque complexe de peuples et de religions. La région se caractérise par l'abondance de pétrole et la rareté des ressources en eau, qui sont autant de motifs de conflits. Par ailleurs, depuis 1945, plusieurs dirigeants ont tenté d'imposer un modèle politique.

1 Le Proche et le Moyen-Orient

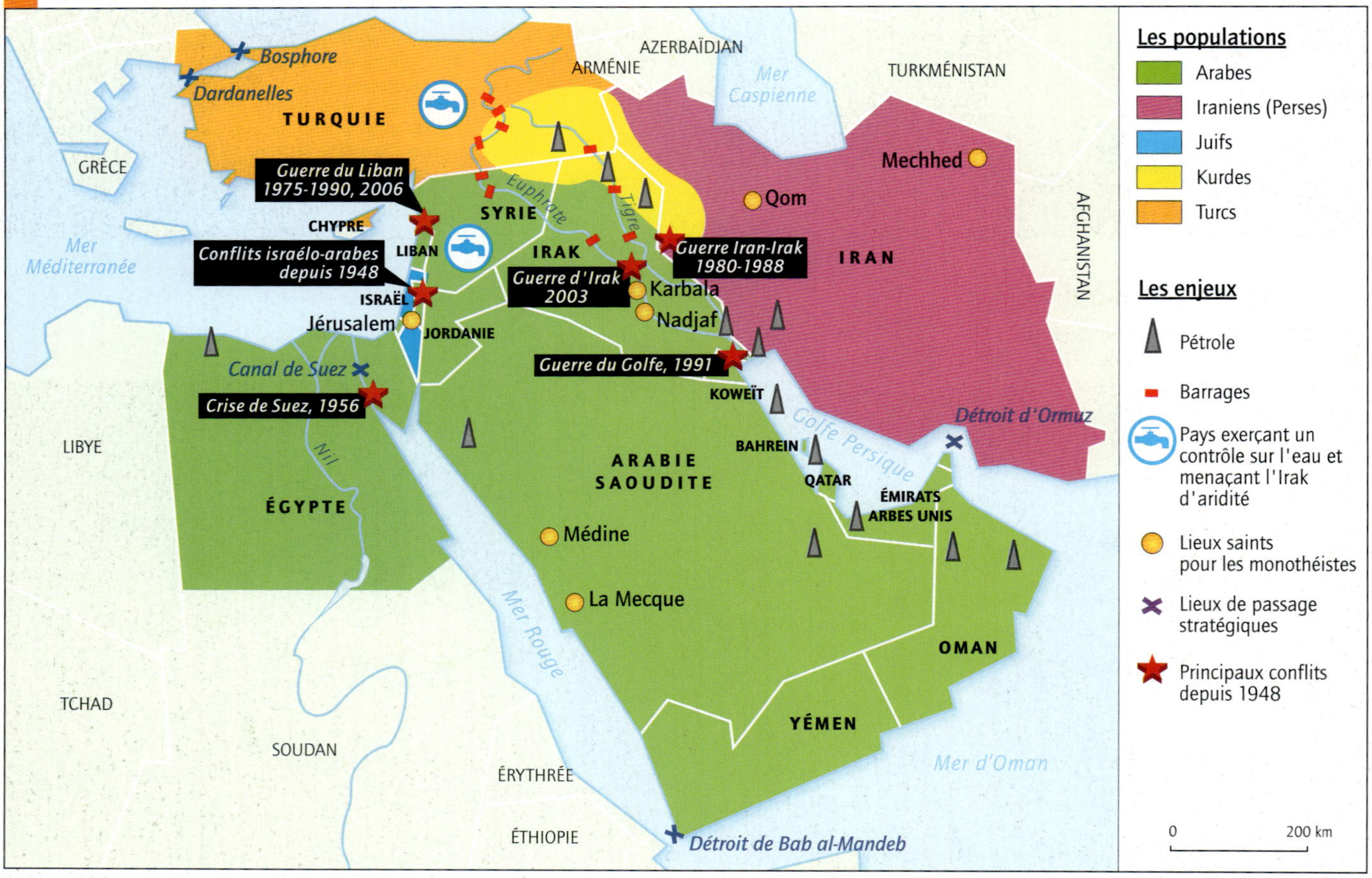

2 L'eau : une ressource rare et disputée

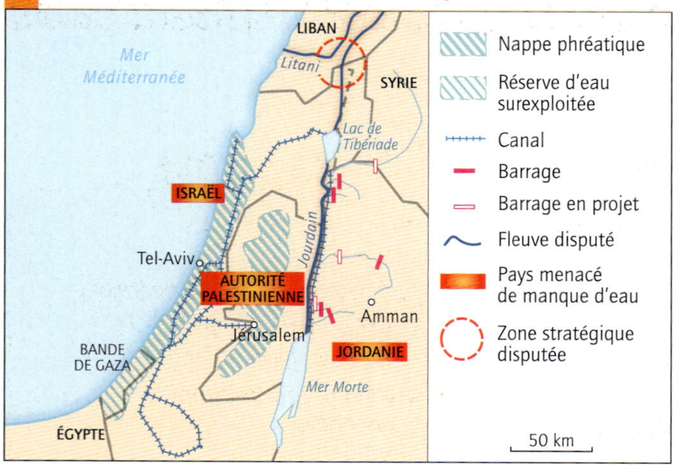

3 L'abondance de pétrole

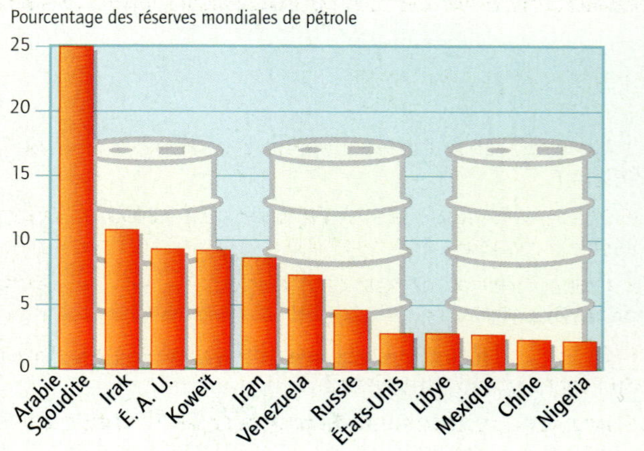

4 1956 : Nasser et le panarabisme

Nasser (à droite), le président syrien (à gauche) et le roi d'Arabie Saoudite (au centre) signent un traité d'assistance militaire au Caire en 1956, et marquent ainsi la volonté d'unifier le monde arabe.

5 1979 : l'ayatollah Khomeiny et la théocratie iranienne

Un hommage à Khomeiny à Téhéran en 1986.

Le gouvernement islamique est soumis à la loi de l'Islam qui n'émane ni du peuple ni des représentants, mais directement de Dieu. Gouverner signifie uniquement mettre à effet les lois coraniques, autrement dit les lois divines. Ces lois doivent être obéies et exécutées par tous, sans exception, et sans contestation. La loi divine s'applique au chef et au subordonné, à l'employeur et à l'employé.

Ayatollah R. Khomeiny, *Principes politiques, philosophiques sociaux et religieux*, 1979.

6 Années 1990 : Saddam Hussein et le nationalisme arabe

Cette fresque a été réalisée en 2002. Saddam Hussein, dictateur de l'Irak jusqu'en 2003, s'affirme dans les années 1980 comme le continuateur de Nasser. Il veut imposer sa suprématie sur la région.

MENER L'ÉTUDE

1. Identifiez les sources de conflits. Que révèle la carte du Proche et Moyen-Orient ? **(Doc. 1)**
2. Pour quelle raison la stabilité du Proche et Moyen-Orient est-elle stratégique à l'échelle mondiale ? **(Docs 1 et 3)**
3. Quels effets la question de l'eau peut-elle avoir sur les relations entre les États de la région ? **(Docs 1 et 2)**
4. Quels modèles politiques successifs ont été proposés aux populations du Proche et Moyen-Orient ? **(Docs 4 à 6)**
5. **Analyser un document de propagande.** Étudiez cette fresque. **(Doc. 6)**

SAVOIR FAIRE

Analyser un document de propagande

- Rechercher le contexte historique.
- Identifier le thème, le message et le destinataire de l'image.
- Repérer les personnages et les symboles.

BAC Pour réviser

À RETENIR

DATES CLÉS

1948 : proclamation d'Israël

1956 : nationalisation du canal de Suez

1975-1990 : guerre du Liban

1979 : révolution islamique en Iran

1980-1988 : guerre Iran-Irak

1991 : guerre du Golfe

1996 : Yasser Arafat président de l'Autorité palestinienne

2003 : invasion de l'Irak, destitution de Saddam Hussein

• Une région au cœur de multiples enjeux

Le Proche et le Moyen-Orient se caractérisent par une mosaïque de peuples et de religions et la présence des lieux saints des trois monothéismes. La région concentre également l'essentiel des ressources mondiales de pétrole ; en revanche, l'eau est rare et disputée. Depuis 1945, plusieurs dirigeants politiques (Nasser, Saddam Hussein) ou religieux (Khomeiny) ont tenté en vain d'unifier la région ou d'imposer leur modèle politique.

• Le conflit israélo-arabe

À partir de 1947, le difficile partage du même territoire entre les deux nations israélienne et palestinienne est source de conflits au Proche et Moyen-Orient. De nombreuses guerres ont opposé Israël et des coalitions des pays arabes voisins (1948, 1967, 1973). Les Palestiniens ont eu recours à la guérilla et au terrorisme contre l'État israélien. Malgré le processus de paix ayant abouti aux accords d'Oslo en 1993, les difficultés et les violences perdurent, aboutissant même à un nouveau conflit au Liban, en 2006.

• Les autres conflits du Proche et Moyen-Orient

Le Proche et le Moyen-Orient sont aussi le théâtre de nombreuses guerres. Certaines opposent deux puissances rivales : l'Irak et l'Iran. Les richesses en pétrole et les enjeux stratégiques des détroits expliquent les préoccupations des États-Unis et des Occidentaux. Les enjeux liés à la rivalité des communautés (chiites, sunnites, kurdes) et l'influence des différents courants de l'islam, maintiennent un état de tension extrême dans la région.

ACTEURS CLÉS

Yasser Arafat (1929-2004)
Homme politique palestinien, fondateur du Fatah en 1959, il mène une guérilla contre Israël, et devient président de l'OLP en 1969. Avec la négociation des accords d'Oslo, il obtient avec Yitzhak Rabin le prix Nobel de la paix, et la création de l'Autorité palestinienne dont il est président jusqu'à sa mort.

Ayatollah Rouhollah Khomeiny (1902-1989)
Théologien chiite iranien. Après la révolution de 1979, il instaure une république islamique, fait appliquer la Charia et persécute les opposants. Objet d'un culte de la personnalité dans son pays, il devient un modèle pour les islamistes. Il s'oppose violemment aux États-Unis qualifiés de « Grand Satan ».

Yitzhak Rabin (1922-1995)
Général israélien, puis premier ministre israélien, il signe en 1993 les accords d'Oslo avec Yasser Arafat, ce qui lui vaut le prix Nobel de la paix en 1994. Il est assassiné le 4 novembre 1995 par un extrémiste israélien.

POUR ALLER PLUS LOIN

À VOIR

Amos Gitaï, *Kippour*, Israël, 2000. La vie des jeunes Israéliens bouleversée par leur participation à la guerre de Kippour en 1973.

Elia Suleiman, *Intervention divine*, Palestine-France, 2002. Une histoire d'amour de part et d'autre des points de contrôle entre Israël et la Palestine.

Ziad Doueiri, *West Beyrouth*, Liban, 1998. La vie de jeunes gens à Beyrouth au moment du déclenchement de la guerre civile en 1975.

S'entraîner à la 2e partie de l'épreuve BAC

DÉGAGER L'APPORT D'UN DOCUMENT

Méthode, p. 14

Sujet guidé L'instabilité du Proche et Moyen-Orient

Le titre de l'article. Identifier la zone géographique concernée. Analyser le terme cité qui évoque le contenu de l'article.

En voie de radicalisation, l'Iran veut « rayer » Israël de la carte

On se croirait revenu des années en arrière, lorsque la contestation du droit d'Israël à l'existence était l'un des fondements idéologiques de la République islamique, voire une de ses raisons d'être, aux côtés de l'hostilité envers les États-Unis, de la répression des libertés et de l'oppression de la femme. « Comme l'a dit l'imam Khomeiny, le père de la révolution islamique, Israël doit être rayé de la carte », a déclaré le 26 octobre, le président iranien, Mahmoud Ahmadinejad. « Quiconque reconnaît Israël brûlera au feu de la fureur de la oumma[1] musulmane. Quiconque reconnaît le régime sioniste admet la défaite et la reddition du monde musulman. »

« La lutte en Palestine est une guerre entre la oumma musulmane et le monde de l'arrogance : les États-Unis. […] Il ne fait aucun doute que la nouvelle vague de lutte en Palestine balaiera ce stigmate (Israël) de la face du monde musulman. » Un message dans le même sens de Hassan Nasrallah, le secrétaire général du Hezbollah[2] libanais, a été lu.

Cette diatribe[3] associe Israël et les États-Unis, mais aussi tout pays musulman qui a déjà reconnu l'État juif, ou aurait l'intention de le faire. Les États arabes sont visés, dont deux, la Jordanie et l'Égypte, ont déjà signé des traités de paix avec Israël, tandis que les autres se sont engagés à faire la paix avec l'État hébreu pour peu qu'il restitue tous les territoires arabes occupés, c'est-à-dire la Cisjordanie, Gaza, Jérusalem et le Golan syrien, et que les Palestiniens recouvrent leurs droits.

Mouna Naïm, *Le Monde*, 28 octobre 2005.

1. oumma : la communauté des croyants.
2. Hezbollah : parti islamiste armé chiite du Liban.
3. diatribe : violent discours critique.

La citation d'un des acteurs du conflit à analyser : s'agit-il d'une référence ? d'un point de vue ?

La date du document. Rechercher les événements et le contexte de l'article.

La source du document. S'interroger sur les objectifs du texte.

QUESTIONS

1 Quelle est la nature du document ? À quels événements et à quel homme politique fait-il référence ?

2 Quelle est la caractéristique du régime iranien ?

3 Au nom de quelles valeurs l'Iran prend-il parti dans le conflit israélo-arabe ? Qui sont ses alliés ?

4 Tous les États arabes partagent-ils ces positions ? Quelle influence l'Iran veut-il avoir sur les acteurs du conflit ?

AIDE

Question 1. Repérez le thème principal, les pays cités et l'acteur principal.

Question 2. Le régime est présenté rapidement au début du texte. Vous avez déjà étudié certains aspects de cet État. Faites une rapide synthèse.

Question 3. Repérez les analyses, les jugements et les propos rapportés. Interrogez-vous sur l'idéologie de l'Iran. En quoi cette idéologie l'incite à participer aux affaires internes des États du Proche et Moyen-Orient ?

Question 4. Relevez dans le texte les acteurs cités participant au conflit israélo-arabe. Partagent-ils tous les positions iraniennes ? Mobilisez vos connaissances pour répondre à la deuxième question.

BAC S'entraîner à la 2e partie de l'épreuve

METTRE EN RELATION DEUX DOCUMENTS

Sujet guidé La guerre des Six Jours (1967)

Méthode, p. 14

Document 1

Le titre du document. Il est explicite et résume le contenu du texte.

La guerre des Six Jours bouleverse le Proche-Orient

Le 5 juin 1967, les avions de chasse israéliens foncent sur l'Égypte. En milieu de matinée, l'aviation égyptienne est hors de combat. La troisième guerre israélo-arabe vient de se jouer en quelques heures et Israël en est déjà le vainqueur. […]

Dans le Sinaï, les lignes égyptiennes sont enfoncées. À l'Est les troupes jordaniennes refluent de l'autre côté du Jourdain, après avoir été chassées de Jérusalem. Israël s'empare du Golan syrien. Le 10 juin la carte du Proche-Orient est désormais brutalement redessinée.

Tout avait commencé par des travaux hydrauliques en Syrie perçus en Israël comme une menace pour son approvisionnement en eau. […]

Le Conseil de sécurité des Nations unies adopte la résolution 242 demandant « le retrait des forces armées israéliennes des territoires occupés lors du récent conflit ». […]

Nasser, vaincu, annonce sa démission. […] Le panarabisme a reçu un coup fatal. […] Nasser décède en 1970. Dans les consciences, le moment semble venu pour d'autres expériences. En Égypte, l'heure de l'islamisme vient de sonner. Une idéologie prend son essor. […] Dans la décennie qui suit, des cohortes de « marxistes » et de « gauchistes » vont rallier avec armes et bagages la bannière du djihad.

D'après Gilles Paris, article paru dans l'édition du 60e anniversaire du journal *Le Monde*, 7 novembre 2004.

La date du document. L'article est bien postérieur aux événements, il en fait le bilan, d'un point de vue historique.

La source du document. Penser que l'article ne traite pas de l'actualité mais d'un événement historique marquant. D'une manière générale, les titres de journaux et de livres se reconnaissent à l'utilisation de caractères italiques.

Document 2

Le titre du document.
Il permet de situer l'événement et d'identifier la scène.

Parachutistes israéliens devant le Mur des Lamentations, Jérusalem-Est, 7 juin 1967

La date du document.
C'est une photo prise pendant la guerre des Six Jours.

La symbolique.
La kippa et la bande de cartouches. Rechercher leur signification.

Le thème photographique.
Être attentif au cadrage de la photo : quel est l'effet obtenu ? Tout cadrage est un choix : analyser ce que le photographe a voulu privilégier. Analyser aussi le titre de la photo.

Photographie de Micha Bar Am, agence Magnum.
Le Mur des Lamentations, lieu le plus sacré du judaïsme, se trouvait depuis la guerre de 1948 dans la partie occupée par la Jordanie. Les Juifs n'avaient plus le droit d'y accéder. Les soldats photographiés viennent juste de s'emparer de la vieille ville de Jérusalem et portent encore leurs munitions et leurs armes. C'est un moment de recueillement improvisé au milieu des combats.

La source du document.
Grande agence de photographes reporters de guerre.

QUESTIONS

1 Présentez les documents et relevez leurs différences (nature, contenu, date, richesse).

2 D'après le texte, quel événement a causé l'occupation de la Cisjordanie et de la partie Est de Jérusalem ?

3 Quel aspect important de ce conflit est mis en lumière dans le document 2 ?

4 Quels aspects de ce conflit éclairent en commun les deux documents ?

AIDE

Question 1. Combien de temps après les faits l'article est-il écrit ?

Question 2. Appuyez-vous sur le texte mais aussi sur vos connaissances : quelles autres guerres a déjà connues Israël ?

Question 3. Où est prise la photo ? Lisez la légende de la photo : des informations décisives y figurent. De quand date la photo ? Quelle était la position du photographe ? Comment pouvait-il être là ?

Question 4. Cette question s'appuie sur vos réponses précédentes. Il s'agit de faire une synthèse.

BAC BLANC 1re partie de l'épreuve

1 Caractériser une période

De 1989 au début du XXIe siècle le monde connaît une période :

a. de bipolarisation

b. de domination par les États-Unis

c. de décolonisation

2 Caractériser un événement

En quoi la guerre de Corée est-elle un conflit de guerre froide ?

3 Caractériser un personnage

Quel rôle joue Ronald Reagan dans la guerre froide ?

4 Citer des acteurs

Quels sont les leaders impliqués dans la crise des fusées de Cuba en 1962 ?

5 Justifier une affirmation en proposant des arguments

Justifiez l'affirmation suivante : la fin de la guerre froide marque aussi le renouveau du rôle de l'ONU.

6 Choisir les dates clés d'une évolution

La guerre de Corée s'est déroulée :

a. de 1960 à 1963

b. de 1950 à 1953

c. de 1951 à 1954

7 Donner une définition pour une notion

Qu'est-ce qu'un monde multipolaire ?

8 Caractériser un événement

La guerre en ex-Yougoslavie (1991-1995) est-elle un conflit de décolonisation ou un conflit nationaliste et religieux ? Justifiez votre réponse.

Les conditions de la paix entre Israël et ses voisins (1977)

Le 20 novembre 1977, le président égyptien Anouar el-Sadate se rend à Jérusalem et prononce devant la Knesset (le Parlement israélien) le discours suivant.

J'ai décidé de venir vers vous l'esprit ouvert, le cœur ouvert, avec détermination, afin que nous puissions établir une paix permanente fondée sur la justice. […] Je vous dis, en vérité, que la paix ne sera réelle que si elle est fondée sur la justice et non sur l'occupation des terres d'autrui. Il n'est pas admissible que vous demandiez pour vous-mêmes ce que vous refusez aux autres. Franchement, dans l'esprit qui m'a poussé à venir aujourd'hui chez vous, je vous dis : vous devez abandonner une fois pour toutes vos rêves de conquête. Vous devez aussi abandonner la croyance que la force est la meilleure façon de traiter les Arabes. Vous devez comprendre les leçons de l'affrontement entre vous et nous. L'expansion ne vous apportera aucun bénéfice. […] Qu'est-ce que la paix pour Israël ? Vivre dans la région avec ses voisins arabes en sûreté et en sécurité. À cela, je dis oui. Vivre à l'intérieur de ses frontières, à l'abri de toute agression. À cela, je dis oui. Obtenir toutes sortes de garanties qui sauvegarderont ces deux points. À cette demande, je dis oui. […] Toute conversation au sujet d'une paix permanente et juste sera sans signification, toute mesure visant à garantir notre vie dans cette partie du monde en sûreté et en sécurité sera sans signification aussi longtemps que vous occuperez le sol par la force des armes. La paix ne peut être valide et ne peut être construite pendant qu'il existe une occupation de la terre d'un autre peuple.

QUESTIONS

1 Présentez le document.

2 À quelles guerres Sadate fait-il allusion lorsqu'il évoque les « rêves de conquête » d'Israël ?

3 Quels sont les objectifs de Sadate ? Comment propose-t-il de les atteindre ?

4 Quelle est la portée de ce texte ? D'après vos connaissances, la démarche de l'Égypte est-elle soutenue par les autres populations arabes ?

PARTIE 1

L'Amérique latine depuis 1945

Les États d'Amérique latine sont caractérisés par des traditions autoritaires et de très fortes inégalités sociales. À partir de 1945, le continent ne connaît pas de guerre internationale majeure mais des soubresauts internes quasi permanents, allant parfois jusqu'à la guerre civile. L'histoire du continent est marquée par les enjeux de guerre froide et la proximité des États-Unis, puissance volontiers interventionniste. La violence étatique ou révolutionnaire, les mouvements et contrastes sociaux sont ici extrêmes.

A. Un continent sous l'influence des États-Unis

→ *Comment l'influence des États-Unis s'exerce-t-elle en Amérique latine ?*

B. Des dictatures à la démocratie

→ *Comment expliquer l'instabilité politique des pays d'Amérique latine ?*

C. Des inégalités économiques et sociales fortes

→ *Quels défis économiques et sociaux ces pays doivent-ils relever ?*

Salvador Allende, président socialiste du Chili, devant le palais de la Moneda à Santiago le 11 septembre 1973.
Pendant le coup d'État militaire de la junte dirigée par Augusto Pinochet, le président Allende combat les armes à la main et se suicide plutôt que de se rendre. Ce coup d'État militaire est soutenu par la CIA, les États-Unis refusant de voir s'installer un pouvoir dirigé par un socialiste dans un grand État d'Amérique Latine.

A. Un continent sous l'influence des États-Unis

La proximité des États-Unis et le contexte de guerre froide exercent une influence déterminante sur l'évolution politique de l'Amérique latine. Depuis la Doctrine Monroe (1823), les États-Unis considèrent ce continent comme leur chasse gardée. Leurs intérêts y sont multiples ainsi que les motifs de leurs interventions.

1 La présence et les interventions militaires des États-Unis en Amérique latine

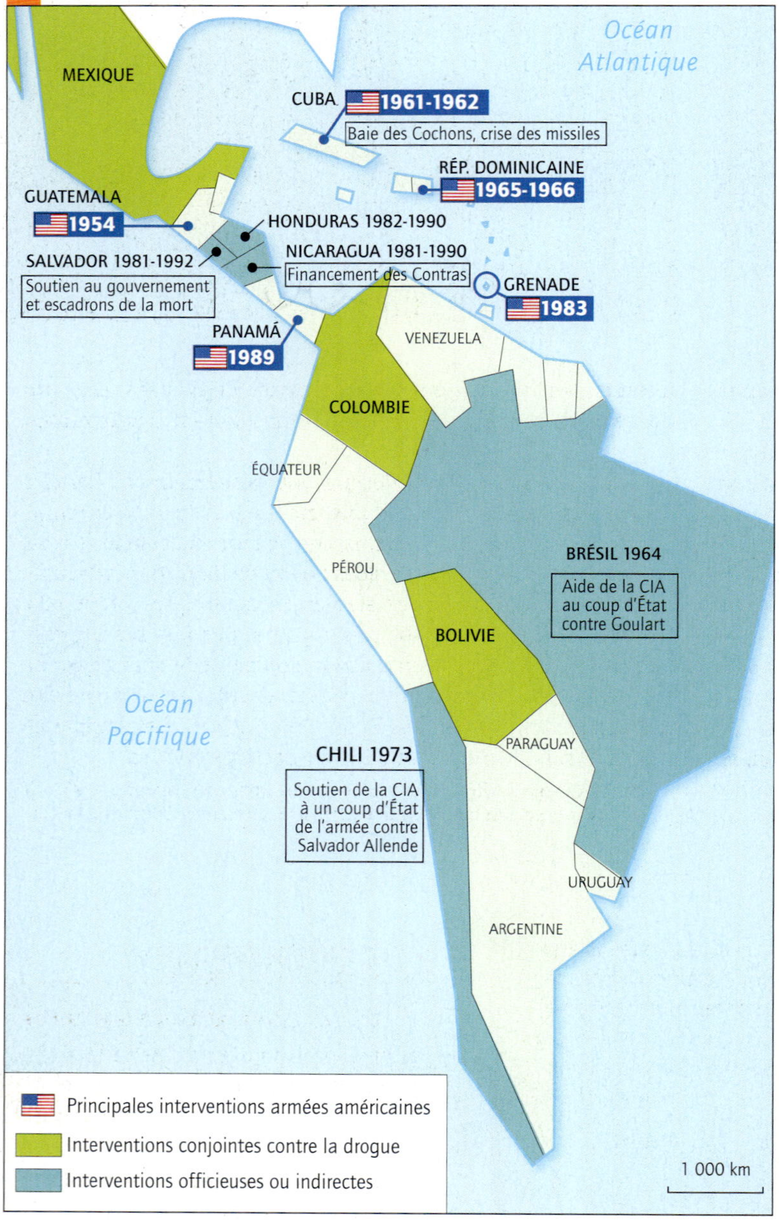

2 L'Alliance pour le progrès (1961)

J'appelle tous les peuples de cet hémisphère à s'unir dans une nouvelle Alliance pour le progrès – *alianza para Progreso* – un grand effort […] pour satisfaire les besoins élémentaires des peuples américains en logements, travail, terres, santé et écoles – *techo, trabajo y tierra, salud y escuela*.

Je propose que les républiques américaines lancent un plan de 10 ans pour transformer les années 1960 en une décennie historique de progrès démocratique. […]

J'ai signé ce soir une demande au Congrès de 500 millions de dollars. L'argent sera utilisé pour combattre l'illettrisme, améliorer la productivité et l'utilisation des terres, éradiquer les maladies, les impôts et les structures de propriété foncière archaïques, fournir des possibilités d'éducation. […]

Pour atteindre ce but la liberté politique doit aller de pair avec le progrès matériel. Notre Alliance pour le progrès est une alliance de gouvernements libres – et elle doit travailler à éliminer la dictature de cet hémisphère. C'est pourquoi laissez-moi exprimer notre amitié pour les peuples de Cuba et de la République dominicaine – ainsi que l'espoir de les voir rejoindre bientôt la société des Hommes libres.

John Fitzgerald Kennedy, 13 mars 1961, discours à la Maison Blanche aux diplomates latino-américains et membres du Congrès.

Le traité de l'Alliance pour le progrès est signé à Punta del Este en Uruguay en août 1961.

3 La « Doctrine Johnson » (1965)

En avril 1965, les États-Unis sont intervenus militairement à Saint-Domingue afin d'éviter que des communistes ne prennent le pouvoir.

Question : M. le Président certains prétendent que vous avez énoncé une « Doctrine Johnson » selon laquelle les forces américaines pourraient être employées pour éviter l'établissement d'un gouvernement communiste où que ce soit dans l'hémisphère occidental. En envoyant des troupes américaines à Saint-Domingue, est-ce que vous aviez de telles intentions à l'esprit ?

Président : […] Le plus grand objectif de l'Alliance pour le progrès, à laquelle nous travaillons si dur, est de favoriser le progrès économique et social. Nous croyons que cela bénéficiera à tous les gens de cet hémisphère. Mais je pense que c'est un fait bien connu et une doctrine répandue dans cet hémisphère que les principes du communisme sont incompatibles avec les principes de notre système interaméricain. Le président Kennedy l'a dit en plusieurs occasions.

Extraits de la conférence de presse du président Lyndon B. Johnson à la Maison blanche, 1er juin 1965.

4 La crise de Cuba, 1962

Un navire de guerre et un chasseur des États-Unis contrôlent un cargo soviétique en novembre 1962, à proximité de Cuba.

5 Une patrouille de *contras* au Nicaragua, 1987

Les États-Unis s'opposent au régime socialiste sandiniste qui a chassé du pouvoir le dictateur Somoza en 1979. Ils instaurent un embargo économique sur le pays et soutiennent secrètement une guérilla anti-sandiniste, les *contras*.

6 L'impérialisme économique des États-Unis

La United Fruit Company est une multinationale américaine installée au Guatemala.

Le colonel Arbenz Guzmán, président depuis 1951, […] était convaincu que le pays avait besoin d'une loi de réforme agraire, qui permettrait d'assurer une meilleure répartition des terres entre les paysans. […] l'United Fruit Co. qui possédait de vastes cultures de bananes, s'opposa immédiatement à la loi de réforme agraire, qui prévoyait l'expropriation des terres. L'United Fruit Co. détenait des biens d'une valeur déclarée d'environ 600 000 dollars au cadastre […] pour le paiement de l'impôt ; mais la valeur des terres [était] 15 millions de dollars. […]

La compagnie demanda l'intervention de Washington, en sollicitant la protection de ses intérêts. Le gouvernement des États-Unis déclara officiellement qu'il prendrait la défense des intérêts des citoyens ou des entreprises de ce pays, exigeant du gouvernement guatémaltèque le versement d'indemnités. […]

En mars 1954 la 10e conférence interaméricaine de Caracas adopta une résolution condamnant les activités du communisme dans les pays américains, contre laquelle vota le Guatemala. […] En juillet 1954, le mouvement de libération nationale entreprit, à partir de bases situées en dehors du Guatemala, une invasion de la République, appuyée par [les États-Unis]. Le président Arbenz Guzmán se vit contraint de démissionner. Le gouvernement [suivant] du colonel Castillo Armas reçut une assistance économique des États-Unis. […]Les terres appartenant à l'United Fruit Co. ne furent pas expropriées.

D'après l'organisation de surveillance des droits de l'homme de l'ONU, rapport préliminaire sur le Guatemala, 1994, http://www.unhchr.ch/

MENER L'ÉTUDE

1. Extraire des informations d'une carte. Pourquoi peut-on dire que les États-Unis considèrent l'Amérique latine comme leur chasse gardée ? Quels pays sont privilégiés par leurs interventions ? Quelles formes prennent ces interventions ? **(Doc. 1)**

2. Quels sont les objectifs de l'Alliance pour le progrès ? Quels intérêts les États-Unis peuvent-ils y trouver ? **(Doc. 2)**

3. Comment le président américain justifie-t-il l'intervention américaine à Saint-Domingue ? **(Doc. 3)**

4. Décrivez cette photo. Comment montre-t-elle que la crise de Cuba est un conflit de guerre froide ? **(Doc. 4)**

5. Quels moyens d'action les États-Unis utilisent-ils pour éviter que le socialisme ne progresse en Amérique latine ? **(Doc. 5)**

6. Que font les États-Unis pour sauvegarder leurs intérêts économiques au Guatemala ? Expliquez l'expression « impérialisme économique ». **(Doc. 6)**

SAVOIR FAIRE

Extraire des informations d'une carte

- Commencer par lire le titre et la légende : quel est l'espace concerné et quelles sont les informations que la carte fournit ?
- Faire une première lecture, générale : quelles sont les contrastes spatiaux ou les évolutions chronologiques mis en évidence ?
- Faire une seconde lecture, plus précise, en vous intéressant à un espace limité ou à l'un des thèmes de la légende.

B. Des dictatures à la démocratie

À partir des années 1950, l'Amérique latine est marquée par l'affrontement entre des régimes autoritaires et des mouvements révolutionnaires. À partir des années 1980, les tensions s'apaisent et la démocratie s'installe.

1 L'Amérique latine : continent autoritaire, continent révolutionnaire

2 Le plan « Condor »

L'opération « Condor », pour laquelle la Cour suprême du Chili a décidé la levée de l'immunité de l'ancien dictateur Augusto Pinochet, était un programme de répression des dictatures d'Amérique du Sud pour pourchasser et éliminer physiquement leurs opposants. Organisée par les services secrets d'Argentine, de Bolivie, du Brésil, du Chili, du Paraguay et d'Uruguay, l'opération a fait des centaines de morts et de disparus. Elle est née à Santiago en 1975. [...]

L'homme à l'origine de cette initiative est le fondateur de la DINA, police secrète du général Pinochet, Manuel Contreras. Ce plan a également bénéficié du soutien d'agents des États-Unis. Un rapport déclassifié de la CIA du 22 août 1978 indique laconiquement que « l'opération Condor est un effort de coopération dans le domaine des renseignements et de la sécurité entre de nombreux pays du cône sud pour combattre le terrorisme et la subversion ».

[...] Le général argentin Jorge Rafael Videla, 78 ans, inculpé pour « association illicite aggravée » le 10 juillet 2001, est le premier dictateur à être poursuivi dans ce dossier.

Ch. Legrand, *Le Monde*, 28 août 2004.

3 La dictature militaire en Argentine (1976)

Une junte militaire menée par Videla prend le pouvoir en Argentine par un coup d'État et reste en place jusqu'en 1983.

4 Des prisonniers politiques dans une caserne de Santiago du Chili en 1983

Victimes de la violence d'État : en Argentine, près de 9 000 disparus (1976-1983) ; au Chili plus de 3 000 disparus (1973-1990) ; au Salvador 100 000 morts dans la guerre civile (1980-1992) ; au Guatemala 200 000 morts et 40 000 disparus dans la guerre civile (1962-1996) ; au Pérou, 70 000 morts dans la guerre civile (1980-2000).

5 La guérilla Tupac Amaru au Pérou en 1987

Les guérillas révolutionnaires, qui recrutent essentiellement parmi les Indiens, sont durablement implantées dans les forêts et les montagnes. La faiblesse du pouvoir central explique la permanence du mouvement Tupac Amaru, du nom d'un héros indien historique.

6 Les transitions démocratiques et l'instabilité politique

États	Date de la transition	Mode de transition	Nombre de présidents destitués depuis la transition
Équateur	1979	Élection	3
Pérou	1980	Élection	1
Bolivie	1982	Élection	2
Argentine	1983	Élection	1
Brésil	1985	Élection	1
Chili	1989	Élection	0
Panama	1989	Intervention extérieure (États-Unis)	0
Paraguay	1989	Coup d'État	1
Nicaragua	1990	Élection	0

MENER L'ÉTUDE

1. Pourquoi peut-on parler de continent autoritaire ? **(Doc. 1)**

2. Comment caractériser la situation du Guatemala, de Cuba, du Nicaragua et de la Bolivie ? **(Doc. 1)**

3. Comment expliquez-vous la contagion révolutionnaire qui s'opère depuis Cuba ? **(Doc. 1)**

4. Comment les dictatures mènent-elles la répression contre les opposants ? De quelle manière les États-Unis sont-ils impliqués ? **(Doc. 2)**

5. Qu'est-ce qu'une junte militaire ? Décrivez cette photographie et les impressions qui s'en dégagent. **(Doc. 3)**

6. Dégager l'intérêt d'un document iconographique. Où se trouvent les prisonniers ? Comment sont-ils traités par les militaires ? Que nous apprend la photographie sur le régime politique du Chili en 1983 ? **(Doc. 4)**

7. Quand et comment la transition démocratique s'opère-t-elle en Amérique latine ? Dans quelle situation se trouve le Pérou ? **(Docs 5 et 6)**

SAVOIR FAIRE

Dégager l'intérêt d'un document iconographique

- Quelle est sa qualité esthétique ?
- Dans quel contexte est-il produit et par qui ?
- Quelle est l'efficacité ou l'originalité du message transmis ?
- Quelle connaissance apporte-t-il sur la période ou l'événement étudié ?

C. Des inégalités économiques et sociales fortes

Les sociétés d'Amérique latine sont caractérisées par de fortes inégalités et une grande pauvreté rurale. À partir des années 1970, les économies s'ouvrent à la mondialisation. Les conséquences sont parfois douloureuses et la contestation est forte.

1 Les écarts de richesse en Amérique latine

Pays	Part du revenu dans le total des revenus du pays		
	des 20 % les plus pauvres	des 20 % les plus riches	des 10 % les plus riches
Argentine	3,1	56,4	38,9
Bolivie	4,0	49,1	32,0
Brésil	2,4	63,2	46,9
Chili	3,3	62,2	47,0
Mexique	3,1	59,1	43,1
Nicaragua	5,6	49,3	33,8
Venezuela	3,0	53,4	36,8
France	7,5	40	24,8

Source : PNUD, 2005.

3 Une manifestation du Mouvement des sans-terre au Brésil en 2000

Le Mouvement regroupe les associations de paysans sans terre ou ruinés par la baisse des prix agricoles due à l'ouverture des marchés. Ils réclament le partage des terres. Ils mènent des actions illégales et parfois violentes : occupation de propriétés ou réquisitions.

2 La pauvreté rurale et le trafic de drogue

La production et le trafic de drogue ont pris une place de plus en plus importante dans les économies latino-américaines. La Colombie est devenue le principal centre de production de cocaïne à destination des États-Unis. Les revenus du trafic financent en grande partie les forces armées rebelles réfugiées dans les forêts amazoniennes et les montagnes (FARC). Au Mexique, l'activité liée aux drogues est en expansion. Les narcodollars ont gangrené presque tous les secteurs économiques et politiques du pays, alimentant la violence et la corruption.

Afin de lutter contre ce trafic, le gouvernement américain et les pays de la région ont passé des accords de coopération. Cependant les opérations menées ou soutenues par les agents de la DEA[1] peuvent rendre populaires certains parrains de la drogue présentés comme de vrais patriotes s'opposant à l'impérialisme américain.

En Bolivie où la consommation de feuilles de coca fait partie de la culture indienne traditionnelle, la lutte du gouvernement passé contre la drogue a renforcé l'image d'un leader tel Evo Morales. Cet Indien aymara mène depuis 20 ans la lutte des petits producteurs de coca (*cocaleros*) ruinés par la politique des États-Unis. En 2006, son élection à la présidence de la Bolivie, renforce les positions de la gauche dure et nationaliste allant de Hugo Chavez (Venezuela) à Fidel Castro.

D'après *Géopolitique des Amériques*, Nathan, 2006.

1. DEA : Drug Enforcement Administration, service de lutte contre la drogue des États-Unis.

4 Argentine : manifestations et grève générale contre le FMI

« Il existe toujours la fiction selon laquelle il y a un Président en Argentine », a déclaré Fidel Castro [...] Dans les faits, l'Argentine est dirigée par le Fonds monétaire international (FMI) et les banques occidentales qui vivent du remboursement des intérêts de sa dette. Elle est dans un état de faillite total.

Après 42 mois de récession et un chômage non indemnisé touchant un Argentin sur cinq, la décision de restreindre l'usage d'argent liquide pour freiner la fuite des capitaux a cristallisé le mécontentement social. [...]

L'évasion fiscale est estimée à environ 100 milliards de dollars. La dette publique qui a plongé le pays dans la misère totale, faute de pouvoir être remboursée autrement qu'à des taux d'intérêt faramineux, atteint 132 milliards de dollars.

La journée [...] doit être marquée par les protestations des commerçants, des petits industriels et des associations de défense des consommateurs, tous durement touchés par les dernières restrictions [...]

Les trois grands syndicats [...] appellent à une grève générale de 24 heures, la septième depuis deux ans. Les associations de «*piqueteros*» et de chômeurs ont décidé de se joindre au mouvement en brandissant dans tout le pays leur arme privilégiée: le blocage des routes.

Source : AFP et Radio La Havane, le 12 décembre 2001.

5 Le Mercosur entre élargissement et difficultés politiques

Le Venezuela est un nouveau venu dans le Mercosur (Marché commun des pays du Sud). Son président Hugo Chavez est opposé au libéralisme et à la mondialisation, contrairement aux autres membres.

Onze présidents sud-américains étaient présents au sommet du Mercosur à Rio.

Créé pour faciliter le commerce entre l'Argentine, le Brésil, le Paraguay et l'Uruguay, le Mercosur est une union douanière. [...]

Le président paraguayen craint que « la globalisation augmente la pauvreté si les plus petits ne sont pas écoutés ». [...]

Au sommet de Rio, l'élargissement du Mercosur était à l'ordre du jour. Après le Venezuela, la Bolivie demande son adhésion et l'Equateur exprime son intérêt. [...] Pour Brasilia, l'élargissement démontre la vitalité du Mercosur, qui serait maintenant un bloc « géopolitique » et non plus seulement commercial.

Toutefois, les partenaires ne partagent pas les mêmes visions ni intérêts. Le président du Venezuela a assuré qu'il n'avait pas l'intention « d'imposer le socialisme », mais Hugo Chavez a quand même souhaité que le bloc soit « décontaminé du virus néolibéral ».

Le président colombien, Alvaro Uribe, est allé à Rio plaider le rapprochement entre le Mercosur et les pays andins.

A. Gasnier, *Le Monde*, 22 janvier 2007.

6 Des *piqueteros* à Buenos Aires en 2004

Les *piqueteros* sont des groupes de chômeurs et de pauvres qui bloquent les routes, et campent dans les villes, pour protester contre la politique libérale du gouvernement.

MENER L'ÉTUDE

1. Pourquoi peut-on dire que les inégalités sociales sont fortes en Amérique latine ? **(Doc. 1)**

2. Expliquez l'expression « narcodollars ». **(Doc. 2)**

3. Relever les informations fournies dans un texte. Quel est le lien entre pauvreté et drogue ? Quel est le lien entre drogue et politique ? **(Doc. 2)**

4. Qu'est-ce que le Mouvement des sans-terre ? **(Doc. 3)**

5. Quelles formes de revendications politique et sociale empruntent les populations pauvres d'Amérique latine ? **(Docs 3, 4 et 6)**

6. Comment les pays d'Amérique latine essaient-ils de favoriser leur développement économique ? **(Doc. 5)**

7. Comment sont perçus le FMI et les idées économiques libérales ? **(Docs 4, 5 et 6)**

SAVOIR FAIRE

Relever les informations fournies dans un texte

- Identifier le texte : sa nature, sa date et son contexte, son auteur.
- Relever les informations contenues dans le texte en les classant par thèmes.
- Mettre ces informations en relation avec vos connaissances : identifier les allusions aux événements historiques et, le cas échéant, le point de vue de l'auteur.

BAC Pour réviser

À RETENIR

• Un continent sous l'influence des États-Unis

Depuis le XIXe siècle, les États-Unis exercent une tutelle en Amérique latine. Avec la guerre froide, l'obsession anti-communiste des Américains redouble leur activisme. Ils soutiennent des gouvernements autoritaires, parfois des dictatures. Ils interviennent contre des gouvernements socialistes. Faisant preuve d'impérialisme, les États-Unis protègent aussi leurs intérêts économiques.

• Des dictatures à la démocratie

Dans les années 1960-1970, des mouvements révolutionnaires choisissent la voie de la lutte armée et de la guérilla pour renverser les gouvernements autoritaires. En réaction, des coups d'État et des dictatures militaires exercent une violente répression contre les opposants. Toutefois, à partir de 1980, la plupart des pays connaissent une transition démocratique, non sans difficultés.

• Des inégalités économiques et sociales fortes

L'Amérique latine connaît des inégalités sociales extrêmes. Des minorités démunies (Indiens, paysans sans terres, chômeurs) utilisent des formes de revendication violentes. Les plus pauvres sont aujourd'hui frappés par l'ouverture brutale des économies au libéralisme. Celle-ci se traduit parfois par des crises graves et des désastres sociaux.

ACTEURS CLÉS

Fidel Castro (né en 1926)
Homme politique cubain, il accède au pouvoir suite à la révolution de 1959. Il se tourne vers l'URSS et fait de Cuba un État socialiste, membre du bloc de l'Est et ennemi des États-Unis.

« Che » Guevara (1928-1967)
Médecin argentin, il s'engage aux côtés de Fidel Castro dans la guérilla révolutionnaire à Cuba. Après la victoire de la révolution en 1959, il critique l'alignement du régime cubain sur le modèle soviétique et s'engage dans des mouvements de guérilla en Afrique et en Amérique latine. Il est tué en Bolivie en 1967.

Salvador Allende (1908-1973)
Président socialiste du Chili élu démocratiquement en 1970. Le 11 septembre 1973, l'armée, dirigée par Augusto Pinochet, aidé par la CIA, déclenche un coup d'État. À Santiago, Allende se suicide plutôt que de se rendre.

DATES CLÉS

1948 : création de l'Organisation des États Américains

1954 : intervention américaine au Guatemala

1959 : révolution castriste à Cuba

1967 : Che Guevara tué en Bolivie

1973 : coup d'État au Chili

1975 : plan Condor

1979-1990 : révolution sandiniste et guerre civile au Nicaragua

1983-1989 : transitions démocratiques (Brésil, Argentine, Uruguay, Chili, Paraguay)

1991 : fondation du Mercosur

2001 : crise économique grave en Argentine

POUR ALLER PLUS LOIN

À VOIR

Mikhaïl Kalatozov, *Soy Cuba*, 1964. Un très beau film soviétique sur la révolution cubaine.

Costa Gavras, *État de siège*, 1973. Un film d'action sur le rôle des États-Unis dans les dictatures sud-américaines.

Costa-Gavras, *Missing*, 1982. Un film sur les disparus durant la dictature au Chili.

Barbet Schroeder, *La Vierge des tueurs*, 2000. Un film sur les gangs de jeunes à Bogota en Colombie.

À LIRE

Miguel Angel Asturias, *Monsieur le président*, 1946 (Guatemala)

Manuel Puig, *le Baiser de la femme araignée*, 1976 (Argentine)

Isabel Allende, *La Maison aux esprits*, 1982 (Chili)

S'entraîner à la 2e partie de l'épreuve

BAC

DÉGAGER L'APPORT D'UN DOCUMENT

Méthode, p. 14

Sujet guidé

Les mères de la place de Mai : marche du 21 mai 1983

Depuis 1977, ces femmes manifestent régulièrement pour exiger du pouvoir en place de rendre des comptes concernant les milliers de personnes disparues sous la dictature.

QUESTIONS

1 Présentez le document. Quel est le régime politique en place en Argentine en 1983 ?

2 Décrivez le document.

3 Quelles revendications ces femmes expriment-elles ?

4 Pourquoi le devoir de mémoire est-il essentiel pour assurer la transition démocratique ?

AIDE

Question 1. Précisez la nature, la date et le lieu.

Question 2. Notez le caractère féminin de cette manifestation et expliquez-le.

Question 3. Rappelez la nature du régime mis en place entre 1976 et 1983. Évoquez également le plan Condor.

Question 4. Définissez « transition démocratique ». Rappelez qu'en Argentine comme dans d'autres pays d'Amérique latine, elle est difficile.

BAC S'entraîner à la 2e partie de l'épreuve

METTRE EN RELATION DEUX DOCUMENTS

Sujet guidé L'Amérique latine, enjeu de la guerre froide

Méthode, p. 14

Document 1

La révolution sandiniste vue par Ronald Reagan

La révolution sandiniste est juste le remplacement d'une dictature par une autre. Pire encore que la précédente, elle aide Cuba et les Soviétiques à déstabiliser notre hémisphère.

Le gouvernement du Salvador fait tout ce qu'il peut pour garantir la démocratie et la liberté mais il est attaqué par une guérilla animée par la même philosophie que le Nicaragua, Cuba et l'Union soviétique. La violence est ce que le gouvernement du Nicaragua a apporté au monde. C'est une grande hypocrisie de la part du gouvernement non élu du Nicaragua de nous accuser de chercher à le renverser quand ils font tout pour déstabiliser le gouvernement du Salvador.

Mais nous ne cherchons pas à renverser le gouvernement du Nicaragua. Notre intérêt est seulement de s'assurer qu'il ne contamine pas ses voisins avec la violence et la subversion. [...] Mais nous ne voulons pas non plus protéger le gouvernement sandiniste contre la colère de son propre peuple. [...]

Le but de ces professionnels de la guérilla en Amérique centrale est de déstabiliser toute la région, du canal de Panama jusqu'au Mexique. [...] Est-ce que les Démocraties doivent rester passives quand on les menace ? Devons-nous accepter la déstabilisation de la région entière à notre frontière du Sud ?

Ronald Reagan, discours sur l'Amérique latine devant le Congrès, Washington, le 27 avril 1983.

Le type de texte. Se demander s'il cherche à convaincre ou à informer.

L'auteur. S'interroger sur sa fonction et son rôle en 1983.

Les destinataires du texte. Le discours s'adresse directement à ce public, rechercher pourquoi.

La date du document. Rechercher le contexte historique et les événements de la période.

Document 2

L'intervention américaine au Nicaragua vue par Cuba

Le slogan.
Analyser chaque terme et pourquoi il figure en plusieurs langues.

La symbolique.
Rechercher sa signification, sa position dans l'image.

L'utilisation de l'image.
S'interroger sur le thème et sa représentation : objets, couleurs, personnages.

Affiche d'Alberto Blanco Gonzalez, 1985, édité à Cuba par l'OSPAAL[1].

1. OSPAAL : Organisation de solidarité avec les Peuples d'Asie, d'Afrique et d'Amérique latine, de tendance socialiste installée à Cuba. Le rouge et le noir sont les couleurs du mouvement sandiniste.

QUESTIONS

1 Identifiez pour chaque document : sa nature, l'auteur, la date et le contexte historique.

2 Comparez les intentions de chacun des documents. À qui s'adressent-ils ?

3 Comment sont représentés les États-Unis dans le document 2 ? Comment sont qualifiés les sandinistes dans le document 1 ?

4 En les resituant dans leur contexte, expliquez en quoi ces deux documents expriment deux points de vue opposés.

AIDE

Question 1. Identifiez bien les sources des documents.

Question 2. Pensez que la victoire des sandinistes au Nicaragua en 1979 est perçue comme une avancée du camp soviétique en Amérique latine, après celle de Cuba en 1959.

Question 3. Procédez méthodiquement : analysez l'image puis le texte. Les États-Unis utilisent fréquemment la liberté comme valeur opposable au communisme.

Question 4. Il s'agit d'une question de synthèse qui s'appuie sur vos réponses précédentes. Vous pouvez répondre en reprenant les thèmes évoqués.

BAC BLANC 1re partie de l'épreuve

1 Caractériser une période

Le monde de 1947 aux années 1980 se caractérise par :

a. la bipolarisation

b. la domination unilatérale des États-Unis

c. l'influence et l'activité décisive de l'ONU

2 Caractériser un événement

En quoi la chute du mur de Berlin en 1989 est-elle un événement majeur de la période contemporaine ?

3 Caractériser un personnage

Quel rôle joue Mikhaïl Gorbatchev dans la fin de la guerre froide ?

4 Citer des acteurs

Citez deux présidents des États-Unis ayant joué un rôle important durant la guerre froide.

5 Justifiez une affirmation en proposant des arguments

Justifiez l'affirmation suivante : depuis le début du XXIe siècle, de nouvelles puissances et de nouvelles idéologies concurrencent les États-Unis dans le monde.

6 Choisir les dates clés d'une évolution

À partir de quelle date les États-Unis apparaissent-ils comme les « gendarmes du monde » ?

7 Choisir une définition pour une notion

Quelle définition permet de préciser « l'unilatéralisme » ? Justifiez votre réponse.

a. Une conception stratégique des États-Unis qui ne s'intéressent qu'à la façade Ouest du continent américain et au monde occidental.

b. Une conception des relations internationales où le plus puissant agit sans concertation avec les autres.

c. Une règle diplomatique durant la guerre froide autorisant chacun des deux Grands à s'occuper exclusivement des affaires internes de son bloc.

8 Proposer une définition pour une notion

Qu'est-ce que l'islamisme ?

Le rôle des États-Unis en Amérique latine

L'École des Amériques, instrument de l'influence des États-Unis

L'École des Amériques, établie en 1946 dans la zone américaine du canal de Panama, est le centre de formation militaire le plus important d'Amérique latine, où les États-Unis entraînèrent et formèrent idéologiquement plus de 60 000 militaires. Depuis 1984, l'École des Amériques a été transférée à Fort Benning (Georgie). Parmi ses élèves, quelques noms tristement célèbres : les généraux putschistes argentins Viola, Videla et Galtieri, des dictateurs : Pinochet (Chili), Somoza (Nicaragua), Manuel Noriega (Panama), Stroessner (Paraguay), et ceux de Bolivie, Honduras, Salvador…

Produit de la guerre froide, instrument de la doctrine de sécurité nationale, l'École a toujours eu pour but clairement affiché de permettre la résistance des armées latino-américaines face au « communisme » et aux poussées révolutionnaires du continent. L'action anti-insurrectionnelle y passe par l'endoctrinement idéologique, les liens personnels […]

La déclassification récente de nombreux documents secrets a permis de découvrir les méthodes préconisées dans ses manuels d'enseignement : torture, exécutions, chantage, détention des proches des suspects comme méthodes d'interrogatoire, emploi de méthodes clandestines comme la « disparition » ; autant de violations de droits humains qui ont affecté le continent. Très vivement contestée aux États-Unis même, l'École des Amériques a été fermée en l'an 2000, puis ré-ouverte sous un nom différent.

Le Monde diplomatique, collectif, Cahier spécial Amérique latine, 2001.

QUESTIONS

1 Identifiez le document : sa nature, sa source, sa date et la période à laquelle il est fait référence.

2 Pourquoi l'École des Amériques a-t-elle été fermée ?

3 En quoi ce centre de formation est-il en contradiction avec les valeurs démocratiques dont se réclament les États-Unis ?

4 Relevez dans le document les chefs de gouvernement d'Amérique latine cités. Peut-on penser qu'ils ont été influencés par leur passage à l'École des Amériques ?

5 Expliquez comment cette École a pu être un moyen efficace d'influence sur le continent pour les États-Unis.

Décolonisation et construction de nouveaux États

A Question obligatoire

Du reflux colonial à l'État-nation depuis 1945

B Sujets d'étude au choix

L'Algérie à partir de 1954

L'Inde à partir de 1947

PARTIE

2

La fête de l'indépendance au Cameroun.
Le Cameroun a été une colonie allemande avant de passer sous le contrôle de la France en 1918. Il est devenu indépendant en 1960. Chaque année, le 22 mai, la fête nationale célèbre cette indépendance.

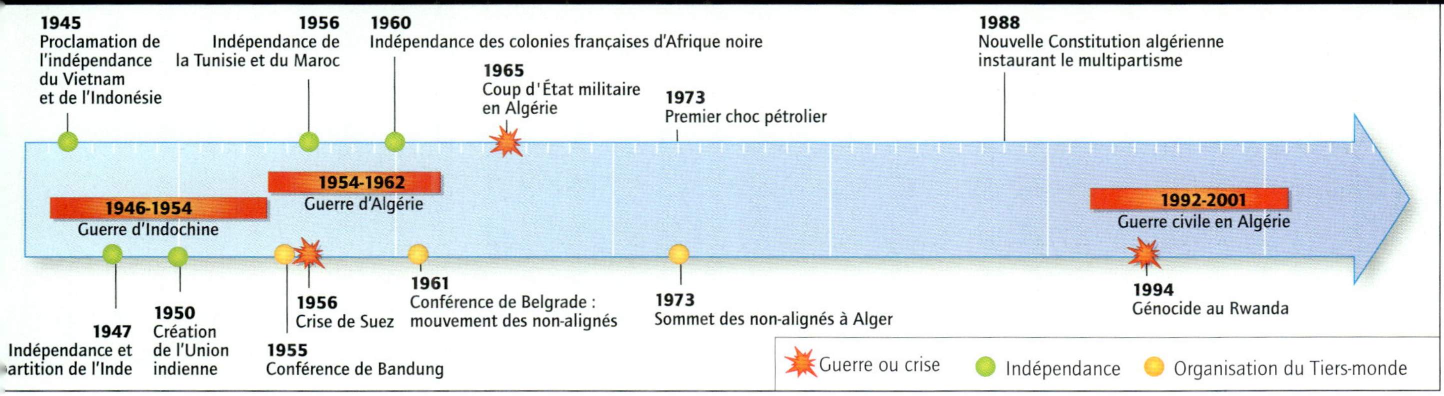

Du reflux colonial à l'État-nation depuis 1945

L'émancipation des peuples colonisés constitue un fait majeur de la seconde moitié du XXe siècle. De nouveaux États se constituent ; ils ont en commun leur passé colonial et de grandes difficultés politiques et économiques. Ils souhaitent jouer un rôle sur la scène mondiale et voir s'établir des relations plus justes avec les pays développés. Mais leurs espoirs s'évanouissent à partir des années 1980. La crise économique aggrave les disparités entre eux et cela conduit à l'éclatement du Tiers-monde.

À quels défis les États nés de la décolonisation sont-ils confrontés ? Comment cherchent-ils à y répondre ?

Peinture murale retraçant l'insurrection indonésienne de 1945. Pendant la Seconde Guerre mondiale, l'Indonésie, colonie néerlandaise, a été occupée par les Japonais. En 1945, les Pays-Bas se heurtent à la revendication de l'indépendance incarnée par Ahmed Sukarno (représenté en haut à gauche, avec une toque noire) qui affirme vouloir « reconstruire le monde » sur de nouvelles bases.

La décolonisation

A Les empires coloniaux en 1945

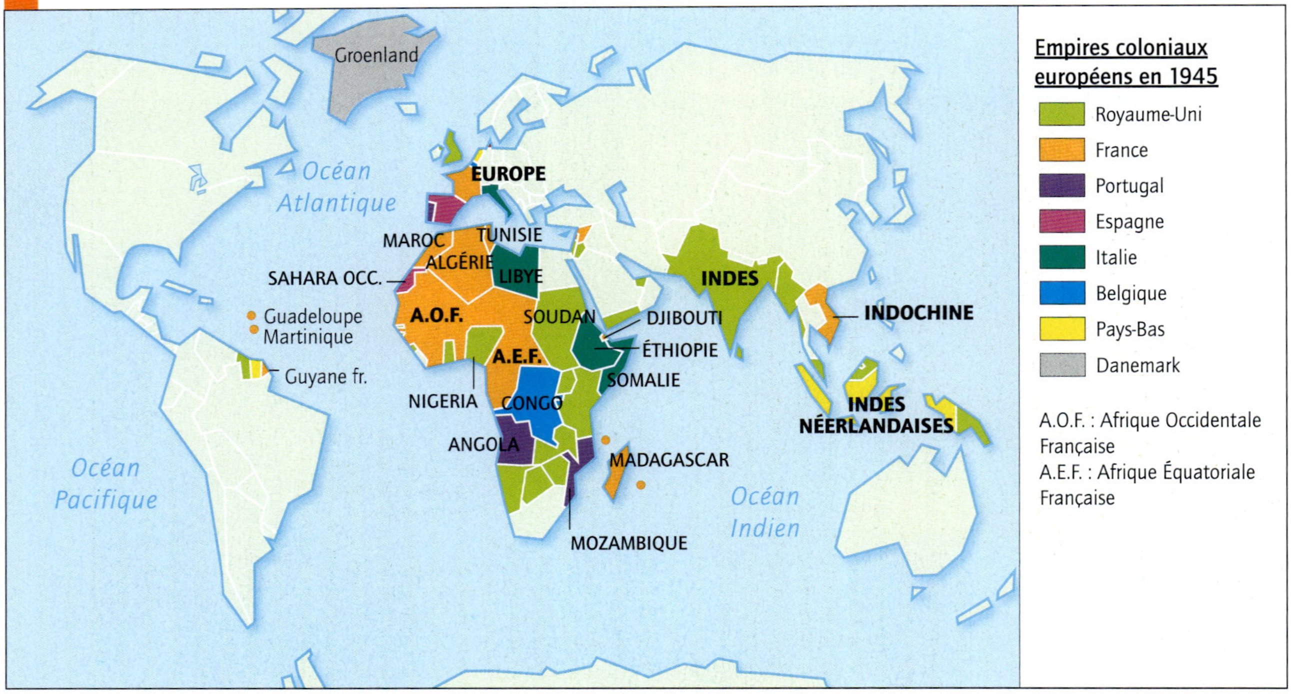

1. Sur quels continents s'étendent les empires coloniaux en 1945 ?

2. Quels sont les empires les plus étendus ?

B La décolonisation de l'Asie du Sud et du Sud-Est

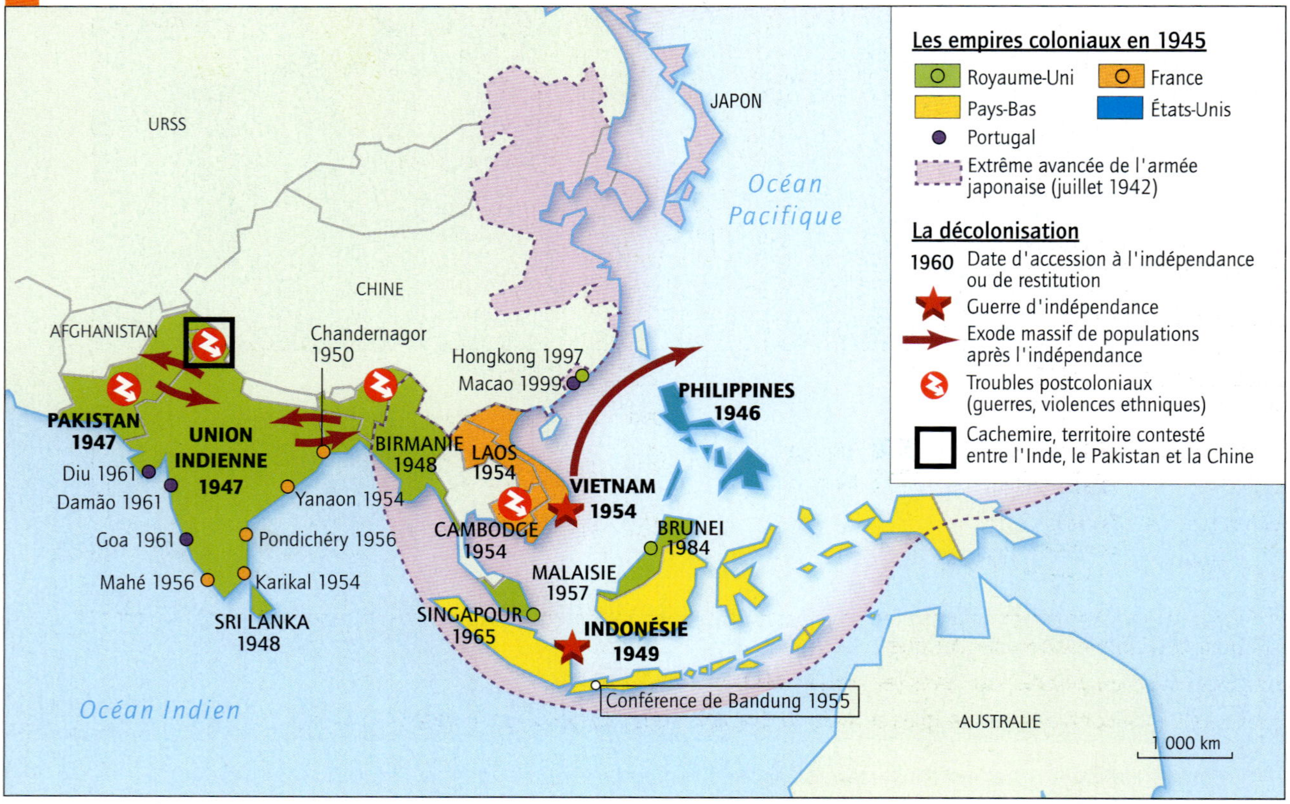

1. Quelles sont les colonies asiatiques les plus étendues ?

2. Quelle est la situation de cette région à la fin des années 1950 ?

C La décolonisation de l'Afrique

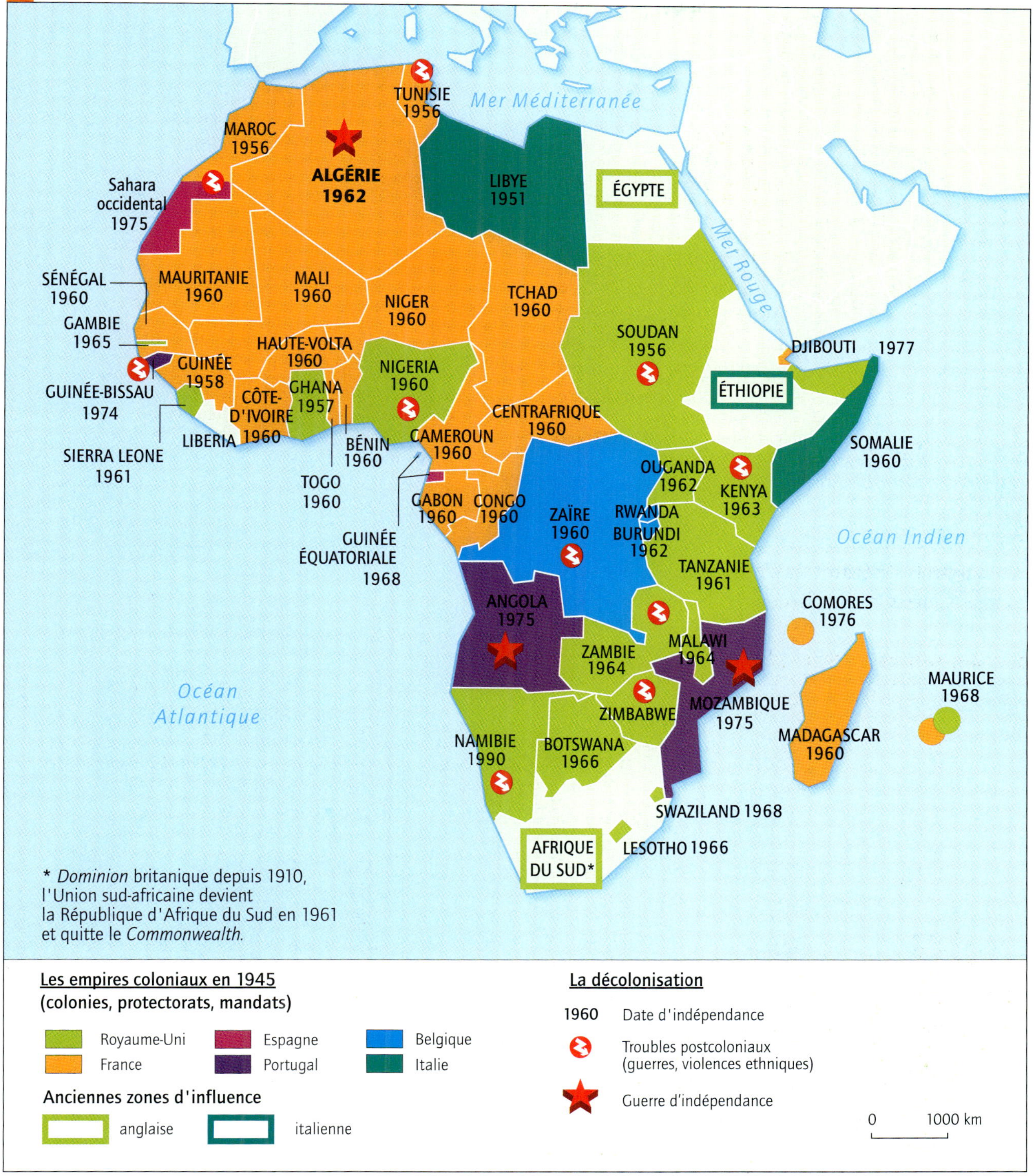

1. Quand débute la décolonisation de l'Afrique ?

2. Quels empires coloniaux ont disparu dans les années 1960 ?

3. Dans quelle partie du continent les peuples sont-ils encore colonisés ? Jusqu'à quelle date ?

COURS 1 Métropoles et colonies en 1945

L'apogée de la colonisation européenne s'est situé entre les deux guerres mondiales. Le nationalisme des populations colonisées s'est développé en réaction à la domination européenne. Après 1945, en trois décennies, les principaux empires coloniaux disparaissent.

1 Le système colonial

• **Des économies déséquilibrées.** La mise en valeur des territoires s'est réalisée en fonction des intérêts des métropoles. Des infrastructures ont été construites, des cultures destinées à l'exportation ont été implantées, souvent au détriment des cultures vivrières, des minerais ont été exploités. Les colonies exportent des produits bruts et importent des produits industriels.

• **Les inégalités sociales.** Les sociétés traditionnelles ont été bouleversées par le contact avec l'Occident. Les progrès de la médecine ont entraîné une forte croissance démographique, qui se traduit par le surpeuplement des campagnes et la croissance urbaine. Mais les colonisés ne bénéficient pas des avancées sociales réalisées dans les métropoles et ne sont pas des citoyens à part entière.

2 L'anticolonialisme

• **La résistance à la colonisation.** Dès le XIXe siècle, le nationalisme s'affirme : le mouvement indien pour l'autonomie est né en 1885. L'anticolonialisme se renforce entre les deux guerres mondiales, en Asie et en Afrique du Nord. Il est exprimé par des élites politiques formées par l'enseignement, l'armée, la presse, les partis politiques européens. Certaines élites se réfèrent au communisme, d'autres s'appuient sur les traditions culturelles comme l'islam, le bouddhisme ou l'hindouisme. Elles revendiquent le pouvoir au nom des principes de liberté et de démocratie énoncés par les métropoles elles-mêmes.

• **L'action des nationalistes.** Elle prend deux formes principales. L'action légale, appuyée sur des actions de masse, telles des grèves générales ou de grandes manifestations populaires, est préconisée par ceux qui recherchent une émancipation progressive et négociée. L'action militaire est utilisée face à l'intransigeance des métropoles ; c'est le cas des mouvements nationalistes indochinois et algérien. Les nationalistes trouvent des appuis dans les métropoles, celui des intellectuels, de certains partis politiques ou des Églises.

3 Le tournant de 1945

• **Les conséquences de la Seconde Guerre mondiale.** Les colonies ont contribué à l'effort de guerre : deux millions d'Indiens ont combattu dans l'armée britannique, 520 000 ressortissants de l'Afrique française ont formé la majeure partie des Forces françaises libres (FFL). Après la guerre, l'attitude des métropoles est ambiguë. L'Angleterre accorde l'autonomie à ses colonies asiatiques dès 1945. La France promet des réformes, mais exclut toute idée d'autonomie et réprime sévèrement les révoltes, en Algérie en 1945 à Sétif et à Guelma, à Madagascar en 1947. D'autre part, les réformes sont trop tardives pour satisfaire les nationalistes.

• **Le contexte international.** La Charte de l'Atlantique, signée par tous les Alliés, affirme le droit des peuples à disposer d'eux-mêmes. Les États-Unis souhaitent la décolonisation en référence à leur propre histoire et parce qu'ils désirent un monde ouvert aux échanges. L'URSS s'oppose à la colonisation au nom de l'anti-impérialisme. L'ONU proclame l'égalité entre tous les êtres humains et toutes les nations, et se donne pour objectif de soutenir l'émancipation des peuples colonisés.

1 Gandhi vers 1947, tenant le bâton qui symbolise les marches militantes

Avocat, dirigeant du Parti du Congrès à partir de 1918, Mohandas Gandhi (1869-1948), surnommé « Mahatma » (la grande âme), mène des actions non violentes contre le Royaume-Uni. Principal artisan de l'indépendance de l'Inde avec Nehru, il est assassiné par un hindouiste fanatique en 1948, lors de la guerre civile.

LEXIQUE

- **Anticolonialisme :** courant politique visant à remettre en cause la colonisation. Il caractérise les mouvements de libération des peuples colonisés ainsi que les mouvements qui, à l'intérieur des métropoles, les soutiennent.
- **Anti-impérialisme :** courant hostile à toutes les formes de domination – politique, économique, militaire, culturelle – qu'une puissance peut exercer sur d'autres pays.
- **Charte de l'Atlantique :** texte élaboré par Roosevelt et Churchill en 1941, signé par toutes les nations unies contre les dictatures.
- **Nationalisme :** mouvement politique constitué de personnes qui, ayant conscience de former une communauté nationale, veulent créer un État souverain.

Pourquoi et comment le désir d'indépendance s'est-il affirmé dans les colonies ?

1

2 L'exploitation des ressources de l'Indochine au bénéfice de la France

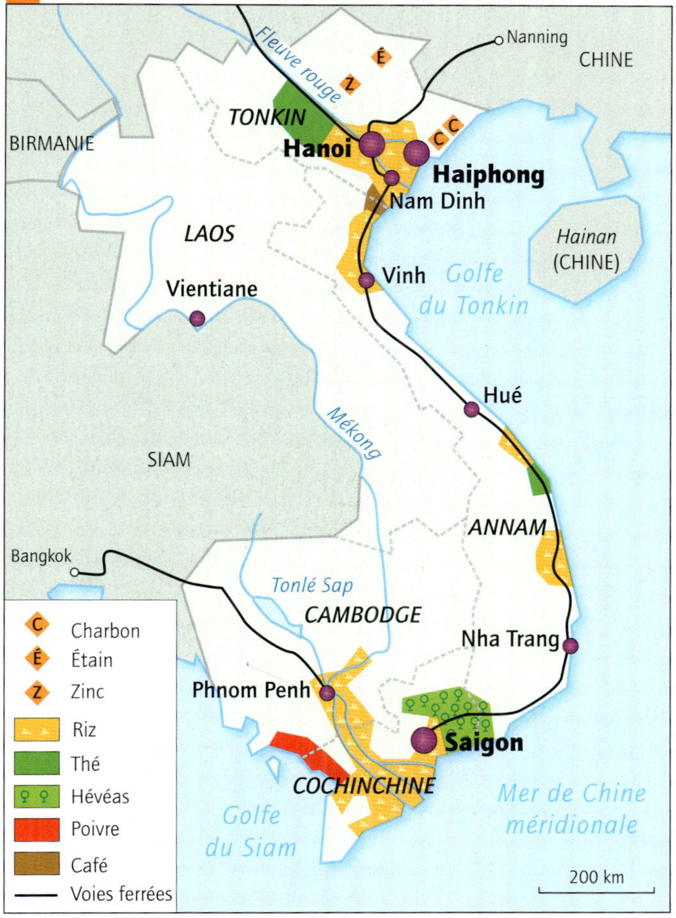

3 Pour un Vietnam indépendant

Hô Chi Minh (1890-1969) a fondé en 1930 le Parti communiste vietnamien. Il mène la résistance à l'occupation japonaise de 1940 à 1945 et fonde le Viêt-minh, qui rassemble des militants communistes et nationalistes.

« Tous les hommes sont nés égaux. Le créateur nous a donné des droits inviolables : le droit de vivre, le droit d'être libres et le droit de réaliser notre bonheur. » Cette parole immortelle est tirée de la Déclaration d'Indépendance des États-Unis d'Amérique en 1776. Prise dans un sens plus large, cette phrase signifie : « Tous les hommes sur la terre sont nés égaux, tous les peuples ont le droit de vivre, d'être libres. » La Déclaration des droits de l'homme et du citoyen de la Révolution française de 1791 proclame également : « Les hommes naissent libres et égaux en droits. » Ce sont là des vérités indéniables.

Et pourtant, pendant plus de quatre-vingts années, les impérialistes français, abusant de leur « liberté, égalité, fraternité », ont violé la terre de nos ancêtres et opprimé nos compatriotes.

[...] Tout le peuple du Vietnam, inspiré par la même volonté, est déterminé à combattre jusqu'au bout contre toute tentative d'agression des impérialistes français.

[...] Pour ces raisons, nous [...] proclamons solennellement à l'intention du monde entier : le Vietnam a le droit d'être libre et indépendant.

Déclaration d'indépendance de la République démocratique du Vietnam, rédigée par Hô Chi Minh, 2 septembre 1945.

4 Tirailleurs sénégalais partant rejoindre les Forces françaises libres en 1941

Dès 1940, des troupes coloniales combattent aux côtés des Alliés ; les soldats africains des FFL participent aux débarquements en Italie et en Provence.

Étude des documents

1. Quels produits l'Indochine fournit-elle à la métropole ? **(Doc. 2)**
2. Sur quelle partie du territoire les infrastructures sont-elles situées ? Qu'en concluez-vous ? **(Doc. 2)**
3. Quels arguments Hô Chi Minh utilise-t-il pour appuyer la revendication de l'indépendance ? **(Doc. 3)**
4. Quels moyens les nationalistes emploient-ils pour faire avancer leurs revendications ? **(Docs 1 et 3)**
5. Quel rôle les troupes coloniales ont-elles joué pendant la guerre ? Pourquoi cet engagement sera-t-il un argument pour les indépendantistes ? **(Doc. 4)**

Questions BAC

1. Quelle forme l'action des nationalistes contre les métropoles a-t-elle pris :
   - exclusivement l'action légale ?
   - exclusivement la lutte armée ?
   - l'une ou l'autre forme selon les circonstances ?
2. Comment peut-on caractériser l'héritage économique et social de la colonisation ?

COURS 2

Les voies d'accès à l'indépendance

Le mouvement de décolonisation se déroule en deux temps. L'Asie s'émancipe la première, l'Afrique suit son exemple. L'attitude des métropoles – réaliste ou inflexible – détermine les modalités adoptées par les colonisés pour obtenir leur indépendance.

1 Les indépendances négociées

• **Les colonies britanniques.** En Inde, le Royaume-Uni a mis en place des réformes qui ont permis aux Indiens de gérer leurs affaires intérieures. En 1945, il accepte de négocier l'indépendance. Mais deux attitudes s'affrontent : Ali Jinnah, leader de la Ligue musulmane, est partisan de la création de deux États sur une base religieuse, tandis que Gandhi et Nehru, au nom du Parti du Congrès, préconisent la formation d'un État laïque rassemblant tous les Indiens. L'indépendance des deux États est reconnue en 1947 ; cela entraîne des massacres, le déplacement de millions de personnes et la première guerre entre l'Inde et le Pakistan. À partir de 1951, le Royaume-Uni accorde l'autonomie en Afrique.

• **Les colonies françaises.** La France, réputée moins pragmatique que le Royaume-Uni, accorde néanmoins, à partir de 1956, une large autonomie aux peuples de l'Afrique subsaharienne, ce qui permet un passage progressif et pacifique à l'indépendance en 1960.

2 Les indépendances obtenues sous la menace

• **La pression internationale.** Elle est déterminante en Indonésie. Les nationalistes, menés par Ahmed Sukarno, réclament l'indépendance dès 1945. L'attitude des Pays-Bas est d'abord intransigeante ; des combats se déroulent en 1947 et 1948. Mais l'intervention des États-Unis et de l'ONU contraint la métropole à reconnaître l'indépendance indonésienne en août 1949.

• **La pression intérieure.** Au début des années 1950, la France est confrontée à des grèves, des émeutes et des actes de terrorisme en Tunisie et au Maroc. Sous la menace d'une extension du conflit algérien déclenché en 1954, ces deux pays obtiennent leurs indépendances en 1956. Des événements similaires se déroulent dans certaines colonies britanniques, la Malaisie et le Kenya, ainsi qu'au Congo belge.

3 Les indépendances gagnées par la lutte armée

• **La guerre d'Indochine (1946-1954).** En 1945, la France veut reprendre en mains ses colonies indochinoises mais le Viêt-minh, dirigé par le communiste Hô Chi Minh, proclame l'indépendance. Le conflit, déclenché à la fin de 1946, oppose l'armée française à une guérilla efficace. En mai 1954, l'armée française est vaincue à la bataille de Diên Biên Phu ; en juillet, les accords de Genève consacrent l'indépendance du Cambodge, du Laos et du Vietnam.

• **La guerre d'Algérie (1954-1962).** Les Européens – environ un million – refusent tout partage du pouvoir avec 8 millions d'Arabes et de Berbères. L'insurrection est lancée le 1er novembre 1954 par le Front de libération nationale (FLN). La France mobilise des effectifs nombreux, y compris les soldats du contingent. Tortures, attentats et massacres marquent le déroulement du conflit. Cela provoque en France une grave crise morale et politique. La guerre se termine en 1962 par la signature des accords d'Évian qui consacrent l'indépendance de l'Algérie et aboutissent à l'exode des Européens et des harkis vers la France.

1 L'émancipation des peuples colonisés selon Kwame Nkrumah

K. Nkrumah (1909-1972) a fondé en 1949 le parti nationaliste de la Côte de l'Or, qui obtient son indépendance en 1957 sous le nom de Ghana.

Je signalai qu'il y avait deux manières d'acquérir l'autonomie, l'une par la révolution armée et l'autre par des méthodes non violentes, constitutionnelles et légitimes ; nous préconisions la seconde méthode. La liberté, on ne l'a cependant jamais accordée à aucun pays sur un plateau d'argent ; on ne l'avait qu'après d'amères et de vigoureuses luttes : les armes étaient l'agitation politique des campagnes de presse et d'enseignement et, comme dernière ressource, l'application constitutionnelle de grèves, de boycottages et de non-coopération basée sur le principe de non-violence absolus tel que Gandhi en a usé dans l'Inde.

K. Nkrumah, nationaliste ghanéen, « La naissance de mon parti et son programme d'action positive », dans la revue *Présence africaine*, février-mars 1957.

LEXIQUE

▪ **Autonomie :** système d'administration colonial qui accorde de nombreuses libertés aux peuples colonisés en les maintenant toutefois sous domination.

▪ **Décolonisation :** processus par lequel les puissances coloniales se retirent de leurs colonies.

▪ **Harkis :** soldats algériens combattant aux côtés des Français pendant la guerre d'Algérie.

▪ **Indépendance :** une colonie devient indépendante quand elle rompt tous les liens de subordination qui la rattachaient à la métropole : elle devient ainsi un État souverain.

▪ **Pragmatisme :** attitude consistant à s'adapter avec réalisme aux circonstances.

2 La partition de l'Inde en 1947

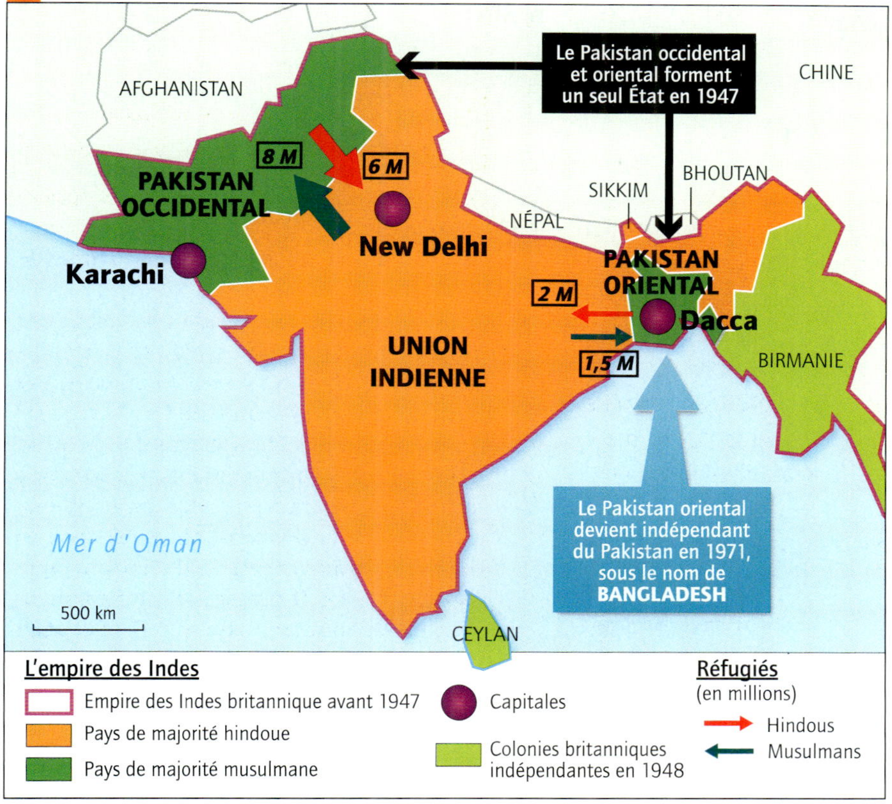

4 L'indépendance du Kenya

Le Kenya a été le théâtre d'une révolte violente de 1952 à 1956. Après une phase de dure répression, le Royaume-Uni lui accorde son indépendance en 1963. Devant le duc d'Edimbourg, représentant la couronne britannique, Jomo Kenyatta, le futur chef de l'État, montre à la foule le texte consignant l'indépendance de son pays.

3 Le refus de l'indépendance de l'Algérie

Pierre Mendès France a mis fin à la guerre d'Indochine et amorcé la décolonisation de la Tunisie en 1954. Il réagit ici aux attentats lancés le 1er novembre 1954 par le FLN qui réclame l'indépendance de l'Algérie.

À la volonté criminelle de quelques hommes doit répondre une répression sans faiblesse, car elle doit être sans injustice […] les départements d'Algérie font partie de la République, ils sont français depuis longtemps ; leur population, qui jouit de la citoyenneté française et est représentée au Parlement, a donné assez de preuves de son attachement à la France pour que la France ne laisse pas mettre en cause son unité […]. Jamais la France, jamais aucun Parlement, jamais aucun gouvernement ne cédera sur ce principe fondamental.

Pierre Mendès France, chef du gouvernement, 12 novembre 1954.

Étude des documents

1. Quels sont les nouveaux États de la péninsule Indienne ? Combien de personnes déplacées dénombre-t-on ? **(Doc. 2)**

2. À quel empire colonial le Ghana appartient-il ? **(Doc. 1 et carte C, p. 71)** Quelles méthodes Nkrumah préconise-t-il pour obtenir l'indépendance de son pays ?

3. Quel processus a conduit le Kenya à l'indépendance ? **(Doc. 4)**

4. Quels arguments Pierre Mendès France oppose-t-il à la revendication d'indépendance algérienne ? **(Doc. 3)**

5. Pourquoi cette position peut-elle paraître surprenante de sa part ? **(Doc. 3)**

Questions BAC

1. Comment s'est déroulée l'indépendance de l'Inde :
– par des négociations suivies d'une guerre civile ?
– par la guerre contre le Royaume-Uni ?
– sous la pression des États-Unis ?

2. Quels aspects prennent les guerres d'indépendance ?

COURS 3 Les défis politiques des nouveaux États

Les États nés de la décolonisation sont confrontés à de multiples défis. Le premier est de construire les structures politiques d'un État moderne. Ils adoptent le modèle européen de l'État-nation alors que le sentiment national n'est pas toujours enraciné dans les mentalités et que l'expérience politique est souvent insuffisante.

1 Le défi de l'unité nationale

• **Des points de départ différents.** En Asie, des États existaient avant l'arrivée des Européens. Dans le monde arabo-musulman, la domination européenne a succédé à celle de l'Empire ottoman. En Afrique noire, les frontières ont été dessinées lors du partage colonial, sans tenir compte des données historiques et ethniques. Pourtant, les nouveaux États conservent les frontières de la colonisation, à l'exception de l'Inde, partagée entre l'Union indienne et le Pakistan.

• **La genèse du sentiment national.** Les nouveaux États adoptent des symboles officiels : drapeaux, hymnes, emblèmes, devises. Ils installent une administration souvent calquée sur celle de l'ancienne métropole. L'étude de l'histoire occupe une place importante dans les programmes scolaires. Il s'agit de faire connaître le passé ancien et récent autour des figures des héros nationaux : les résistants à la conquête coloniale, les leaders de la lutte pour l'indépendance.

2 La mise en place des régimes politiques

• **De nombreux pouvoirs personnels.** La plupart des nouveaux États connaissent des régimes autoritaires appuyés sur des partis uniques. Quelques-uns adoptent le modèle soviétique. Les premiers dirigeants qui ont mené la lutte pour l'indépendance sont considérés comme l'incarnation de la nation et se maintiennent au pouvoir pendant de longues années ; ainsi, Félix Houphouët-Boigny dirige la Côte-d'Ivoire de 1960 à sa mort, en 1993. Ils justifient les partis uniques par la nécessité de construire l'unité nationale et d'éviter des conflits internes toujours menaçants. Le transfert du pouvoir à de nouveaux dirigeants s'effectue souvent à l'occasion de coups d'État où l'armée joue un rôle essentiel. Les libertés fondamentales ne sont pas respectées. La corruption est partout présente. Quelques dictatures sanglantes marquent l'histoire africaine, comme celles de Idi Amin Dada en Ouganda de 1971 à 1979 ou de Mobutu Sese Seko au Zaïre de 1965 à 1997.

• **Quelques régimes démocratiques.** La démocratie n'est toutefois pas absente. L'Inde se glorifie d'être « la plus grande démocratie du monde » depuis le vote, en 1950, d'une Constitution qui instaure le pluralisme politique.

3 Le défi de la démocratisation

• **Le tournant des années 1990.** La fin de la guerre froide entraîne le reflux du modèle socialiste. L'aide financière internationale est conditionnée à la mise en place de la démocratie et du multipartisme. Dans l'Afrique subsaharienne, la plupart des chefs d'État en poste au début des années 2000 ont été élus lors d'élections à peu près libres ; la liberté de la presse est mieux respectée, la société civile est plus active. Mais cette démocratisation reste fragile et se heurte à la résurgence des particularismes ethniques.

• **Le maintien de pouvoirs forts.** Ils se présentent encore comme les garants de l'unité nationale face à la montée en puissance de forces contestataires, par exemple les mouvements islamistes ; c'est le cas en Algérie.

1 Un bureau de vote en Inde dans les années 1960

Les premières élections de l'Inde indépendante ont eu lieu en 1952.

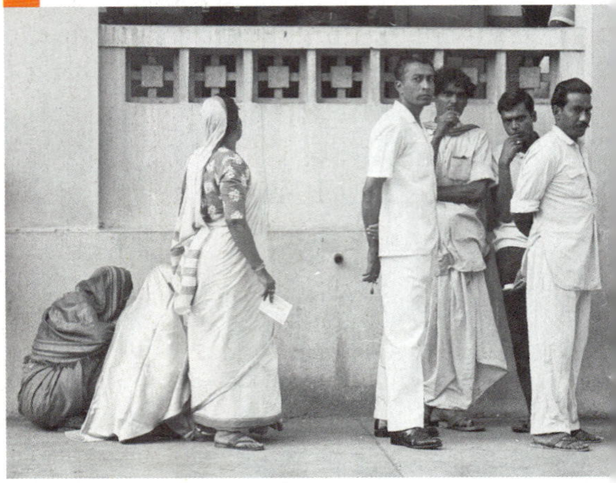

2 Un cas extrême de personnalisation du pouvoir

En Centrafrique, le président Bokassa se fait couronner empereur en 1977. Il est renversé en 1979.

LEXIQUE

- **État-nation :** dans l'État-nation, la nation coïncide avec un territoire délimité par des frontières et dans lequel s'appliquent les mêmes lois.
- **Ethnie :** groupement humain dont l'unité repose sur une langue et une culture communes.
- **Pluralisme :** en politique, existence de plusieurs partis susceptibles d'alterner au pouvoir à la suite d'élections libres.
- **Société civile :** ensemble des citoyens capables de se faire entendre des responsables politiques en dehors des échéances électorales.

3 Un État pluriethnique : la Côte-d'Ivoire

La Côte-d'Ivoire compte une cinquantaine d'ethnies réparties en quatre grands groupes.

- Groupe Akan (42 % de la population)
- Groupe Mandé (27 % de la population)
- Groupe Voltaïque (16 % de la population)
- Groupe Krou (15 % de la population)
- Zone de peuplement mélangé

4 La figure du dictateur vue par un romancier africain

Ahmadou Kourouma (1927-2003) est ivoirien. Le personnage du dictateur est inspiré du général Eyadema, chef de l'État togolais de 1967 à 2005, et de Félix Houphouët-Boigny.

Le dictateur avait, avec l'argent de l'État, fait de chacun de ses parents et de ses proches et serviteurs des fortunés comme des princes d'un pays pétrolier du golfe d'Arabie. Il avait hissé, toujours avec les moyens de l'État, tous les membres de sa tribu au bonheur et au confort matériel que vivent les citoyens des pays développés les plus riches du monde. À tout habitant des villages environnants de sa case natale il avait fait octroyer une villa par le gouvernement. Personnellement, il avait dirigé les chantiers de construction des larges avenues qui traversent de part en part sa ville natale et se prolongent dans la forêt et la brousse […]. Il s'était amusé, pendant ses week-ends et ses nuits, à réaliser, au milieu des pauvres cases basses couvertes de tôle ondulée des habitants, des œuvres splendides et immenses financées par le budget de l'État. Des palais aux frontons dorés, de splendides hôtels en marbre et même une basilique.

A. Kourouma, *En attendant le vote des bêtes sauvages*, Le Seuil, 1998.

5 Une presse plus libre au Bénin

Une chose est certaine en tout cas : les Béninois surveillent désormais leurs dirigeants « comme le lait sur le feu ». La presse, qui compte plusieurs titres solides et sérieux, épluche et jauge leurs actions au jour le jour. Depuis l'été 1996, le quotidien *Le Matin* publie un « bulletin de notes mensuel du gouvernement » où le chef de l'État et ses ministres sont, non sans humour, classés selon quatre critères notés chacun sur 5, donc sur 20 au total. Le ministre de la Jeunesse et des Sports était premier de sa classe pour septembre, Mathieu Kérékou* n'étant que 8e sur 19 avec :

– 3 sur 5 en « comportement envers les grands défis » ;
– 3 en « réalisations concrètes » ;
– 3 encore en « regard du citoyen » ;
– et 2 en « image communicationnelle » ;

soit 11 sur 20 au total ; et le commentaire suivant : « Tel un coq de basse-cour, vous gérez bien vos poules […], mais attention… »

Philippe David, *Le Bénin*, 1998.

* Chef de l'État. Mathieu Kérékou a une première fois dirigé son pays à la suite d'un coup d'État, de 1972 à 1991, et instauré un régime à parti unique d'obédience communiste.

Étude des documents

1. Observez la carte des ethnies en Côte-d'Ivoire. Combien le groupe Krou en comprend-il ? **(Doc. 3)**
2. En quoi la multiplicité des ethnies présente-t-elle un défi pour les nouveaux États ? **(Doc. 3)**
3. Quels aspects du pouvoir personnel Kourouma tourne-t-il en dérision ? **(Doc. 4)**
4. Repérez les symboles impériaux. **(Doc. 2)**
5. Comment la démocratie s'est-elle enracinée en Inde ? **(Doc. 1)**
6. Par quels moyens la citoyenneté progresse-t-elle dans les États en voie de démocratisation ? **(Doc. 5)**

Questions BAC

1. Quelles difficultés politiques les nouveaux États africains doivent-ils surmonter :
   - faire coexister des communautés différentes ?
   - modifier leurs frontières ?
   - rétablir la monarchie ?
2. À quels obstacles la démocratisation des années 1990-2000 doit-elle faire face ?

COURS 4

Les défis économiques des nouveaux États

Les nouveaux États prennent conscience que l'indépendance politique est illusoire si elle ne s'accompagne pas d'une indépendance économique. Or, ils présentent une grande fragilité économique et de graves problèmes sociaux.

1 Les critères du sous-développement

• **Des critères économiques.** Les PIB sont faibles ; une grande partie des actifs est occupée dans l'agriculture ; le secteur industriel et les moyens de communication sont insuffisants. En outre, la part des nouveaux États dans le commerce international est marginale.

• **Des critères démographiques et sociaux.** La fécondité et l'accroissement naturel sont forts car la transition démographique est en cours. L'espérance de vie à la naissance est faible du fait de l'insuffisance de l'encadrement médical et des carences alimentaires. L'analphabétisme est important. Les inégalités sociales sont criantes : quelques privilégiés dominent des masses misérables, en situation de grande précarité.

2 Les nouvelles dépendances

• **Les flux commerciaux et financiers.** La plupart des nouveaux États exportent encore des produits bruts dont les cours sont très fluctuants. Ils importent les produits manufacturés fabriqués dans les pays riches. Le manque de capitaux nationaux entraîne des appels à l'emprunt. Les flux financiers sont diffusés par les institutions financières de l'ONU, par des prêts publics des pays riches et par des prêts et investissements privés.

• **Les liens avec les anciennes métropoles.** Ces liens sont à la fois économiques, politiques et culturels. Les anciennes colonies britanniques font partie du Commonwealth ; la France met en place une politique de coopération économique et militaire. La langue et la monnaie de l'ancien colonisateur sont maintenues dans les États pluriethniques d'Afrique subsaharienne. Ces liens suscitent des critiques : les anciennes métropoles sont accusées de « néocolonialisme ».

3 Les politiques de développement

• **La valorisation des ressources agricoles.** En Asie, dès les années 1950, les stratégies agricoles ont pour objectif l'autosuffisance alimentaire. À l'instar de l'Inde, le Pakistan, la Malaisie, les Philippines, la Birmanie et le Bangladesh développent une « révolution verte » qui augmente la productivité agricole. En Afrique, certains États privilégient les cultures d'exportation. C'est le cas de la Côte-d'Ivoire, qui devient le premier producteur de cacao et le quatrième producteur de café dans le monde.

• **L'industrialisation.** Pour la réussir, certains États adoptent une voie autocentrée misant sur l'exploitation des richesses nationales. En Algérie, les ressources tirées de la vente des hydrocarbures sont investies dans les industries lourdes supposées favoriser ensuite la production de biens de consommation. En Inde, on recherche un développement global à partir d'embryons industriels datant de l'époque coloniale. D'autres États adoptent une voie extravertie misant sur l'ouverture aux capitaux étrangers, attirés par le faible coût de la main-d'œuvre, ainsi que sur les exportations : Singapour, l'Indonésie, les Philippines choisissent cette stratégie initiée par la Corée du Sud et Taïwan.

1 La coopération entre la France et l'Afrique

Affiche réalisée pour le ministère français de la Coopération en 1962.

LEXIQUE

- **Commonwealth :** organisation créée en 1931 pour maintenir les liens entre le Royaume-Uni et ses colonies devenues des États souverains.
- **Institutions financières internationales :** le Fonds monétaire international (FMI) et la Banque mondiale ont été créés en 1944 et font partie du système onusien. Leur but initial était d'établir un cadre de coopération et de développement économique en consentant des prêts aux pays du Tiers-monde.
- **Néocolonialisme :** politique menée par certains pays pour maintenir, sous des formes nouvelles, leur domination sur les anciennes colonies.
- **Transition démographique :** elle correspond au passage d'un régime de forte natalité et de forte mortalité à un régime de basse natalité et de basse mortalité. Pendant la transition, l'accroissement naturel est très élevé car la mortalité baisse plus tôt que la natalité.

Quelles stratégies les nouveaux États mettent-ils en place pour sortir du sous-développement ? 4

2 Le sous-développement défini dans les années 1970

	Pays du Tiers-monde	Pays développés
Moyenne du PNB/hab. (en $)	150	4100
Croissance démographique (% par an)	2,7	0,6
Taux de natalité (pour 1000)	47	16
Taux de mortalité (pour 1000)	20	10
Citadins (%)	13	70
Population agricole (%)	85	15
Malnutris (%)	36	–
Population disposant d'eau potable (%)	25	100
Nombre d'habitants pour un médecin	21000	610
Enfants scolarisés (%)	52	99
Adultes alphabétisés (%)	23	99
Adolescents scolarisés dans l'enseignement secondaire	8	73
Part de l'industrie et des mines dans le PNB	19	41

D'après Yves Lacoste, géographe français, *Unité et diversité du Tiers-monde*, 1980.

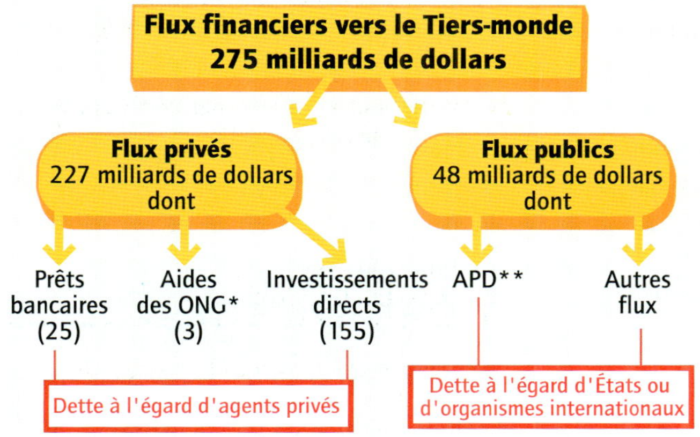

*ONG : Organisations non gouvernementales : associations à but non lucratif diffusant une aide humanitaire.
**APD : Aide publique au développement : dons et prêts effectués par les pays développés en direction du Tiers-monde.

4 Les flux financiers destinés au Tiers-monde dans les années 1970

D'après J.-M. Henriet, *Le Tiers-monde en fiches*, 1999.

3 L'ouverture aux capitaux étrangers

Plutôt que de songer aux méthodes de répartition des richesses existantes, mieux vaut travailler en priorité à créer de nouvelles richesses ; il ne sert à rien de vouloir partager la pauvreté […]

Ni dans le domaine agricole, ni dans le domaine commercial, industriel ou social, la révolution ne correspond à nos réalités. Nous n'avons pas d'usines à nationaliser, mais à créer, de commerces à étatiser, mais à mieux organiser, de terres à distribuer, mais à mettre en valeur […]. La Côte-d'Ivoire a besoin de capitaux étrangers et je me dois de les attirer ici. Nous découvrons jour après jour qu'aucun pays né de la décolonisation ne peut vivre replié sur lui-même […]. Il doit non seulement avoir des liens avec ses anciens voisins, mais aussi faire en sorte que ses relations soient fortes, qu'elles intéressent les conditions même de son développement.

Félix Houphouët-Boigny, *Message à la nation*, 1962.

5 La priorité à l'industrialisation

L'Algérie essaie de franchir en une vingtaine d'années le chemin parcouru par l'Europe en un siècle. Pour relever ce défi, deux lignes politiques essentielles ont été énoncées dès le début : l'industrialisation doit être conduite par l'État et elle doit être totale, de l'acier au transistor. Pour mettre en route cette politique d'indépendance, il a fallu s'en donner les moyens. Cela s'est d'abord traduit par la prise de contrôle par l'État des ressources naturelles : en 1965 les mines, en 1968 les matériaux de construction et les engrais, en 1971 le pétrole et le gaz naturel. En même temps, dès 1966, soixante-neuf entreprises industrielles en majorité françaises étaient nationalisées et l'Algérie prenait le contrôle de tout le secteur bancaire, des assurances et du commerce extérieur.

Revue *La Nouvelle Critique*, mensuel du Parti communiste français, octobre 1977.

Étude des documents

1. Placez le document dans son contexte. Quelle image de la coopération le gouvernement français désire-t-il donner ? **(Doc. 1)**

2. Établissez le portrait type d'un habitant du Tiers-monde dans les années 1970. **(Doc. 2)**

3. Quel choix de développement la Côte-d'Ivoire adopte-t-elle ? **(Doc. 3)** Comment Houphouët-Boigny justifie-t-il ce choix ?

4. Quels sont les principaux acteurs du financement international du développement ? **(Doc. 4)**

5. Quelle stratégie de développement le texte définit-il ? **(Doc. 5)**

Questions BAC

1. Quelle est la situation démographique des nouveaux États ?
- la transition démographique est terminée
- la transition démographique n'est pas amorcée
- la transition démographique est en cours

2. Quelles stratégies de développement les pays du Tiers-monde adoptent-ils ?

COURS 5 Le Tiers-monde à la recherche de l'unité

L'expression « Tiers-monde », lancée par le démographe Alfred Sauvy en 1952, désigne l'ensemble des pays sous-développés qui regroupe, aux côtés des anciennes colonies africaines et asiatiques, les États latino-américains. Le Tiers-monde est très vite l'enjeu des rivalités entre les blocs.

1 La recherche de l'unité dans l'action politique

• **Bandung et la solidarité afro-asiatique.** En avril 1955, la conférence de Bandung, en Indonésie, regroupe vingt-neuf États africains et asiatiques. Bien que réunissant des alliés des États-Unis, de l'URSS et des neutralistes, elle aboutit à un communiqué final unanime qui condamne le colonialisme et affirme la volonté des nouveaux États de jouer un rôle sur la scène mondiale. Le futur président du Sénégal, Léopold Sédar Senghor, considère que Bandung marque « la mort du complexe d'infériorité des peuples de couleur ».

• **La conférence de Belgrade et le mouvement des non-alignés.** En septembre 1961, le Yougoslave Tito, l'Indien Nehru et l'Égyptien Nasser sont à l'initiative d'une nouvelle conférence dont les vingt-cinq participants se déclarent « non-alignés » : ils refusent de s'intégrer à l'un des deux blocs, sans pour autant en créer un troisième, et souhaitent un Tiers-monde uni et pacifique. Le mouvement, qui s'élargit au cours des années 1960, intègre à la fois nouveaux États et pays d'Amérique latine.

2 Les regroupements régionaux

• **Le panafricanisme.** En Afrique, l'Organisation de l'unité africaine (OUA), créée en 1963, a pour objectif de « réaliser le gouvernement des Africains, pour les Africains, par les Africains en respectant les minorités raciales et religieuses ». Le véritable ciment de l'unité africaine est, après la fin de la colonisation, l'hostilité à la politique d'apartheid de l'Afrique du Sud.

• **Le panarabisme.** Pour dépasser le morcellement du monde arabe, certains dirigeants souhaitent l'unité politique de la « nation arabe ». Le panarabisme regroupe, dans les années 1960, des États laïques ; le colonel Nasser, au pouvoir en Égypte de 1954 à 1970, en est la principale figure. Mais le ciment essentiel de la « nation arabe » est l'hostilité à l'État d'Israël.

3 L'espoir de solidarité économique

• **Le contrôle des ressources.** En 1956, Nasser nationalise le canal de Suez, jusque-là propriété d'une compagnie financière franco-britannique et principale artère du commerce pétrolier ; il affirme le droit des peuples à disposer de leurs ressources nationales. En 1960, treize États qui effectuent 90 % des exportations mondiales de pétrole créent l'OPEP. En 1973, ils nationalisent la production et quadruplent les prix en quelques semaines en réaction à la guerre du Kippour : c'est le premier choc pétrolier.

• **L'appel au dialogue Nord-Sud.** À l'ONU, les pays du Tiers-monde réclament la mise en place d'un Nouvel ordre économique international qui corrigerait les inégalités entre riches et pauvres. Ils souhaitent rééquilibrer le commerce international, contrôler les matières premières et les activités des firmes multinationales (FMN). En 1975, une initiative est prise dans ce sens par la CEE, qui signe avec quarante-six pays ACP (Afrique, Caraïbes, Pacifique) la Convention de Lomé garantissant une certaine stabilité des prix des produits tropicaux importés par la CEE.

1 Nasser et Ben Bella en 1963

En 1963, le colonel Nasser se rend en visite officielle en Algérie : il est reçu par le tout nouveau chef de l'État, Ahmed Ben Bella. Pendant la guerre d'Algérie, Nasser a apporté une aide importante au FLN.

LEXIQUE

- **Non-alignement :** mouvement apparu en 1961, qui regroupe des États refusant la bipolarisation du monde entre deux blocs antagonistes.
- **Nation arabe/panarabisme :** notion mise en avant par certains dirigeants arabes dans les années 1960 considérant que les Arabes forment une communauté historique construite autour d'une langue et d'une culture communes.
- **OPEP :** Organisation des pays exportateurs de pétrole. Fondée en 1960, elle regroupait alors treize États latino-américains, africains, moyen-orientaux et asiatiques, ayant pour objectif de contrôler le marché du pétrole.
- **Tiers-monde :** l'expression fait référence au tiers état de l'Ancien Régime. Comme lui, le Tiers-monde « n'est rien » dans l'ordre mondial et demande à y « devenir quelque chose ».

2 Les pays participants de la conférence de Bandung (1955)

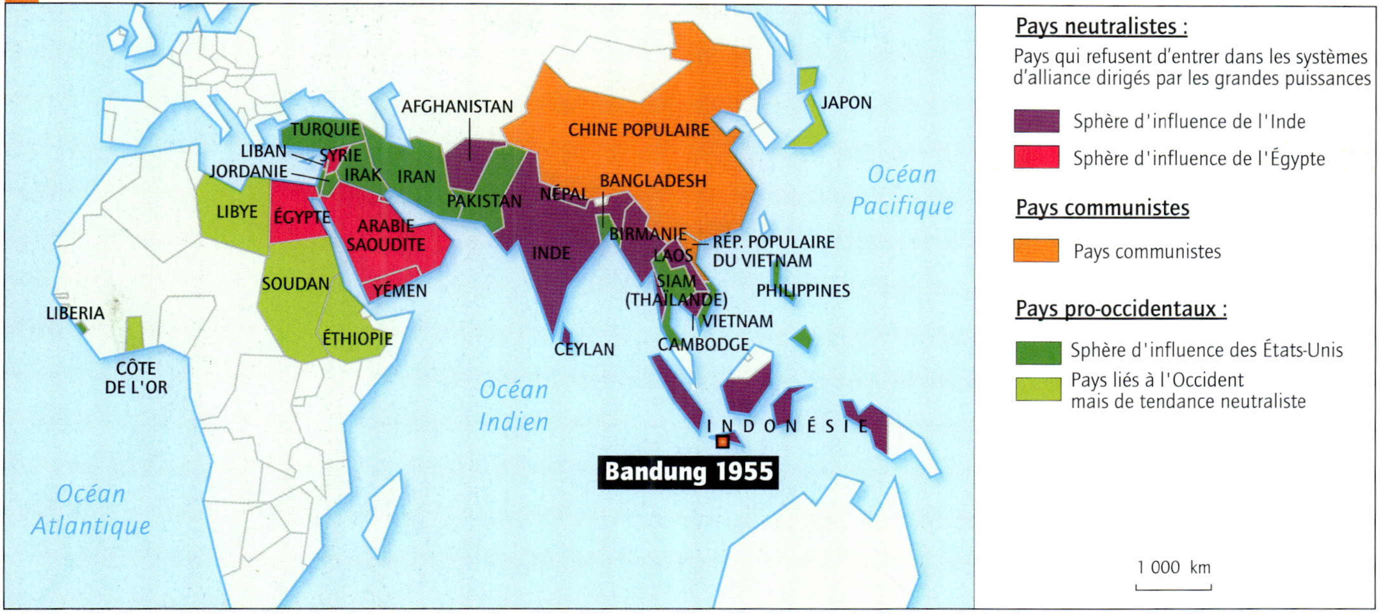

3 Nationalisation des mines de cuivre au Chili en 1971

Affiche chilienne de 1971.
« Le Chili porte des pantalons longs. Aujourd'hui, le cuivre est chilien. » Dans les années 1970, les enfants portaient des culottes courtes ; porter des pantalons, c'était devenir adulte.

4 Le Nouvel ordre économique international

Le Nouvel ordre économique international devrait être fondé sur le plein respect des principes ci-après : [...]
e) Souveraineté permanente de chaque État sur ses ressources naturelles et sur toutes les activités économiques [...].
j) Rapports justes et équitables entre les prix des matières premières, des produits primaires, des articles manufacturés et semi-finis exportés par les pays en voie de développement et les prix des matières premières, des produits primaires, des articles manufacturés, des biens d'équipement et du matériel importés par eux.

Déclaration sur l'instauration d'un Nouvel ordre économique international, adoptée par l'ONU, le 1er mai 1974.

Étude des documents

1. Quelle était, en 1945, la situation des territoires représentés à la conférence de Bandung ? Pourquoi l'Afrique est-elle peu représentée ? **(Doc. 2 et cartes B et C p. 70-71)**

2. Identifiez le personnage allongé aux pieds des présidents Nasser et Ben Bella. En quoi l'affiche illustre-t-elle le panarabisme ? **(Doc. 1)**

3. De quelle façon l'émancipation économique du Chili est-elle représentée ? **(Doc. 3)**

4. Quels devraient être, selon les pays du Tiers-monde, les caractères du Nouvel ordre économique international ? **(Doc. 4)**

Questions BAC

1. Le mouvement des non-alignés est né à :
- la conférence de Bandung ?
- la conférence de Brazzaville ?
- la conférence de Belgrade ?

2. Par quel moyen les nouveaux États prennent-ils le contrôle de leurs ressources ? Donnez des exemples.

COURS 6 L'éclatement du Tiers-monde

À partir des années 1980, l'espoir de créer une troisième voie diplomatique entre les blocs s'estompe puis disparaît avec la fin de la guerre froide. La solidarité économique est remise en cause par des disparités de plus en plus accentuées et par l'essor de la mondialisation libérale.

1 L'échec de la solidarité politique

• **Les difficultés du non-alignement.** Le nombre des non-alignés augmente jusqu'à atteindre 118 membres en 2006. Mais le mouvement se divise entre un courant modéré, fidèle aux positions de la conférence de Belgrade, et un courant révolutionnaire – dont le Cubain Fidel Castro est la principale figure –, qui privilégie la lutte contre l'impérialisme américain et se rapproche de l'URSS. Che Guevara tente d'allumer des foyers de guérilla en Amérique latine et en Afrique.

• **Les conflits du Tiers-monde.** Dès les années 1960, les guerres sont fréquentes en Asie et en Afrique. Des États membres du mouvement des non-alignés s'affrontent : l'Inde et le Pakistan, l'Iran et l'Irak. Les deux Grands interviennent militairement en Asie, les États-Unis au Vietnam entre 1964 et 1973, l'URSS en Afghanistan de 1979 à 1989. L'Afrique connaît de multiples conflits, pendant lesquels les acteurs utilisent l'identité ethnique comme facteur de mobilisation. Révolutions et guerres civiles entraînent des massacres. En 1994, les Tutsis sont victimes d'un génocide au Rwanda.

2 L'éclatement économique du Tiers-monde

• **L'échec de la solidarité.** La solidarité économique ne peut se maintenir du fait de l'extrême diversité des États et de leurs intérêts divergents accentués par la crise économique mondiale. Les réussites économiques des pays asiatiques les rapprochent des pays industrialisés. L'Amérique latine compte des États émergents et des périphéries délaissées. Si l'Afrique évolue lentement, elle s'identifie encore au Tiers-monde tel qu'on le décrivait naguère.

• **L'aggravation de la dépendance financière.** Au début des années 1980, de nombreux États se déclarent incapables de rembourser leurs dettes, car le coût des matières premières s'est effondré. Les créanciers conditionnent le rééchelonnement de la dette à des politiques d'ajustement structurel impliquant la réduction des dépenses publiques (éducation et santé), ce qui entraîne de graves conséquences sociales. Parfois, une partie de la dette des pays les plus pauvres est annulée. Aujourd'hui, le Tiers-monde n'existe plus ; l'expression a laissé la place à celle de « Sud ».

3 Les Suds au début du XXIe siècle

• **Des évolutions positives.** La démocratie pluraliste a progressé au détriment des dictatures et des régimes communistes. Les guerres régressent mais ne disparaissent pas ; l'Union africaine tente de jouer un rôle d'arbitre.

• **Des disparités accentuées.** En Amérique latine, les dictatures ont disparu, mais les inégalités sociales restent fortes. Le Moyen-Orient est une zone de forte instabilité politique (Irak, Israël/Palestine, Liban). En Asie, les économies extraverties se développent. Chine et Inde sont de grandes puissances en devenir au plan politique et économique. En Afrique, le Maghreb et l'Afrique du Sud se modernisent malgré leurs problèmes intérieurs. L'Afrique intertropicale regroupe une majorité de pays très pauvres ; le retour à la paix n'est que relatif, les réfugiés se comptent par millions, les États ne sont pas tous consolidés.

1 Vers la fragmentation politique du Tiers-monde

Ce dessin de Plantu (1978) fait référence au conte de Grimm « Le joueur de flûte de Hamelin ».

4 Le génocide au Rwanda (1994)

Un enfant rwandais dans une église transformée en mémorial du génocide : en 1994, des centaines de milliers de Tutsis ont été massacrés par les Hutus.

LEXIQUE

- **Génocide :** extermination volontaire et systématique d'un peuple.
- **Rééchelonnement de la dette :** politique consistant à retarder le remboursement de la dette d'un État surendetté, moyennant des commissions élevées et des exigences d'ajustement.
- **Union africaine :** fondée en 2002, elle a succédé à l'OUA et regroupe tous les États africains, sauf le Maroc. Elle a adopté le modèle de l'Union européenne.

2 L'évolution des économies du Tiers-monde des années 1960 à 2005

Régions du monde	% de la population mondiale		Taux de croissance annuel du PNB/hab.	
	1960	2005	1965-1980	2005
Afrique subsaharienne	7,1	11,4	1,5	4,1
Asie du Sud	19,8	23	1,4	6,2
Asie de l'Est et du Sud-Est (sans la Chine)	8,8	9,2	3,9	7,4
Chine	21,8	20	4,1	9,9
États arabes	3,9	4,7	3,0	4,9
Amérique latine et Caraïbes	7,1	8,5	3,8	4,3

3 Une voie révolutionnaire pour le Tiers-monde ?

Un meeting à Cuba en 1967. « Créer deux, trois, de nombreux Vietnam. »

5 Les guerres et les zones de tension dans le monde en 2007

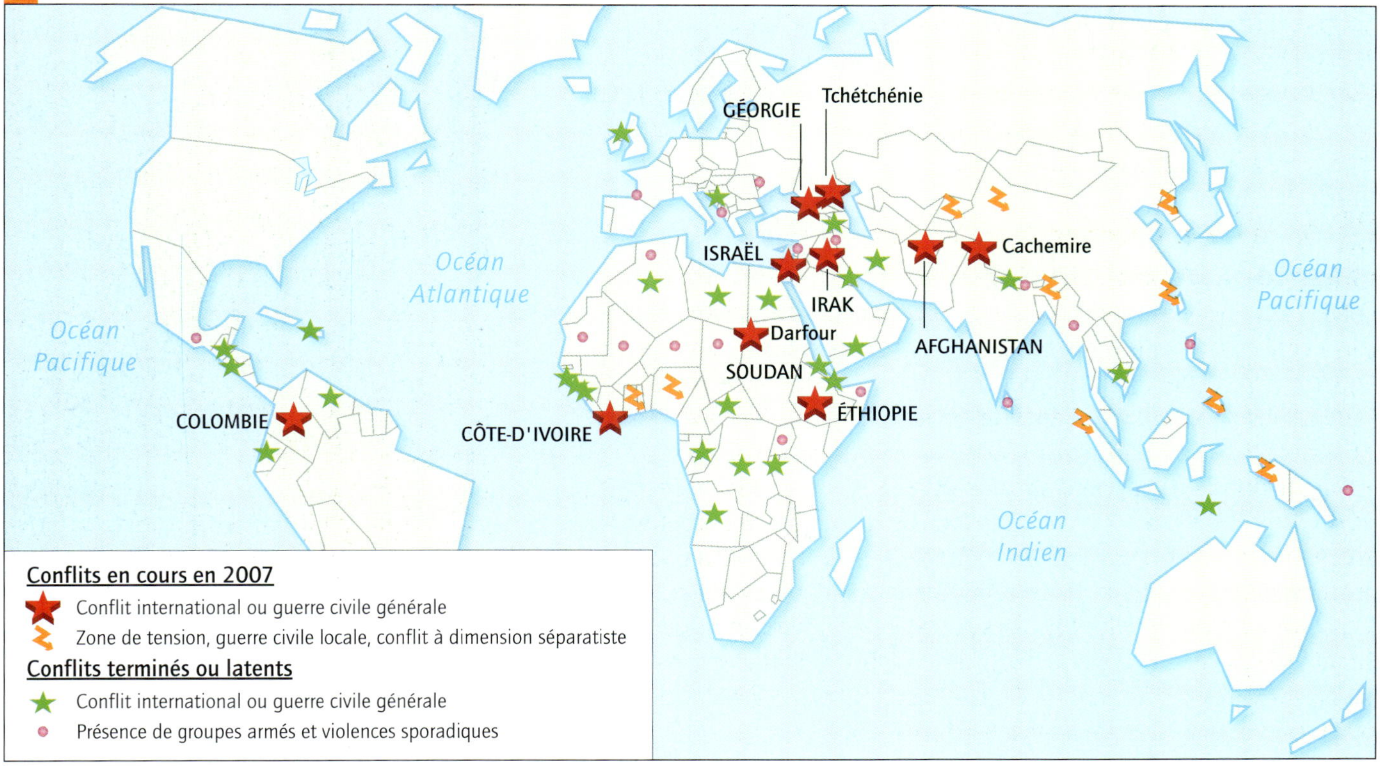

Étude des documents

1. Décrivez la photographie et expliquez le slogan. À quel impérialisme l'appel de Che Guevara s'attaque-t-il ? **(Doc. 3)**

2. Décrivez le dessin. Quel aspect des relations internationales illustre-t-il ? **(Doc. 1)**

3. Établissez un classement des régions du Sud selon leur population et leur taux de croissance depuis les années 1960. **(Doc. 2)**

4. Qu'est-ce qui fait la spécificité du conflit rwandais ? **(Doc. 4)**

5. Dans quelles parties du monde les conflits sont-ils les plus nombreux ? **(Doc. 5)**

Questions BAC

1. Le mouvement des non-alignés :
- a permis d'éviter les guerres entre les pays membres ?
- a conservé son unité depuis les années 1960 ?
- regroupe 118 États en 2006 ?

2. Pourquoi l'unité du Tiers-monde est-elle restée illusoire ?

BAC Pour réviser

À RETENIR

• La naissance des nouveaux États

En 1945, les puissances européennes dominent l'Afrique et une partie de l'Asie. Mais les résistances à la colonisation se renforcent et le contexte international est favorable à l'émancipation des peuples colonisés. Celle-ci est acquise en une trentaine d'années par différents moyens allant de la négociation à la lutte armée.

• Les défis politiques et économiques des nouveaux États

Les nouveaux États sont confrontés à de nombreux défis. La plupart d'entre eux connaissent d'abord des régimes autoritaires, avant d'entreprendre une fragile démocratisation au cours des années 1990. Ils veulent surmonter les difficultés économiques générées par le sous-développement. Pour cela, ils mettent en place différentes stratégies.

• Le Tiers-monde, de l'émergence à la fragmentation

Jusqu'aux années 1970, le Tiers-monde cherche à devenir un acteur de la scène mondiale en affirmant sa solidarité politique et économique. Mais tensions et conflits se multiplient et les tentatives d'unité se révèlent illusoires. Au début du XXIe siècle, le Tiers-monde n'existe plus, le Sud est éclaté.

DATES CLÉS

1946-1954: guerre d'Indochine

1947 : début de la décolonisation de l'Asie

1954-1962: guerre d'Algérie

1955 : conférence de Bandung

1957 : début de la décolonisation de l'Afrique

1961 : création du mouvement des non-alignés

1973 : premier choc pétrolier

1982 : début de la crise de la dette

1994 : génocide rwandais

ACTEURS CLÉS

HÔ CHI MINH (1890-1969)
Fondateur du Parti Communiste Indochinois, il proclame l'indépendance du Vietnam. Il est président du Nord-Vietnam de 1954 à 1969.

NASSER (1918-1970)
Premier ministre, puis président de la République égyptienne de 1956 à sa mort. Il acquiert un prestige considérable comme leader de la nation arabe et du non-alignement.

NEHRU (1889-1964)
Avocat, disciple de Gandhi, Nehru est le principal artisan de l'indépendance de l'Inde dont il est Premier ministre jusqu'en 1964, grâce aux victoires électorales de son parti. Il est l'un des initiateurs de la conférence de Bandung et du mouvement des non-alignés.

NOTIONS CLÉS

Anticolonialisme: courant politique visant à remettre en cause la colonisation. Il caractérise les mouvements de libération des peuples colonisés ainsi que les mouvements qui, à l'intérieur des métropoles, les soutiennent.

Décolonisation: processus par lequel les puissances coloniales se retirent de leurs colonies.

Nationalisme : mouvement politique constitué de personnes qui, ayant conscience de former une communauté nationale, veulent créer un État souverain.

Non-alignement : mouvement apparu en 1961, qui regroupe des États refusant la bipolarisation du monde entre deux blocs antagonistes.

Tiers-monde: l'expression fait référence au tiers état de l'Ancien régime. Comme lui, le Tiers-monde « n'est rien » dans l'ordre mondial et demande à y « devenir quelque chose ». À partir des années 1960, le Tiers-monde regroupe l'ensemble des pays pauvres, africains, asiatiques et latino-américains.

S'entraîner à la 1re partie de l'épreuve BAC

Méthode, p. 14

1 Caractériser un événement

L'indépendance de la Tunisie s'est-elle effectuée:

a. par la lutte armée ?
b. par des négociations ?
c. sous la pression internationale ?
d. sous la pression intérieure ?

2 Caractériser une période

Par quels moyens les colonies asiatiques ont-elles obtenu leur indépendance ?

3 Justifier une affirmation

Justifiez l'affirmation suivante : dans les années 1960, les États du Tiers-monde ont des caractères politiques, économiques et sociaux semblables.

4 Proposer ou choisir des dates clés

L'Union indienne et le Pakistan ont été créés en :

a. 1954
b. 1947
c. 1949

5 Citer des acteurs

Pourquoi peut-on dire qu'Hô Chi Minh est le principal artisan de l'indépendance du Viet-nam ?

6 Choisir une définition pour une notion

Quelle phrase définit le mot « décolonisation » ? Justifiez votre réponse en citant un exemple.

a. Courant hostile à toutes les formes de domination (politique, économique, militaire, culturelle) qu'une puissance peut exercer sur d'autres pays.
b. Mouvement politique constitué de personnes qui, ayant conscience de former une communauté nationale, veulent créer un État souverain.
c. Processus par lequel les puissances coloniales se retirent de leurs colonies.

C. L'Algérie dans la tourmente, 1988-2001

Dans les années 1980, l'Algérie connaît une grave crise économique, sociale et politique. Le mécontentement généralisé contraint le pouvoir à accepter des réformes politiques qui profitent davantage aux islamistes qu'aux démocrates. Les années 1990 sont marquées par une longue guerre civile dont les séquelles sont encore perceptibles, même si, à partir de 2001, la violence reflue.

1 Une manifestation islamiste à Alger en 1991

En 1989, le FIS (Front islamique du salut) est officiellement créé. Il profite du désarroi généré par la crise économique et sociale ; il remporte en 1990 les élections municipales et, en décembre 1991, il obtient plus de 47 % des suffrages au premier tour des législatives, ce qui conduit l'armée à suspendre le processus électoral en janvier 1992.

2 « La madone de Bentalha »

Les années noires sont marquées par un déferlement de violence perpétrée par les groupes islamistes et les forces de répression. On compte 100 000 à 150 000 morts et plus de 10 000 disparus entre 1992 et 2005.
Cette photo a fait le tour du monde et symbolise les massacres de la guerre civile : dans le village de Bentalha, 470 personnes ont été assassinées en une nuit en septembre 1997.

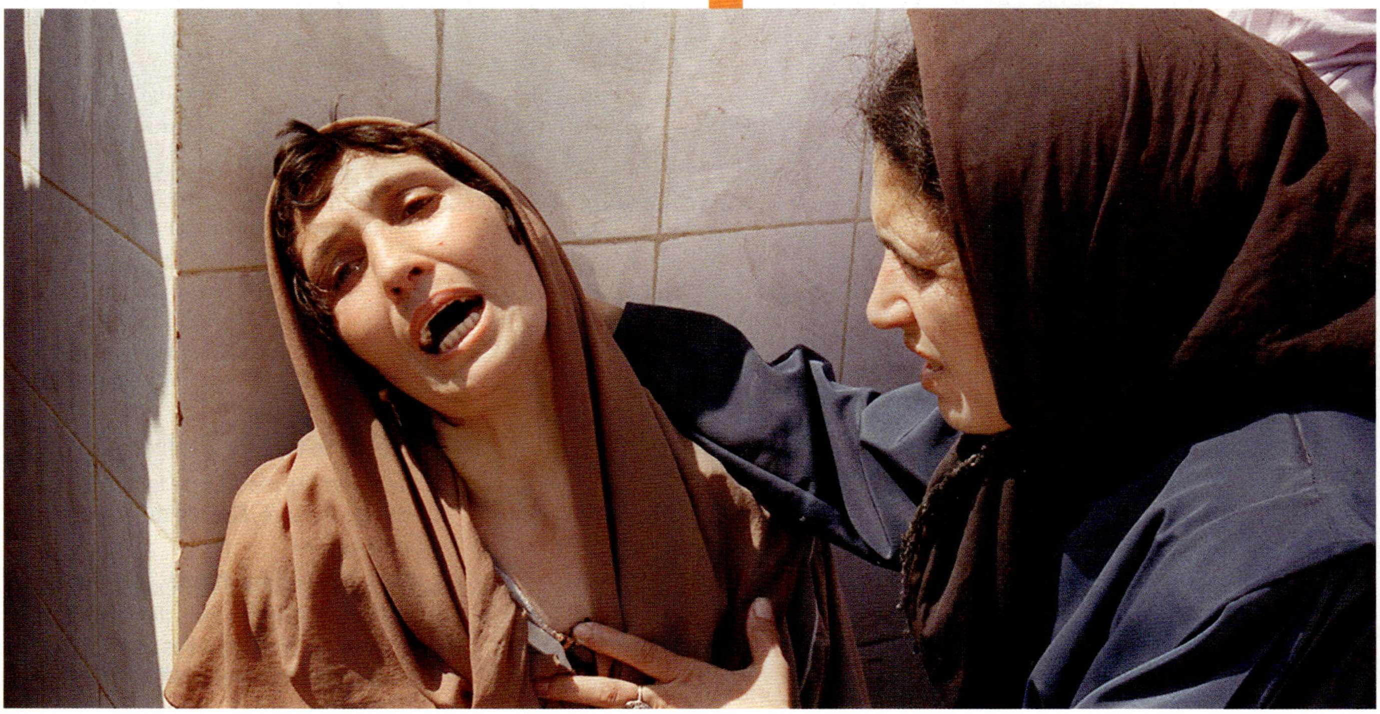

3 Jeunes chômeurs à Alger : les « hittistes » (de *hitt* : « le mur » en algérois)

À partir de 1986, les revenus du pétrole diminuent, l'État crée moins d'emplois, construit moins de logements, laisse les services publics et le système éducatif se dégrader ; 75 % des chômeurs ont moins de 30 ans.

4 Les artistes et les intellectuels, victimes de la guerre civile

Le 25 juin 1998, le chanteur kabyle Lounès Matoub est assassiné par un groupe armé islamiste. Cette manifestation à Tizi Ouzou commémore le troisième anniversaire de sa mort.

5 L'Algérie en 2006

Aujourd'hui, le peuple est tout « cabossé », comme on dit, abîmé par ces années de peur, de massacres, de terreur. Il lui faut attendre une sorte de « remise en forme » qui prendra peut-être des années, car le pouvoir algérien demeure, lui, inchangé ! Il maintient une politique d'enfermement, qui ne permet pas d'évoquer avec franchise, lucidité et vérité notre histoire récente. […]

L'argent du pétrole, une manne sans pareille, peut aider cette reconstruction populaire ! Encore faut-il mettre en place des projets de développement qui permettent une meilleure vie au quotidien, du travail, un logement. Il y a, c'est vrai, en route « les grands travaux »* concernant en particulier la construction, un peu partout dans le pays, de logements, question qui demeure cruciale chez nous, depuis des années. De la réalisation de ces projets dépend totalement la résurrection du peuple algérien.

Maître Mostefa Bouchachi, avocat, vice-président de la Ligue des droits de l'homme algérienne, cité dans *La Croix*, 23 mai 2006.

* La majorité des grands chantiers a été attribuée à des groupes chinois qui font travailler 18000 travailleurs venus de Chine. Le taux de chômage en Algérie est officiellement de 17,7 % des actifs. Le chômage des 16-29 ans dépasse largement 50 %.

6 Le bilan contrasté de la Charte pour la paix et la réconciliation nationale

En septembre 2005, les électeurs sont appelés par le président Bouteflika à approuver par référendum la « Charte pour la paix et la réconciliation nationale » prévoyant une amnistie quasi générale pour les actes commis pendant les années noires. Elle est approuvée par 97,36 % des votants.*

Tout en renvoyant dos à dos bourreaux et victimes, la charte a accordé la grâce à 2200 personnes, condamnées et détenues pour des actes de violence « *autres que les massacres collectifs, les viols et les attentats à l'explosif dans les lieux publics* ». […] Dans les montagnes, la main tendue par les autorités n'a été acceptée que par 200 membres de groupes armés. Il resterait dans les maquis quelque 500 terroristes qui seraient affiliés au Groupe salafiste pour la prédication et le combat (GSPC), selon la presse locale. […] Plus que jamais, le sujet des disparus, ainsi que celui des centaines d'assassinats non élucidés demeurent très sensibles.

Belkacem Kolli, correspondant à Alger de *Radio France Internationale*, 1er septembre 2006.

* Amnistie : effacement de la condamnation d'un délit ou d'un crime, ce qui entraîne l'arrêt des poursuites pour les délits amnistiés.

MENER L'ÉTUDE

1. Comment peut-on caractériser la manifestation ? **(Doc. 1)**

2. À quelle figure de la peinture religieuse de la Renaissance le titre fait-il référence ? Pourquoi cette photo est-elle devenue le symbole des années noires ? **(Doc. 2)**

3. Justifiez le qualificatif de « hittistes » attribué aux jeunes. **(Doc. 3)**

4. Qui sont les principales victimes de la guerre civile ? **(Docs 2 et 4)**

5. Identifier le point de vue d'un auteur. Quelles informations le texte apporte-t-il sur la situation politique et économique de l'Algérie en 2006 ? Quelles mesures le gouvernement prend-il pour satisfaire les besoins de la population ? Quel est le point de vue de l'auteur sur la politique algérienne en 2006 ? **(Doc. 5)**

6. Quel bilan le texte tire-t-il de la politique de réconciliation nationale ? **(Doc. 6)**

SAVOIR FAIRE

Identifier le point de vue d'un auteur

- Caractériser l'auteur : son statut, sa fonction, son rôle.
- Relever les informations fournies par l'auteur.
- Analyser l'opinion et éventuellement les propositions exprimées par l'auteur.

BAC Pour réviser

À RETENIR

• La guerre d'indépendance, 1954-1962

En 1954, l'Algérie, considérée comme partie intégrante de la France, est divisée en trois départements où vivent deux communautés. Les inégalités, criantes, entretiennent un fort mécontentement. La guerre d'indépendance, longue et cruelle, se termine en 1962. Son bilan est douloureux: on dénombre environ 200000 morts.

• L'Algérie nouvelle, 1962-1988

La République algérienne met en place un régime autoritaire appuyé sur l'armée et un parti unique, le FLN. Elle adopte le modèle socialiste de développement, donnant la priorité aux industries lourdes, mais demeure très dépendante du marché du pétrole. Elle se donne une politique étrangère ambitieuse et devient un des pays phares du Tiers-monde. Mais les besoins de la population ne sont pas satisfaits.

• L'Algérie dans la tourmente, 1988-2001

À la fin des années 1980, l'Algérie s'enfonce dans une crise profonde aux multiples aspects: elle est économique, sociale et politique. Un mouvement islamiste se développe qui, ne parvenant pas à prendre le pouvoir légalement, s'engage dans la voie de la violence. Les années 1990 sont des années noires: la guerre civile fait des dizaines de milliers de victimes.

Au début des années 2000, la violence se prolonge de manière sporadique, la reconstruction du pays est en cours, la transition démocratique reste nécessaire.

DATES CLÉS

1954-1962: guerre d'indépendance

1963 : première Constitution de la République algérienne

1988 : nouvelle Constitution instaurant le multipartisme

1992-2001: guerre civile

CHIFFRES CLÉS

Superficie: 2381 741 km²

Population: 33,8 millions d'habitants (doublement de la population en 29 ans)

IDH: 103e rang mondial

Taux d'alphabétisation: 66,7%

Capitale: Alger, 3,8 millions d'habitants

Principales villes: Oran (800000 hab.), Constantine (500000 hab.), Annaba (450000 hab.)

Part des secteurs productifs dans le PIB: Agriculture: 8,3%. Industrie: 62,3%. Services: 29,4%.

POUR ALLER PLUS LOIN

À VOIR

Mohammed Lakhdar- Hamina, *Chronique des années de braise*, 1975. L'histoire de l'Algérie de 1939 à 1954 à travers le personnage de Ahmed, petit paysan devenu révolutionnaire.

Bertrand Tavernier, *La Guerre sans nom*, 1992. Documentaire: trente ans après les accords d'Évian, des soldats français témoignent.

Merzack Allouache, *Bab el Oued city*, 1994. Un jeune boulanger algérois pendant les années noires.

Nadir Moknèche, *Le Harem de madame Osmane*, 1999. Autour d'une ancienne maquisarde de la guerre d'indépendance, la peinture d'une société bloquée.

À CONSULTER

Cédérom: *La guerre d'Algérie, une histoire par la radio et l'image*, La Découverte, INA, 1996.

Sur le site de l'INA, www.ina.fr : la guerre d'Algérie à la télévision française. Plusieurs extraits vidéo ainsi que des interviews avec des historiens.

S'entraîner à la 2e partie de l'épreuve

BAC

DÉGAGER L'APPORT D'UN DOCUMENT

Méthode, p. 14

Sujet guidé La bataille d'Alger (janvier-septembre 1957)

Ça a été une période effectivement dure, mais très riche en événements, qui a été dominée par la «grève des huit jours». L'affaire algérienne avait été portée à l'ordre du jour des Nations unies par le «bloc» arabo-asiatique et il fallait la soutenir par une action spectaculaire. Cette grève a débuté fin janvier 1957. À travers la vitrine d'Alger, le monde découvrait le vrai visage de l'Algérie en guerre: bombes, Européens apeurés, insécurité et l'armée française réduite au rôle de police politique se livrant aux arrestations, aux tortures, aux exécutions sommaires. Le thème de «l'Algérie française» recevait un coup irrémédiable. C'est à la suite de cette grève que la presque totalité de l'émigration algérienne en France a basculé dans le camp du FLN. C'était très important, parce qu'en plus des opérations politiques et militaires qu'elle entretenait, l'émigration était pour nous le banquier: le banquier de la guerre, avec bien sûr les États arabes.

Cette bataille, nous l'avons payée chèrement: arrestations, perquisitions, exécutions sommaires, démantèlement de notre appareil politico-militaire dans la capitale. Mais elle a fait avancer le problème sur le triple plan algérien, international, français.

D'après un responsable du FLN présent à Alger en janvier-février 1957, entretien réalisé par P. Eveno, historien, et Jean Planchais, journaliste, *Guerre d'Algérie*, La Découverte, 1989.

Les dates citées. Les relever avec précision. Les confronter aux sources sous le texte et à la date du document.

L'auteur du document. S'interroger sur son engagement, sur ses responsabilités au moment des événements.

La nature du document. Identifier la situation dans laquelle il est réalisé. Dans quel objectif.

QUESTIONS

1 Identifiez le document: sa nature, son auteur, la date des événements qu'il décrit.

2 Relevez dans le texte les informations concernant la bataille d'Alger et son contexte.

3 Dégagez l'intérêt historique du texte.

AIDE

Question 1. Soyez très attentifs à la date des événements relatés: depuis combien de temps la guerre d'Algérie dure-t-elle? Quel est le contexte international? Notez le décalage entre la date des événements et celle de leur récit.

Question 2. Classez les informations en deux parties: les actions du FLN, celles de l'armée française. Comment les émigrés algériens participent-ils à la lutte pour l'indépendance?

Question 3. Montrez ce que le document apporte à la connaissance de la période et évoquez les autres aspects du conflit.

BAC S'entraîner à la 2e partie de l'épreuve

METTRE EN RELATION DEUX DOCUMENTS

Sujet guidé L'Algérie en 1963 et en 1987 : espoirs et désillusions

Méthode, p. 14

Document 1

Affiche du FLN, © Alain Gesgon – CIRIP, novembre 1963.

L'auteur. Rappeler le rôle du FLN dans l'histoire algérienne.

La symbolique. Rechercher sa signification, sa position dans l'image

Les dates. Préciser à quels événements elles correspondent.

L'utilisation de l'image. S'interroger sur le thème et sa représentation : objets, couleurs, personnages.

Document 2

Le titre du document.
Repérer le thème principal du texte qui suit.

L'Algérie en 1987

L'Algérie de 1987 n'est plus celle de 1962. [...] Il n'est plus question d'« industries industrialisantes ». Au contraire, depuis l'accession au pouvoir du président Chadli Bendjedid, le 7 février 1979, à la suite d'un arbitrage militaire, l'Algérie s'est engagée dans une voie plus réaliste. Les entreprises doivent devenir rentables. L'heure est maintenant à la productivité.

La couverture de la consommation alimentaire par la production nationale s'est effondrée, passant de 73 % en 1969 à 40 % cette année.

L'Algérie dépend à 98 % des hydrocarbures pour ses rentrées de devises. La brutale chute des cours du brut a amputé ses recettes de près de 40 %, différant de nombreux projets et imposant des importations strictement contrôlées.

Le parti unique est monolithique, même si plusieurs tendances s'expriment en son sein, et l'armée, omniprésente, a son mot à dire. Rien d'important dans la gestion de l'État n'intervient sans son aval[1].

1. aval : approbation.

D'après Frédéric Fritscher, correspondant du journal *Le Monde* à Alger, 2 juillet 1987.

Les données chiffrées.
Les relever pour voir comment les exploiter dans les questions.

La date du document.
Rechercher le contexte historique et les événements de la période.

La source du document.
Un grand journal français. Identifier l'objectif de l'article.

QUESTIONS

1 Identifiez chaque document : nature, auteurs, date et contexte dans lequel ils ont été réalisés.

2 Quels sont les thèmes communs aux deux documents ?

3 Quels thèmes diffèrent ?

4 Dégagez l'intérêt de la confrontation des deux documents : qu'apportent-ils à la connaissance des 25 années qui ont suivi l'indépendance de l'Algérie ?

AIDE

Question 1. Soyez très attentifs au contexte : quelle est la situation de l'Algérie en 1963 ? En 1987 ?

Question 2. Confrontez les deux documents sur les questions économiques, en gardant présent à l'esprit l'intitulé du sujet. Rappelez-vous le sens de l'expression « industries industrialisantes ».

Question 3. Quels aspects du document 1 ne figurent pas dans le document 2 ? Quels caractères évoqués dans le document 2 ne figurent pas sur le document 1 ?

Question 4. Vous devez expliquer en quoi les documents montrent les espoirs de l'indépendance et les désillusions qui ont suivi.

BAC BLANC 1re partie de l'épreuve

1 Caractériser un événement

Par quels moyens les colonies asiatiques ont-elles obtenu leur indépendance ?

2 Caractériser une période

Choisissez la bonne réponse et justifiez votre choix.
La décolonisation du continent africain a-t-elle été marquée par:
a. une guerre d'indépendance ?
b. deux guerres d'indépendance ?
c. trois guerres d'indépendance ?

3 Justifier une affirmation

Expliquer l'affirmation suivante : le mouvement des non-alignés refuse la bipolarisation du monde.

4 Choisir des dates clés

Quand a eu lieu le premier choc pétrolier : en 1970, 1973 ou 1976 ?

5 Citer des acteurs

Qui ont été les principaux acteurs de l'indépendance de l'Inde ?

6 Choisir une définition

Entre les trois phrases suivantes, laquelle définit le mot « indépendance » ? Justifiez votre réponse.
a. Système qui accorde de nombreuses libertés aux peuples colonisés en les maintenant sous domination.
b. Rupture de tous les liens de subordination entre une colonie et sa métropole.
c. Ensemble des citoyens capables de se faire entendre des responsables politiques en dehors des échéances électorales.

Les origines de la guerre d'Algérie

Document 1

Les deux communautés en 1954

	Algériens	Européens
Part de chaque communauté dans la population totale	90,1 %	9,9 %
Cadres supérieurs	7 %	93 %
Techniciens	17 %	83 %
Fonctionnaires	14 %	86 %
Manœuvres	95 %	5 %
Ouvriers spécialisés	68 %	32 %
Moyennes du revenu individuel	22 000 francs	780 000 francs
Pourcentage de la population vivant en ville	19 %	95 %
Scolarisation des élèves dans le primaire	18 %	98 %
Nombre de députés à l'Assemblée algérienne élue depuis 1947	60	60

Document 2

La situation en 1955

Malgré les revendications nationalistes, c'est une Algérie française que l'on entreprend d'édifier après la guerre de 1939-1945. L'égalité des droits est proclamée, mais les réformes ne sont guère appliquées, les élections (sont) truquées. […]

La poussée démographique a eu pour résultat le sous-emploi chronique, la désertion des campagnes au profit des bidonvilles, la misère et le désespoir. La petite bourgeoisie musulmane, instruite à notre contact, cherche vainement un débouché, non seulement économique, mais surtout administratif et politique. Or elle ne le trouve pas. […] D'où un double mécontentement : le malaise social de la masse, le malaise politique de l'élite. En se rejoignant, ces deux malaises constituent une force explosive énorme.

Jacques Soustelle*, gouverneur général de l'Algérie, *Rapport au gouvernement*, 1er juin 1955.

* Ce gaulliste est envoyé en Algérie par Pierre Mendès France, à la suite des événements de 1954 ; sa mission est de rétablir l'ordre et d'établir un diagnostic précis de la situation dans la région.

QUESTIONS

1 Identifiez chaque document.

2 Quelles caractéristiques économiques, sociales et politiques différencient les deux communautés ?

3 Pourquoi l'auteur du document 2 est-il un témoin privilégié ?

4 Comment la France a-t-elle répondu aux revendications des nationalistes ?

5 Dégagez l'intérêt de la confrontation des deux documents. Que nous apprennent-ils sur les origines de la guerre d'Algérie ?

PARTIE 2

L'Inde à partir de 1947

En 1947, l'indépendance de l'Inde inaugure le processus de décolonisation. L'Union indienne adopte dès 1950 un système politique démocratique solide, malgré les multiples distinctions ethniques et religieuses, le système des castes et la corruption.
L'Inde indépendante est confrontée à d'énormes défis. Elle connaît des succès inégaux mais fait partie des puissances émergentes dans le monde.

A. La plus grande démocratie du monde

→ *Comment fonctionne le système politique indien ?*

B. Les défis du développement

→ *Comment cet État-continent a-t-il répondu aux défis du développement ?*

C. Les contrastes d'une puissance émergente

→ *Quelle est sa situation au début du XXIe siècle ?*

L'Inde, une terre de contrastes.
Une femme travaillant sur un chantier de construction devant la Cybertower de la *high-tech city* d'Hyderabad.

A. La plus grande démocratie du monde

L'Union indienne est une fédération de 28 États et 7 territoires où l'on pratique 22 langues officielles et plusieurs religions. Elle se présente depuis 1950 comme « la plus grande démocratie du monde » du fait de l'importance de sa population. Mais la démocratie indienne s'est établie dans une des sociétés les plus inégalitaires du monde, caractérisée par le système des castes.

1 Nehru et sa fille Indira Gandhi en 1955 à Bandung

Nehru, leader du parti du Congrès, est Premier ministre de 1947 à sa mort en 1964. Sa fille dirige l'Inde de 1966 à 1977 et de 1980 à 1984. L'un des fils d'Indira, Rajiv Gandhi, est à son tour à la tête du pays de 1984 à 1989.

2 Les institutions

La Constitution de 1950 met en place un État fédéral dont les institutions s'inspirent de celles de l'ancienne métropole britannique.

Pouvoir central	
Président de l'Inde	Élu par un collège électoral, nomme Premier ministre le leader de la majorité de la chambre basse.
Premier ministre	Détient le pouvoir exécutif, est responsable devant le Parlement.
Parlement de l'Union	Composé d'une chambre basse élue au suffrage universel et d'une chambre haute élue par les assemblées des États.
États de l'Union	
Ministre en chef	Responsable devant l'Assemblée législative.
Gouverneur	Nommé par le président, responsable devant l'Assemblée législative.
Assemblée législative	Élue au suffrage universel.
Villes	
Conseil	Élu au suffrage universel, élit le maire.
Villages	
Conseil	Élu au suffrage universel.

3 *Panchayat* dans un petit village de l'État du Bihar

Les *Panchayats*, ou conseils de village, sont présidés par des responsables ou des anciens. Au cours de ces réunions tous les problèmes de la communauté sont abordés.

4 Une société inégalitaire

Le système social indien est une organisation millénaire et très rigide dans laquelle chacun occupe une position précise du fait de sa naissance. D'après les textes sacrés hindouistes, les dieux ont réparti les hommes en quatre groupes eux-mêmes subdivisés en sous-groupes, les castes, définies souvent par un métier héréditaire. Tout individu appartient à une caste, mais il existe des castes non répertoriées dans l'un des quatre groupes : elles rassemblent les « Intouchables », désormais nommés « Dalits » (opprimés), chargés des tâches les plus ingrates (évacuation des déchets, nettoyage des latrines, incinération des cadavres).

Cinquante-cinq ans après la rédaction de la Constitution indienne qui […] reconnaît à tous les Indiens les mêmes droits, les Dalits sont toujours les parias de la société indienne. Leur taux d'alphabétisation moyen est de 25 % contre 52 % en Inde, le travail des enfants et la malnutrition persistent. La mortalité infantile Dalit s'élève à 104,2 pour mille, contre 86,7 pour mille en Inde. Enfin les agressions, viols et assassinats sont monnaie courante. […] Un exemple : le tsunami a été un traumatisme profond pour tous les Indiens. Les Dalits ont d'abord été acceptés dans les camps de réfugiés, puis rejetés au bout de quelques jours par les personnes des castes supérieures.

Les quotas[1] ne profitent qu'à de rares exceptions dont le président de l'État indien de 1997 à 2004 est l'« exemple-alibi » par excellence[2]. L'oppression est évidemment plus forte en milieu rural et l'anonymat des villes leur est profitable. Or, l'Inde est à 75 % rurale. Et même en ville, un Hindou ne vous fera jamais confiance s'il ne sait pas de quelle caste vous venez. Avant de savoir qui j'étais, je savais quelle était ma caste. Heureusement, la société marchande ignore les barrières de caste : on ne refusera rien à un Dalit qui s'est enrichi par une réussite professionnelle. Le seul tabou qui résiste radicalement, c'est celui du mariage. Si urbanisé, si éduqué que l'on soit, on se marie dans sa caste.

D'après le compte rendu d'une conférence de Selva Arulnathan (prêtre catholique né dans une famille Dalit) tenue à l'Institut National Agronomique de Paris le 22 mars 2005.

1. La politique de discrimination positive réserve aux Dalits des quotas dans le système éducatif, la fonction publique et la représentation politique.
2. Le président Narayanan était un dalit.

5 Un bureau de vote en Inde en 1995

Les premières élections de l'Inde indépendante ont eu lieu en 1952. Au début des années 2000, on compte plus de 670 millions d'électeurs.

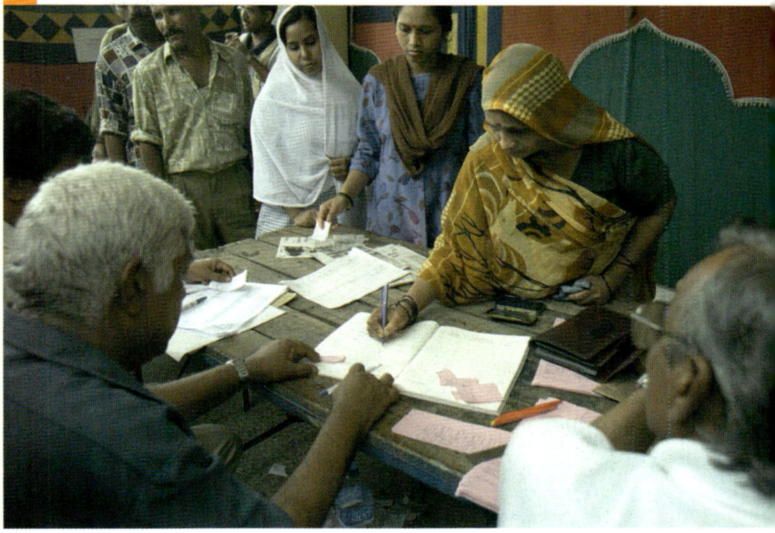

6 Une campagne électorale en Inde en 2006

Des partisans du parti du Congrès célébrent une victoire électorale de Sonia Gandhi. Depuis 1977, le pays est entré dans l'ère des alternances entre coalitions dominées soit par le Parti du Congrès soit par le parti nationaliste hindou (BJP).

MENER L'ÉTUDE

1. Montrez que le suffrage universel est la source essentielle du pouvoir en Inde. Pourquoi peut-on qualifier le régime politique de parlementaire ? **(Doc. 2)**

2. Pourquoi peut-on dire que Nehru prépare sa fille au pouvoir ? Pourquoi l'Inde peut-elle prétendre être un exemple pour les pays issus de la décolonisation ? **(Docs 1 et 2)**

3. Quelles pratiques démocratiques ces photographies illustrent-elles ? **(Docs 3, 5 et 6)**

4. Pourquoi peut-on dire que le système des castes freine la démocratisation du pays ? **(Doc. 4)**

5. Mettre en relation deux documents. Les documents 4 et 5 font-ils apparaître une contradiction entre les principes démocratiques et la réalité sociale de l'Inde ? **(Docs 4 et 5)**

SAVOIR FAIRE

Mettre en relation deux documents

- Rechercher les informations contenues dans chaque document.
- Mettre en évidence les points communs et les différences.
- Montrer en quoi la confrontation aide à comprendre les faits et à éclairer les termes du sujet.

B. Les défis du développement

Confrontés aux défis du développement et à une situation alimentaire très difficile, les gouvernements adoptent d'abord une stratégie autocentrée, dans le cadre d'un « socialisme modéré ».

1 Maîtriser la fécondité

Dès 1950, des campagnes en faveur du planning familial sont lancées. La population indienne était alors évaluée à 358 millions de personnes ; en 2007, elle dépasse 1,1 milliard.

2 Les résultats de la politique démographique

L'indice de fécondité, supérieur à 6 enfants par femme en âge de procréer en 1950, se situe à 3,2 en 2000. Désormais, l'accent est mis sur l'éducation des femmes.

3 Atteindre l'autosuffisance alimentaire : la révolution verte

La révolution verte consiste à remplacer les céréales traditionnelles par des variétés à haut rendement, nécessitant irrigation, mécanisation et apports massifs de produits chimiques.

4 Les résultats contrastés de la révolution verte

L'Inde présente une réalité désolante : c'est à la fois le pays où les plus grands progrès agronomiques ont été enregistrés en une génération et celui qui abrite à lui seul près de la moitié des personnes mal nourries dans le Tiers-monde : 300 millions de personnes ne mangent pas à leur faim* ! Et pourtant, grâce à la révolution verte [...], l'Inde exporte des céréales. Grâce à la « révolution blanche », elle est le premier producteur de lait du monde. [...] La raison ? Dans ce pays des greniers pleins, trop de ventres sont vides faute de pouvoir d'achat. [...] Conséquence de la libéralisation amorcée en 1991, qui a amené le gouvernement à diminuer les subventions aux prix des denrées destinées aux nécessiteux, mais aussi de la bureaucratie et de la corruption qui minent l'administration du pays, les stocks s'amoncellent dans les magasins d'État pourtant censés vendre aux plus démunis des produits alimentaires à bas prix.

Sylvie Brunel, « Greniers pleins et ventres vides », *L'Histoire* n° 278, juillet-août 2003.

* Environ le tiers de la population vit en dessous du seuil de pauvreté (moins de 1 dollar par jour).

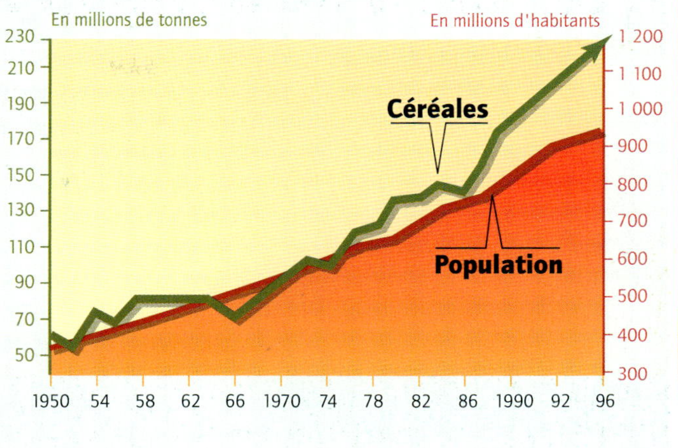

5 Augmenter la production industrielle

Jusqu'en 1990, l'Inde adopte une stratégie autocentrée. L'économie planifiée juxtapose un secteur public puissant et un important secteur privé. Depuis 1990, des privatisations prudentes ont lieu et les échanges se développent. Certains groupes indiens atteignent un niveau mondial.

	1950	2000	Multiplicateur 1950-2000
Charbon (en millions de t)	32,3	309,6	9,5
Pétrole brut (en millions de t)	0,3	36,1	120,3
Électricité (en milliards de kWh)	5,1	495	97
Acier (en millions de t)	1,5	27	18
Aluminium (en milliers de t)	4	644	161
Automobiles (en milliers)	16,5	715,4	43,3

6 Un complexe sidérurgique dans le nord-est de l'Inde dans les années 1950

MENER L'ÉTUDE

1. Lire une image. Dans quel contexte l'image est-elle produite ? Quel message transmet-elle ? Donnez un qualificatif à cette image. **(Doc. 1)**

2. Par quels moyens les autorités indiennes s'efforcent-elles de maîtriser la fécondité ? **(Docs 1 et 2)**

3. Quelle technique agricole la photo illustre-t-elle ? **(Doc. 3)**

4. Quelle contradiction le texte fait-il apparaître ? **(Doc. 4)**

5. Par quels moyens la production électrique a-t-elle pu augmenter autant ? À quoi sert cette électricité dans le domaine industriel ? **(Doc. 5)**

6. Identifiez les contrastes visibles sur la photo. **(Doc. 6)**

SAVOIR FAIRE

Lire une image

- Identifier l'image : sa nature, son auteur et ses destinataires, le contexte de son élaboration.
- Recenser les informations fournies par l'image.
- Interpréter l'image : interrogez-vous sur ses intentions, ses destinataires ; relevez les connaissances qu'elle apporte ; donnez-lui un qualificatif.

C. Les contrastes d'une puissance émergente

Depuis 1991, l'Inde pratique une politique économique plus libérale. Elle connaît des réussites, mais les inégalités demeurent profondes. Sa politique étrangère, d'abord non alignée et marquée surtout par de fréquents conflits avec le Pakistan, s'oriente désormais vers les États-Unis.

1 Bollywood : la puissance du cinéma indien

L'industrie du cinéma indien produit 800 films par an alors que les États-Unis n'en produisent que 500.

2 Un tisserand près de Bénarès

À côté de l'industrie textile moderne, une production artisanale diversifiée : la productivité y est faible, mais le secteur offre beaucoup d'emplois. Les inégalités de revenu demeurent criantes.

3 La « Shining India » (l'Inde qui brille)

Rien ne semble devoir arrêter l'irrésistible ascension de l'Inde. [...] Le dynamisme de ce pays est réel, palpable. Être Indien aujourd'hui, c'est participer à une société en pleine mutation, euphorique, prête à tout pour gagner sa place dans un monde « global ». C'est ne plus avoir à s'exiler pour devenir riche et puissant. [...] C'est à présent le reste du monde qui se rue en Inde, plus seulement en quête d'exotisme, mais pour y investir, y créer des entreprises, y délocaliser, s'y faire soigner. Mais il faut aller voir ce qui se cache derrière l'« Inde qui brille ». On y trouvera des campagnes désolées, des mégapoles aux bidonvilles déportés loin des néons, des ateliers clandestins cachés au cœur des quartiers résidentiels, où de très jeunes enfants continuent d'être exploités. On se heurtera à des coutumes d'un autre âge, au manque cruel de filet social [...] les Indiens sont d'ailleurs les premiers à dénoncer les inégalités criantes de leur société. « Le tourisme médical, c'est bien beau, et nous pouvons être fiers d'avoir des médecins de classe internationale, mais [...] au lieu de faire la promotion auprès des étrangers de ses hôpitaux cinq étoiles, le gouvernement de Delhi ferait mieux d'investir dans un système de santé efficace », affirme ainsi un économiste indien.

Marie-France Calle, *Le Figaro*, 4 janvier 2007.

4 Une usine de composants électroniques près de Delhi

L'Inde a fait une percée spectaculaire dans l'électronique, l'informatique et les biotechnologies. Elle est devenue le premier exportateur de services informatiques et de médicaments génériques du monde.

5 Attentats à Bombay en juillet 2006

L'Inde est la cible du terrorisme : quinze attentats importants ont eu lieu entre 2000 et juillet 2006 attribués à des groupes islamistes radicaux actifs au Cachemire, province frontalière revendiquée par l'Inde et le Pakistan depuis la partition. Trois guerres ont opposé les deux États, en 1947-1949, en 1965 et en 1971. Leurs relations se détendent depuis 2001.

6 George W. Bush et le Premier ministre indien, Manmohan Singh, en mars 2006

Les deux États ont signé un accord de coopération sur le nucléaire civil.

7 Une puissance émergente au plan international

Détentrice de l'arme nucléaire, l'Inde aspire à jouer un rôle plus important sur la scène internationale.

La guerre froide et le clivage Est-Ouest avaient permis à l'Inde d'occuper une place comme leader des non-alignés, lui donnant une importance sur la scène mondiale supérieure à son poids économique ou militaire. Ce non-alignement n'avait pas empêché New Delhi de développer des contacts étroits avec l'URSS qui équipait largement l'armée indienne[1] [...].

L'implosion de l'URSS, dans un premier temps, déstabilisait l'Inde qui s'adaptait assez vite à la nouvelle situation en améliorant ses relations avec Washington. [...] En 1998, elle procédait à une série d'essais nucléaires. [...] Plus que le Pakistan, qu'elle dépasse largement sur le plan militaire et économique, c'est la Chine qui est la principale motivation du programme nucléaire militaire indien. Les Indiens craignent la volonté de domination chinoise et déplorent que le monde occidental prête plus d'attention à la Chine communiste qu'à l'Inde démocratique [...]. L'Inde défend la vision d'un monde multipolaire [...] fondé sur l'égalité entre pays riches et pauvres. Elle revendique un siège de membre permanent au Conseil de sécurité de l'ONU.

D'après Pascal Boniface, *Le Monde contemporain : grandes lignes de partage*, © PUF, coll. « Quadrige », 1re éd. 2003.

1. Alors que le Pakistan recevait une aide massive des États-Unis.

MENER L'ÉTUDE

1. Quels contrastes les deux photographies mettent-elles en évidence ? **(Docs 2 et 4)**

2. Quels contrastes le texte met-il en évidence ? **(Doc. 3)**

3. Pourquoi peut-on dire que l'Inde est une puissance culturelle ? **(Doc. 1)**

4. À quelles difficultés l'Inde est-elle confrontée sur son territoire ? **(Doc. 5)**

5. Relever les informations contenues dans un texte. Identifiez les allusions que contient le texte. Quelles informations apporte-t-il sur les relations entretenues par l'Inde avec le reste du monde en 2001 ? Quelle place l'Inde cherche-t-elle à obtenir sur la scène internationale ? **(Doc. 7)**

6. Montrez que cette photographie illustre une nouvelle orientation de la politique indienne évoquée dans le document 7. **(Docs 6 et 7)**

SAVOIR FAIRE

Relever les informations contenues dans un texte

- Identifier le texte : sa nature, sa date et son contexte, son auteur.
- Relever les informations contenues dans le texte en les classant par thèmes.
- Mettre ces informations en relation avec vos connaissances.
- Identifier les allusions aux événements historiques et, le cas échéant, le point de vue de l'auteur.

BAC Pour réviser

À RETENIR

• La plus grande démocratie du monde

En 1947, l'indépendance de l'Inde donne le coup d'envoi du processus de décolonisation. Les négociations ont prévu la partition du territoire; cela donne lieu à d'importantes migrations et de nombreux massacres entre hindouistes et musulmans. L'Union indienne est créée en 1950. La constitution instaure un régime parlementaire largement dominé par le parti du Congrès. Après plusieurs alternances, il revient au pouvoir en 2004. Le système politique est solide, malgré la corruption et les structures ancestrales de la société.

• Les défis du développement

L'Inde indépendante est confrontée à d'énormes défis: maîtriser l'accroissement démographique, augmenter la production agricole, développer les industries. Elle adopte d'abord une stratégie de développement autocentrée où l'État joue un rôle déterminant, puis, à partir de 1991, se met en place une politique plus libérale. L'Inde connaît des succès: elle atteint l'autosuffisance alimentaire, augmente sa production industrielle, occupe une place importante dans les exportations de services.

• Les contrastes d'une puissance émergente

Les inégalités demeurent importantes: environ un tiers de la population est mal nourrie, les conditions de travail restent précaires, le système des castes perdure. L'Inde est confrontée à des divisions ethniques et religieuses, ses relations sont conflictuelles avec le Pakistan et elle est la cible du terrorisme, ce qui l'a amenée à se rapprocher des États-Unis. Puissance émergente, détenant l'arme atomique, l'Inde aspire à jouer un rôle important sur la scène internationale.

DATES CLÉS

1947 : indépendance de l'Inde

1950 : création de l'Union indienne

1947-1977: Parti du Congrès au pouvoir

CHIFFRES CLÉS

Superficie: 3 287 590 km²

Population: 1,095 milliard d'habitants (doublement de la population en 39 ans)

IDH: 127e rang mondial

Taux d'alphabétisation: 57,2 %

Capitale: New Delhi, 9,9 millions d'habitants

Principales villes: Mumbai (Bombay, 18,3 millions d'hab.), Kolkata (Calcutta, 14,3 million d'hab.), Chennai (Madras, 6,9 millions d'hab.).

Part des secteurs productifs dans le PIB: Agriculture: 18 %. Industrie: 28 %. Services: 54 %.

POUR ALLER PLUS LOIN

À VOIR

Mira Nair, *Salaam Bombay*, 1988. La vie des enfants des rues à Bombay.

Mira Nair, *Le Mariage des moussons*, 2001. Un autre aspect de la société indienne: la préparation d'un grand mariage dans une famille bourgeoise.

À LIRE

Dominique Lapierre, *La Cité de la joie*, 1985. Un roman qui raconte la vie d'un bidonville de Calcutta.

Rohinton Mistry, *L'Équilibre du monde*, 1998. Un roman qui retrace l'histoire de l'Inde depuis la partition vécue par deux intouchables.

Marc Boulet, *Dans la peau d'un intouchable*, 1994. Le reportage d'un journaliste qui se métamorphose en intouchable indien et raconte son expérience.

À CONSULTER

www.inde-en-ligne.com

www.pondichery.com

S'entraîner à la 2e partie de l'épreuve

BAC

DÉGAGER L'APPORT D'UN DOCUMENT

Méthode, p. 14

Sujet guidé L'Inde en 2005

Le titre du document. Il fournit le thème général.

L'Inde, grande puissance émergente

Où (ses) choix pour la modernité conduisent-ils l'Inde ? On peut aboutir à deux conclusions opposées. (D'une part), on saluera un État qui, en dépit de son gigantisme comme des problèmes liés à l'énormité de sa population ou à des retards persistants de développement, a su enraciner la démocratie politique, stabiliser pour l'essentiel sa diversité culturelle et religieuse, lutter contre l'inégalité traditionnelle du système des castes, créer une classe moyenne, s'adapter à la mondialisation, et qui surgit désormais sur la scène internationale avec des ambitions à la hauteur de ses capacités. Mais ce tableau [...] ne doit pas faire oublier la persistance obstinée d'un système de castes qui nie l'individu et fait de l'inégalité entre des collectivités un principe, même combattu ; une violence politique intermittente mais endémique[1] ; une corruption rampante ; des oppositions religieuses profondes ; une pauvreté massive et difficilement réductible ; [...] un modèle de développement qui tient fort peu compte de l'environnement ; un bilan mitigé en matière de protection des droits de l'homme.

1. endémique : constante.

Éditorial de la revue *Questions internationales n°15*, septembre-octobre 2005.

La construction du texte. Le texte met en avant la situation contrastée de l'Inde.

La source du document.

La nature du document. Un éditorial a pour vocation d'exposer une opinion.

La date du document.

QUESTIONS

1 Identifiez le document.

2 Analysez les informations contenues dans le texte selon les thèmes suivants : aspects politiques, sociaux, culturels, économiques.

3 Dégagez l'intérêt historique du texte.

AIDE

Question 1. Précisez sa nature, sa source et sa date.

Question 2. Pour préparer votre analyse, dressez un tableau en deux colonnes énumérant les aspects positifs et les aspects négatifs du bilan. La recherche des informations ne doit pas se limiter à un travail de copie : il s'agit ici de dégager les caractères des situations décrites.

Question 3. Montrez maintenant, de façon plus générale, ce que le document apporte à la connaissance de l'Inde au début du XXIe siècle.

BAC S'entraîner à la 2e partie de l'épreuve

METTRE EN RELATION DEUX DOCUMENTS

Sujet guidé Les religions en Inde

Méthode, p. 14

Document 1

Une mosaïque religieuse dans un État laïque

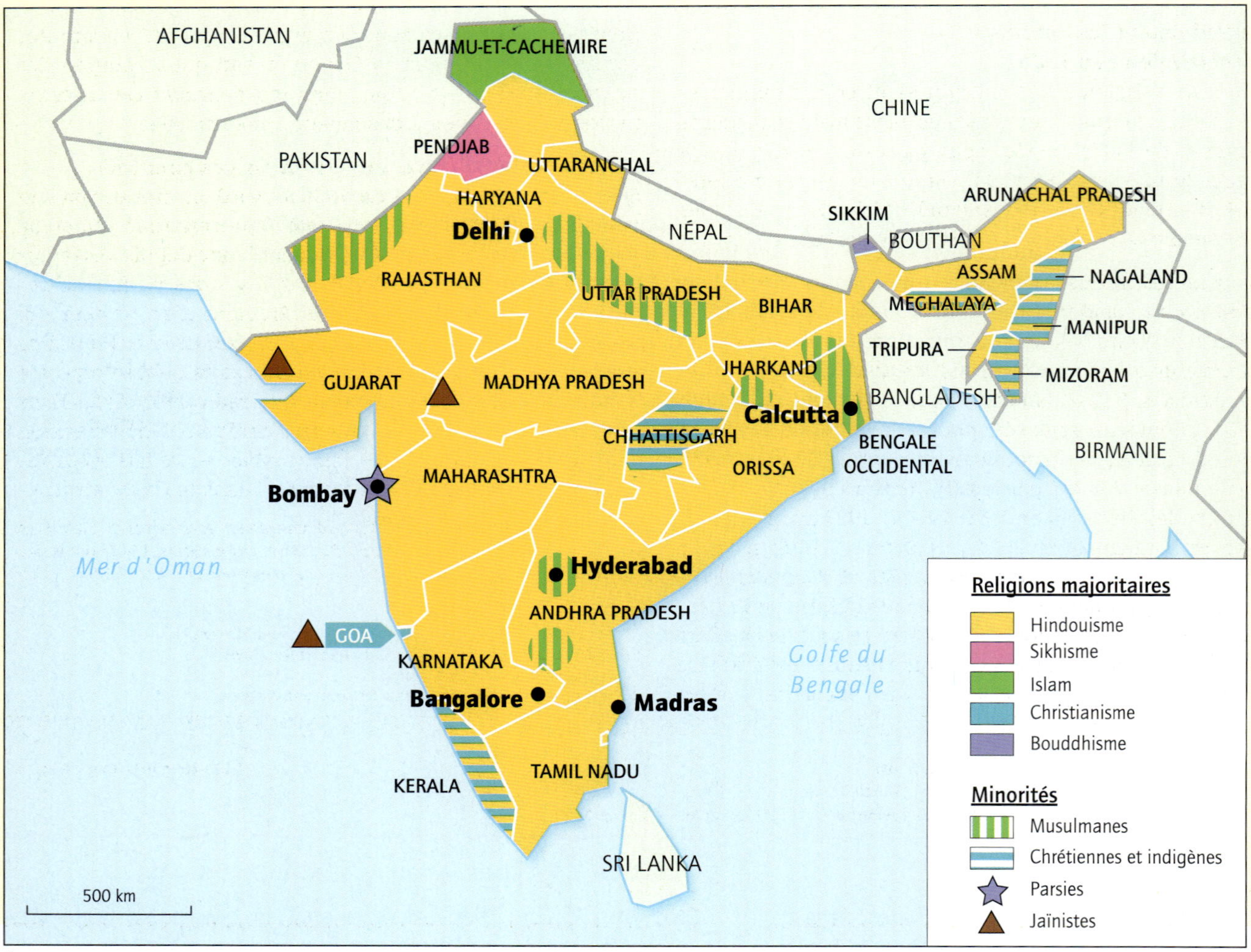

À sa création en 1950, l'Union indienne a adopté le principe de la laïcité. Les minorités religieuses y bénéficient en principe des mêmes droits que la majorité. En 2006, le président de la République est musulman et le Premier ministre est sikh.

Document 2

La poudrière indienne

De quand datent les conflits politico-religieux en Inde ?
Les conflits religieux, interethniques et communautaires contemporains prennent leurs racines dans l'histoire moderne de l'Inde et du Pakistan. Ces deux pays sont nés au même moment – le 14 et le 15 août 1947 – après un siècle de colonisation britannique. L'Inde devient un État laïc et accueille tous type de religions en son sein selon sa Constitution. [...]

Quels sons les autres éléments à prendre en considération ?
L'immense majorité des Indiens sont pacifiques et vivent en bonne entente avec les musulmans, les chrétiens, les sikhs et les bouddhistes. [...] Mais l'Inde n'est pas à l'abri de phénomènes de populisme[1] et de xénophobie[2] au sein de sa majorité hindoue. Il y a deux ans encore, ce pays avait un gouvernement ultranationaliste dominé par le BJP (parti du peuple hindou) qui a gagné les élections en 1996, 1998 et 1999 avant de s'effondrer électoralement en 2004. [...] Depuis bientôt soixante ans, particulièrement pendant les années 1990, des franges hindoues s'en prennent à des musulmans qui trouvent là un prétexte pour faire de même. [...] Parfois, ce sont des leaders politiques locaux ou régionaux qui trouvent ainsi une manière de s'attirer des fidélités en déclarant : « les musulmans prennent votre travail, ce sont des ennemis qui ont encore des cousins au Pakistan, etc. » Quand on sait que la plupart des électeurs sont illettrés, on comprend pourquoi ces discours peuvent donner lieu à des émeutes meurtrières. [...]

Et les chrétiens, comment vivent-ils ces conflits ?
Que ce soit dans le Sud ou dans le Nord, on trouve souvent une Église en bonne place. Cette représentation témoigne d'une acceptation de la présence chrétienne depuis des temps immémoriaux. Mais régulièrement, il y a des victimes chrétiennes. Je me souviens particulièrement d'un pasteur qui avait été brûlé vif dans sa voiture avec ses deux enfants. Des nationalistes hindous l'avaient surpris alors qu'il se reposait. C'était encore le fait d'une frange ultra radicale. Dans les États du Nord Est, on reproche à certains chrétiens leur dimension trop prosélyte[3]. En effet, les intouchables et les basses castes peuvent trouver un certain réconfort dans le christianisme.

D'après Olivier Guillard, chercheur à l'Institut de Relations Internationales et Stratégiques, dans l'hebdomadaire *Témoignage chrétien*, 1er août 2006.

1. Populisme : mouvement politique qui propose, dans un langage populaire, une vision simpliste du monde et de la société.
2. Xénophobie : haine de l'étranger.
3. Prosélytisme : action de convertir de nouveaux adeptes.

Le type de texte.
Repérer dans l'article où les faits se déroulent, qui est concerné, comment les événements se sont déroulés et pourquoi.

L'auteur du document.

QUESTIONS

1 D'après la carte, pourquoi peut-on parler de mosaïque religieuse en Inde ? Quelle est la religion majoritaire dans la plupart des États ?

2 L'Union indienne est-elle un État religieux ?

3 D'après le texte, avec quel pays voisin les tensions religieuses sont-elles fortes et pourquoi ?

4 D'après le texte, quelles sont les religions les plus persécutées en Inde ? Que leur reproche-t-on ?

5 Quel intérêt y a-t-il à confronter les deux documents ?

AIDE

Question 1. Notez bien les différences entre les religions, en distinguant par exemple le brahmanisme des religions monothéistes.

Question 2. Faites état de vos connaissances sur la laïcité.

Question 3. La partition de l'Inde en 1947 a exacerbé les tensions religieuses entre les deux États nés de la décolonisation.

Question 4. Les motifs de persécution ne sont pas seulement religieux mais aussi politiques et sociaux (commentez la dernière phrase du texte).

Question 5. Notez le paradoxe entre le principe de laïcité et la réalité.

BAC BLANC 1re partie de l'épreuve

1 Caractériser un événement

Quel est l'objectif de la conférence de Belgrade en 1961 ?

2 Caractériser une période

Choisissez la bonne réponse et justifiez votre choix.
La décolonisation du continent asiatique est marquée par :
a. une guerre d'indépendance
b. deux guerres d'indépendance
c. trois guerres d'indépendance

3 Justifier une affirmation

En quoi, après 1945, le contexte international est-il favorable à l'émancipation des peuples colonisés ?

4 Choisir des dates clés

Quand a eu lieu le premier choc pétrolier :
a. 1970 ?
b. 1973 ?
c. 1976 ?

5 Citer des acteurs

Qui sont les principaux acteurs de l'indépendance de l'Algérie ?

6 Proposer une définition

Entre les trois phrases suivantes, laquelle définit le mot « indépendance » ? Justifiez votre réponse.
a. Système qui accorde de nombreuses libertés aux peuples colonisés en les maintenant sous domination.
b. Rupture de tous les liens de subordination entre une colonie et sa métropole.
c. Ensemble des citoyens capables de se faire entendre des responsables politiques en dehors des échéances électorales.

L'indépendance de l'Inde (1947)

Chers compatriotes, ce fut un grand honneur pour moi que de servir l'Inde et la cause de la liberté de l'Inde pendant de nombreuses années. Aujourd'hui, je m'adresse à vous officiellement et pour la première fois en tant que le premier serviteur du peuple indien, dévoué à son service et à l'amélioration de sa condition. Je me trouve devant vous parce que telle était votre volonté et je resterai là aussi longtemps que vous choisirez de m'honorer de votre confiance. Nous sommes aujourd'hui un peuple libre et souverain débarrassé des fardeaux passés. Nous regardons le monde avec des yeux limpides et amicaux et l'avenir avec espoir et confiance. […]

Nous avons parcouru un long chemin, mais le voyage est encore long. Procédons à nos nouvelles tâches avec détermination et conformément aux hauts principes que nous a enseignés notre grand leader. Gandhi est par bonheur avec nous pour nous guider, nous inspirer et nous montrer le chemin du grand effort. […]

Notre objectif premier et immédiat sera de mettre fin à toutes les querelles internes et les violences qui défigurent, détériorent et minent la cause de la liberté. Cela sans oublier de prendre en considération les grandes difficultés économiques qu'endure une population en grande détresse. […]

La production est aujourd'hui notre première priorité, et toute tentative d'entraver ou de diminuer la production affecte la nation tout entière et plus particulièrement les masses ouvrières. Certes, la production à elle seule ne suffit pas, car elle peut mener à une concentration d'autant plus accrue des richesses dans les mains de quelques personnes, ce qui peut entraver le progrès et qui, dans le contexte actuel, entraîne l'instabilité et les conflits. Pour ces motifs, une distribution juste et équitable est essentielle à la solution du problème.

Le gouvernement indien examine actuellement différents grands projets pour le développement des vallées fluviales par le contrôle du flux des rivières grâce à la construction de barrages, de réservoirs et de structures d'irrigation ainsi que le développement de la production hydroélectrique. Des dispositions qui contribueront à un développement généralisé et qui constituent une étape préliminaire pour se compléter aussi rapidement que possible pour le bien-être de tous. […]

Nehru, discours prononcé en 1947.

QUESTIONS

1 Présentez le document en insistant sur le contexte de son élaboration.

2 Que sont les « fardeaux passés » évoqués par Nehru ?

3 Quels sont les objectifs de Nehru et les moyens qu'il veut mettre en œuvre pour les atteindre ?

4 Quelles « querelles internes » redoute-t-il à juste titre ?

5 Que nous apprend ce document sur la situation de l'Inde en 1947 ?

Les mutations de la France depuis 1945

A Question obligatoire

La Ve République : cadre institutionnel, vie politique, défis européens

B Sujets d'étude au choix

Les jeunes

Les classes moyennes

PARTIE 3

Photographie de Henri Cartier-Bresson, *Rue de Vaugirard, Paris, Mai 68*, 1968.

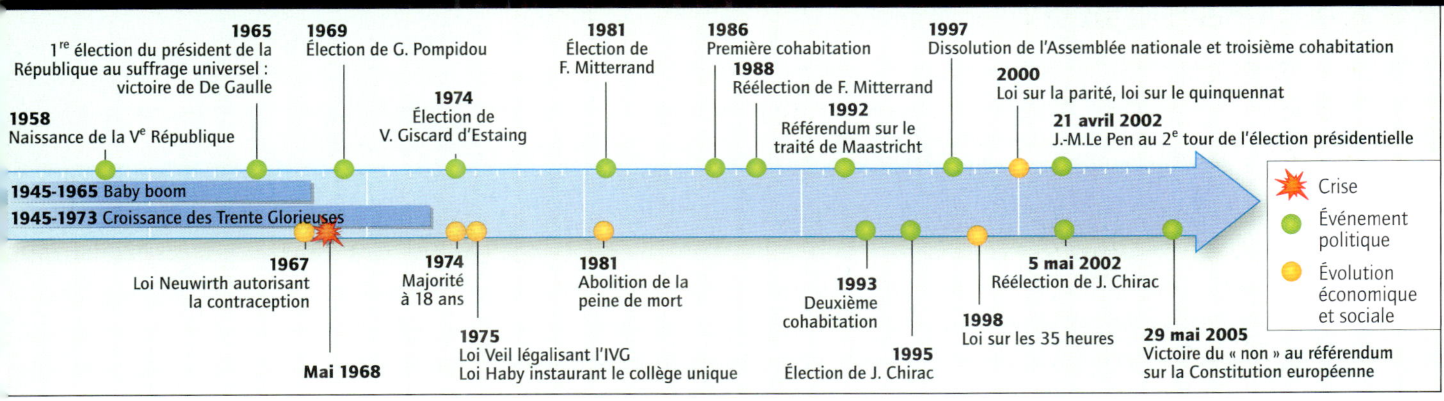

La Ve République : cadre institutionnel, vie politique, défis européens

En septembre 1958, les Français adoptent par référendum la Constitution de la Ve République, inspirée par le général de Gaulle. Le nouveau régime favorise la bipolarisation des forces politiques mais aussi la stabilité des gouvernements. Il évolue durablement par la pratique de l'alternance et de la cohabitation.

Comment la Ve République s'affirme-t-elle ? À quels enjeux majeurs est-elle confrontée ?

QUESTION OBLIGATOIRE

La présentation de la Constitution de la Vᵉ République
Le 4 septembre 1958, sur la place de la République à Paris, le général de Gaulle présente aux Français le projet constitutionnel instituant la Vᵉ République.

COURS 1 1958-1962 : la naissance et l'affirmation de la Vᵉ République

La Vᵉ République naît en 1958, dans le drame de la guerre d'Algérie. Mais le nouveau régime ne prend sa véritable forme institutionnelle qu'en 1962.

1 Une nouvelle République

• **La fin de la IVᵉ République.** Née en 1946, la IVᵉ République relève la France de la guerre et commence la construction européenne. Mais elle est aussi marquée par l'instabilité ministérielle et les drames de la décolonisation. En mai 1958, les partisans de l'Algérie française semblent menacer l'État lui-même. Le général de Gaulle, retiré à Colombey-les-deux-Églises (Haute-Marne), apparaît à la majorité des forces politiques comme le recours providentiel. Le 1ᵉʳ juin, il est investi président du Conseil par l'Assemblée nationale ; le lendemain, il reçoit pour six mois les pleins pouvoirs afin de réformer les institutions.

• **La nouvelle Constitution.** Le texte, rédigé par Michel Debré, garde des Sceaux, est adopté par référendum le 28 septembre 1958, avec plus de 79 % des suffrages. De Gaulle est élu président de la République le 21 décembre, par un collège électoral de 80000 personnes (parlementaires, conseillers généraux et municipaux). Selon les objectifs qu'il a toujours affichés et contrairement au régime de la IVᵉ République, le pouvoir exécutif est prééminent. De Gaulle veut ainsi rompre avec l'instabilité des gouvernements et restaurer l'autorité de l'État.

2 Le règlement de la guerre d'Algérie

• **Le choix de l'autodétermination.** Considérant que la décolonisation est inéluctable, de Gaulle propose l'autodétermination aux Algériens, solution approuvée par 75 % des Français lors d'un référendum le 8 janvier 1961. Des partisans de l'Algérie française créent alors l'Organisation de l'armée secrète (OAS) et tentent en vain un putsch à Alger en avril 1961.

• **L'indépendance de l'Algérie.** Les négociations avec le FLN (Front de libération nationale) algérien sont longues et difficiles (février 1961-mars 1962) et se déroulent dans un climat de violence et de terreur extrêmes. L'OAS multiplie les attentats ; en métropole, des manifestations sont réprimées violemment par les forces de l'ordre. Finalement, le 18 mars 1962, les accords d'Évian aboutissent à l'indépendance de l'Algérie, ce que 90 % des Français confirment par référendum le 8 avril 1962.

3 La réforme constitutionnelle

• **La crise de 1962.** Après avoir échappé à plusieurs attentats de l'OAS, de Gaulle annonce une révision de la Constitution et propose l'élection du président de la République au suffrage universel direct. La procédure est contestée et les députés, par une motion de censure, renversent le gouvernement, alors dirigé par Georges Pompidou. Le général de Gaulle dissout l'Assemblée et met ainsi les Français en position d'arbitres en axant sa campagne sur la défense de la Vᵉ République.

• **La victoire gaulliste.** Les Français approuvent à 61,5 % des votants la révision et les élections législatives de novembre 1962 sont un large succès pour l'Union pour la Nouvelle République (UNR), le parti gaulliste. Dorénavant, les pouvoirs exécutif et législatif émanent tous deux du suffrage universel. L'autorité du président de la République en sort renforcée.

1 Manifestation à Alger le 13 mai 1958

Une manifestation des partisans de l'Algérie française dégénère en émeute. Pour faire triompher leur cause, les manifestants réclament le retour au pouvoir du général de Gaulle.

LEXIQUE

- **Autodétermination :** possibilité pour une communauté de choisir librement son statut politique.
- **Constitution :** texte législatif fondamental qui détermine la forme du gouvernement d'un pays et définit les différents pouvoirs (exécutif, législatif, judiciaire) en précisant leurs rapports.
- **Motion de censure :** vote de l'Assemblée nationale mettant en cause la responsabilité du gouvernement et pouvant entraîner la démission de celui-ci.
- **Référendum :** consultation directe des citoyens. En France, les référendums sont limités à des sujets se rapportant à l'organisation des pouvoirs publics ou l'approbation d'un traité.
- **Régime parlementaire :** régime dans lequel le Parlement peut contrôler le gouvernement.
- **Régime présidentiel :** régime dans lequel le président de la République nomme et révoque sans contrepartie le Parlement. Le régime français est semi-présidentiel car le gouvernement est responsable devant le Parlement.

2 Un régime de type semi-présidentiel

L'article 16 de la Constitution permet au Président, dont le mandat de sept ans est ramené à cinq ans depuis 2000, de prendre les pleins pouvoirs en cas d'atteinte à la sûreté de l'État.

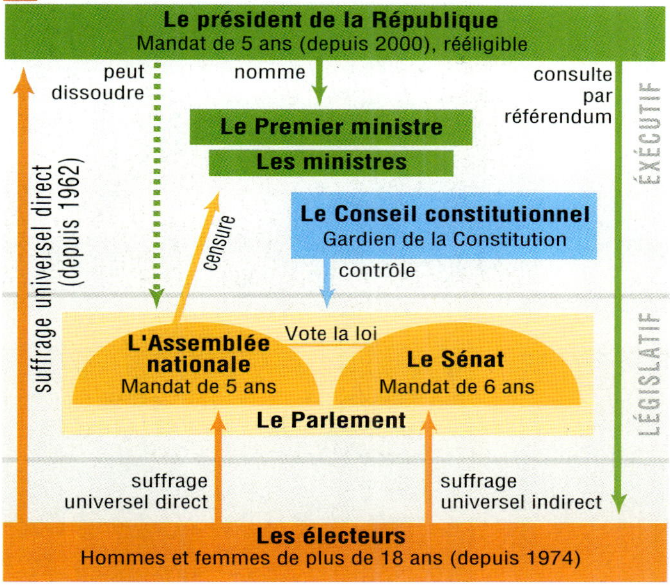

3 Le soutien au général de Gaulle, septembre 1958

Affiche publiée à l'occasion du référendum du 28 septembre 1958 sur la Constitution.

4 La crise politique de 1962

Gaston Monnerville estime que la révision de la Constitution doit émaner des Assemblées et non du président de la République. En fait, deux conceptions s'affrontent autour de la prééminence du président de la République ou de celle du Parlement.

a) Sans que doivent être modifiés les droits respectifs, ni les rapports réciproques des pouvoirs, exécutif, législatif, judiciaire, tels que les fixe la Constitution, mais en vue de maintenir et d'affermir dans l'avenir nos institutions vis-à-vis des entreprises factieuses*, de quelque côté qu'elles viennent, ou bien des manœuvres de ceux qui, de bonne ou de mauvaise foi, voudraient nous ramener au funeste système d'antan, je crois donc devoir faire au pays la proposition que voici : quand sera achevé mon propre septennat, ou si la mort ou la maladie l'interrompaient avant le terme, le président de la République sera dorénavant élu au suffrage universel.

Charles de Gaulle, extrait de l'allocution télévisée du 20 septembre 1962.

* factieuses : préparant des troubles contre le gouvernement légal.

b) Laissez-moi vous dire que la motion de censure m'apparaît comme la réponse directe, légale, constitutionnelle, à ce que j'appelle une forfaiture* […]. À tous ceux qui ont foi en la République, à tous ceux qui croient en la démocratie comme le seul régime garantissant la personne humaine, sa dignité, ses droits et, encore une fois, ses libertés, je dis : dressez-vous pour sa défense et pour sa sauvegarde…

Gaston Monnerville (président du Sénat), extraits du discours du 29 septembre 1962.

* forfaiture : crime ou trahison commis par un fonctionnaire dans l'exercice de ses fonctions.

Étude des documents

1. Que réclament les manifestants ? (Doc. 1)
2. Caractérisez les différents pouvoirs. Précisez les interactions possibles entre eux. (Doc. 2)
3. Décrivez l'affiche. Quels sont les arguments en faveur du « oui » ? Quels sont les résultats de ce référendum ? (Doc. 3)
4. Que propose le général de Gaulle et quelles justifications donne-t-il ? Quelles craintes Gaston Monnerville exprime-t-il ? Quelle parade envisage-t-il ? (Doc. 4)

Questions BAC

1. De Gaulle a été élu pour la première fois au suffrage universel :
- en 1958 ?
- en 1962 ?
- en 1965 ?

2. Justifiez cette affirmation : le régime de la Ve République est un régime semi-présidentiel.

COURS 2

1962-1969 : la France gaullienne

De Gaulle mène une politique de grandeur et d'indépendance nationale mais l'étouffement de la vie politique et la convergence des oppositions ébranlent le régime.

1 La France et le monde

• **La politique de grandeur.** La politique extérieure apparaît comme le domaine réservé du président de la République. De Gaulle entend défendre le « rang de la France » dans le monde : il mène à son terme le programme nucléaire (1960), refuse l'hégémonie des États-Unis et le manifeste en retirant la France de l'OTAN (Organisation du traité de l'Atlantique Nord) en 1966. Il poursuit la construction européenne commencée sous la IVe République, mais veille au maintien de la souveraineté française. Par deux fois (1963 et 1967), de Gaulle refuse l'entrée du Marché commun au Royaume-Uni, soupçonné d'être l'instrument des États-Unis.

• **L'achèvement de la décolonisation.** La décolonisation de l'Afrique subsaharienne est réalisée sans affrontements majeurs en 1960. Le général de Gaulle mène une politique de soutien à l'égard des pays du Tiers-monde, dans lesquels il effectue de nombreux voyages pour défendre les intérêts de la France. Avec ses anciennes possessions, la France engage une coopération économique, militaire et culturelle.

2 L'exercice du pouvoir

• **Une démocratie plus directe.** De Gaulle choisit le contact direct avec les Français : cinq référendums sont organisés en onze ans. À cela s'ajoutent les conférences de presse, les voyages en province avec « bains de foule ». Mais la vie politique est étouffée ; la censure pèse sur la presse et le cinéma ; la radio et la télévision sont contrôlées par l'État.

• **La montée des oppositions.** En 1965, lors des premières élections présidentielles au suffrage universel, le général de Gaulle est mis en ballottage par François Mitterrand, candidat de la gauche non communiste. De Gaulle est élu au second tour avec 54,5 % des voix mais l'opposition reprend espoir. Les élections législatives de 1967 confirment le recul des gaullistes et de leurs alliés ainsi que le détachement d'une partie de l'opinion.

3 La fin de la république gaullienne

• **La crise de Mai 68.** Cette crise majeure a de multiples dimensions. Elle est à la fois un mouvement étudiant, social, politique et culturel. La France est paralysée par des grèves inédites que n'arrêtent pas les accords de Grenelle le 26 mai (augmentation des salaires, diminution du temps de travail…). De Gaulle paraît débordé. Pourtant, la majorité des Français aspire au retour à l'ordre et soutient la dissolution de l'Assemblée nationale annoncée par de Gaulle. Les élections législatives de juin 1968 sont même un triomphe pour les gaullistes de l'UDR (Union pour la défense de la République), nouveau nom du parti gaulliste.

• **Le départ du général de Gaulle.** Malgré ce triomphe, le régime est ébranlé par la crise de Mai 68. En avril 1969, de Gaulle organise un référendum sur la réforme du Sénat et la régionalisation. Face au vote négatif de 53 % des Français, de Gaulle, estimant ne plus avoir la confiance de la majorité des Français, choisit de démissionner. Le camp des « non » a d'ailleurs rassemblé la gauche, les centristes et même une partie de la droite. De Gaulle se retire à Colombey-les-deux-Églises et meurt le 9 novembre 1970.

1 De Gaulle, un monarque républicain ?
Caricature de Moisan, *Le Canard enchaîné*, 1965.

LEXIQUE

- **Ballottage :** situation dans laquelle aucun candidat n'a obtenu la majorité nécessaire pour être élu dès le premier tour d'une élection.
- **Gaullien :** qui se rapporte au mode de pensée et à l'action du général de Gaulle.
- **Gaullisme :** courant politique fondé sur les principes défendus par le général de Gaulle, c'est-à-dire l'indépendance nationale, un pouvoir exécutif fort, la méfiance envers les partis, une plus grande participation sociale.
- **Gaulliste :** personne qui soutient l'action du général de Gaulle.
- **Régionalisation ou décentralisation :** transfert aux régions de compétences appartenant au pouvoir central.

2 L'affirmation de la France dans le monde

Phnom Penh, Cambodge, le 1er septembre 1966.
Le général de Gaulle prononce un discours contre l'intervention des États-Unis au Vietnam, jugée « menaçante » pour la paix dans le monde.

3 De Gaulle face à la crise de Mai 68

Après être allé en Allemagne consulter les responsables de l'armée française, le général de Gaulle prononce ce discours à la radio le 30 mai 1968.

Françaises, Français,

Dans les circonstances présentes, je ne me retirerai pas. J'ai un mandat du peuple, je le remplirai.

Je ne changerai pas de Premier ministre, Georges Pompidou, dont la valeur, la solidité, la capacité méritent l'hommage de tous. Il me proposera les changements qui lui paraîtront utiles dans la composition du gouvernement. Je dissous aujourd'hui l'Assemblée nationale [...].

Quant aux élections législatives, elles auront lieu dans les délais prévus par la Constitution, à moins qu'on entende bâillonner le peuple français tout entier, en l'empêchant de s'exprimer en même temps qu'on l'empêche de vivre, par les mêmes moyens qu'on empêche les étudiants d'étudier, les enseignants d'enseigner, les travailleurs de travailler. Ces moyens sont l'intimidation, l'intoxication et la tyrannie exercées par des groupes organisés de longue main en conséquence et par un parti qui est une entreprise totalitaire, même s'il a des rivaux à cet égard.

Si donc cette situation de force se maintient, je devrai pour maintenir la République prendre, conformément à la Constitution, d'autres voies que le scrutin immédiat du pays.

Charles de Gaulle, allocution du 30 mai 1968.

4 De Gaulle et les Français

Le 21 mai 1967, à Paris, au Parc des Princes, de Gaulle remet la Coupe de France de football au capitaine de l'Olympique de Lyon, Freddy Di Nallo.

Étude des documents

1. Sous quelle apparence de Gaulle est-il caricaturé ? Quel jugement le dessinateur porte-t-il sur le régime ? **(Doc. 1)**
2. Quelles caractéristiques de la politique étrangère de De Gaulle la photo illustre-t-elle ? **(Doc. 2)**
3. À quels objectifs répond la présence du président dans une manifestation sportive ? **(Doc. 4)**
4. Quelle lecture le général de Gaulle fait-il de la crise de Mai 1968 ? Quelles décisions annonce-t-il ? Quel sens donner au dernier paragraphe ? **(Doc. 3)**

Questions BAC

1. Quelles sont les caractéristiques de la politique étrangère de De Gaulle ?
2. Justifiez cette affirmation : la crise de mai 1968 est aussi une crise politique.

COURS 3

1969-1981 : la République en mutation

L'héritage gaulliste est peu à peu transformé par la tentative des successeurs de De Gaulle de gouverner au centre. Les divisions de la vie politique entre la droite et la gauche deviennent ainsi plus complexes.

1 1969-1974 : Georges Pompidou, l'héritage gaulliste repensé

• **Entre continuité et réformes.** Ancien Premier ministre du général de Gaulle, Georges Pompidou est élu président de la République en juin 1969. Il confirme la prépondérance du chef de l'État et poursuit la politique d'indépendance nationale. Le Président applique une politique industrielle ambitieuse. Son Premier ministre Jacques Chaban-Delmas, conseillé par Jacques Delors, propose une « nouvelle société » reposant sur une politique de négociations et d'accords entre les partenaires sociaux. D'autre part, le gouvernement crée le SMIC, salaire lié à la croissance.

• **Le retour au conservatisme.** Le début des années 1970 est agité : Georges Pompidou renonce au projet de « nouvelle société » tandis que la France est touchée par la crise économique mondiale et le premier choc pétrolier. L'opposition de gauche se renforce et signe un programme commun de gouvernement en 1972 : les conflits sociaux prennent de l'ampleur. Le président de la République, gravement malade, décède le 2 avril 1974.

2 1974-1981 : Valéry Giscard d'Estaing, un libéral au pouvoir

• **Un nouveau style présidentiel.** Chef de la droite non gaulliste, Valéry Giscard d'Estaing l'emporte sur le socialiste François Mitterrand aux élections présidentielles de mai 1974. Il veut donner une image plus moderne de la fonction présidentielle et tenir compte des évolutions de la société. Giscard d'Estaing choisit comme Premier ministre le gaulliste Jacques Chirac, qui l'a soutenu lors des élections présidentielles.

• **La « société libérale avancée ».** Une série de réformes a pour but de moderniser la société française. Ainsi, la majorité civile est-elle abaissée de 21 à 18 ans. La Sécurité sociale est généralisée. L'interruption volontaire de grossesse devient légale (loi Veil en 1975) ; un secrétariat à la Condition féminine est créé. Le divorce est également rendu plus facile. Dans le domaine scolaire, la loi Haby (1975) instaure le collège unique tandis qu'une certaine autonomie est accordée aux chaînes de télévision.

3 L'accroissement des difficultés

• **L'ampleur de la crise économique.** Les mesures d'austérité d'inspiration libérale prises par Raymond Barre, Premier ministre après la démission de Jacques Chirac en 1976, n'enrayent pas la montée de l'inflation et du chômage. En 1981, au cœur de la période de dépression, la France compte 1,7 million de chômeurs (750 000 en 1974).

• **La division des forces politiques.** En août 1976, le gaulliste Jacques Chirac, qui a retiré son soutien à Valéry Giscard d'Estaing, fonde le RPR (Rassemblement pour la République). Giscard fonde alors, en 1978, l'Union pour la démocratie française (UDF). Si la droite est divisée, la gauche l'est également. Cette dernière gagne les élections municipales de 1977 mais perd les élections législatives de 1978, le PCF ayant dénoncé le programme commun. La bipolarisation de la vie politique est devenue plus complexe.

1 Le président Georges Pompidou devant le Concorde en 1973

Georges Pompidou poursuit la politique de modernisation de la France, commencée lorsqu'il était Premier ministre. Avec des réalisations comme le Concorde, avion franco-britannique, il entend donner un nouvel élan à la construction européenne.

LEXIQUE

- **Austérité :** en économie, politique de rigueur visant à équilibrer le budget de l'État par le blocage des salaires et l'augmentation des impôts.
- **Bipolarisation :** partage des forces politiques entre un bloc des droites et un bloc des gauches ; on parle aussi de clivage droite-gauche.
- **Libéralisme :** doctrine visant à limiter le plus possible l'intervention de l'État.
- **Politique contractuelle :** politique instaurant des contacts réguliers entre l'État, le patronat et les syndicats afin de répartir les bénéfices de la croissance.
- **Scrutin uninominal à deux tours :** vote sur le nom d'une seule personne qui doit remporter la majorité des suffrages exprimés pour être élue. Ce scrutin permet de dégager des majorités claires mais favorise les grands partis et la bipolarisation de la vie politique.
- **SMIC :** salaire minimum interprofessionnel de croissance.

Comment la Ve République évolue-t-elle après le départ du général de Gaulle ?

3

2 Discours du président Giscard d'Estaing au lendemain de son élection en 1974

De ce jour, date une ère nouvelle de la politique française. [...] 13 396 203 femmes et hommes [...] m'ont fait la confiance de me désigner pour devenir le vingtième Président de la République française. [...] Ainsi c'est moi qui conduirai le changement, mais je ne le conduirai pas seul. Si j'entends assumer pleinement la tâche de Président, et si j'accepte, à cet égard, les responsabilités qu'une telle attitude implique, l'action à entreprendre associera le gouvernement dans ses initiatives et le Parlement dans son contrôle et dans ses droits. Je ne le conduirai pas seul parce que j'écoute et que j'entends encore l'immense rumeur du peuple français qui nous a demandé le changement. Nous ferons ce changement avec lui, pour lui, tel qu'il est dans son nombre et dans sa diversité, et nous le conduirons en particulier avec sa jeunesse qui porte comme des torches la gaieté et l'avenir.

[...] Mesdames, Mesdemoiselles, Messieurs, voici que s'ouvre le livre du temps avec le vertige de ses pages blanches. Ensemble, comme un grand peuple uni et fraternel, abordons l'ère nouvelle de la politique française.

Valéry Giscard d'Estaing, discours du 27 mai 1974.

3 Le combat pour l'avortement

Manifestation féministe à Paris en 1974.

4 Le congrès socialiste d'Épinay-sur-Seine (1971)

À Épinay, François Mitterrand devient secrétaire général du Parti socialiste (PS), le parti ayant été créé deux ans plus tôt à partir de la SFIO (Section française de l'Internationale ouvrière) et de plusieurs mouvements socialistes.

Étude des documents

1. Quels objectifs économiques et politiques la photographie met-elle en évidence ? (Doc. 1)
2. Quelles évolutions Valéry Giscard d'Estaing annonce-t-il dans son discours ? Vers qui vont ses priorités ? (Doc. 2)
3. Par quelle loi cette revendication est-elle satisfaite ? (Doc. 3)
4. Décrivez la photographie. Quel indice montre la volonté de regroupement de la gauche ? (Doc. 4)

Questions BAC

1. Pourquoi peut-on dire que la vie politique est bipolarisée sous la Ve République ?
2. Citez deux lois clés montrant l'évolution de la société entre 1974 et 1981.

COURS 4
1981-1995 : les présidences de François Mitterrand

Le 10 mai 1981, l'élection de François Mitterrand, secrétaire général du Parti socialiste, marque un tournant dans l'histoire de la Vᵉ République. Pour la première fois, la gauche prend le pouvoir. La vie politique semble désormais rythmée par l'alternance entre des majorités de gauche et de droite.

1 La victoire de la gauche

- **La « vague rose ».** François Mitterrand est élu en 1981 avec 51,8 % des voix. Après la dissolution de l'Assemblée, la victoire de la gauche est confirmée par les élections législatives, qui donnent une majorité absolue aux députés socialistes. « Changer la vie » est le slogan que la gauche veut mettre en œuvre.
- **Des réformes multiples.** Des nationalisations sont réalisées sous le gouvernement de Pierre Mauroy dans les secteurs de la production et du crédit. La peine de mort est abolie. Une loi de décentralisation donne davantage de pouvoirs aux régions. D'autres mesures sont prises, comme la création d'un impôt sur les grandes fortunes (ISF), l'extension des droits syndicaux dans les entreprises, la semaine de 39 heures, la retraite à 60 ans, la cinquième semaine de congés payés, les radios libres…

2 La cohabitation, une situation complexe

- **La fin de l'embellie.** La crise sociale non résolue entraîne vite une politique de rigueur ; en outre, les querelles autour de l'école privée divisent l'opinion (1984). Laurent Fabius, qui succède à Pierre Mauroy, adopte une politique plus libérale mais le mécontentement grandit et les communistes entrent dans l'opposition. En 1986, la droite remporte les élections législatives. Jacques Chirac (RPR) devient Premier ministre. C'est le temps de la première cohabitation.
- **Une situation inédite et ambiguë.** François Mitterrand garde la primauté en politique étrangère mais ne peut s'opposer à la politique intérieure, d'inspiration libérale, menée par Jacques Chirac. Le Premier ministre échoue cependant dans sa réforme de l'enseignement supérieur et des grèves montrent par ailleurs la persistance de la dépression économique. Les Français sont déçus et réélisent François Mitterrand président de la République en mai 1988.

3 Le second septennat de François Mitterrand : 1988-1995

- **Des difficultés multiples.** Trois Premiers ministres se succèdent : Michel Rocard (1988-1991), qui crée le revenu minimum d'insertion (RMI) et la contribution sociale généralisée (CSG), Édith Cresson (1991-1992) puis Pierre Bérégovoy (1992-1993), mais la croissance stagne. Le seuil des trois millions de chômeurs est atteint à la fin de 1992. La même année, les Français approuvent par référendum le traité de Maastricht, qui fonde l'Union européenne. L'Europe, qui compte alors douze partenaires, se renforce. La création d'une monnaie commune est décidée.
- **La deuxième cohabitation.** En 1993, après de nouvelles élections législatives accordant la majorité à la droite, le président de la République doit accepter une cohabitation avec Édouard Balladur. Ce dernier mène une politique de rigueur et réalise de nouvelles privatisations ainsi qu'une réforme des retraites du secteur privé (la durée des cotisations passe de 37,5 ans à 40 ans). Cette deuxième cohabitation montre bien l'évolution du régime : le Président se replie sur la politique étrangère et la défense, tandis que le Premier ministre et le gouvernement, qui mènent la politique intérieure, ont besoin de l'appui de Parlement.

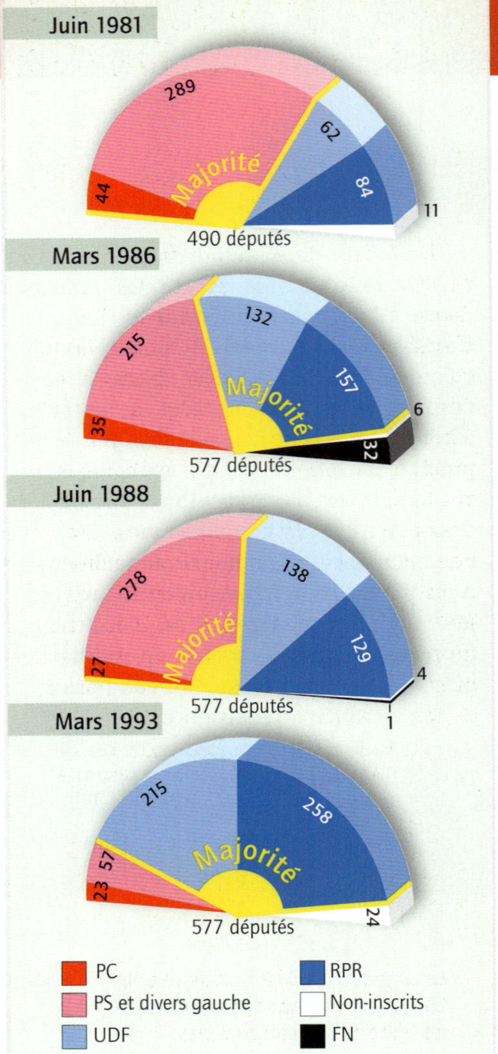

1 Les forces politiques à l'Assemblée nationale

LEXIQUE

- **Alternance :** succession au pouvoir, dans le cadre d'une démocratie, de tendances politiques différentes.
- **Cohabitation :** situation dans laquelle le président de la République et le Premier ministre, tous deux représentants du pouvoir exécutif, appartiennent à des courants politiques opposés.
- **CSG :** contribution sociale généralisée (1991) ; impôt prélevé sur les revenus des ménages et destiné à combler le déficit de la Sécurité sociale.
- **RMI :** revenu minimum d'insertion (1988) ; somme versée aux personnes sans emploi ni revenu et ne recevant pas d'allocation chômage.
- **Scrutin de liste proportionnel :** mode de scrutin dans lequel les candidats sont élus selon le pourcentage de voix obtenu par chaque liste.

2 L'abolition de la peine de mort (1981)

Dans la réalité judiciaire, qu'est-ce que la peine de mort ? Ce sont douze hommes et femmes, deux jours d'audience, l'impossibilité d'aller jusqu'au bout des choses et le droit, ou le devoir, de trancher en quelques quarts d'heures, parfois quelques minutes, le problème si difficile de la culpabilité, et au-delà, de décider de la vie ou de la mort d'un autre être. Douze personnes, dans une démocratie, qui ont le droit de dire : celui-là doit vivre, celui-là doit mourir ! Je le dis : cette conception de la justice ne peut être celle des pays de liberté, précisément pour ce qu'elle comporte de signification totalitaire.

Robert Badinter, ministre de la Justice, discours devant l'Assemblée nationale, 17 septembre 1981.

4 François Mitterrand et Helmut Kohl à Verdun le 22 septembre 1984

Le président de la République et le chancelier allemand commémorent les « morts des combats passés ». La présidence de François Mitterrand marque une étape importante dans la construction européenne.

3 La bataille scolaire (1984)

Manifestation pour la défense de l'école privée (dite « école libre »), en juin 1984.

5 La première cohabitation (1986-1988)

Caricature de Plantu, *Le Monde*, septembre 1987.

Étude des documents

1. Identifiez les partis et leur appartenance : gauche, droite, extrême gauche, extrême droite. Quelles évolutions constatez-vous ? **(Doc. 1)**

2. Quels sont les arguments de Robert Badinter en faveur de l'abolition de la peine de mort ? **(Doc. 2)**

3. Décrivez la photographie. Quel est l'objet de la manifestation ? **(Doc. 3)**

4. Pourquoi l'affirmation de l'amitié franco-allemande est-elle importante pour la construction européenne ? **(Doc. 4)**

5. Qui sont les personnages représentés ? D'après le dessinateur, quels sont les effets de la cohabitation sur la pratique des institutions ? **(Doc. 5)**

Questions BAC

1. Qui sont les sept premiers ministres successifs de François Mitterrand ?

2. Justifiez l'affirmation suivante : la cohabitation redonne davantage de pouvoir à l'Assemblée.

COURS 5 1995-2007 : les présidences de Jacques Chirac

À partir de 1995, la République connaît de nouveau l'alternance ainsi qu'une troisième cohabitation. Elle entre également dans une nouvelle phase institutionnelle avec le quinquennat.

1 Le retour d'un Président de droite

• **La grogne sociale.** En 1995, Jacques Chirac, qui a fait campagne sur le thème de la « fracture sociale », est élu président de la République, devançant au second tour le socialiste Lionel Jospin. Le Premier ministre Alain Juppé, face à la dette de l'État, augmente les impôts ; lorsqu'il engage une réforme de la Sécurité sociale, des grèves paralysent le pays. En 1997, pour redonner une légitimité à son gouvernement, Jacques Chirac provoque des élections législatives anticipées en décidant de dissoudre l'Assemblée nationale.

• **La troisième cohabitation.** La « gauche plurielle » gagne les élections et Lionel Jospin devient Premier ministre. L'Assemblée vote des lois limitant le temps de travail à 35 heures, instituant le Pacs, la CMU ainsi que la parité. D'abord populaire, le gouvernement se heurte à son tour au mécontentement social et la gauche se divise. Les difficultés de l'intégration et l'insécurité deviennent des thèmes majeurs de la campagne présidentielle de 2002.

2 Les élections du premier quinquennat

• **Le choc du 21 avril 2002.** Depuis 2000, le mandat présidentiel n'est plus que de cinq ans. Les élections présidentielles d'avril 2002 mettent en évidence la progression de l'extrême gauche mais surtout montrent l'essor de l'extrême droite puisque son leader, Jean-Marie Le Pen, élimine Lionel Jospin et affronte Jacques Chirac au second tour. Les abstentions sont fortes (plus de 28 %).

• **Le « sursaut républicain ».** Face à l'éventualité d'un président d'extrême droite, une grande partie de la gauche préfère voter pour Jacques Chirac. Celui-ci est élu au second tour avec 82,15 % des voix. La droite se trouve également renforcée par les élections législatives de juin. Ces diverses élections montrent toutefois une fragmentation de la vie politique et un recul de la bipolarisation.

3 La deuxième présidence de Jacques Chirac

• **La reconstitution d'une majorité présidentielle.** Le Premier ministre Jean-Pierre Raffarin s'appuie sur une grande partie de la droite réunifiée dans l'UMP (Union pour un mouvement populaire).

• **Des mesures discutées.** En 2003, la réforme des retraites du secteur public est votée malgré d'importants mouvements de protestation. Des mesures de décentralisation ainsi qu'une réforme de l'assurance maladie sont également décidées. La lutte contre l'insécurité est le principal objectif du ministre de l'Intérieur Nicolas Sarkozy, tandis qu'en 2004 est votée une loi consolidant la laïcité à l'école et dans les hôpitaux. L'année suivante, les Français rejetent le projet de constitution européenne, et Jean-Pierre Raffarin cède alors la place à Dominique de Villepin. Ce dernier, devant les manifestations et les grèves d'étudiants, doit renoncer à instaurer le CPE (contrat première embauche).

1 La dissolution de l'Assemblée nationale (1997)

Après consultation du Premier ministre, du président du Sénat et du président de l'Assemblée nationale, j'ai décidé de dissoudre l'Assemblée nationale [...]. Notre politique commence à donner des résultats, mais ils ne sont pas suffisants. Ce n'est donc pas le moment de marquer une pause. Notre économie, nos entreprises, l'emploi ne peuvent attendre. Il faut au contraire, dès maintenant, aller plus loin sur le chemin des changements. Il faut que l'action politique monte en puissance pendant les cinq années qui viennent. Pour réussir, la France a besoin d'un nouvel élan. Cet élan ne peut être donné que par l'adhésion, clairement exprimée, du peuple français.

Allocution du président de la République, Jacques Chirac, le 21 avril 1997.

2 L'Assemblée nationale après les nouvelles élections en 1997

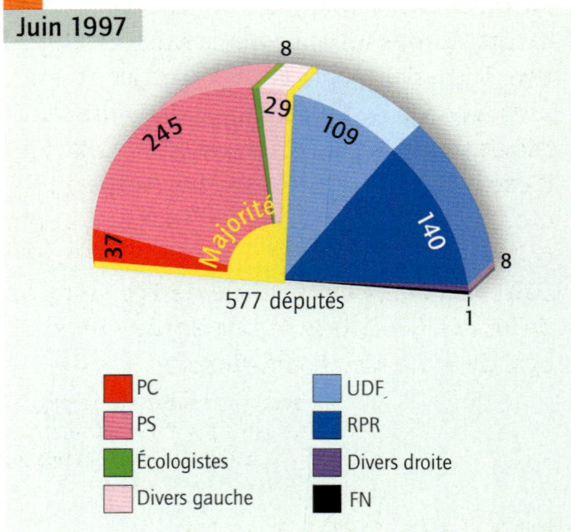

LEXIQUE

▪ **CMU :** couverture maladie universelle entrée en vigueur en 2000. Elle permet la prise en charge médicale des personnes ne pouvant cotiser à la Sécurité sociale.

▪ **Pacs :** pacte civil de solidarité (1999) ; il s'agit d'un contrat conclu entre deux personnes majeures pour organiser la vie commune. Ces personnes peuvent être de même sexe.

▪ **Parité :** selon la loi de 2000, égal accès des hommes et des femmes aux fonctions politiques.

3 La troisième cohabitation (1997-2002)

Jacques Chirac, président de la République, et Lionel Jospin, Premier ministre, au sommet européen de Pörtschach (Autriche), le 25 octobre 1998.

4 La loi de la parité

La loi de 2000 impose aux partis de présenter un nombre identique d'hommes et de femmes.

Une de *L'Express*, juin 1996.

5 Les objectifs de la loi sur la laïcité du 15 mars 2004

La réaffirmation du principe de laïcité à l'école, lieu privilégié d'acquisition et de transmission de nos valeurs communes, instrument par excellence d'enracinement de l'idée républicaine, paraît aujourd'hui indispensable. L'école doit en effet être préservée afin d'y assurer l'égalité des chances, l'égalité devant l'acquisition des valeurs et du savoir, l'égalité entre les filles et les garçons, la mixité de tous les enseignements, et notamment de l'éducation physique et sportive. Il ne s'agit pas de déplacer les frontières de la laïcité. Il ne s'agit pas non plus de faire de l'école un lieu d'uniformité et d'anonymat, qui ignorerait le fait religieux. Il s'agit de permettre aux professeurs et aux chefs d'établissement d'exercer sereinement leur mission avec l'affirmation d'une règle claire qui est dans nos usages et dans nos pratiques depuis longtemps. Si les élèves des écoles, collèges et lycées publics sont naturellement libres de vivre leur foi, ce doit être dans le respect de la laïcité de l'école de la République. C'est bien la neutralité de l'école qui assure le respect de la liberté de conscience des élèves, le respect égal de toutes les convictions.

Exposé des motifs accompagnant la loi du 15 mars 2004 : « Dans les écoles, les collèges et les lycées publics, les signes et les tenues qui manifestent ostensiblement l'appartenance religieuse des élèves sont interdits ».

6 Le choc du 21 avril 2002

Manifestation du 23 avril 2002, entre les deux tours de l'élection présidentielle.

Étude des documents

1. Pour quelles raisons le président de la République a-t-il recours à des élections anticipées ? Le résultat des élections est-il conforme à ses attentes ? (Docs 1 et 2)
2. En quoi le document est-il une illustration de la cohabitation ? (Doc. 3)
3. Présentez le document. De quelle loi s'agit-il ? (Doc. 4)
4. Quel est le contenu de cette loi ? Quels en sont les objectifs ? Pourquoi a-t-elle été controversée ? (Doc. 5)
5. Quelle est la raison de la manifestation ? (Doc. 6)

Questions BAC

1. Pourquoi a-t-on parlé de « séisme » à propos du 21 avril 2002 ?
2. La dissolution de l'Assemblée nationale en 1997 a permis :
- à Jacques Chirac de renforcer le poids de sa majorité ?
- à la gauche de revenir au pouvoir ?
- à Lionel Jospin d'accéder à la Présidence ?

COURS 6

Les grands débats de la Vᵉ République

L'État français, moteur de la construction européenne depuis le traité de Rome, est confronté à d'importantes mutations tant politiques qu'économiques et sociales.

1 Une vie politique en mutation

• **De nouvelles formes d'engagement.** L'abstention électorale est relativement forte depuis les années 1980, ce qui manifeste une désaffection vis-à-vis des partis traditionnels. Les citoyens s'expriment à travers de nouvelles formes d'engagement, comme les associations humanitaires ou écologiques, qui permettent aux citoyens de s'exprimer. L'aide aux plus démunis, le développement durable deviennent des thèmes majeurs.

• **La division gauche-droite en question.** Les choix des électeurs sont plus dispersés et dépassent sur certains thèmes, comme l'environnement, le clivage traditionnel droite-gauche. De plus, chaque bloc est divisé en diverses tendances. Il arrive aussi que les consultations électorales soient l'occasion de votes protestataires. Certains vont même jusqu'à proposer une réforme radicale des institutions qui conduirait à une VIᵉ République.

2 Le rôle de l'État dans l'économie et la société

• **L'État entrepreneur.** Après les nationalisations effectuées au lendemain de la Seconde Guerre mondiale (EDF-GDF, etc.) et la planification, l'emprise de l'État sur l'économie s'accentue sous les présidences de Charles de Gaulle et de Georges Pompidou. La victoire de la gauche en 1981 débouche sur une nouvelle vague de nationalisations, faisant de l'État le principal patron bancaire et industriel.

• **Un désengagement partiel.** Pourtant, à partir des années 1980, la prise en compte de la mondialisation et de la construction européenne conduit la gauche comme la droite à effectuer des privatisations et à désengager partiellement l'État, d'autant plus que l'État-providence est en crise. Des services publics comme La Poste et les télécommunications s'ouvrent à la concurrence.

3 L'enjeu de la construction européenne

• **La France, un élément moteur.** La France fait partie des premiers acteurs de la construction européenne. La création de la Communauté européenne du charbon et de l'acier (CECA) en 1951 est une initiative française. La France figure parmi les six pays signataires des traités de Rome en 1957 (CEE et CEEA). Même si de Gaulle, en s'opposant notamment à l'entrée du Royaume-Uni dans la CEE, provoque certaines crises, il reste attaché à l'Europe. Les présidents de la République qui lui succèdent continuent la construction européenne et la considèrent comme une priorité de la politique extérieure.

• **Le temps des doutes.** La France reste donc une grande puissance européenne mais les Français manifestent parfois leur méfiance vis-à-vis de l'Europe. Ainsi, lors d'un référendum en 2005, les Français rejettent le projet de Constitution européenne. Ils demeurent cependant dans une grande majorité favorables à l'unité européenne. Depuis le traité de Maastricht en 1992, tous les Français sont aussi citoyens européens et leur monnaie depuis 2002 est l'euro.

Au moins un mort et huit blessés dans une nouvelle flambée de violence à Perpignan page 19

Libération

Le jour le plus NON

54,86 % contre la Constitution*

Les Français ont voté en masse (69,74 %*)
Chirac promet une «nouvelle impulsion»
La gauche et la droite sont fracturées
L'Union poursuit le processus de ratification

1 Le « non » français à la Constitution européenne (2005)

Le projet de Constitution européenne devait renforcer les liens entre les États membres de l'UE et constituer une étape dans la mise en place d'un pouvoir politique européen.

LEXIQUE

- **CEE :** Communauté économique européenne, réalise le « Marché commun » (1957).
- **CEEA :** Communauté européenne de l'énergie atomique, dite « Euratom » (1957).
- **Écologistes ou Verts :** courant qui recouvre plusieurs partis, apparu dans les années 1970, et qui a pour objectif la défense de l'environnement.
- **État-providence :** situation dans laquelle l'État assure la protection sociale (Sécurité sociale, allocation chômage...).
- **Nationalisation :** transfert à l'État de la propriété d'une entreprise privée.
- **Privatisation :** transfert du capital d'une entreprise publique au secteur privé.
- **Vote protestataire :** vote exprimant le mécontentement à l'égard de partis traditionnels ou de l'État.

2 L'évolution des abstentions depuis 1978

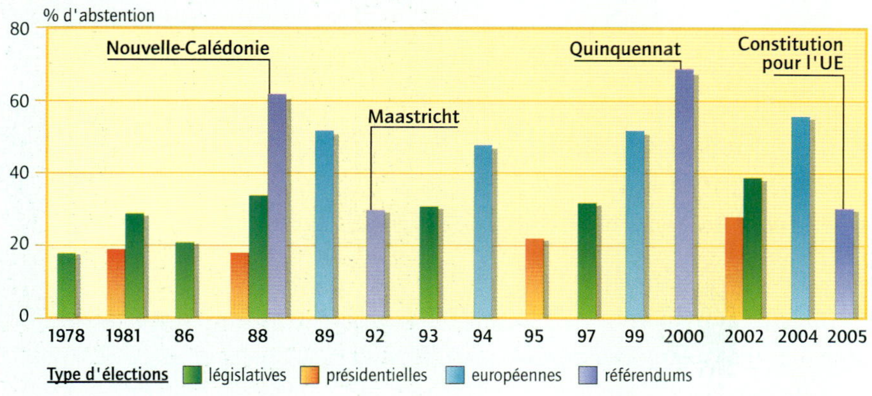

3 Le pacte écologique

Nicolas Hulot a proposé cinq mesures concrètes aux candidats à l'élection présidentielle de 2007.

1. Mettre l'environnement au cœur de l'État avec un vice-Premier ministre chargé du développement durable.
2. Instaurer une taxe carbone en croissance régulière jusqu'à la réduction par quatre des émissions de gaz carbonique.
3. Offrir un marché à l'agriculture de qualité en réorientant progressivement les subventions agricoles vers une restauration collective à base de produits certifiés et de proximité, et en négociant une réforme de la PAC qui aille dans ce sens.
4. Soumettre systématiquement les orientations du développement durable au débat public.
5. Promouvoir une grande politique nationale d'éducation et de sensibilisation à l'écologie et au développement durable.

4 La place du service public

Manifestation des salariés d'EDF en 1999.

5 Lutter contre la pauvreté

Fondateur d'Emmaüs, l'abbé Pierre a mené la lutte contre la pauvreté et l'exclusion en alertant notamment les pouvoirs publics sur la situation des SDF.

Étude des documents

1. Présentez le document. Pourquoi le « non » français à la Constitution européenne a-t-il un si grand retentissement ? (Doc. 1)
2. Caractérisez l'évolution des abstentions depuis 1978. Pour quel type de consultation électorale le taux d'abstention est-il le plus élevé ? (Doc. 2)
3. Quels enjeux évoque le pacte écologique ? (Doc. 3)
4. Décrivez la photographie. Quel est l'objet de la manifestation ? (Doc. 4)
5. Pourquoi peut-on dire que le combat de l'abbé Pierre reste d'actualité ? (Doc. 5)

Questions BAC

1. Quels organismes européens sont créés par les traités de Rome en 1957 ?
2. Dans quelle mesure l'importance des abstentions au moment des consultations électorales est-elle le signe d'une crise de la démocratie ?

BAC Pour réviser

À RETENIR

1958-1969 : La république gaullienne

La Ve République, fondée en 1958 par le général de Gaulle, repose sur un système à fort pouvoir présidentiel. Depuis 1962, l'élection du président de la République se fait au suffrage universel. De Gaulle mène une politique d'indépendance et de grandeur nationale mais le régime est ébranlé par la crise de mai 1968 et le président démissionne en 1969.

1969-1981 : l'après-de Gaulle

Ancien Premier ministre du général de Gaulle, Georges Pompidou (1969-1974) gère et modernise l'héritage gaulliste. Valéry Giscard d'Estaing qui lui succède (1974-1981) représente la droite non gaulliste. Des réformes sont votées comme la majorité à 18 ans, la légalisation de l'interruption volontaire de grossesse ou IVG (loi Veil) ou la création du collège unique (loi Haby).

Depuis 1981 : les alternances

François Mitterrand (1981-1995), secrétaire général du Parti socialiste, accomplit deux septennats, marqués par deux cohabitations. D'importantes réformes comme l'abolition de la peine de mort et la décentralisation sont réalisées. En 1995, un président de droite est au pouvoir, Jacques Chirac (1995-2007). Une cohabitation a lieu de 1997 à 2002 pendant laquelle sont votées des lois comme la limitation du temps de travail à 35 heures, la parité homme-femme et le quinquennat.

ACTEURS CLÉS

Charles De Gaulle (1890-1970)
Fondateur de la Ve République, il en est le président jusqu'à sa démission en 1969.

Georges Pompidou (1911-1974)
Premier ministre de 1962 à 1968, il est président de la République de 1969 à sa mort en 1974.

Valéry Giscard d'Estaing (né en 1926)
Président de la République de 1974 à 1981.

François Mitterrand (1916-1996)
Président de la République de 1981 à 1995.

Jacques Chirac (né en 1932)
Président de la République de 1995 à 2002 puis, avec la réforme du quinquennat, de 2002 à 2007.

DATES CLÉS

1958 : naissance de la Ve République

1962 : élection du président de la République au suffrage universel

1968 : crise de mai

1974 : majorité à 18 ans

1981 : abolition de la peine de mort

1992 : traité de Maastricht

2000 : loi sur le quinquennat

NOTIONS CLÉS

Alternance : succession au pouvoir de tendances politiques différentes.

Bipolarisation : partage des forces politiques en général entre un bloc des droites et un bloc des gauches.

Cohabitation : situation dans laquelle le président de la République et le Premier ministre, tous deux représentants du pouvoir exécutif, appartiennent à des courants politiques opposés.

S'entraîner à la 1re partie de l'épreuve

BAC

Méthode, p. 14

1 Caractériser une période

Depuis 1981, le pouvoir présidentiel connaît une période :

a. de décentralisation

b. d'autodétermination

c. d'alternance

2 Caractériser un événement

Quel est l'objectif de la loi sur la parité (2000) ?

3 Caractériser un personnage

En quoi le général de Gaulle est-il un personnage clé de la Ve République ?

4 Citer des acteurs

Citez le nom des présidents de la Ve République, en précisant pour chacun les dates de début et de fin de leurs mandats.

5 Justifier une affirmation

Justifiez l'affirmation suivante : la Ve République repose sur un régime semi-présidentiel.

6 Choisir les dates clés d'une évolution

La majorité est fixée à 18 ans depuis :

a. 1944

b. 1964

c. 1974

7 Choisir une définition pour une notion

Quelle définition donneriez-vous de la cohabitation ? Expliquez votre réponse.

a. Le président de la République et le Premier ministre sont de même tendance politique.

b. Le président de la République et le Premier ministre sont de tendances politiques opposées.

c. L'Assemblée nationale et le Sénat sont de tendances politiques opposées.

PARTIE 3

Les jeunes

Pendant longtemps, seuls deux âges ont été différenciés : celui de l'enfance et celui des adultes. La reconnaissance, à partir des années 1950, d'un temps de l'adolescence a mis en évidence ce nouvel âge qu'est la jeunesse. Les limites en sont floues, de 15 à 25 ans en général, et le recul du moment d'entrée dans la vie active allonge cette phase de la vie.
Il existe une culture spécifique des jeunes. Cette culture est un moyen d'identification du groupe et s'appuie sur des symboles propres. À partir des années 1960, cette nouvelle classe d'âge prend de plus en plus de place dans la société et la vie politique.

A. La jeunesse, une classe d'âge spécifique

→ *Comment caractériser « la jeunesse » ?*

B. L'affirmation politique et sociale d'une nouvelle classe d'âge à partir des années 1960

→ *Comment s'affirme-t-elle dans la société et en politique à partir des années 1960 ?*

C. La jeunesse à l'épreuve de la vie économique et politique depuis les années 1980

→ *Quelles sont ses espérances et ses incertitudes actuelles ?*

Johnny Hallyday lors d'un festival de rock à Paris en 1961.
Johnny Hallyday est l'une des idoles de la jeunesse des années 1960.

A. La jeunesse, une classe d'âge spécifique

Dans les années 1960, une nouvelle classe d'âge apparaît, qui ne cesse, au fil des années, d'affirmer sa spécificité.

1 Les enfants du baby boom

Le baby boom explique l'accroissement considérable du nombre de jeunes à partir des années 1960. On assiste à une baisse relative à partir des années 1970-1980.

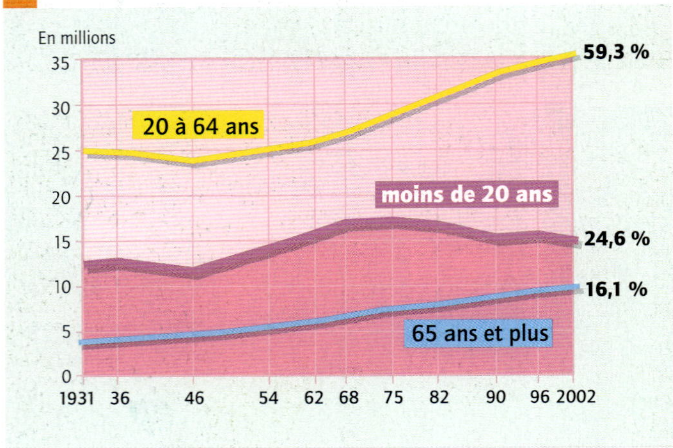

2 L'allongement des études

Plus de la moitié des jeunes de moins de 20 ans poursuivent aujourd'hui des études.

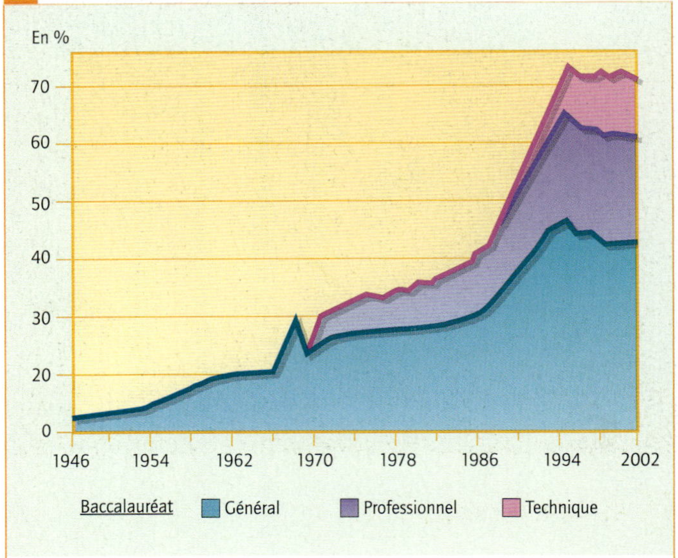

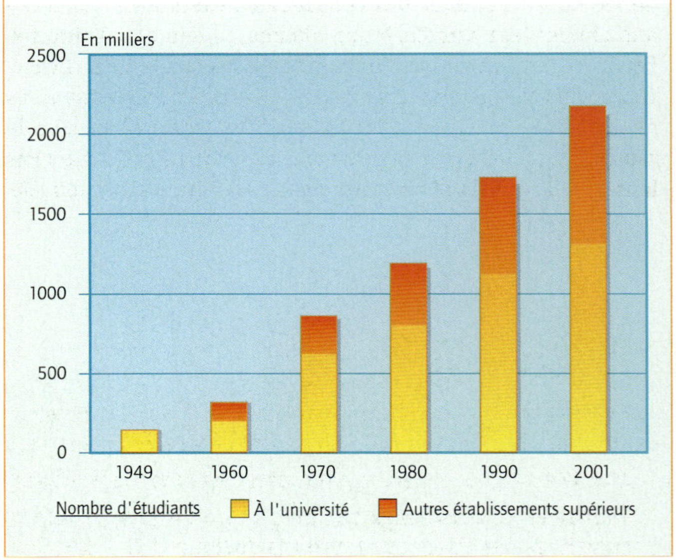

3 Une insertion plus tardive dans le monde adulte

Taux d'activité (en %)				
	15-19 ans		20-24 ans	
	H	F	H	F
1930	70	50	92	58
1954	61	43	91	57
1975	29	22	81	66
1995	9	4	55	47

4 Des pratiques culturelles spécifiques (en %)

Au moins une fois au cours des douze derniers mois	Lecture de livre	Cinéma	Musée ou exposition	Théâtre	Concert, spectacle	Écoute de la radio	Écoute de CD, disques
Ensemble des Français	58	47	39	16	31	87	75
15-29 ans	66	78	41	17	41	88	96

D'après l'Insee.

5 Avoir 18 ans en 2007

L'origine sociale, l'éducation, les activités ont pour effet une diversité des situations au sein d'une même classe d'âge.

6 Les valeurs des jeunes

Il existe des jeunesses, aux parcours, aux idées, aux modes de vie différents. Avec des constantes, néanmoins. Les 18-25 ans aiment leur famille, leurs copains, la fête et… l'autorité. Ils détestent l'injustice, l'homophobie, le racisme, le flicage. Dénoncent le logement cher, les emplois précaires, les salaires de misère. Se précipitent sur Internet, les voyages *low-cost*, la musique téléchargée et tout ce qui est gratuit. La politique ? Pas leur truc, disent-ils. Mais ils iront voter. Génération paradoxale. Les deux tiers rêvent de créer une entreprise… mais ils font passer la vie privée avant la réussite professionnelle. Ils aident les sans-papiers mais s'opposent à leur régularisation automatique. Ils accusent la génération précédente de leur léguer un pays endetté, une planète polluée, mais ils entretiennent de bonnes relations avec leurs parents. Et si la majorité penche à gauche… un sur cinq envisage de voter Le Pen.

Ouest-France, 7 décembre 2006.

MENER L'ÉTUDE

1. Quelle évolution constatez-vous dans le nombre et la proportion des moins de vingt ans ? Comparez la situation des différentes classes d'âge. **(Doc. 1)**

2. Quelle évolution constatez-vous dans le rapport aux études ? **(Doc. 2)**

3. Mettre en relation deux documents. Confrontez les informations tirées du document 2 avec celles que fournit le document 3. **(Docs 2 et 3)**

4. Quels sont les loisirs les plus représentatifs des jeunes ? **(Doc. 4)**

5. Quelles situations des jeunes ces photographies illustrent-elles ? **(Doc. 5)**

6. Pourquoi l'auteur parle-t-il de « génération paradoxale » ? **(Doc. 6)**

SAVOIR FAIRE

Mettre en relation deux documents

- Rechercher les informations contenues dans un premier document et les confronter aux informations de l'autre document.
- Montrer si les informations qu'ils contiennent se complètent ou se contredisent.
- Montrer en quoi la mise en relation des deux documents aide à comprendre les événements.

B. L'affirmation politique et sociale d'une nouvelle classe d'âge à partir des années 1960

À partir des années 1960, les jeunes s'affirment dans le domaine politique et occupent une place de plus en plus importante dans la société.

1 Un regard critique sur la nouvelle classe d'âge

La jeunesse est comme une inondation. Ils sont des armées, ces gamins, des masses écrasantes. Ils représentent, nous dit-on, et représenteront de plus en plus un goût et un marché. C'est donc pour eux qu'il s'agit de produire, et selon leurs humeurs, car demain ils seront un sur deux des acheteurs français. Chaque mois il faut leur inventer un jeu, une chanson, une chanteuse, une danse, une mode. Demain il leur faudra des bagnoles, de plus en plus de bagnoles, de toutes les couleurs, de toutes les formes, et que ça change ! Et dans les bagnoles des transistors, et dans les transistors des glapissements…

François Nourissier, *Un petit bourgeois*, Grasset, 1963.

2 De nouveaux produits culturels

Publicité publiée dans *Paris Match* en 1959.

3 « Salut les copains »

À la suite du rassemblement de 150 000 jeunes sur la place de la Nation à Paris à l'appel de l'émission « Salut les copains », le sociologue Edgar Morin propose une analyse du phénomène collectif que révèle le succès des « idoles ».

La [nouvelle] classe d'âge s'est cristallisée sur :

– une panoplie commune […] : ainsi ont été arborés blue-jeans, polos, blousons et vestes de cuir, et actuellement la mode est au tee-shirt imprimé, à la chemise brodée ;

– l'accession à des biens de propriété […] : électrophone, guitare de préférence électrique, radio à transistors, collection de 45-tours, photos ;

– un langage commun ponctué d'épithètes superlatives comme « terrible », « sensass », langage « copain » […]

– ses cérémonies de communion, depuis la surprise partie jusqu'au spectacle de music-hall et peut-être, dans l'avenir, des rassemblements géants sur le modèle de celui de la Nation ;

– ses héros. Un culte familier d'idoles-copains est né. […] Dans l'acte même de la communion, le tour de chant, le rapport devient frénétique, extatique.

Edgar Morin, *Le Monde*, 6 juillet 1963.

4 La 2 CV Citroën

Produite de 1948 à 1987, la 2 CV symbolise pour bien des jeunes des années 1960 la première voiture et les premières vacances.

5 La révolte de 1968

À Paris, le 6 mai 1968, des étudiants affrontent les forces de police.

6 De nouveaux électeurs

La loi du 5 juillet 1974 abaisse la majorité de 21 à 18 ans.

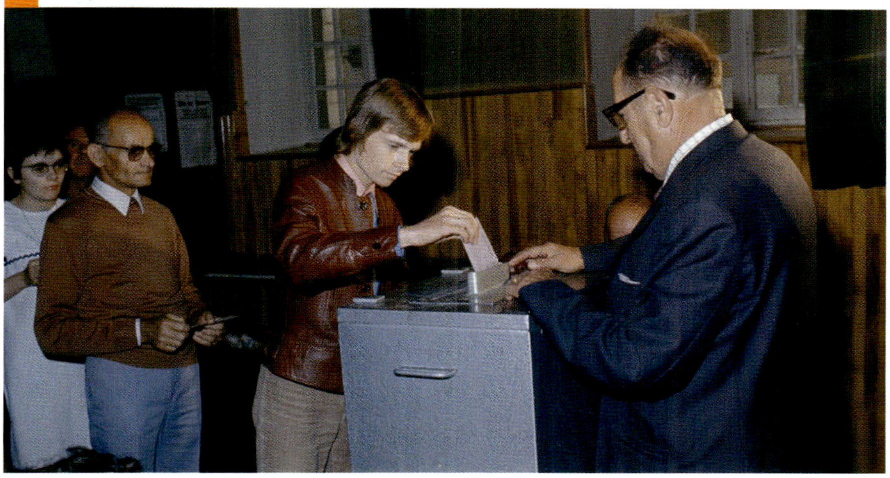

7 La contestation féministe

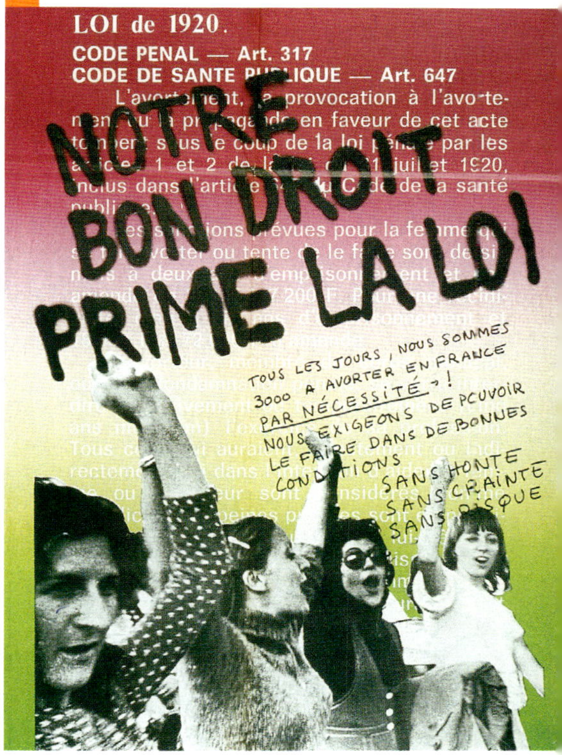

MENER L'ÉTUDE

1. Quel est le point de vue de l'auteur sur les jeunes ? Qu'en pensez-vous ? **(Doc. 1)**
2. Selon le sociologue Edgar Morin, quelles sont les caractéristiques de la nouvelle classe d'âge ? **(Doc. 3)**
3. Par quels nouveaux supports la musique se diffuse-t-elle alors chez les jeunes ? **(Docs 2 et 3)**
4. Pour quoi la 2 CV Citroën apparaît-elle comme un symbole de la liberté pour les jeunes ? **(Doc. 4)**
5. Décrivez la photographie. D'après vos connaissances, pourquoi Mai 68 est-il un événement majeur de la Ve République ? **(Doc. 5)**
6. En quoi le document met-il en évidence l'implication plus grande des jeunes dans la vie politique française ? **(Doc. 6)**
7. **Analyser une affiche.** Quelles sont les revendications des auteur(e)s de l'affiche ? Replacez le document dans son contexte. **(Doc. 7)**

SAVOIR FAIRE

Analyser une affiche

- Repérer la construction de l'image : les couleurs, le slogan, le texte recouvert par le slogan, la photo.
- Identifier le message et à qui il s'adresse.

C. La jeunesse à l'épreuve de la crise économique et politique depuis les années 1980

Depuis les années 1980, la jeunesse subit et tente de surmonter les aléas liés à un contexte économique et politique difficile.

1 Les mouvements associatifs

Les jeunes expriment surtout leur opinion et leur militantisme dans les syndicats ou les mouvements associatifs. Ceux-ci concernent la défense des droits de l'homme, la lutte contre le racisme, l'écologie, l'altermondialisation… SOS Racisme est né en 1984.

2 La jeunesse à la fin des années 1980

L'article est écrit en commentaire d'un sondage sur les 16-24 ans, réalisé par BVA.

Les jeunes Français acquièrent très tôt une certaine autonomie. Plus besoin de courir sur les routes : le monde vient aux enfants et aux adolescents par le biais de la télévision. Et les parents – absents ou impuissants – n'ont aucun contrôle sur ces images extérieures qui s'adressent indifféremment à tous les âges. Mais paradoxalement, cette autonomie se perd par la suite : les jeunes adultes sont privés de l'indépendance à laquelle ils pourraient prétendre, puisqu'ils habitent massivement chez leurs parents : 75 % à vingt ans, et encore 24 % à vingt-quatre ans. Cette cohabitation prolongée est due à la fois à l'allongement des études et à l'augmentation du chômage […]. Entre les jeunes et leurs parents, c'est une sorte de paix armée. Tout va bien tant que les seconds remplissent le frigo, financent les achats et évitent les sujets de friction […]. Mais il ne faut pas réduire la famille française à cette cohabitation forcée : les générations n'ont jamais été aussi proches les unes des autres. La famille est pour beaucoup de jeunes un lieu privilégié d'échanges, de discussions et de plaisir de vivre. De leurs parents, ils déclarent surtout attendre une présence affective et un soutien moral. La famille est aujourd'hui, malgré la multiplication des divorces, l'institution à laquelle les jeunes Français accordent le plus de crédit.

Extraits d'un article de Robert Solé, « Jeunes, individualistes, généreux… », *Le Monde*, 30 septembre 1987.

3 Les jeunes et l'emploi en 2004 (en %)

	15-29 ans	30-49 ans	50-64 ans
Non-salarié	2,9	9,4	16,1
Emploi salarié à durée indéterminée	58,0	75,2	72,9
Emploi temporaire	21,0	7,2	4,0
Chômage	18,1	8,2	7,0

INSEE première, n° 1061, janvier 2006.

4 Les violences urbaines

Elles éclatent à partir des années 1980 et mettent en évidence les problèmes des jeunes de certaines banlieues.

5 Les jeunes et la religion

Seuls 7 % des jeunes catholiques vont à la messe. Chez les moins de 30 ans, les musulmans et les juifs sont à peine plus nombreux à fréquenter mosquées et synagogues. Message dépassé, image racornie : la pratique religieuse apparaît anachronique aux moins de 25 ans. Dieu est-il périmé ? Pas si sûr. Les institutions religieuses ne font plus le plein mais la spiritualité résiste. Aujourd'hui les églises n'ont plus le monopole des valeurs. De plus en plus les jeunes vivent leur religion comme un héritage, pas comme un devoir. Ils rejettent le dogmatisme, pas la quête de sens, conservent la spiritualité mais s'affranchissent des interdits…

Chloé Leprince, *TEO*, magazine de l'École supérieure de journalisme de Lille, mai 2002.

6 Le problème de l'accès au logement

Laurent, étudiant virtuel, loue une petite chambre dans le privé 400 euros par mois. Il touche la bourse maximale qui atteint 305 euros, ainsi que l'aide au logement, plafonnée à 225 euros par mois. Son loyer engloutit donc les trois quarts de ses allocations. Pour vivre, il lui faudra dès lors un complément de ses parents, s'ils le peuvent, ou un job, qui risque de peser sur ses études. […]

Alors qu'il y a 500 000 boursiers (sur 2,2 millions d'étudiants), seulement 150 000 chambres sont proposées en résidence universitaire. La plupart doivent donc se tourner vers le privé. Mais comme ils louent souvent pour une courte période et de petites surfaces […] ils subissent de plein fouet la hausse des loyers.

Devant le coût de l'installation, des étudiants de province renoncent à aller faire leurs études dans les villes universitaires […]. 80 % vivent en outre en situation de cohabitation forcée : la majorité (1,3 million) devra rester chez ses parents jusqu'au premier emploi stable (après 25 ans en moyenne), les autres sont en colocation.

Véronique Soulé, *Libération*, 23 janvier 2007.

7 La mobilisation des jeunes le 21 avril 2002

MENER L'ÉTUDE

1. Quels sont les objectifs de cette manifestation ? (Doc. 1)
2. **Dégager l'intérêt d'un texte.** Pourquoi l'auteur parle-t-il d'une situation paradoxale ? (Doc. 2)
3. Qu'est-ce qui montre que le marché du travail est d'un accès difficile pour la jeunesse ? (Doc. 3)
4. De quelle façon le malaise des banlieues se manifeste-t-il parfois ? (Doc. 4)
5. Quels paradoxes relevez-vous dans l'attitude des jeunes vis-à-vis de la religion ? (Doc. 5)
6. Pourquoi l'accès au logement est-il difficile pour les étudiants ? Quels jeunes sont particulièrement touchés ? (Doc. 6)
7. Pour quelle raison les jeunes se mobilisent-ils ? (Doc. 7)
8. De quelle manière les jeunes s'engagent-ils dans la vie politique ? (Docs 1 et 7)

SAVOIR FAIRE

Dégager l'intérêt d'un texte

- Relever ce qu'apporte le texte à la connaissance de la période.
- Préciser le point de vue de l'auteur.
- Montrer la partialité éventuelle et les limites du document.

BAC Pour réviser

À RETENIR

• La jeunesse, une classe d'âge spécifique

Le baby boom entraîne un fort rajeunissement de la population française. Les effectifs scolaires se massifient. La jeunesse, portée par la croissance économique des Trente Glorieuses, cherche à s'affirmer en se démarquant par un langage, un mode de vie et des pratiques culturelles spécifiques.

• L'affirmation politique et sociale d'une nouvelle classe d'âge à partir des années 1960

La crise de Mai 68 commence par une révolte étudiante. Cette crise met en évidence la part et le rôle croissant des jeunes dans la vie politique, économique et sociale du pays.

• La jeunesse à l'épreuve de la crise économique et politique depuis les années 1980

Depuis les années 1980, la jeunesse subit et tente de surmonter les aléas liés à un contexte économique et politique difficile : chômage, accès au logement, violences urbaines.

DATES CLÉS

1945-1965 : années du baby boom en France

1968 : révolte étudiante ; crise de Mai

1974 : majorité à 18 ans

CHIFFRES CLÉS

Moins de 20 ans :
1931 : 30,2 %
1968 : 33,7 %
2007 : 25 %

Effectifs scolaires en 2007 :
Élèves des 1er et 2e degrés :
12 111 900 (dont public : 10 086 700, privé : 2 025 200)
Étudiants : 2 275 000
Apprentis : 401 500

POUR ALLER PLUS LOIN

À VOIR

Marcel Carné, *Les Tricheurs*, 1958. Une bande d'amis à Saint-Germain-des-Prés, dans les années 1950.

Claude Chabrol, *Les Cousins*, 1959. Les aventures sentimentales de deux étudiants, l'un provincial et l'autre Parisien.

Mathieu Kassovitz, *La Haine*, 1995. Trois copains de banlieue après une soirée d'émeutes.

Cédric Klapish, *L'Auberge espagnole*, 2002. Des jeunes gens et jeunes filles, venus de différents pays d'Europe, se retrouvent à Barcelone.

À LIRE

Gérard Mauger, *Hippies, Zoulous, loubards, jeunes marginaux de 68 à aujourd'hui*, coll. « Problèmes politiques et économiques », La Documentation française, Paris, 1998.

Olivia Galland, *Les Jeunes*, collection Repères, Éd. La Découverte, Paris, 2002.

À CONSULTER

Site du ministère de la Jeunesse et des Sports : www.jeunesse-sports.gouv.fr/

S'entraîner à la 2e partie de l'épreuve

BAC

DÉGAGER L'APPORT D'UN DOCUMENT

Méthode, p. 14

Sujet guidé Les jeunes, une classe d'âge qui s'affirme

Les jeunes et la mode

« La classe qui fait la mode, ce n'est plus la bourgeoisie, ce n'est pas davantage la classe ouvrière, c'est la jeunesse. Elle a commencé à montrer ses cuisses quand l'Anglaise Mary Quant a eu l'idée géniale de lui proposer la minijupe. Géniale, parce que c'est l'une des rares créations dans le costume moderne, le reste étant plutôt redite du passé. On peut préférer le passé, c'est une autre histoire. Donc, la jeunesse du monde a soudain trouvé, dans ces jupes de plus en plus brèves, non pas une commodité à côté du blue-jean, mais d'abord un moyen d'affirmer son identité en tant que classe distincte de celle des plus de 30 ans. Puis une façon de refuser les règles du jeu social. Enfin, et surtout ; un instrument de pure provocation dans l'ordre de la sexualité. Elle marquait ainsi ostensiblement la liberté qu'elle entendait prendre, désormais, dans ce domaine. Que les autres femmes aient, peu à peu, suivi, qu'elles aient tourné l'obstacle, quand il devenait trop haut, en adoptant le frère jumeau de la minijupe dans la provocation qu'est le pantalon, indique bien qui tient désormais le pouvoir de la décision. Ce n'est pas la classe dirigeante qui a fait la mode depuis quatre ou cinq ans. Elle l'a subie. »

Françoise Giroud, *L'Express*, 2 février 1970.

Le titre du document. Il permet de déterminer le thème du texte.

La date du texte. Situer le contexte historique, les grands événements de la période.

L'auteur du texte. C'est l'une des plus grandes journalistes de l'époque. Elle dirige la rédaction du magazine.

La source du texte. L'hebdomadaire français *L'Express* a été fondé en 1953.

QUESTIONS

1 Présentez le document.

2 Relevez dans le texte les informations concernant la mode portée par les jeunes.

3 Quelles conséquences ce phénomène entraîne-t-il sur la mode en général ?

4 Dégagez l'intérêt historique du texte : qu'apporte-t-il sur la connaissance de la société et de ses évolutions ?

AIDE

Question 1. Identifiez le document : sa nature, son auteur, les destinataires. Interrogez-vous sur la date et le contexte.

Question 2. Relevez avec précision chaque information et classez-les par thèmes : le vêtement, son objectif, ce qu'il veut affirmer…

Question 3. Montrez que les choix vestimentaires des jeunes influencent les adultes.

Question 4. Insistez sur l'importance de plus en plus grande prise par la jeunesse dans la société. Montrez que la mode peut être un symbole fort.

BAC S'entraîner à la 2e partie de l'épreuve

METTRE EN RELATION DEUX DOCUMENTS

Sujet guidé Mai 68 : les jeunes face à De Gaulle

Méthode, p. 14

Document 1

Affiche de Mai 68

Le slogan.
Repérer auquel des deux personnages il est attribué.

Le thème de l'affiche.
Identifier les protagonistes.

Document 2

Allocution de De Gaulle, le 24 mai 1968

Tout le monde comprend, évidemment, quelle est la portée des actuels événements universitaires, puis sociaux. On y voit tous les signes qui démontrent la nécessité d'une mutation de notre société, et tout indique que cette mutation doit comporter une participation plus étendue de chacun à la marche et aux résultats de l'activité qui le concerne directement.

Certes, dans la situation bouleversée d'aujourd'hui, le premier devoir de l'État, c'est d'assurer, en dépit de tout, l'existence élémentaire du pays, ainsi que l'ordre public. Il le fait. C'est aussi d'aider à la remise en marche, notamment en prenant les contacts qui pourraient la faciliter. Il y est prêt. Voilà pour l'immédiat. Mais ensuite il y a, sans nul doute, à modifier des structures, c'est-à-dire à réformer. Car si, dans l'immense transformation politique, économique et sociale qu'accomplit la France en notre temps, beaucoup d'obstacles intérieurs et extérieurs ont déjà été franchis, d'autres s'opposent encore au progrès. De là, des troubles profonds, surtout dans la jeunesse, qui est soucieuse de son propre rôle et que l'avenir inquiète trop souvent.

C'est pourquoi la crise de l'Université, crise provoquée par l'impuissance de ce grand corps à s'adapter aux nécessités modernes de la nation en même temps qu'au rôle et à l'emploi des jeunes, a, par contagion, déclenché dans beaucoup d'autres milieux une marée de désordres, ou d'abandons, ou d'arrêts de travail. Il en résulte que notre pays se trouve au bord de la paralysie. Devant nous-mêmes et devant le monde, il s'agit pour nous, Français, de régler un problème essentiel que nous pose notre époque, à moins que nous ne roulions, à travers la guerre civile, aux aventures et aux usurpations les plus odieuses et les plus ruineuses.

Depuis bientôt trente ans, les événements m'ont imposé, en plusieurs graves occasions, le devoir d'amener notre pays à assumer son propre destin, afin d'empêcher que certains ne s'en chargent malgré lui. J'y suis prêt, cette fois encore.

Général de Gaulle, allocution radiotélévisée du 24 mai 1968.

QUESTIONS

1 Présentez et décrivez l'affiche. Expliquez-en le sens.

2 Selon de Gaulle, quelles sont les causes de la crise de Mai 68 et qui en sont les principaux acteurs ?

3 Quel rôle de Gaulle entend-il jouer dans ce contexte ?

4 Quel intérêt y a-t-il à mettre en relation les deux documents ?

AIDE

Question 1. Remarquez que les deux protagonistes essentiels de la crise sont représentés. De Gaulle incarne le pouvoir politique et une société vieillissante jugée conservatrice.

Question 2. Relevez les arguments de De Gaulle, mais aussi ce qu'il ne dit pas et refuse d'admettre : son pouvoir est contesté.

Question 3. Rappelez qu'en d'autres circonstances, de Gaulle s'est présenté comme l'homme providentiel capable de sortir la France de la crise.

Question 4. Pour les jeunes, de Gaulle est un problème alors que ce dernier pense être une solution de sortie de crise.

BAC BLANC 1re partie de l'épreuve

1 Caractériser une période

Expliquez comment, à partir de 1981, s'ouvre une période d'alternance de la vie politique française.

2 Caractériser un événement

Montrez l'importance du 13 mai 1958 sur l'évolution des institutions françaises.

3 Caractériser une situation

Quelle situation la cohabitation crée-t-elle dans la vie politique ?

4 Caractériser un personnage

Dans quelle mesure les lois votées sous la présidence de Valéry Giscard d'Estaing illustrent-elles son programme de la « société libérale avancée » ?

5 Justifier une affirmation

Justifiez l'affirmation suivante : la motion de censure limite les pouvoir du gouvernement.

6 Proposer les dates clés d'une évolution

Proposez trois dates clés sur la construction européenne.

7 Choisir une définition pour une notion

Quelle définition du libéralisme choisiriez-vous ? Justifiez votre réponse.

a. Politique visant à donner plus de rôle à l'État.
b. Politique visant à donner moins de rôle à l'État.
c. Politique visant à supprimer l'État.

La musique des jeunes dans les années 1960

L'apparition des yéyés*

Les paroles sont niaises, les airs importés des États-Unis et les talents incertains. Mais le yéyé de Johnny, Sylvie, Eddy, Richard et Françoise porte une énergie sans pareille, la même qui fait se trémousser des centaines de millions d'adolescents, nés de la plus forte vague démographique de l'histoire de France. Enfants de la croissance, de la prospérité naissante, de la consommation de masse et de la décolonisation, ils se préparent à faire éclater les cadres de la vieille société…Les *teenagers** écoutent SLC,* regardent *Âge tendre et tête de bois*,* s'achètent des blousons de cuir, des boots noires, des « pattes d'éléphant » et roulent en scooter. À la Nation, en 1963, Johnny attend 15 000 fans. Il en vient 150 000 pour le premier concert de masse du rock français, et la première manifestation violente de la révolte adolescente…Coiffures, vêtements, langage, relations amoureuses, rien ne sera plus comme avant. La vieille discipline scolaire commence à plier et la pilule n'est pas loin.

Laurent Joffrin, *L'histoire en chantant*, dans *40 ans de 45 tours en France*, « Le Nouvel Observateur », Collection Dossiers, numéro 4, janvier 1991.

* **yéyé** : interjection utilisée pour relancer le rythme ; elle désigne ensuite les chanteurs eux-mêmes et la période correspondante.
* ***teenager*** : synonyme d'adolescent.
* **SLC** : *Salut les copains !*, émission radiophonique d'Europe 1, lancée en 1959, à destination de la jeunesse.
* ***Âge tendre et tête de bois*** : émission de télévision française pour les jeunes, diffusée de 1961 à 1966.

QUESTIONS

1 Identifiez le document : sa nature, son auteur. Interrogez-vous sur la date de l'article. Est-il contemporain des événements décrits ?

2 Relevez les informations sur les modes et le comportement des adolescents.

3 Comment l'auteur explique-t-il leur forte présence ?

4 Dégagez l'intérêt historique du texte : qu'apporte-t-il à la connaissance de la période et des évolutions qui ont suivi ?

PARTIE 3

Les classes moyennes

La notion de classes moyennes recouvre une catégorie sociale dont les activités et les revenus sont très hétérogènes. Apparues au XIXe siècle avec l'industrialisation, les classes moyennes connaissent un essor spectaculaire au lendemain de la Seconde Guerre mondiale, lors des Trente Glorieuses. Elles partagent alors un même mode de vie, ancré dans la société de consommation. Depuis les années 1970, le ralentissement de la croissance les frappe particulièrement et elles sont de plus en plus gagnées par un fort sentiment de précarité.

A. Les Trente Glorieuses ou l'affirmation des classes moyennes

→ *Comment les classes moyennes s'affirment-elles au cours des Trente Glorieuses ?*

B. Classes moyennes et société de consommation

→ *Comment s'insèrent-elles dans la société de consommation ?*

C. Le temps des incertitudes

→ *Pourquoi parle-t-on d'un malaise des classes moyennes ?*

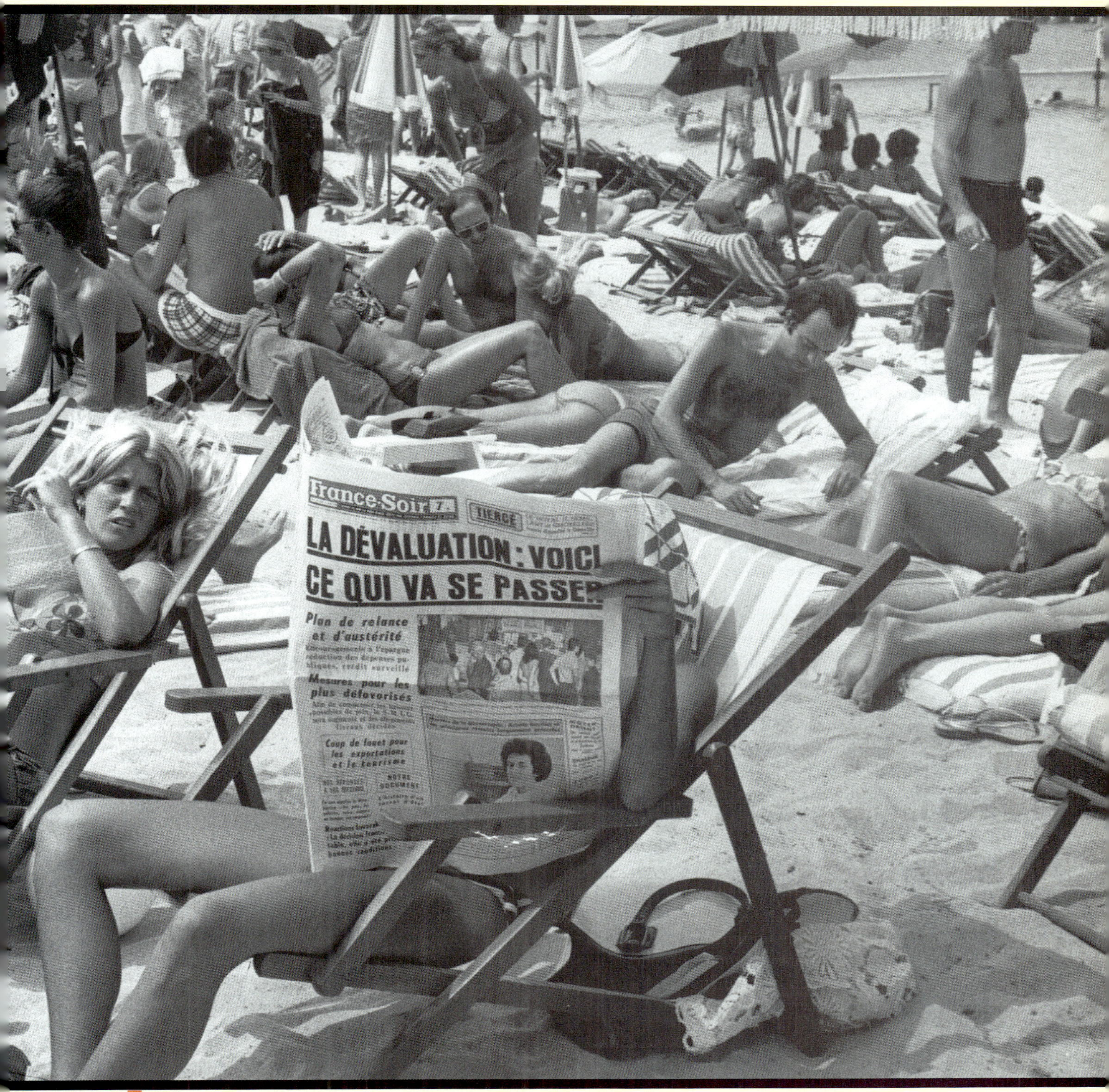

La plage de La Garoupe dans les Alpes-Maritimes en 1969. Photographie de Cartier-Bresson.
Au cours des Trente Glorieuses, les classes moyennes accordent une importance croissante à leurs loisirs et à leurs vacances. L'été, au soleil, elles n'oublient pourtant pas la situation économique et politique.

A. Les Trente Glorieuses ou l'affirmation des classes moyennes

La notion de « classes moyennes » est ambiguë et recouvre des réalités très hétérogènes. On distingue même des « classes moyennes supérieures » et des « classes moyennes inférieures ». Apparue au XIXe siècle, cette catégorie sociale s'affirme durant les Trente Glorieuses.

2 L'évolution des catégories socioprofessionnelles

La tertiarisation de l'économie a pour conséquence l'émergence de nouvelles classes moyennes, aux qualifications diverses.

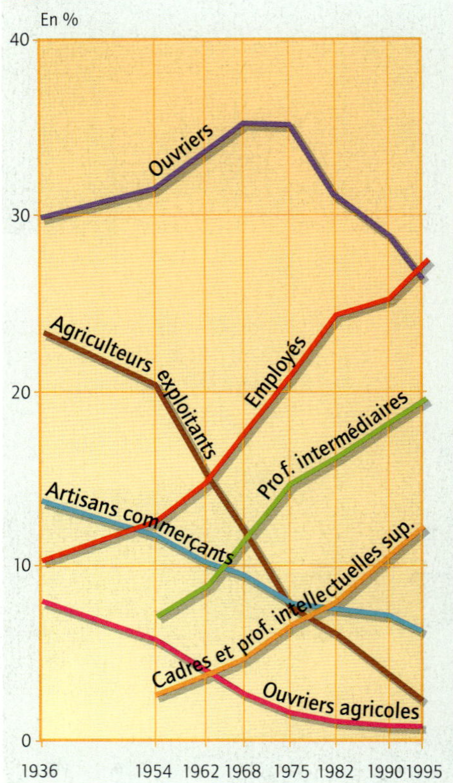

1 Le triomphe des classes moyennes

Le sociologue Henri Mendras analyse les changements survenus dans la répartition des groupes sociaux depuis la Première Guerre mondiale jusqu'à la fin des Trente Glorieuses.

En 1914, la société française était composée de quatre grands groupes sociaux ayant chacun ses caractéristiques particulières : les paysans, la bourgeoisie, le prolétariat et les classes moyennes. Les paysans constituaient la masse la plus importante mais restaient divisés en d'innombrables collectivités relativement indépendantes, comme « des pommes de terre dans un sac », disait Marx, et conservaient par là une certaine autonomie par rapport à la société nationale. [...]. Classe dominante, la bourgeoisie s'efforçait d'imposer ses façons de voir et de faire à l'ensemble de la société. Assurés de leur patrimoine, les bourgeois vivaient de leurs rentes plus souvent que de leur travail et jouissaient d'une sécurité dont les autres étaient privés. Les prolétaires vivaient dans une insécurité totale du lendemain. Si le chômage et la maladie les réduisaient à la misère, la mort devenait menaçante. La culture populaire qui était la leur était radicalement différente de la culture bourgeoise et des civilisations paysannes. Entre ces trois groupes majeurs, les classes moyennes étaient peu nombreuses, tiraillées entre leurs origines populaires et paysannes, et leurs ambitions bourgeoises.

Ce portrait schématique ne correspond plus en rien au visage de la France d'aujourd'hui : les paysans ont disparu, la bourgeoisie a perdu ses attributs qui se sont répandus dans les autres classes, la culture populaire est morte et la classe moyenne n'est plus constituée en majorité de boutiquiers, d'artisans et d'employés, mais de cadres. Une révolution sociale complète vient de s'achever.

Henri Mendras, *La Seconde Révolution française, 1965-1984*, Gallimard, éd. 1994

3 L'essor du secteur tertiaire

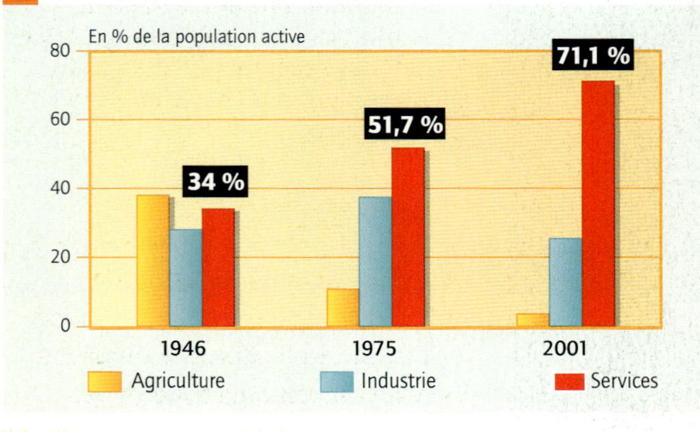

4 Les aspirations des « hommes nouveaux »

Ils étaient des « hommes nouveaux », des jeunes cadres n'ayant pas encore percé toutes leurs dents, des technocrates à mi-chemin de la réussite. Ils venaient, presque tous, de la petite bourgeoisie, et ses valeurs, pensaient-ils, ne leur suffisaient plus ; ils lorgnaient, avec désespoir, vers le confort évident, le luxe, la perfection des grands bourgeois. Ils n'avaient pas de passé, pas de tradition. Ils n'attendaient pas d'héritage. Leurs souvenirs d'enfance se ressemblaient, comme étaient presque identiques les chemins qu'ils avaient suivis, leur lente émergence hors du milieu familial, les perspectives qu'ils semblaient s'être choisies...

Georges Perec, *Les Choses – une histoire des années soixante*, Julliard, 1965.

5 L'augmentation des effectifs des employés

Parmi les employés, les effectifs féminins progressent fortement.

6 L'affirmation des cadres

La Confédération générale des cadres (CGC) a été créée en 1944 afin de défendre les intérêts des cadres du privé ou du public, autant de professions qui se trouvent au cœur des classes moyennes.

MENER L'ÉTUDE

1. Caractérisez les grandes évolutions de chacune des catégories socioprofessionnelles. **(Doc. 2)**

2. Comparez les deux situations présentées par Henri Mendras. Quelles évolutions constate-t-on, dans les effectifs comme dans les modes de vie des classes moyennes ? **(Doc. 1)**

3. Quelles mutations le graphique met-il en évidence ? Mettez ce graphique en relation avec les documents 2 et 5. **(Doc. 3)**

4. Quelle est l'origine sociale des nouveaux cadres ? À quoi aspirent-ils ? **(Docs 4 et 6)**

5. Interpréter une photographie. Comment le travail est-il organisé ? Quel témoignage apporte la photographie sur l'évolution des classes moyennes ? **(Doc. 5)**

SAVOIR FAIRE

Interpréter une photographie

- Rechercher les intentions de l'auteur.
- Analyser ses conditions de réception.
- Évaluer sa valeur de témoignage.

B. Classes moyennes et société de consommation

Les classes moyennes affirment leur identité en recherchant un même mode de vie. Elles sont au cœur de la société de consommation.

1 La présentation de la Citroën DS au Salon de l'Automobile de 1964

2 Le jeune cadre dynamique des années 1970

Au premier, dans mon HLM,
y'a un jeune cadre dynamique,
costard en alpaga,
c'lui qui a payé vingt briques
son deux pièces-plus loggia.
Il en a chié vingt ans
pour en arriver là,
maintenant il est content
mais y parle de s'casser.
Toute façon, y peut pas,
y lui reste à payer
le lave-vaisselle, la télé
et la sciure pour ses chats,
parce que naturellement
c'bon contribuable centriste,
il aime pas les enfants,
c'est vous dire s'il est triste.

Chanson de Renaud Séchan,
© 1980 & 1988 Mino Music.

3 L'équipement des ménages (en % arrondis)

	Foyer à revenu modeste		Foyer à revenu moyen		Foyer à haut revenu	
	1973	1991	1973	1991	1973	1991
Voiture	5	52	69	96	90	98
Lave-vaisselle	1	9	3	62	27	85
Micro-ondes	–	11	–	49	–	48
Ordinateur	–	1	–	31	–	53

4 Les classes moyennes au cœur de la société de consommation

Famille dans le séjour de son appartement parisien dans les années 1970.

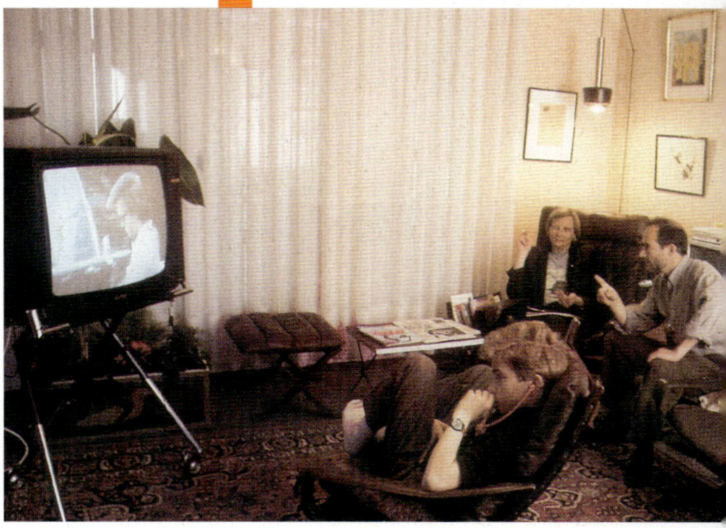

5 Les pratiques culturelles des Français en 1974 (en %)

Catégorie socio-professionnelle	Lecture régulière d'un quotidien	Lecture de plus de 20 livres	Télévision (un jour sur deux au moins)	Cinéma (plus de 10 fois)	Bal public (au moins une fois)
Patron de l'industrie et du commerce	60,2	20,8	68,5	14,1	19,4
Cadre supérieur et profession libérale	61,1	65,3	52,3	48,5	18,7
Cadre moyen	57,9	48,9	56,7	44,0	39,2
Employé	60,4	36,3	74,4	25,0	34,7
Ouvrier qualifié, contremaître	54,3	24,7	68,3	33,3	44,3
OS, manœuvre et personnel de service	50,0	26,3	73,4	26,1	33,2
Agriculteur	61,2	8,7	78,9	9,9	35,9

Secrétariat d'État à la Culture, 1974.
D'après Dominique Borne, *Histoire de la société française depuis 1945*, A. Colin, 1995.

6 La pratique du crédit

Affiche de la Société Générale en 1966.

7 De nouveaux modes de vacances

Créé en 1950, le Club Méditerranée propose une nouvelle formule de vacances aux classes moyennes salariées : des villages de vacances à la mer, au soleil.

MENER L'ÉTUDE

1. Par quels moyens les classes moyennes sont-elles encouragées à consommer ? **(Docs 1 et 6)**

2. Quel portrait Renaud fait-il du « jeune cadre dynamique » des années 1970 ? **(Doc. 2)**

3. En prenant en compte les évolutions, caractérisez les niveaux d'équipement selon les niveaux de revenus. **(Doc. 3)**

4. Pourquoi peut-on dire que la photo montre une image stéréotypée des classes moyennes ? **(Doc. 4)**

5. Quelles catégories socioprofessionnelles peut-on assimiler aux classes moyennes ? **(Doc. 5)**

6. Quelles pratiques culturelles distinguent les cadres supérieurs des autres CSP ? **(Doc. 5)**

7. Analyser une affiche publicitaire. Analysez la construction des images. À qui ces publicités sont-elles destinées ? **(Docs 6 et 7)**

SAVOIR FAIRE

Analyser une affiche publicitaire

- Identifier l'émetteur, le produit et la cible.
- Repérer la construction de l'image : les points forts, les lignes de force, les codes typographiques et les couleurs, le slogan.
- Chercher les objectifs de l'émetteur.

C. Le temps des incertitudes

Le ralentissement de la croissance depuis les années 1970 et la montée du chômage touchent aussi les classes moyennes, y compris les cadres. L'avenir apparaît moins sûr et certains ont le sentiment d'un déclassement social.

1 La mutation des activités depuis les années 1980

Le tableau social de la France est vite fait : 31 % d'employés, 22,9 % d'ouvriers, 21 % de professions intermédiaires et 19 % de cadres [...]. Les cadres gagnent en moyenne 2,5 fois plus que les ouvriers. Il y a vingt ans, ils gagnaient quatre fois plus [...]. Les employés sont également une catégorie en pleine mutation. Il y a vingt ans, la majorité des employés occupaient des emplois administratifs en entreprises ou dans le secteur public. La majorité travaille aujourd'hui dans les commerces ou dans les services aux particuliers. Le rapport à la clientèle se substitue au rapport au patron. Le rapport de classe est sinon masqué du moins transformé. Le secteur qui a créé le plus d'emplois au cours des deux dernières années est celui d'assistante maternelle. Emploi qui signe deux fois la féminisation du travail : il est rempli principalement par des femmes, et il accompagne la montée du travail féminin [...].

« Observatoire des inégalités », *Les Nouvelles Inégalités*, 18 février 2004.

2 Les classes moyennes en 2006 : un Français sur deux

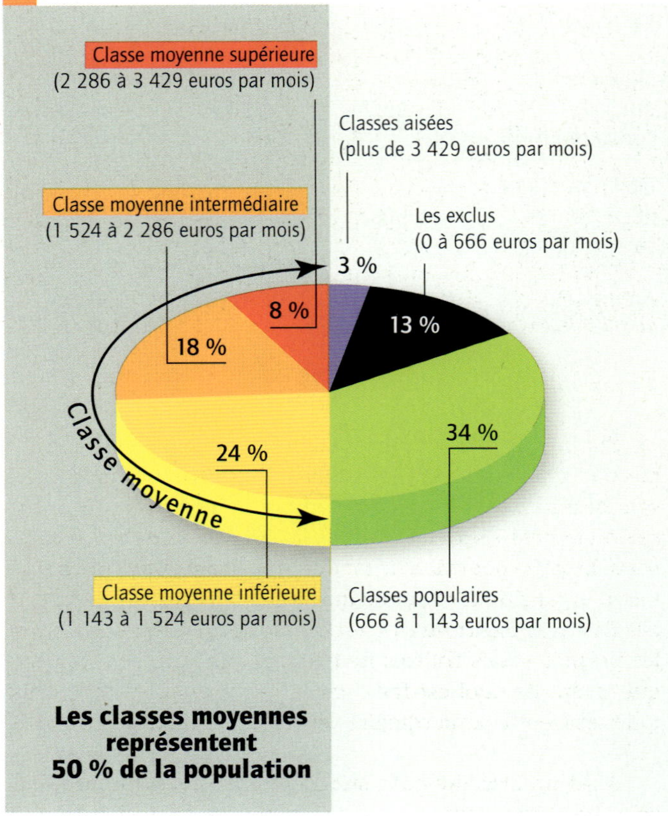

3 La menace de la précarité

Une du *Nouvel Observateur*, décembre 2006.

4 Les préoccupations des cadres en 2006

Enjeux à prendre en compte en priorité	En %
L'emploi	47
L'éducation et la formation en général	40
La réduction des déficits publics	30
Le pouvoir d'achat	29
L'environnement	28
La croissance économique	27
L'enseignement supérieur et la recherche	22
La santé	17
La construction européenne	15
La régulation de la mondialisation	14

Sondage réalisé par l'institut LH2 les 24 et 26 août 2006, pour HEC, France Inter et *Le Figaro*

D'après *Le Figaro*, Entreprises et emploi, 4 septembre 2006.

5 La maison individuelle, un rêve moins accessible

Pour devenir propriétaires, les classes moyennes doivent s'éloigner de plus en plus des centres-villes.

6 Le chômage des cadres

7 « Ce Français moyen qui n'existe pas »

Entre juin 2005 et juin 2006, le revenu mensuel moyen par ménage français aurait augmenté de 68 euros, mais cette somme aurait été réduite de 47 euros par les hausses des prix, selon une très « sérieuse » étude de *60 millions de consommateurs*. Donc, le pouvoir d'achat des Français n'aurait progressé en un an que de 0,9 %, alors que le ministre de l'Économie et des Finances assure qu'il est en hausse de 2,4 %. Ainsi assénées, les précisions des chiffres ne peuvent que faire sourire ceux qui savent de quoi est fait l'indice des prix et, surtout, ceux qui mesurent l'extraordinaire diversité des ménages français [...].

Ainsi, un locataire qui a subi depuis plusieurs années l'envolée des loyers aura du mal à comprendre que selon l'indice des prix à la consommation de l'Insee, le poste « loyer, eau et enlèvement des ordures ménagères » ne représente que 7,2 % du budget des ménages. Ainsi, un ménage périurbain contraint de posséder deux automobiles aura du mal à admettre que le poste « utilisation de véhicules personnels » ne représente que 9,9 % de son budget, alors que selon *60 millions de consommateurs*, la hausse des carburants aurait englouti, à elle seule, plus de 20 % de la hausse du pouvoir d'achat des ménages français.

Force toutefois est d'avoir la tolérance d'admettre que tous les Français ne sont pas locataires et que tous les Français n'utilisent pas leur véhicule personnel. En prenant en compte la totalité des ménages français comme population de référence, l'Insee est bien « scientifiquement » contraint d'inventer un « Français moyen » dont le triste destin est de servir de bouc émissaire à tous ceux qui, fort nombreux, broient du noir sur l'évolution de leur propre pouvoir d'achat.

Jacques Marseille, historien, *Le Point* n° 1774, 14 septembre 2006.

MENER L'ÉTUDE

1. Quelles transformations le texte souligne-t-il ? Comment ont évolué les revenus des cadres et des ouvriers ? Quels secteurs sont en développement ? **(Doc. 1)**

2. Commenter des données statistiques. Par quel critère les catégories sociales sont-elles caractérisées ? Comment se répartissent-elles ? **(Doc. 2)**

3. Caractérisez et expliquez les résultats du sondage. **(Doc. 4)**

4. Que met en scène cette « une » ? **(Doc. 3)**

5. Quelles sont les principales préoccupations des classes moyennes ? **(Docs 3 à 6)**

6. Quelles critiques Jacques Marseille oppose-t-il à la notion de Français « moyen » ? **(Doc. 7)**

SAVOIR FAIRE

Commenter des données statistiques

- Identifier les catégories et les unités utilisées
- Établir des comparaisons.
- Interpréter le tableau ou le graphique.

BAC Pour réviser

À RETENIR

• Les Trente Glorieuses ou l'affirmation des classes moyennes

La période des Trente Glorieuses, ainsi appelée par l'économiste Jean Fourastié, s'étend de 1945 au début des années 1970. Elle connaît une croissance exceptionnelle. Elle correspond à l'essor considérable des salariés et des classes moyennes, en particulier des cadres.

• Classes moyennes et société de consommation

Les classes moyennes affirment leur identité en recherchant un même cadre de vie et un même mode de vie. Elles sont au cœur de la société de consommation.

• Le temps des incertitudes

Le ralentissement de la croissance depuis les années 1970 et la montée du chômage touchent aussi les classes moyennes, y compris les cadres. L'avenir apparaît moins serein et certains ont le sentiment d'un déclassement social.

DATES CLÉS

1944 : création de la Confédération générale des Cadres (CGC)

1945-1973 : période des Trente Glorieuses

1954 : création de la FNAC (Fédération nationale d'achat des cadres). Ce groupement d'achat leur est alors réservé.

1973-2007 : période de dépression économique

NOTIONS CLÉS

Catégorie sociale : groupe social défini par des valeurs statistiques hiérarchisables, tel le revenu. Une autre définition est possible et se réfère aux représentations : groupe social ayant le sentiment d'appartenance à ce même groupe. Dans le vocabulaire marxiste, bourgeois et prolétaires sont les deux classes antagonistes au cœur de la société.

Société des loisirs : société dans laquelle le niveau de vie élevé des populations leur permet non seulement d'accéder à des biens de consommation abondants et variés mais aussi aux loisirs. Ces derniers, comme le sport, le cinéma, la télévision ou la lecture, deviennent accessibles au plus grand nombre. La pratique de loisirs augmente aussi à mesure que le temps de travail recule et que les congés payés se répandent. En Occident, la société des loisirs s'installe durant la période de croissance des Trente Glorieuses.

Tertiarisation : essor du secteur tertiaire, en particulier des services.

CHIFFRES CLÉS

Actifs du tertiaire (en % de la population active)
1946 : 24, 8 % 1975 : 51, 2 % 2005 : 72, 8 %

POUR ALLER PLUS LOIN

À VOIR

Les films de Jacques Tati, qui font la satire des classes moyennes et de la société de consommation : *Les Vacances de M. Hulot,* 1952, *Mon oncle*, 1958, *Playtime*, 1953, *Trafic*, 1971.

Claude Sautet, *Vincent, François, Paul et les autres*, 1974. Un groupe d'amis d'enfance, la cinquantaine, se retrouve chaque dimanche à la campagne.

Coline Serreau, *La Crise*, 1992. La rencontre d'un juriste au chômage et d'un SDF.

À LIRE

Laurence Dubois-Fresnay, *Atlas des Français* d'aujourd'hui, éd. Autrement, 2006.

Georges Perec, un roman : *Les Choses*, Julliard, 1965.

À CONSULTER

Le site de l'INSEE

S'entraîner à la 2e partie de l'épreuve

BAC

DÉGAGER L'APPORT D'UN DOCUMENT

Méthode, p. 14

Sujet guidé

Les classes moyennes dans la société française aujourd'hui

Le titre du document. Il fournit le thème qui justifie le tableau.

Le tableau de chiffres. Repérer l'unité utilisée, les informations fournies et l'organisation par lignes et colonnes.

Le sentiment d'appartenance à une classe sociale (enquête), en %

À quelle classe sociale avez-vous le sentiment d'appartenir ?

	Actifs ayant un emploi	Retraités	Ensembles des adultes (plus de 18 ans)
La classe moyenne	42	36	40
La classe ouvrière	24	24	23
La bourgeoisie	3	7	4
Classe défavorisée	7	7	8
Classe privilégiée	8	5	8
Un groupe professionnel	11	11	9
Un groupe social	2	3	2
Autre	3	7	6
Ensemble	100	100	100

Nombre de personnes interrogées : 8400.

Source : enquête, *Histoire de vie – Construction des identités*, 2003, INSEE.

L'origine du document. Celui-ci provient de l'INSEE, l'Institut national de la statistique et des études économiques.

La date du document. Elle permet de situer les chiffres dans la période récente.

QUESTIONS

1 Présentez le document.

2 Dans quels groupes sociaux les Français se reconnaissent-ils le plus ?

3 Quelles différences constatez-vous selon la catégorie des personnes interrogées ?

4 Dégagez l'intérêt du document : en quoi témoigne-t-il des difficultés pour définir la notion de classes moyennes ?

AIDE

Question 1. Précisez sa nature, son auteur, sa source, sa date et son contexte.

Question 2. Notez qu'il s'agit d'une enquête qui a porté sur 8400 adultes de France métropolitaine. Remarquez que dans tous les cas, l'appartenance à la classe moyenne arrive en tête des réponses.

Question 3. Montrez les différences selon l'activité. Les retraités peuvent être aussi des préretraités.

Question 4. Le mot « sentiment », dans la question posée par l'INSEE est essentiel. Il permet de comprendre qu'il s'agit des représentations que se font les personnes interrogées sur leur appartenance à telle ou telle catégorie. Il ne s'agit pas forcément de la réalité.

BAC S'entraîner à la 2e partie de l'épreuve

METTRE EN RELATION DEUX DOCUMENTS

Sujet guidé Les cadres des Trente Glorieuses

Méthode, p. 14

Document 1

La nature du document.
Observer le dessin satirique pour identifier son thème et sa construction.

Dessin satirique de Sempé, dans *L'Ascension sociale de Monsieur Lambert en 1975*, © Christine Charillon, Paris.

Le point de vue de l'auteur.
Identifier l'opinion de l'auteur à travers son dessin.

La date du document.
Rechercher le contexte historique : les transformations économiques et sociales.

Document 2

Le titre du document. Il fournit le thème du texte. Observer s'il exprime un point de vue ou se contente d'apporter une information.

Le jeune cadre, ce héros des années 1960

Il est petit ou grand, vêtu d'une veste de tweed ou d'un costume trois-pièces, un attaché-case à la main, sorti d'une grande école ou des cours du soir du Conservatoire des arts et métiers.

En ces « golden sixties », les publicitaires (dont il est la cible préférée et l'inspirateur), les hebdomadaires économiques (qui se créent exprès pour lui), les cabinets de relations humaines (qui se proposent de le perfectionner) et les... auteurs de livres satiriques (qui ne demandent qu'à persifler les trois premiers) en dessinent, jour après jour, le portrait radieux... Le cadre ? C'est le mythe solaire des années 60, un mythe éternellement « jeune, moderne et dynamique ».

Il est l'anti-rond de cuir* auquel une France hexagonale s'offre pour trouver un avenir.

De la 4 CV à la vidéo, Communica international, 1983.

* Figure caricaturale du fonctionnaire routinier.

La date du document. Observer que le texte a une perspective historique (il évoque les années 1960). S'interroger sur les événements cités dans le texte.

QUESTIONS

1 Identifiez chaque document : nature, auteurs, date et contexte dans lequel ils ont été réalisés.

2 Confrontez les thèmes traités. Comment les cadres sont-ils représentés dans les deux documents ?

3 Dégagez l'intérêt de la confrontation : comment permet-elle de définir la place des cadres dans la société française des Trente Glorieuses ?

AIDE

Question 1. Mettez bien en évidence la différence de nature et de date des deux documents.

Question 2. Observez la construction du dessin satirique. Notez les points abordés par le document 2, comme le costume ou la formation du cadre.

Question 3. Grâce à la confrontation, notez les aspects critiques de la « survalorisation » du cadre présentée dans les deux documents.

BAC BLANC 1re partie de l'épreuve

1 Caractériser un événement

En 1962, une loi modifie le mode d'élection du président de la République.
Quel est le contenu de cette loi ?

2 Justifier une affirmation

Justifiez l'affirmation suivante : l'État intervient dans l'économie.
Illustrez votre réponse par plusieurs arguments.

3 Caractériser un personnage

Caractérisez la politique étrangère du général de Gaulle de 1958 à 1969.

4 Citer des acteurs

Quels sont les présidents de la Ve République ayant exercé deux mandats successifs ?

5 Justifier une affirmation en proposant des arguments

Justifiez l'affirmation suivante : l'article 16 de la Constitution de la Ve République donne d'importants pouvoirs au président de la République.

6 Choisir les dates clés d'une évolution

Sous quelle présidence et à quelles dates ont été adoptées les lois suivantes : la majorité à 18 ans, la légalisation de l'IVG ?

7 Proposer une définition pour une notion

Donnez la définition de « cohabitation ». Illustrez votre réponse de plusieurs exemples.

L'ascension des classes moyennes

Rose et Pierre se sont mariés en 1940, peu après la défaite. Jusqu'en 1950, ils ont habité chez les parents de Rose ; en 1950, ils avaient quatre enfants et leur pouvoir d'achat leur a permis d'acheter par annuités un appartement composé d'une cuisine de 10 m^2 et de trois pièces, au total 60 m^2, appartement jugé « suffisant » selon les normes de l'époque. Bien entendu, le ménage n'a, en 1950, ni voiture, ni réfrigérateur, ni machine à laver ; son équipement est rudimentaire (une cuisinière à charbon, un fer à repasser électrique, un aspirateur...). Rose est maîtresse de maison et mère de famille à plein temps. Pierre est comptable ; il se rend à son travail en autobus.

Leur fils aîné, Stéphane, s'est marié en 1970 avec Séverine ; dès leur mariage, ils ont loué un studio. Peu après, ils se sont installés dans une petite maison comprenant une cuisine de 10 m^2 et trois pièces, comme leurs parents en 1950 ; mais la superficie totale est de 80 m^2 ; ils n'ont qu'un seul enfant ; la statistique les classe (en 1975) comme étant en état de « peuplement normal ». Stéphane et Séverine ont tous deux une profession salariée, les jours ouvrables sont acrobatiques, parce que leurs lieux de travail sont à 10 et 15 km de leur domicile ; leur enfant vit la vie usuelle de « l'enfant d'aujourd'hui », de crèche en baby sitter et d'école en école. Ils ont une, voire deux 5 CV et la batterie complète de l'équipement ménager.

Jean Fourastié, *Les Trente Glorieuses*,

QUESTIONS

1 Identifiez le document : sa nature, son auteur. Quelle est la date du texte et celle des événements qu'il décrit ?

2 Quelles informations le texte apporte-t-il sur la condition des parents ?

3 Quelles évolutions constatez-vous pour la deuxième génération ? Présentez votre réponse en classant les domaines concernés.

4 Dégagez l'intérêt historique du texte : qu'apporte-t-il à la connaissance de la situation des classes moyennes ?

La mondialisation

A Question obligatoire

Un monde en réseaux

B Sujets d'étude au choix

Commerce : un grand marché mondial, le café

Communication : le développement de l'Internet

PARTIE 1

Déchargement de conteneurs dans le port de Hambourg (Allemagne).
Les grands ports à conteneurs, avec leurs portes de déchargement automatisées sont les outils essentiels de la hausse des flux d'échanges. Situé au fond de l'estuaire de l'Elbe, à 110 kilomètres de la mer, Hambourg constitue une pièce maîtresse de la Rangée Nord, la façade maritime de l'Europe du Nord. Le port doit son dynamisme à son vaste arrière-pays qu'il relie au reste de l'Europe et du monde. Avec un trafic conteneurisé de plus de 8 millions EVP, soit quatre fois celui du Havre, Hambourg se place au second rang des ports européens, derrière Rotterdam. L'aménagement de nouveaux terminaux est d'ores et déjà programmé.

Un monde en réseaux

Des flux d'hommes mais aussi de marchandises, d'informations et de capitaux relient les différents lieux de la planète. Ce phénomène n'est certes pas nouveau mais il se singularise aujourd'hui par sa vigoureuse croissance et l'exceptionnelle rapidité des échanges internationaux. L'espace mondial paraît se rétrécir : on parle de mondialisation. Parallèlement, une nouvelle organisation géographique du monde s'instaure, sous l'action coordonnée de multiples acteurs, aux stratégies économiques, politiques ou culturelles souvent contradictoires.

Comment dans la mondialisation les acteurs spatiaux favorisent-ils l'intégration des sociétés et des économies ?

QUESTION OBLIGATOIRE

Le nouvel aéroport de Bangkok (Thaïlande).
Inauguré en septembre 2006, l'aéroport international de Suvarnabhumi est le plus grand terminal passagers du monde (capacité prévue de 46 millions de passagers par an) illustrant la place des métropoles asiatiques dans ce monde en réseaux.

Réseaux et flux

A Les réseaux de transport

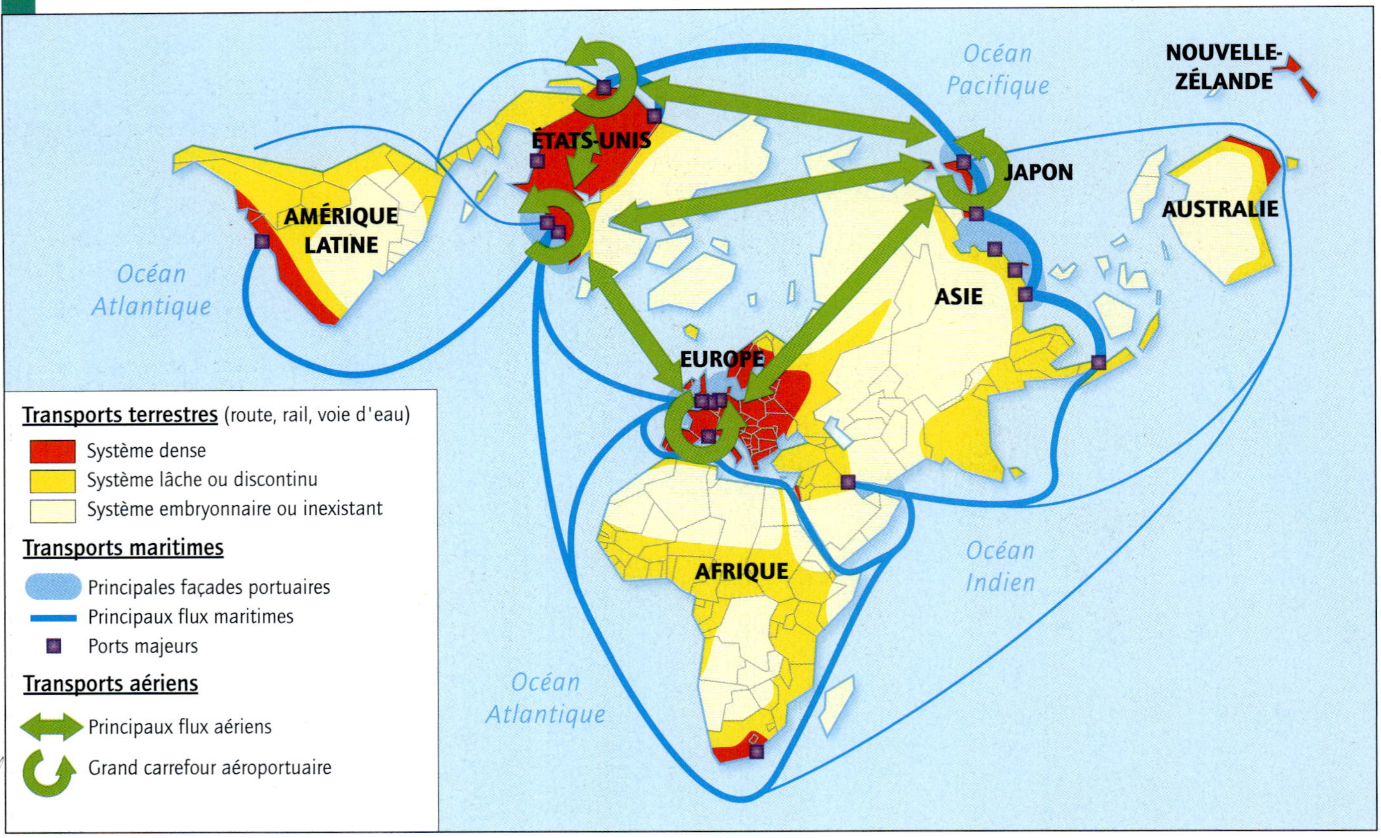

B Les flux touristiques

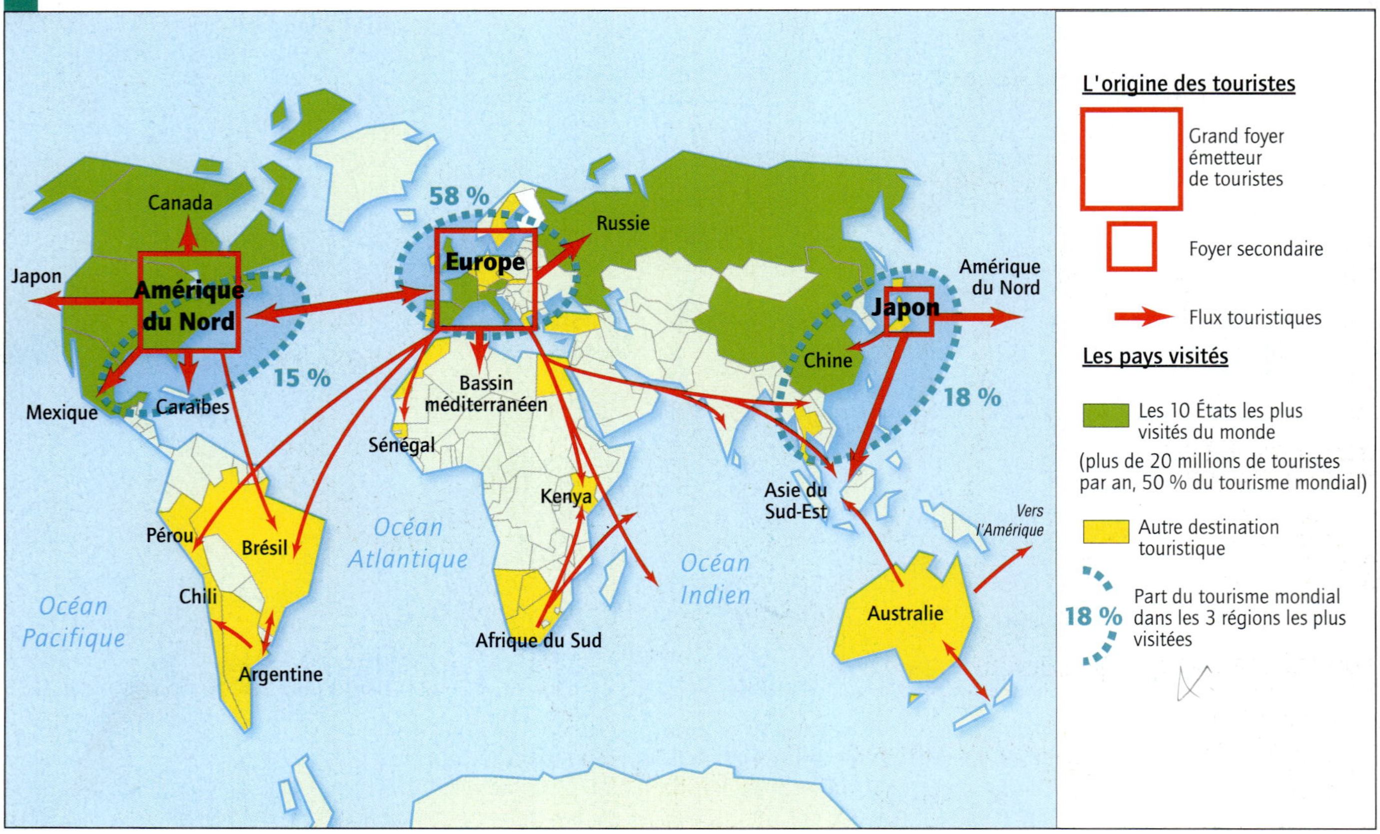

C Le système industriel mondial

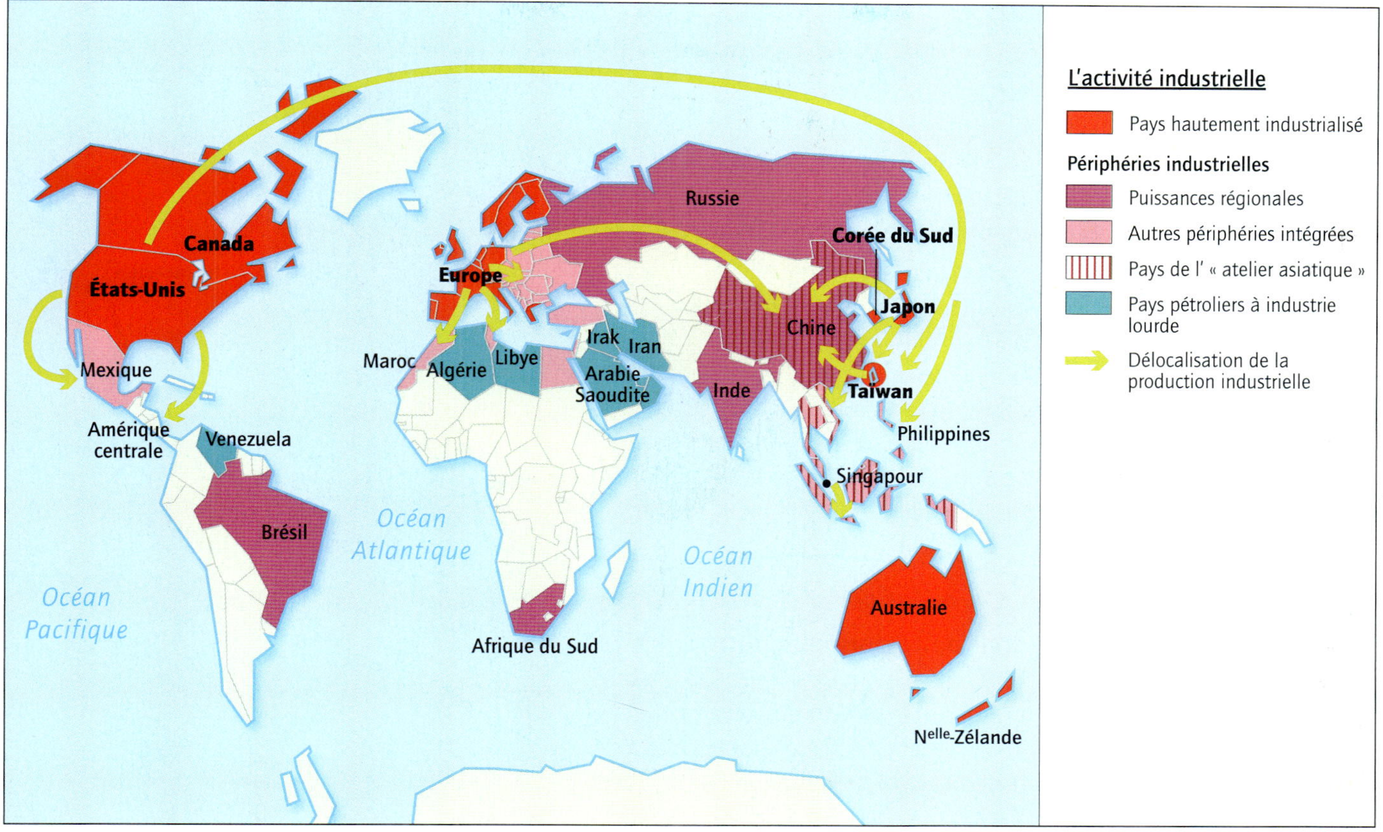

D Marché et flux pétrolier

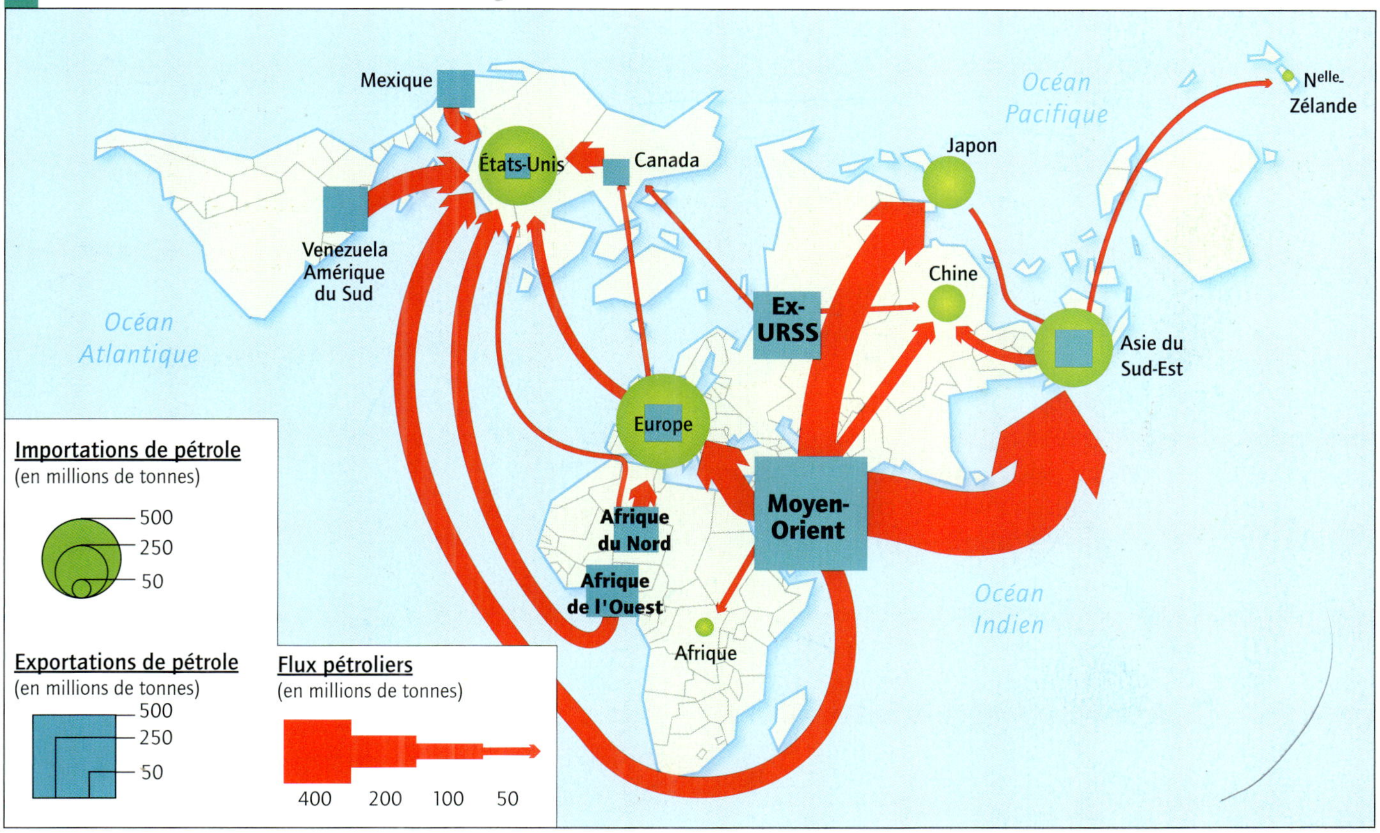

COURS 1

L'explosion des échanges commerciaux et financiers

1 La rapide mondialisation des échanges

• **Des relations de plus en plus étroites.** Les échanges de biens, de services et de capitaux s'effectuent sous forme de flux qui traduisent les liens entre territoires, économies et sociétés variées. Ces relations progressent au cours de la révolution industrielle et s'intensifient depuis la fin du XXe siècle, au fur et à mesure que les entreprises exportent leurs produits et investissent à l'étranger et que se diffuse le capitalisme dans le monde. Aujourd'hui, les échanges se polarisent, se concentrent sur les pays de la Triade, c'est-à-dire l'Europe, l'Asie orientale et l'Amérique du Nord.

• **La dynamique des échanges.** Depuis les années 1950, la croissance continue des échanges s'effectue à un rythme deux fois plus rapide que celui de la production de biens et services. Avec une valeur supérieure à 10 000 milliards de dollars en 2005, les échanges représentent plus du quart du PIB mondial. Cela résulte de l'insertion croissante des économies dans la mondialisation, du rattrapage de pays émergents comme la Chine et de la mise en place d'une nouvelle géographie de la production.

2 Les produits manufacturés et les services dominent

• **Les produits industriels au cœur du commerce international.** Les biens manufacturés tiennent une place majeure dans les échanges commerciaux et constituent le moteur de la croissance de grands exportateurs comme l'Allemagne ou le Japon. Parallèlement, l'échange de services représente près de 22 % de celui des biens et se développe rapidement avec l'achat et la vente de prestations liées au tourisme, aux assurances ou à la culture.

• **Les enjeux du commerce des matières premières et énergétiques.** Des produits comme le pétrole, le blé ou le soja, essentiels pour les activités humaines, l'alimentation et le bétail, sont acheminés dans le monde entier. Si le commerce dont ils font l'objet ne représente plus que 25 % des échanges en valeur, contre 50 % dans les années 1960, cela n'en illustre pas moins la place accordée aux ressources dans la croissance et le développement de certains pays et des enjeux politiques qui en découlent.

3 Le temps de la globalisation financière

• **La ronde des capitaux dans le monde.** Les flux de capitaux irriguent la planète. Ils se développent avec la déréglementation des marchés financiers et le rôle accru des banques, des assurances et des fonds de pensions qui opèrent dans les places financières de la Triade : c'est là que se concentrent 85 % de la capitalisation boursière mondiale. Grâce aux réseaux d'information et de communication, les Bourses sont en permanence reliées entre elles ainsi qu'aux paradis fiscaux, lesquels voient transiter 50 % des capitaux de la planète.

• **Une logique financière qui transforme l'économie mondiale.** Le capital financier est le facteur de production le plus mobile dans l'espace, mais aussi le plus instable. Les investissements s'effectuent en fonction du profit escompté, mais peuvent se retirer rapidement pour des raisons politiques, économiques ou sociales. Cette logique financière détermine les stratégies de localisation des entreprises et conduit les États à rendre leur territoire plus attractif vis-à-vis de l'investissement international.

1 L'évolution de la part des types de produits exportés

Les échanges connaissent une progression fulgurante depuis les années 1950.
Le graphique informe la part des différents produits échangés, en tenant compte de leur valeur.

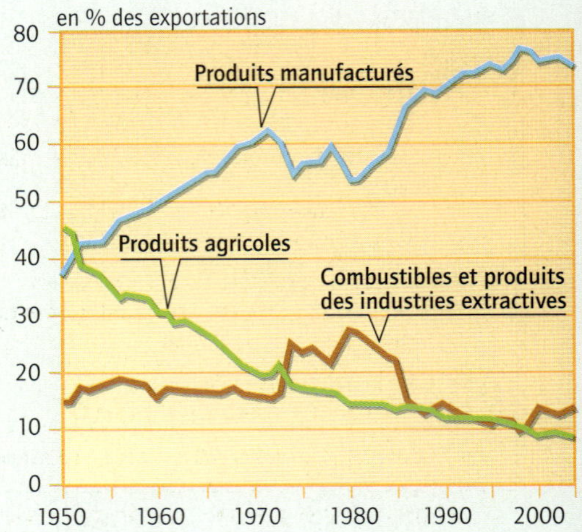

LEXIQUE

- **Capitalisation boursière :** somme de la valeur de toutes les actions des entreprises cotées sur une place financière.
- **Facteur de production :** moyen économique (comme le capital ou le travail mobilisé) pour produire un bien ou un service.
- **Flux :** ensemble des hommes, des informations, des marchandises ou des capitaux en déplacement d'un point à un autre dans l'espace.
- **Mondialisation :** processus croissant d'ouverture des économies, des territoires, des cultures et des sociétés. Elle s'exprime par une participation plus forte aux flux commerciaux et d'investissements et par la mise en place de réseaux globaux de production.
- **Paradis fiscal :** État ou territoire qui garantit à des entreprises ou des particuliers l'anonymat bancaire, des avantages fiscaux et recycle souvent des capitaux d'origine douteuse (armes, drogue, etc.).
- **Réseau :** ensemble de lignes, de liaisons et de points par lesquels passent des flux. Les réseaux peuvent concerner le transport, l'information mais aussi les populations.

Quels sont les aspects de la mondialisation des échanges et en quoi ce phénomène est-il sans précédent ?

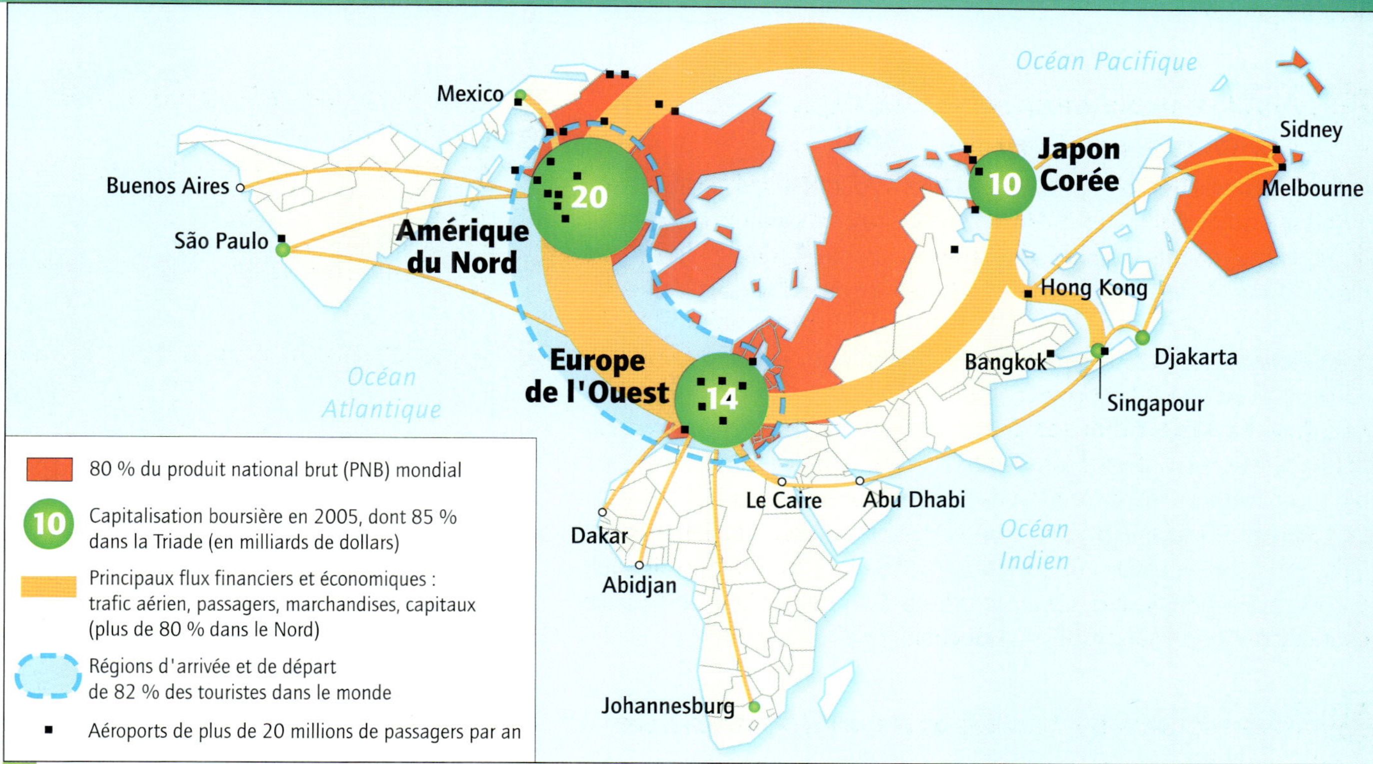

2 L'organisation des échanges internationaux

3 La globalisation financière

L'un des traits marquants de l'économie mondiale en ce début de XXIe siècle est la montée en puissance de la finance internationale. Cette transformation appelée « globalisation financière » se définit comme la création d'un marché unique de l'argent au niveau planétaire. Tout en étant liée à la mondialisation des échanges de biens et de services, la globalisation a été beaucoup plus brutale et importante dans le domaine financier. Ses conséquences sont considérables. En principe, la création d'un marché planétaire de l'argent doit amener une meilleure allocation du capital dans l'économie mondiale. Pourtant, simultanément, les mutations financières se sont traduites par une instabilité accrue, avec des crises boursières et de change.

Laurent Carroué, Didier Collet, Claude Ruiz, *La Mondialisation*, Bréal, 2006.

4 Les acteurs majeurs du commerce mondial (2005)

Les exportateurs			Les importateurs		
Rang	États	Part des exportations mondiales réalisées (en %)	Rang	États	Part des exportations mondiales captées (en %)
1	Allemagne	9,3	1	États-Unis	16,1
2	États-Unis	8,7	2	Allemagne	7,2
3	Chine	7,3	3	Chine	6,1
4	Japon	5,7	4	Japon	4,8
5	France	4,4	5	Royaume-Uni	4,7
6	Pays-Bas	3,9	6	France	4,6
7	Royaume-Uni	3,6	7	Italie	3,5
8	Italie	3,5	8	Pays-Bas	3,3
9	Canada	3,5	9	Belgique	3
10	Belgique	3,2	10	Canada	3

Sources : OMC, *Images économiques du monde 2007*, A. Colin.

Étude des documents

1. Comment évoluent les échanges de produits manufacturés par rapport à ceux de matières premières ? Selon vous, quelles sont les raisons d'une telle évolution ? (Doc. 1)
2. Identifiez l'ensemble continental auxquels appartiennent la plupart des grandes puissances exportatrices ? Quels États n'en font pas partie ? (Doc. 4)
3. En quoi consiste la globalisation financière ? Quels en sont les risques ? (Doc. 3)
4. Pourquoi peut-on dire que les échanges internationaux présentent une structure déséquilibrée ? (Doc. 2)

Questions BAC

1. Quels sont les principaux caractères de la mondialisation des échanges ?
2. Quels sont les trois ensembles qui composent la Triade ?

COURS 2

Des hommes de plus en plus mobiles

1 Des dynamiques démographiques et économiques contrastées

• **Une croissance démographique inégale.** La population mondiale atteint plus de 6,5 milliards d'habitants en 2007 mais sa croissance tend à ralentir. 80 % de la croissance résulte des pays en développement, en pleine transition démographique, tandis que dans les pays développés la population âgée augmente.

• **La persistance des contrastes de développement.** Les hommes produisent de plus en plus de richesses dans le monde, mais celles-ci demeurent inégalement réparties entre un Nord riche et un Sud plus ou moins pauvre. À cause de l'importante population jeune dans les pays du Sud, des perspectives de développement limitées, voire des conflits, l'émigration vers les pays riches constitue souvent pour les travailleurs du Sud et leur famille une alternative pour une vie meilleure. Dans les pays du Nord, la mobilité concerne les élites professionnelles qui font carrière dans les métropoles, les retraités et temporairement les touristes à la recherche d'espaces agréables.

2 Des migrations croissantes

• **L'amplification des flux migratoires.** Les hommes se déplacent pour améliorer leurs conditions de vie. Leur mobilité s'accroît et se complexifie avec la multiplication de filières d'immigration. Des diasporas restent en liaison avec leur territoire d'origine, elles maintiennent leur culture et leurs traditions. En quarante ans, les flux de migrants internationaux ont triplé et représentent, avec près de 200 millions de personnes, 3 % de la population mondiale. Les migrations régionales s'intensifient tout autant, partout à l'échelle de la planète.

• **L'organisation du système migratoire mondial.** L'orientation des flux évolue au rythme de la mondialisation. Les trois quarts des migrants proviennent des pays du Sud et se dirigent vers les zones d'accueil d'Europe, d'Amérique du Nord et les pays pétroliers du golfe Persique. Le contrôle des frontières transforme des territoires comme le Mexique, le Maroc ou la Turquie en espaces de transit pour les candidats à l'émigration. Les transferts financiers des immigrants, tels ceux des Philippins, constituent une source de devises non négligeable pour leur pays d'origine.

3 L'explosion des flux touristiques

• **Une mobilité choisie.** Le développement des transports, l'élévation des niveaux de vie et l'allongement du temps libre favorisent une croissance sans précédent des flux touristiques, qui atteignent aujourd'hui 800 millions de personnes et devraient dépasser 1,6 milliard de touristes en 2020. Le tourisme international constitue désormais une activité économique majeure. La mise en tourisme des territoires est le fait de multiples acteurs tels des États et des chaînes hôtelières. Cela favorise l'insertion des économies et des sociétés dans la mondialisation, tout en constituant un moyen de développement.

• **Une polarisation sur de grands bassins touristiques.** Si la mobilité liée au tourisme s'intensifie, elle s'exprime toutefois de manière asymétrique. En effet, les touristes, majoritairement originaires des pays riches, ne représentent que 10 % de la population mondiale. Ils séjournent dans les bassins touristiques plus ou moins proches de leurs domiciles, sur les rives de la Méditerranée, dans les Antilles ou en Asie de l'Est et du Sud-Est, de la Thaïlande.

1 Arrivée d'immigrants sur une plage des îles Canaries, (Espagne), été 2006

LEXIQUE

- **Diaspora :** réseau formé par des communautés de migrants de même origine, dispersées dans le monde.
- **Migrant :** personne qui se déplace pour une période temporaire ou définitive d'un point à un autre de l'espace terrestre.
- **Mise en tourisme :** aménagement et mise en valeur d'un territoire par le tourisme.
- **Touriste :** individu qui séjourne temporairement hors de son domicile pour des raisons non professionnelles.
- **Transition démographique :** étape par laquelle une population évolue d'une forte fécondité à une faible fécondité. C'est pendant la transition démographique que la croissance de la population est la plus forte.

▶ Quelles sont les formes de la mobilité des populations dans le monde ?

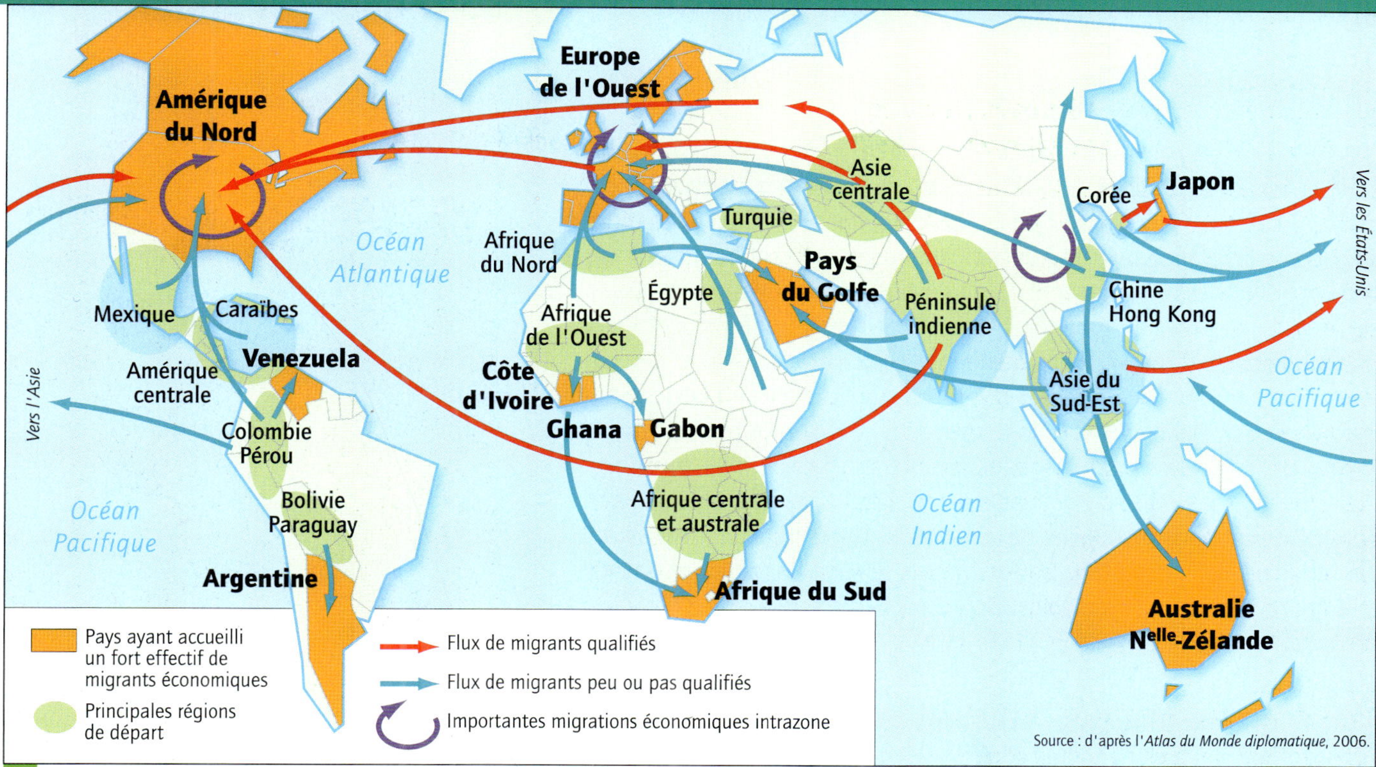

2 Un système migratoire mondial en partie déterminé par l'inégal développement

Environ 200 millions de migrants, majoritairement des citadins scolarisés issus des classes moyennes, quittent leur pays en développement pour de meilleures conditions de vie dans les pays riches. En contrepartie, ils alimentent des transferts financiers dans leur pays d'origine, estimés en 2005 à plus de 230 milliards de dollars.

Le Monde

WEEK-END

LE MONDE 2
Ils font bouger la mode
LIVRE D'ART
Velázquez
SUPPLÉMENT
« THE NEW YORK TIMES »

SAMEDI 7 OCTOBRE 2006

FONDATEUR : HUBERT BEUVE-MÉRY - DIRECTEUR : JEAN-MARIE COLOMBANI

A travers les trous dans le mur de séparation déjà existant, deux Mexicains observent les mouvements d'une patrouille de surveillance à la frontière entre les Etats-Unis et le Mexique, à Tijuana, en janvier 2006. OMAR TORRES/AFP

Mexico dénonce le projet de mur des Etats-Unis

Immigration Le Congrès veut édifier une frontière de béton de 1 120 km

Mexique en tête, de nombreux pays d'Amérique centrale et du Sud ont protesté, jeudi 5 octobre, contre la décision américaine d'ériger, d'ici à la fin 2008, ce qu'ils considèrent comme un « mur de l'humiliation ». Cette... bre. Plutôt que ce mur – dont l'efficacité pour lutter contre l'immigration clandestine reste à démontrer –, le Mexique espère conclure un accord global avec Washington pour réguler les flux migratoires, une fois passé le scrutin améri... qu'il juge contre-productif. Le chef de la Maison Blanche aurait souhaité pouvoir offrir, en même temps que ce mur, un programme qui permette aux immigrés de travailler aux Etats-Unis et offre une possibilité de régularisation aux clandes-

Robert Polet (Gucci Group) : « Nos marques font mieux que prévu »

Dans un entretien au *Monde*, Robert Polet, le PDG de Gucci Group, de passage à Paris à l'occasion des défilés de mode, se félicite de l'excellente santé du marché mondial du luxe, estimé aujourd'hui à 180 milliards de dollars. *« Il y a de plus en plus de riches dans le monde. Et les riches sont de plus en plus riches »*, se réjouit l'ex-président de la division crèmes glacées et surgelés d'Unilever, que François-Henri Pinault débaucha en 2004 pour relancer l'activité luxe de PPR, alors en crise.

M. Polet espère *« une croissance de 5 % à 7 % par an pour l'ensemble du secteur »*. Au premier semestre 2006, les ventes des trois premiers acteurs mondiaux du luxe – LVMH (Louis Vuitton, Fendi, Céline...), Richemont (Cartier, Lancel...) et Gucci Group (Gucci, Yves Saint Laurent, Balenciaga...) – ont connu des croissances à deux chiffres. ■

Lire page 14

Les maires harcelés par les candidats à la présidentielle

A l'approche de chaque élection présidentielle, les maires des petites communes, le plus souvent « sans étiquette », font l'objet de sollicitations pressantes et intéressées des candidats. Pour 2007, plus d'une trentaine de personnes ont annoncé leur désir de se présenter. Pour concrétiser leur souhait, elles devront réunir 500 signatures de parrains parmi les élus nationaux et locaux, et en particulier parmi les mai-

4 La frontière États-Unis/Mexique

La « une » du *Monde*. Afin de limiter l'entrée des pauvres d'Amérique latine, les États-Unis envisagent la construction d'un mur sur leur frontière avec le Mexique.

3 La mondialisation du tourisme

Le tourisme mondialisé façonne désormais le monde. Ces huit cents millions de personnes qui partent chaque année passer des vacances dans un autre endroit que leur lieu d'habitation, il faut bien les accueillir, les loger, les nourrir et les distraire. [...]

Le résultat est que le monde est pavé d'une succession d'enclaves conçues comme autant de parcs d'attractions. La planète se disneylandise. Les geysers jaillissent à heures fixes, les îles à cocotiers doivent coller à leur fonction de carte postale, la nature « sauvage » est peuplée d'animaux bienveillants et contrôlés, les villes s'agrémentent de quartiers-vitrines, où les rues deviennent des musées à ciel ouvert. [...] Il ne faut pas croire, d'ailleurs, que cette mise en scène soit conçue à l'intention des Occidentaux : aujourd'hui, le touriste vient de tous les pays et de toutes les couches sociales. Simplement, il choisit son divertissement en fonction de ses moyens.

Sylvie Brunel, *La Planète disneylandisée*, Éditions Sciences Humaines, 2006.

Étude des documents

1. Quels contrastes de développement la photographie illustre-t-elle ? (Doc. 1)
2. Identifiez les principales zones de départ et d'arrivée des migrants à l'échelle mondiale et dites comment les États-Unis répondent à l'immigration clandestine? (Docs 2 et 4)
3. Expliquez la phrase : « la planète se disneylandise » ? (Doc. 3)

Question BAC

Expliquez les raisons de la mobilité des hommes dans le monde.

COURS 3

Les réseaux de communication structurent le monde

1 De formidables progrès technologiques

• **Un système de transports rapide et efficace.** Les moyens de transport connaissent d'importantes améliorations techniques qui permettent de gagner du temps, de transporter plus de personnes et de produits à des coûts de plus en plus compétitifs. Depuis 1947, le coût du transport maritime a été divisé par deux, celui du transport aérien a été abaissé de 85 %. Des routes aériennes, maritimes ou transcontinentales rendent les différents espaces du monde de plus en plus interdépendants.

• **La diffusion des technologies d'information et de communication.** Les progrès des télécommunications permettent aux informations et aux capitaux de circuler en permanence et instantanément à l'échelle mondiale. Cela contribue à modifier l'organisation des places financières. Les grandes entreprises peuvent aussi développer facilement des stratégies de conception et de production à l'échelle mondiale. La téléphonie mobile et surtout Internet rapprochent les individus sur la planète.

2 Des réseaux de transport complémentaires

• **Les transports structurent l'espace.** Le mode d'acheminement des hommes et des produits dépend de la distance à couvrir et du budget disponible. Le transport maritime représente plus de 70 % des échanges de marchandises en volume et emprunte des voies contrôlées par des détroits et des canaux. Un réseau autoroutier européen dense et un transport aérien concurrentiel conditionnent le développement des flux touristiques.

• **Des plates-formes coordonnent les réseaux.** Des espaces assurent l'interconnexion entre différents types de réseaux : ce sont les plates-formes multimodales. Ces lieux constituent des portes ouvertes sur l'espace mondialisé. Par exemple, à Rotterdam, le plus grand port européen, des produits en provenance de Singapour sont déchargés des porte-conteneurs pour être ensuite acheminés en train ou en camion vers l'arrière-pays rhénan, en Allemagne, en Suisse, voire dans le Nord-Est de la France. Grâce à leur situation, ces espaces attirent de nombreuses activités industrielles et tertiaires qui créent des emplois.

3 Des réseaux de communication hiérarchisés

• **Le cœur des réseaux mondiaux de communication.** Les flux sillonnent la planète et empruntent des réseaux qui structurent mieux certains espaces que d'autres. L'Amérique du Nord, l'Europe et l'Asie orientale bénéficient ainsi de réseaux denses, articulés autour de plates-formes aéroportuaires internationales, de puissantes façades maritimes entre lesquels des flux massifs traduisent l'ampleur de la mondialisation.

• **Des espaces en marge des grandes routes.** En dehors des espaces développés de la Triade ainsi que des régions productrices de matières premières et d'énergies tel le Moyen-Orient, les flux perdent en intensité. Les réseaux se limitent alors souvent à quelques lignes qui desservent inégalement des territoires peu développés de l'Asie centrale ou de l'Afrique subsaharienne. Pire, en raison de l'enclavement géographique, de conflits politiques, des régions entières demeurent coupées du monde, du moins tant que l'installation d'antennes satellites, pour recevoir la télévision, téléphoner ou surfer sur Internet, n'est pas réalisée.

1 Les coûts des communications (en dollars de 1990)

	Coût moyen du transport maritime par tonne de marchandise	Coût moyen du transport aérien par passager et par mile parcouru	Coût d'un appel de trois minutes de New York à Londres
1930	60	0,7	244
1950	34	0,3	53
1970	27	0,16	3
1990	29	0,11	3

Source : World Economic Outlook, FMI, septembre 2002.

2 Les dix plus grands aéroports du monde (2005)

Rang	Aéroport	Trafic (M. de passagers)	Évolution 2000-2005 (%)
1	Atlanta (États-Unis)	85,9	+ 7,16
2	Chicago O'Hare (États-Unis)	76,5	+ 6,05
3	Londres Heathrow (Royaume-Uni)	67,9	+ 5,12
4	Tokyo Haneda (Japon)	63,2	- 4,7
5	Los Angeles (États-Unis)	61,4	- 7,43
6	Dallas/Fort Worth (États-Unis)	59	- 2,67
7	Paris Charles-de-Gaulle (France)	53,7	+ 11,42
8	Francfort (Allemagne)	52,2	+ 5,8
9	Las Vegas (États-Unis)	44,2	+ 20,1
10	Amsterdam (Pays-Bas)	44,1	+ 11,5

Source : *Images économiques du monde*, 2007, A. Colin.

LEXIQUE

- **Conteneurs :** boîtes métalliques de taille standardisée (EVP soit « équivalent vingt pieds » en général) qui permettent de transporter des marchandises en utilisant plusieurs modes de transport : bateau, péniche, train, camion.
- **Enclavement :** situation géographique propre à un espace isolé, mal desservi par les réseaux de communication.
- **Façade maritime :** portion du littoral aux activités portuaires et industrielles importantes. Elle comporte un avant-pays et un arrière-pays.
- **Plate-forme multimodale :** lieu qui assure l'interconnexion entre différents réseaux de transport.

Dans quelle mesure les réseaux de communication favorisent-ils le processus de mondialisation ?

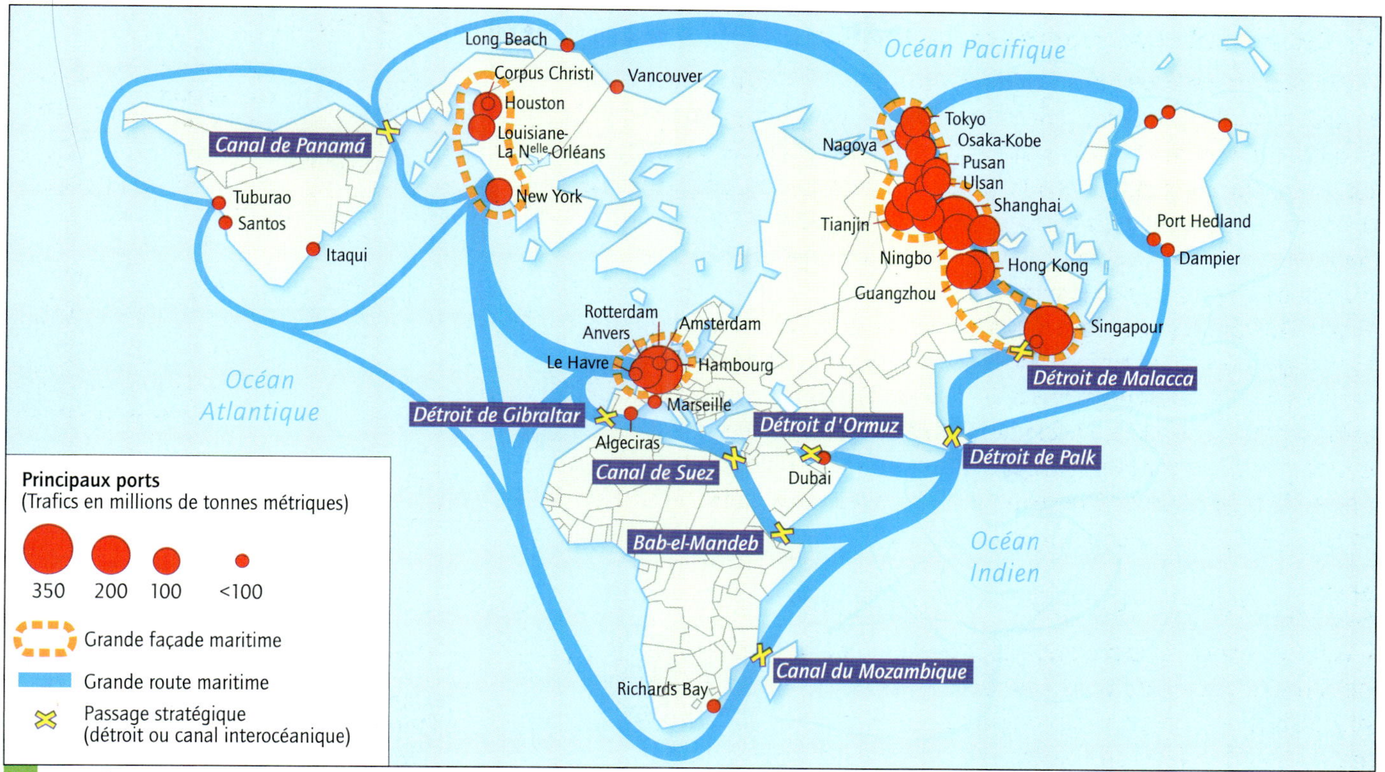

3 Le réseau maritime mondial

4 Le port de Singapour (Asie du Sud-Est)

Avec un trafic de plus de 390 millions de tonnes, Singapour est le premier port du monde, devant Shanghai et Rotterdam. Il se place au deuxième rang après Hong-Kong pour le trafic conteneurisé. Le territoire de cette cité-État est profondément aménagé et offre des terminaux destinés à accueillir des vracs, des produits pétroliers, des conteneurs mais aussi des moyens techniques pour la gestion des capitaux et des informations.

Étude des documents

1. Caractérisez et expliquez l'évolution des coûts de transport depuis les années 1930. (Doc. 1)
2. En quoi le réseau aérien mondial paraît-il fortement polarisé ? (Doc. 2)
3. Localisez les grandes façades maritimes et classez-les par ordre d'importance. (Doc. 3)
4. Citez les trois plus grands ports mondiaux. (Doc. 3)
5. Identifiez les principales unités du paysage de Singapour. (Doc. 4)

Questions BAC

1. Le transport maritime représente-t-il 80 %, 50 % ou 70 % des échanges de marchandises ?
2. Quel rôle une plate-forme multimodale joue-t-elle dans un réseau de transport ?

COURS 4

Les États et les organisations internationales au cœur de la mondialisation

1 Les nouvelles missions des États

• **Une place redéfinie dans la mondialisation.** Avec la mondialisation de la production industrielle, les entreprises réalisent des investissements qui ignorent les frontières. Afin d'orienter les investisseurs, des organismes évaluent l'attractivité économique, sociale et politique des pays. Les États semblent ainsi dépendre de décisions qui leur échappent, d'analyses financières formulées par des spécialistes des grandes puissances économiques.

• **Un rôle de coordination et de régulation.** L'intervention de l'État tend à se réduire dans le domaine économique et social avec le développement du libéralisme et la diffusion de l'économie de marché dans le monde. Néanmoins, il garantit un climat favorable pour les affaires, assure la paix sociale et la solidarité entre les territoires, autant d'éléments qui font donc de l'État un acteur spatial encore déterminant.

2 Les organisations au service de la mondialisation

• **Les organisations internationales et la libéralisation des économies.** La mondialisation se développe grâce à la libéralisation des échanges qu'entreprennent les responsables politiques des États capitalistes dans le cadre de l'Organisation mondiale du commerce (OMC). Le Fonds monétaire international (FMI) et la Banque mondiale, influencés par les États-Unis, aident au financement des économies en difficulté. Enfin, l'Organisation des Nations unies (ONU) et ses agences tendent à préserver la paix et favoriser le développement.

• **La multiplication des accords préférentiels et des organisations régionales.** Aujourd'hui, 40% des échanges s'effectuent dans le cadre d'accords préférentiels entre deux pays signataires. D'autre part, des organisations régionales se multiplient, sur le modèle de l'Union européenne. Elles favorisent l'intégration régionale entre différentes économies et sociétés d'un même ensemble continental. Les flux commerciaux et d'investissement se développent ainsi dans l'ALENA, la zone de libre-échange de l'Amérique du Nord. L'intégration européenne très poussée se traduit par des politiques économiques et monétaires communes.

3 Les promoteurs d'une autre mondialisation

• **Le rôle croissant des ONG.** Les Organisations non gouvernementales interviennent dans des domaines variés comme la santé, les droits de l'homme ou le développement durable. Elles s'engagent sur le terrain en aidant par exemple des réfugiés en Afrique ou les victimes du tsunami de décembre 2004. Elles savent s'appuyer sur les opinions publiques pour dénoncer les insuffisances des États ou la croissance des inégalités. Elles peuvent aussi jouer un rôle consultatif auprès des grandes organisations internationales et inspirer certaines mesures politiques, économiques ou en faveur du développement durable.

• **Les partisans d'une altermondialisation.** Différents mouvements altermondialistes, parmi lesquels de nombreuses ONG, contestent la dimension libérale de la mondialisation, le capitalisme et sa logique financière. Ils préconisent un contrôle citoyen qui passe par exemple par le développement du commerce équitable et éthique, en faveur par exemple des petits paysans producteurs de café des pays tropicaux.

1 Du GATT (*General Agreement on Tariffs and Trade*, 1947) à l'OMC (Organisation mondiale du commerce)

Depuis soixante ans, la libéralisation des échanges s'accompagne de la réduction des tarifs douaniers frappant les produits importés.

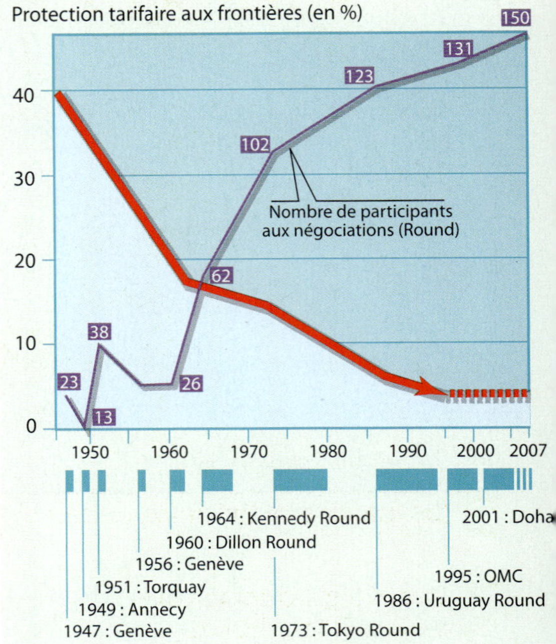

GATT : Accord général sur les tarifs douaniers et le commerce

LEXIQUE

- **Acteurs spatiaux :** organisations politiques ou régionales, entreprises ou groupes sociaux dont l'action s'exprime sur le territoire.
- **Commerce équitable :** relation économique qui suppose une juste rémunération des producteurs des pays pauvres par les consommateurs des pays riches.
- **Développement durable :** réponse aux besoins du présent sans compromettre la capacité des générations futures à répondre à leurs propres besoins. Le développement durable repose sur trois composantes : le développement économique, le développement social et la protection de l'environnement.
- **Libéralisation des échanges :** politique commerciale qui consiste à favoriser les échanges en supprimant différentes mesures protectionnistes.
- **ONG :** Organisation non gouvernementale impliquée dans des opérations humanitaires, l'aide au développement, les droits de l'homme….

Comment les États les plus puissants de la planète promeuvent-ils et organisent-ils la mondialisation ?

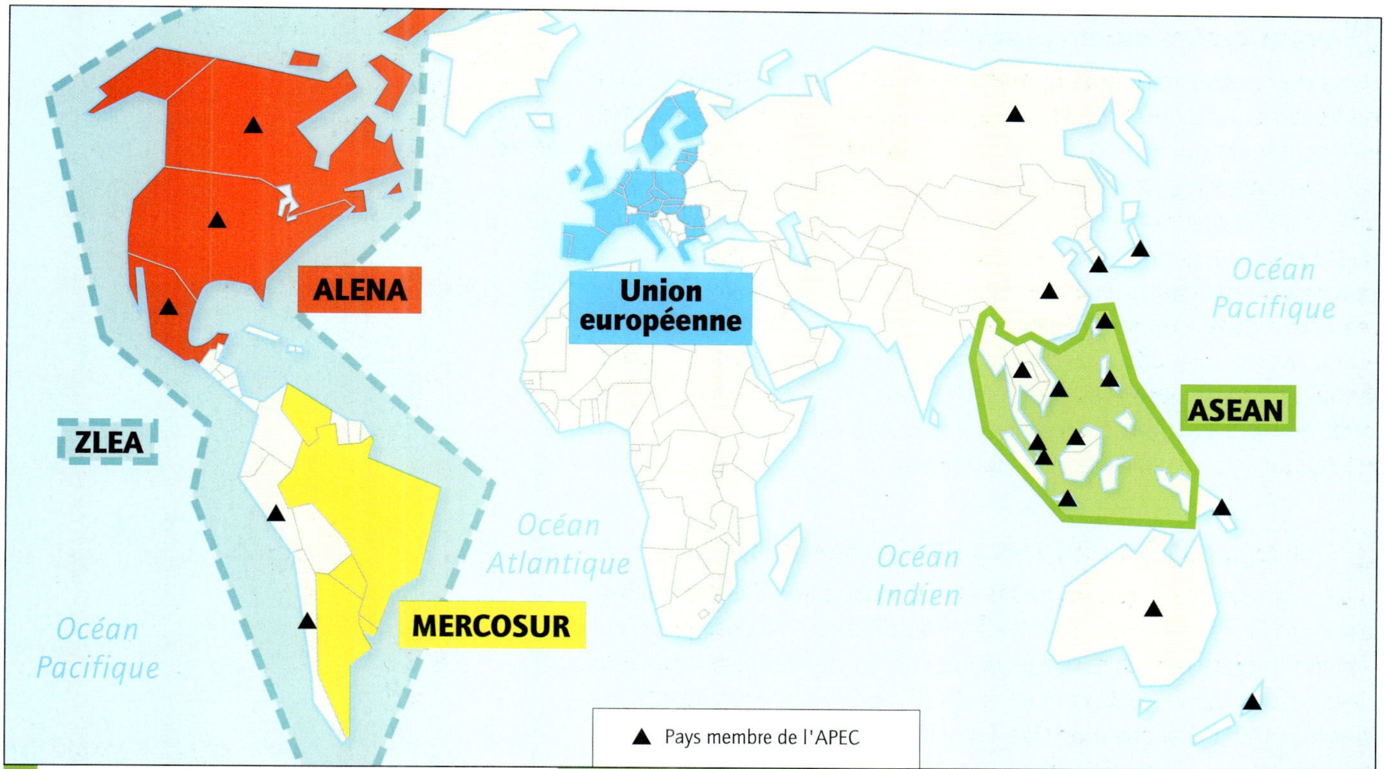

2 Les grandes organisations régionales

Nom de l'organisation		Année de création
Union européenne	Résulte de la Communauté économique européenne instaurée en 1957	1957-1992
ASEAN	Association des nations du Sud-Est asiatique	1967
APEC	Coopération économique de l'Asie-Pacifique	1989
MERCOSUR	Marché commun du Sud	1991
ALENA	Association de libre-échange nord-américain	1992
ZLEA	Zone de libre-échange de l'Amérique	en projet

3 La stratégie commerciale du Brésil dans l'OMC

Au sein de l'Organisation mondiale du commerce (OMC), le Brésil cherche à contraindre les pays riches, notamment les États-Unis et l'Union européenne, à démanteler leur dispositif protectionniste dans le domaine agricole. En vue de la réunion de l'OMC à Cancun en 2003, le Brésil, avec l'Inde, prend la tête du Groupe des 20 (G20), qui réunit des pays en développement partageant ces préoccupations.

Leur activisme se manifeste par le blocage des négociations au sein de l'OMC, notamment lors de la conférence de Hongkong en décembre 2005.

Le Brésil prend d'autres initiatives visant à consolider un axe Sud-Sud dans le cadre de la mondialisation. Le Brésil défend aussi ses intérêts propres, en gagnant de nombreux litiges, contre les cotonniers nord-américains en 2005, par exemple. Ces positions sont toutefois controversées au Brésil, certains secteurs liés aux mouvements sociaux estimant que le gouvernement de Lula, du Parti des travailleurs (PT), défend les intérêts de l'agrobusiness plutôt que ceux des petits agriculteurs.

Olivier Dabène, *Atlas de l'Amérique latine*, Autrement, 2006.

Étude des documents

1. Comment évolue la protection tarifaire aux frontières ? Dans le cadre de quelle organisation s'effectuent les négociations commerciales ? (Doc. 1)
2. Quelles régions du monde ne parviennent pas à se doter d'organisations régionales fonctionnelles ? À votre avis pour quelles raisons ? (Doc. 2)
3. De nombreux pays participent aux négociations commerciales multilatérales dans le cadre de l'OMC. C'est le cas du Brésil. Comment cet État parvient-il à s'affirmer sur le plan commercial tout en favorisant la libéralisation des échanges ? Tous les producteurs brésiliens profitent-ils de cette stratégie ? (Doc. 3)

Questions BAC

1. Que peut faire l'État face à la mondialisation ?
2. Quelles organisations favorisent la libéralisation des échanges ?

COURS 5

Les entreprises au cœur d'une production globale

1 La puissance des firmes transnationales

• **Des firmes au sommet du système productif mondial.** Près de 70000 grandes firmes, essentiellement originaires des pays du Nord, opèrent dans le monde entier. On les appelle des firmes transnationales : il s'agit d'entreprises qui exercent leurs activités de conception, de production, de commercialisation dans différents États en s'appuyant sur un réseau d'environ 700000 filiales. Elles font souvent intervenir d'autres sociétés qui remplissent, en sous-traitance, certaines de leurs fonctions.

• **Des firmes qui dominent l'économie mondiale.** Les transnationales contribuent à la production de richesses, diffusent le mode de gestion capitaliste et accentuent la mondialisation. Elles réalisent les deux tiers du commerce international. Par leurs chiffres d'affaires, certaines d'entre elles sont plus puissantes que biens des États. Les cinq cents premières d'entre elles réalisent plus de 80% du volume mondial des investissements directs à l'étranger. Mieux, la production des cent premières représente 20% du PIB mondial.

2 Des stratégies de conquête des marchés mondiaux

• **La mondialisation de la production.** Les entreprises produisent des biens et des services, elles innovent tout en cherchant à obtenir des profits maximaux. Dans un marché concurrentiel, elles multiplient leurs investissements à l'étranger afin de tirer profit d'une main-d'œuvre bon marché et de nouveaux débouchés. De ce fait, la production devient mondiale, ce qui accentue la croissance des flux d'échanges commerciaux entre les firmes.

• **Le développement des entreprises-réseaux.** Des groupes industriels et tertiaires, aux relations complémentaires, organisent un réseau décisionnel, industriel et financier complexe à l'échelle mondiale. En effet, afin de disposer d'une taille suffisante, les entreprises se concentrent, se rapprochent les unes des autres dans le secteur automobile, informatique ou bancaire, en signant des alliances ou en fusionnant avec d'anciens concurrents. En même temps, elles dissocient géographiquement leurs fonctions de conception, de production et de commercialisation.

3 Des firmes ancrées entre le local et le global

• **Des territoires en compétition.** Les firmes transnationales ainsi que les petites et moyennes entreprises effectuent un choix économique et territorial permanent pour augmenter leurs profits et leurs parts de marché. Les décisions en matière de localisation conduisent à une vive concurrence à toutes les échelles spatiales qui s'explique par les emplois en jeu et les rentrées fiscales escomptées. Des recompositions territoriales se produisent, selon que des usines, des services aux entreprises se créent ou se délocalisent.

• **Une prime aux pays d'origine.** Bien que les firmes envisagent la production à l'échelle mondiale et écoulent plus de 50% de leur production à l'étranger, l'ancrage avec le pays d'origine reste encore fort. En effet, c'est au cœur des pays développés que travaille la majorité des salariés et que les opérations les plus sophistiquées sont menées, du management à la conception et la réalisation des produits à très haute valeur ajoutée. Néanmoins, la montée en puissance de pays émergents comme la Chine ou l'Inde bouleverse la donne en développant de nouveaux centres décisionnels, de recherche et de design.

1 La puissance des firmes transnationales

Comparaison du chiffre d'affaires de quelques FTN avec le PNB de certains pays.

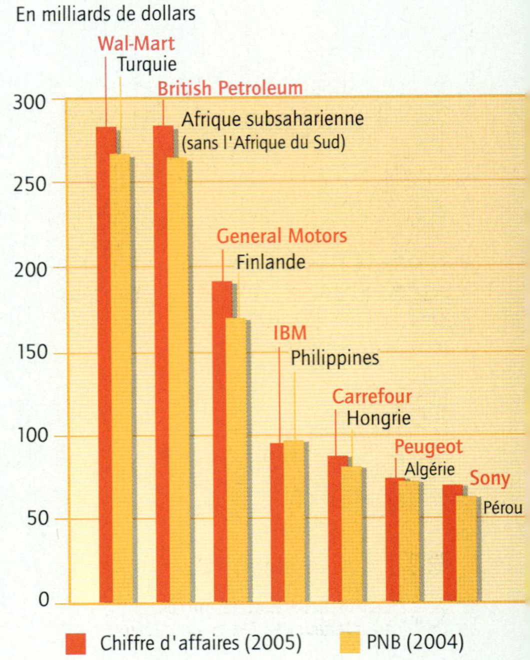

LEXIQUE

- **Délocalisation :** opération qui consiste à fermer une unité de production dans un territoire pour en ouvrir une ailleurs, souvent à l'étranger.
- **Transnationale :** grande entreprise d'envergure mondiale qui organise un réseau de filiales à l'étranger.
- **Système productif :** ensemble des activités économiques liées à la production, à la conception et à la commercialisation.
- **Sous-traitance :** opération exécutée par une entreprise pour le compte d'une autre entreprise.
- **IDE (investissement direct à l'étranger) :** placement effectué par une entreprise à l'étranger.
- **Recomposition territoriale :** dynamique spécifique à un territoire qui se traduit par de nouvelles logiques de localisation des hommes et des activités économiques.

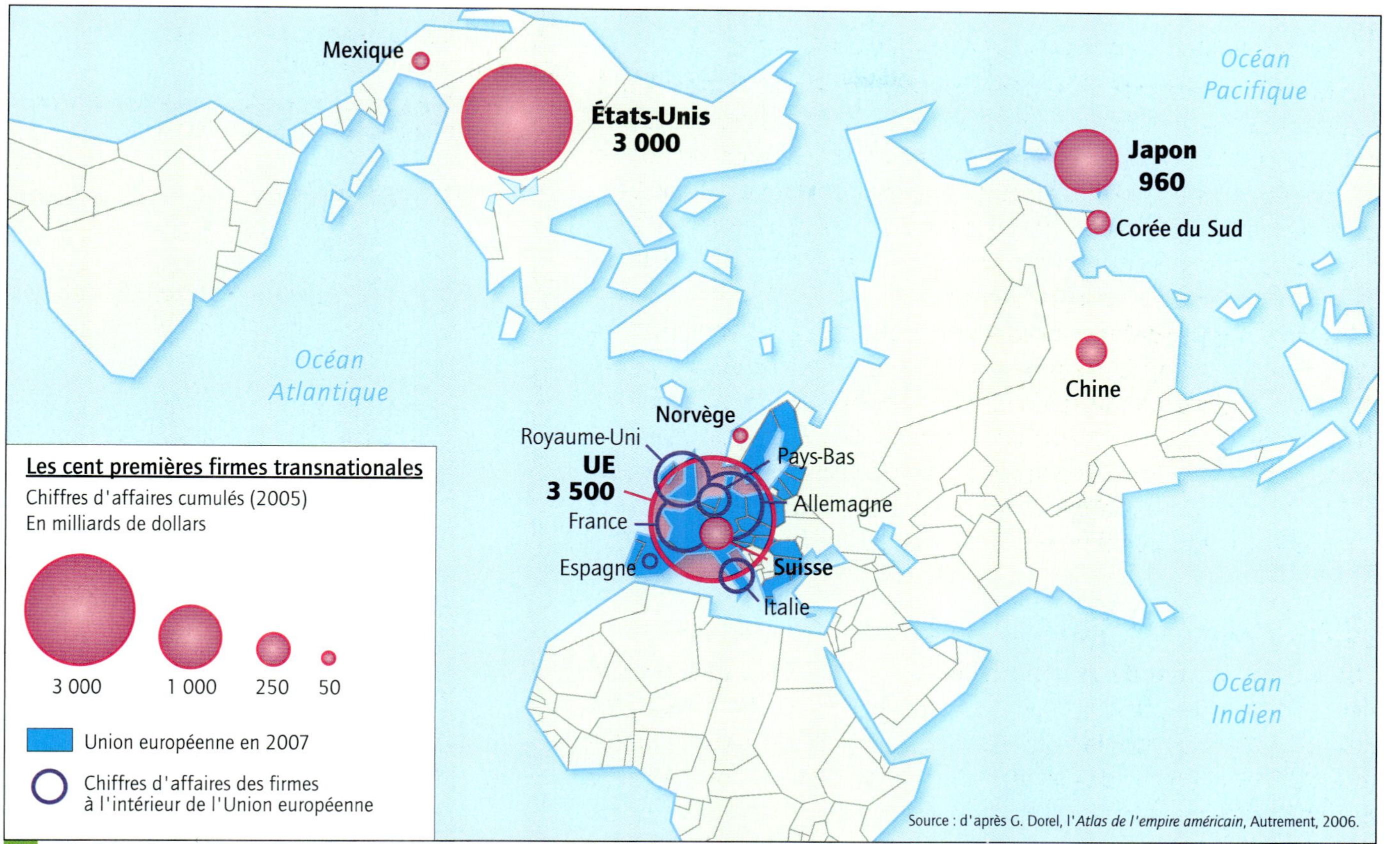

2 Les cent premières firmes transnationales dans le monde

3 De nouveaux acteurs dans l'appareil productif mondial

Comment ne pas voir que la mondialisation a changé de visage ? Si les multinationales américaines et européennes continuent de tenir le haut du pavé et d'investir massivement à l'étranger, notamment dans les pays émergents, le phénomène le plus nouveau est l'apparition sur la scène mondiale de multinationales issues de ces nouveaux pays. Gazprom, qui fait trembler l'Europe, les Coréens LG Electronics et Samsung, désormais bien connus des consommateurs européens, le Chinois Lenovo, qui rachète la division PC d'IBM, le brésilien Embraer, qui concurrence les plus petits modèles d'Airbus et de Boeing, l'égyptien Orascom, qui fait un malheur dans la téléphonie mobile en Algérie… l'actualité fournit chaque semaine de nouveaux exemples de cette mondialisation à l'envers. […]

Ces pays se convertissent à l'économie capitaliste. Une génération d'entrepreneurs dont certains ont étudié dans les universités occidentales y fait son apparition. Le marché intérieur, souvent vaste, permet d'avoir une base industrielle solide dans un pays où la main-d'œuvre est peu chère. L'épargne est souvent abondante. Par ailleurs, les Occidentaux, désireux de s'y implanter, hésitent rarement à établir des partenariats et à transférer des technologies.

Frédéric Lemaître, *Le Monde*, 1er septembre 2006.

Étude des documents

1. Sélectionnez les informations du graphique et de la carte qui montrent que les FTN participent à la puissance des pôles de la Triade. (Docs 1 et 2)
2. Quelle place les pays émergents tiennent-ils dans la hiérarchie des firmes transnationales. Quels facteurs rendent compte de cette montée en puissance ? (Docs 2 et 3)
3. Dans quels secteurs d'activité rencontre-t-on des FTN ? (Docs 1 et 3)

Questions BAC

1. Les entreprises transnationales sont des acteurs majeurs de la mondialisation. Justifiez cette affirmation.
2. Quels sont les États du Sud disposant de FTN ?

COURS **6**

Pôles majeurs et nouveaux territoires de la mondialisation

1 Les pôles majeurs de la mondialisation

• **Les espaces moteurs de la mondialisation.** D'intenses flux d'échanges, d'informations et de capitaux relient les grands centres d'impulsion de la planète que sont l'Union européenne, les États-Unis et le Japon. C'est dans les centres d'affaires des métropoles mondiales que se concentrent les sièges de commandement des transnationales, que se négocient les grandes décisions économiques, politiques et que se déterminent les prix des diverses ressources sur les marchés financiers.

• **Les nouveaux pôles de croissance.** Des économies émergentes rattrapent leur retard économique en s'insérant dans la mondialisation. Des territoires de Chine ou d'Inde bénéficient ainsi d'investissements, sous-traitent des services, emploient des ingénieurs pour le compte d'entreprises des pays du Nord. L'intégration dans la mondialisation s'effectue aussi par l'exploitation de ressources naturelles, comme le démontrent les pays exportateurs de gaz, de pétrole du Moyen-Orient et leurs fières métropoles telles Dubaï ou Abu Dhabi.

2 Le dynamisme des interfaces

• **Les littoraux et l'ouverture océanique.** Le développement des échanges maritimes renforce l'attractivité des littoraux. Des façades maritimes s'appuient sur d'imposantes plates-formes portuaires telles Shanghai, Hambourg ou Los Angeles qui relient l'Asie, l'Europe et l'Amérique du Nord. L'aménagement de nouveaux terminaux et la croissance du trafic conteneurisé sur les rivages asiatiques confirment l'exceptionnel dynamisme industriel et commercial de cette partie du monde.

• **La formation d'espaces transfrontaliers.** Les frontières constituent des interfaces d'autant plus attractives que les différences de potentiel et de développement de part et d'autre de la ligne de contact sont importantes. Des flux d'hommes, de marchandises et d'investissements s'intensifient et contribuent à produire des espaces transfrontaliers : c'est le cas près de la frontière américano-mexicaine, malgré la lutte étatsunienne contre l'immigration clandestine, ou bien entre Singapour, la Malaisie et l'Indonésie.

3 Les territoires occultes de la mondialisation

• **Les espaces des économies parallèles et illicites.** La mondialisation fait généralement intervenir de acteurs dont les activités sont légales. Ce n'est cependant pas toujours le cas. Le développement de l'industrie de la contrefaçon, du trafic de drogue ou d'êtres humains illustre ainsi l'ampleur de l'économie illicite de la mondialisation. Ces activités sont le fait d'organisations mafieuses qui disposent d'un ancrage territorial, comme un quartier ou une vallée dans les Andes, et s'appuient sur des réseaux. Les profits tirés des activités criminelles sont blanchis dans des institutions financières, des paradis fiscaux, voire alimentent le terrorisme.

• **Les espaces exclus de la mondialisation.** Des ensembles régionaux plus ou moins étendus se trouvent à l'écart des grands flux de la mondialisation parce ce qu'ils sont déchirés par des conflits ou frappés par le problème de l'extrême sous-développement. Des ONG humanitaires interviennent souvent dans ces contrées lors de famines, de guerres civiles, de déplacements de populations, en particulier en Afrique subsaharienne.

1 Dubaï, une nouvelle plate-forme financière mondiale

Localisé dans le golfe Persique, l'émirat de Dubaï fait partie des Émirats arabes unis. Il tire sa richesse des ressources en hydrocarbures et diversifie les activités de sa métropole pour en faire un nœud de réseaux de la finance, du transport aérien ainsi qu'une destination touristique prestigieuse. Ici une vue du district de Satwa.

LEXIQUE

- **Interface :** zone de contact entre deux espaces distincts. Une interface ouverte permet des relations et des échanges de toute nature.
- **Blanchiment :** opération qui vise à donner une apparence légale à de l'argent d'origine illicite.

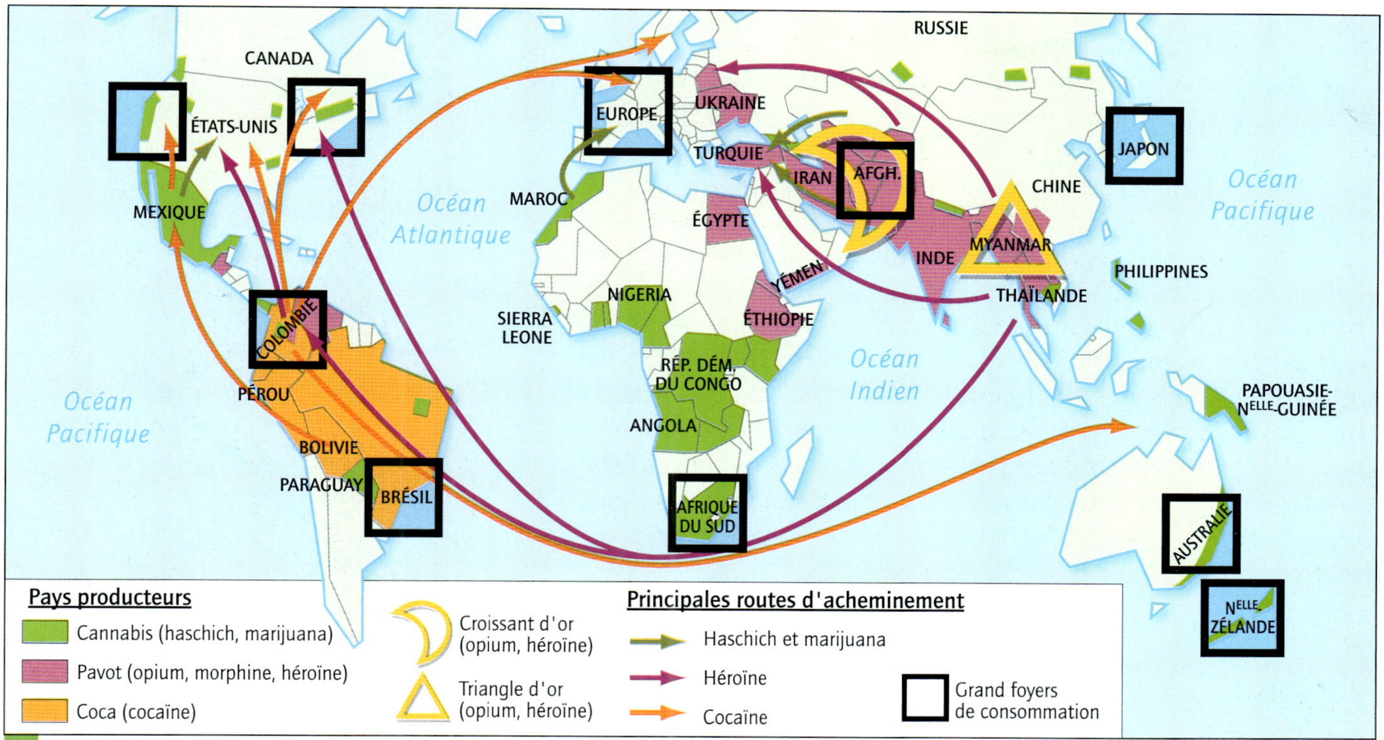

2 Les drogues d'origine végétale

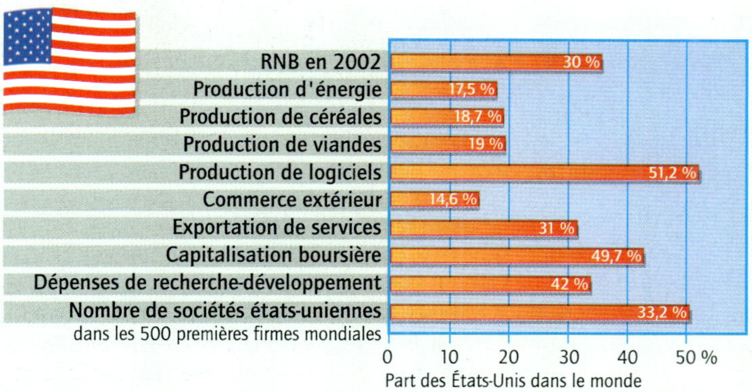

3 Les États-Unis, pôle majeur de la mondialisation

Étude des documents

1. Dubaï est une des métropoles qui organisent le réseau urbain mondial. Relevez les éléments qui informent sur cette puissance. (Doc. 1)
2. Pourquoi peut-on dire des États-Unis qu'ils sont la première puissance mondiale ? (Doc. 3)
3. Quels sont les atouts des puissances émergentes dans la mondialisation ? (Doc. 4)
4. Pourquoi peut-on parler d'une mondialisation du trafic de drogue ? (Doc. 2)

Questions BAC

1. Les littoraux constituent des lieux attractifs dans la mondialisation. Justifiez cette affirmation.
2. Quelles sont les caractéristiques des espaces en marge ?

4 L'affirmation des puissances émergentes et des nouvelles routes commerciales

Jusqu'à maintenant, l'essentiel des échanges était réalisé entre, d'un côté, les pays développés eux-mêmes, et, de l'autre, entre ces mêmes pays et les pays émergents à bas coût de main-d'œuvre, sous-traitants des donneurs d'ordres occidentaux.

Ce schéma appartiendra bientôt au passé. Ces pays en devenir, bien plus à l'aise que nous dans la mondialisation, vont de moins en moins avoir besoin des vieux pays industrialisés. Leur capacité à innover et à créer de la richesse progresse à pas de géant. Ces pays, comme la Chine, le Brésil, voire la Russie, auront en outre moins besoin à l'avenir de se tourner vers l'export pour assurer leur prospérité.

Cela n'empêche pas l'émergence de nouvelles routes commerciales entre ces pays eux-mêmes, en partie parce qu'il faut contourner les barrières commerciales érigées par les États-Unis ou l'Europe. De nouvelles relations Sud-Sud sont en train de se développer, et elles ne ressemblent pas du tout à ce qu'on imaginait il y a vingt ans. Ce sont non pas des petits artisans qui échangent entre eux, mais le Brésil qui nourrit certains pays d'Asie, ou la Chine qui bâtit des infrastructures en Afrique en échange de matières premières.

Propos d'Erik Orsenna, *L'Expansion*, juin 2006.

BAC Pour réviser

À RETENIR

• La mise en réseau du monde

La mondialisation s'accélère depuis la seconde moitié du XXe siècle. Des flux massifs de marchandises, de capitaux et d'informations relient les puissances économiques de la Triade et un certain nombre de pays émergents du Sud. La mobilité des hommes s'accroît. Les réseaux de transport et d'information se développent.

• Les acteurs spatiaux de la mondialisation

Les États et les organisations internationales ou régionales favorisent la libéralisation des échanges à l'échelle mondiale ou continentale. Les stratégies des firmes transnationales renforcent la mondialisation des processus de production et insèrent de nouvelles puissances dans les flux de l'économie mondiale.

• Les nouveaux territoires de la mondialisation

L'Union européenne, les États-Unis et le Japon constituent les pôles de la mondialisation, auxquels s'adjoignent des pays émergents comme la Chine. L'intensification des échanges favorise le développement de façades maritimes et de régions transfrontalières. D'autres espaces s'insèrent dans la mondialisation par des trafics illégaux.

NOTIONS CLÉS

Mondialisation : processus croissant d'ouverture des économies, des cultures et des sociétés.

Acteurs spatiaux : organisations politiques ou régionales, entreprises ou groupes sociaux dont l'action s'exprime sur un territoire.

Flux : ensemble des hommes, des informations, des marchandises ou des capitaux en déplacement d'un point à un autre dans l'espace.

Transnational : relatif à ce qui dépasse le cadre national. Une transnationale est ainsi une grande entreprise d'envergure mondiale qui organise un réseau de filiales à l'étranger. La mondialisation favorise les logiques transnationales.

Réseau : ensemble de lignes et de liaisons par lesquelles passent des flux. Il peut s'agir de réseaux de transport, d'information mais aussi de populations. Les entreprises organisent aussi des réseaux à l'échelle mondiale, par leurs filiales, en dissociant leurs fonctions dans l'espace ; Les technologies de l'information et de la communication favorisent cette mise en réseau.

CHIFFRES CLÉS

Flux d'hommes : 200 millions de migrants internationaux et 800 millions de touristes.

Valeur des échanges commerciaux : plus de 10 000 milliards de dollars (plus du quart du PIB mondial)

Investissement dans le monde : en 2005, les stocks d'IDE s'élevaient à 10 000 milliards $ (= ¼ du PIB mondial), concentrés à plus de 50 % dans l'Union européenne. Les flux d'IDE s'élevaient à 780 millions $, dont 650 M$ assurés par les entreprises des pays développés (orientés à 35 % vers l'Asie).

Capitalisation boursière : la Triade représente 85 % de cette capitalisation.

LES CENTRES DE LA MONDIALISATION

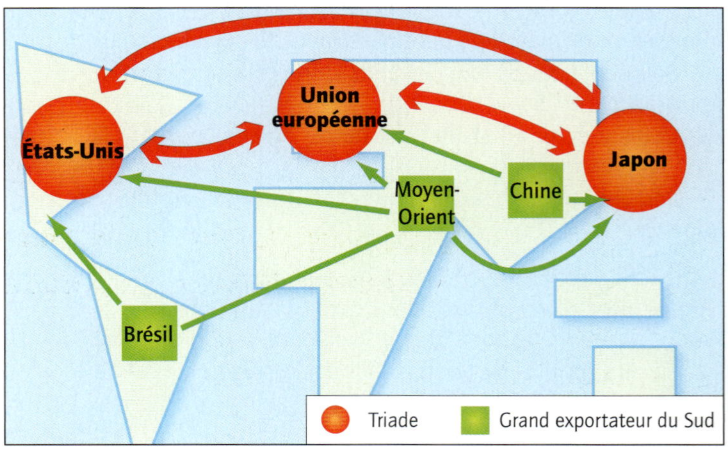

S'entraîner à la 1re partie de l'épreuve

BAC

Méthode, p. 14

1 Caractériser un espace

Quel phénomène connaissent les espaces insérés dans la mondialisation ? Justifiez votre réponse à partir des arguments proposés.

- un développement de leurs réseaux de transport et d'information, ou
- une fermeture généralisée des frontières, ou
- un renforcement de la pauvreté et du sous-développement.

2 Proposer une définition pour une notion

Définissez l'expression « globalisation financière ».

3 Citer des acteurs

Citer trois acteurs spatiaux principaux de la mondialisation.

4 Justifier une affirmation en proposant des arguments

Les firmes transnationales participent activement à la mondialisation de la production des biens industriels et des services. Justifiez cette affirmation.

5 Localiser sur un croquis

Situez sur le croquis (après l'avoir reproduit) :

- les trois grandes façades maritimes du monde ;
- les principaux flux maritimes.

6 Proposer une définition pour une notion

Donnez la définition de mondialisation.

B. Un marché inégal, soumis à de fortes fluctuations

Le marché du café fait intervenir différents acteurs aux stratégies contradictoires. Il n'en demeure pas en cela tout à fait représentatif des marchés des matières premières, marqué par des variations importantes des prix.

1 Les différentes variétés de café

L'Éthiopie et le Congo sont le berceau de l'arabica et du robusta, dont les plants sont aujourd'hui cultivés sur tous les continents de la zone intertropicale. L'arabica offre un goût délicat, un arôme fruité très prisé alors que le robusta vaut pour sa concentration de caféine.

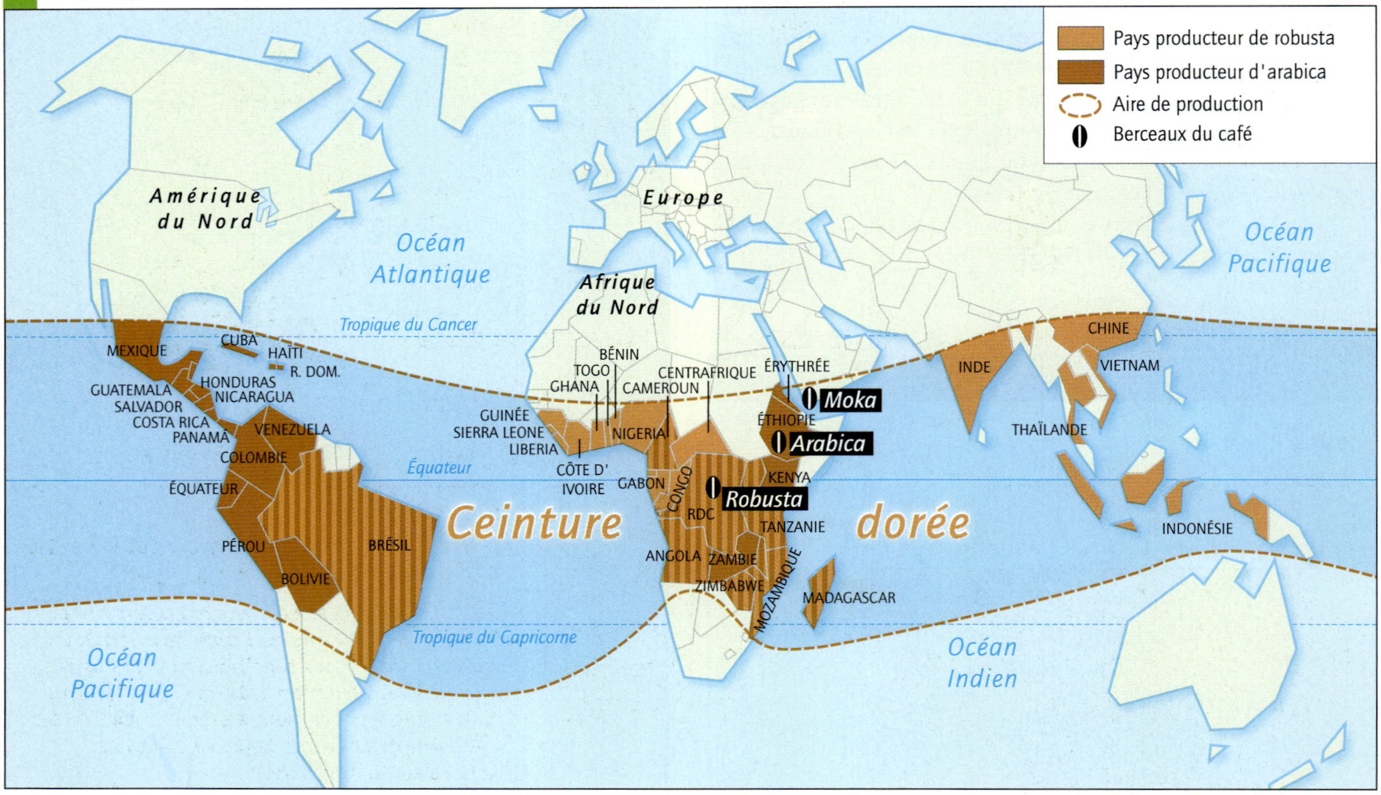

2 Les principaux buveurs de café dans le monde

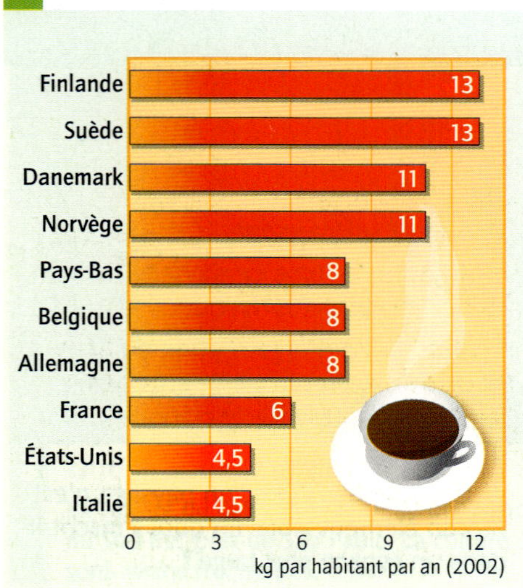

3 Un marché sous influence

La caféiculture fait vivre (grassement ou, généralement, au seuil de la misère) 125 millions de personnes, dont 25 millions de petits producteurs. La demande vient à 85 % des pays développés, provoquant 10 milliards de dollars d'échanges.

La production annuelle tourne autour de 100 millions de sacs de 60 kg, produits dans 70 pays. […] Le café peut contribuer au démarrage économique d'un pays, à condition de ne pas en être le seul moteur.

En 1962, un accord international fixa les quotas d'exportation pour stabiliser les cours. Les Vietnamiens, peu amateurs de café, se lancèrent dans la culture. […] En 1993, les États-Unis se retirèrent de l'accord, suivis par le Canada, l'estimant contraire à leurs intérêts, et incitèrent les pays africains au libéralisme, […]. Les pays les plus pauvres, où le café constitue une part cruciale des exportations, virent leurs ressources chuter de moitié. En Amérique latine, les paysans vendirent leur récolte au-dessous du coût de production. Autant se remettre à planter de la coca et du pavot.

Les cinq multinationales, parmi lesquelles Sara Lee, Nestlé, Kraft Foods, qui achètent la moitié de la récolte mondiale, ne souffrirent pas de la crise.

M. Braudeau, *Le Monde*, 22 juillet 2006

4 L'organisation géographique du marché du café

Produit et séché dans des pays tropicaux, le café est acheminé par voie maritime vers les grands marchés de consommation des pays développés qui absorbent l'essentiel de la production. C'est là qu'il est torréfié, moulu et consommé, à la maison, au comptoir ou bien dans des distributeurs automatiques.

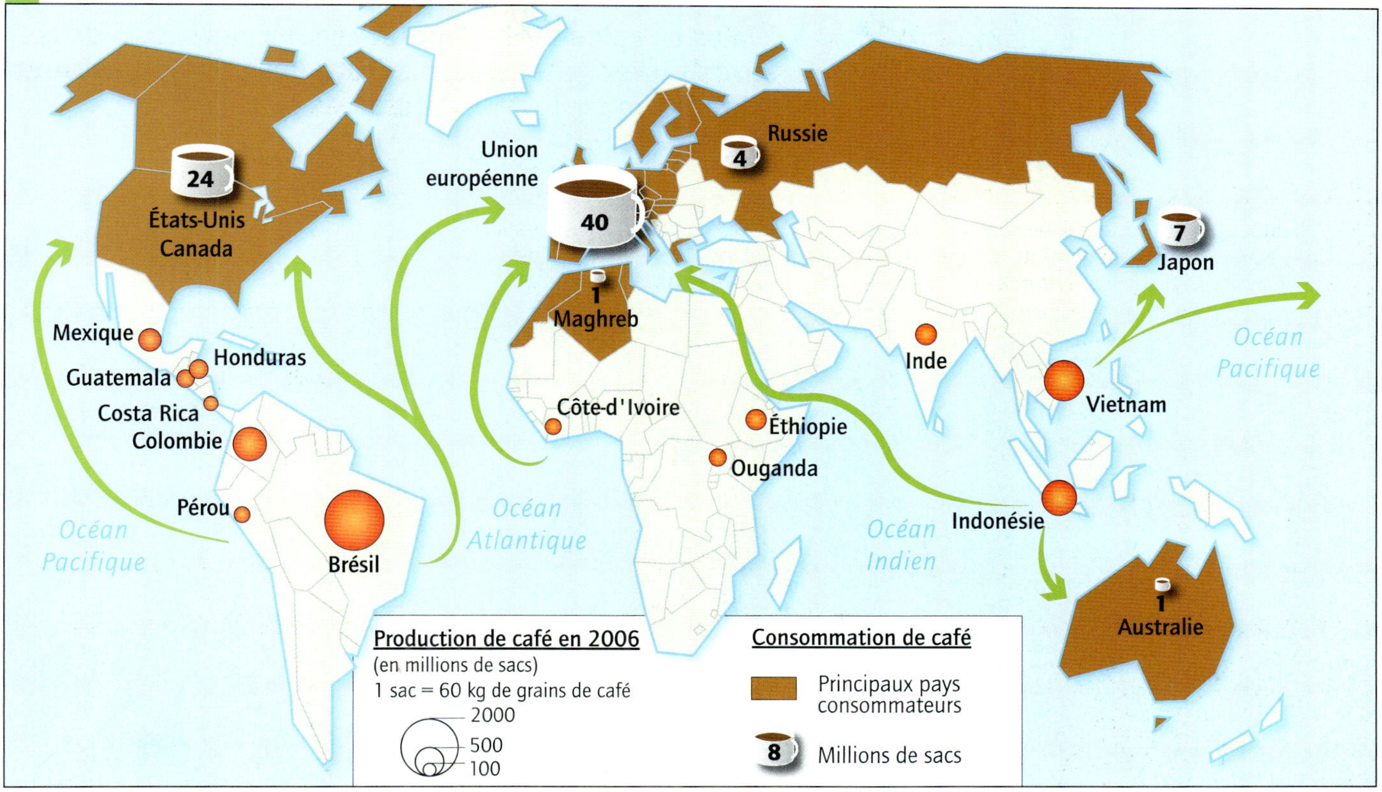

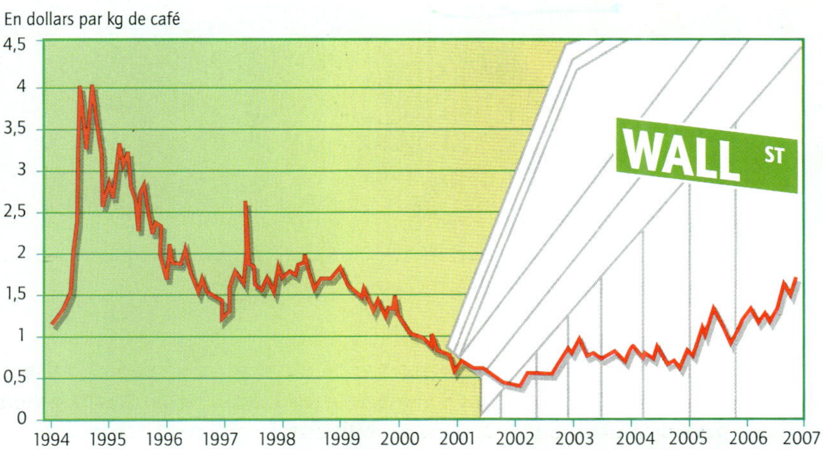

5 Évolution des cours du café arabica brésilien, coté à New York

La demande en café progresse de 1 à 2 % par an. En revanche, l'offre varie fortement en fonction des conditions météorologiques, de l'augmentation des quantités produites quand les cours sont élevés. Des spéculateurs contribuent aussi de plus en plus à la volatilité des cours.

MENER L'ÉTUDE

1. Dans quelles régions la culture du café est-elle née et dans quelle zone s'est-elle diffusée ? (Doc. 1)
2. Dans un tableau à deux colonnes, hiérarchisez les grands producteurs de café puis les grands pays consommateurs. (Docs 2 et 4)
3. Citez les principaux acteurs majeurs du marché du café. (Docs 2, 3 et 4)
4. **Exploiter un graphique.** Comment évoluent les prix du café ces dernières années ? (Doc. 5) Quels facteurs expliquent cette évolution ? (Doc. 3)

SAVOIR FAIRE

Exploiter un graphique

- Repérer le type de graphique : graphique de répartition (histogramme, secteurs...), graphique d'évolution (histogramme ou courbes).
- Repérer le titre, la légende, l'unité de mesure et l'échelle de temps pour un graphique d'évolution.
- Dégager des informations à partir de l'allure générale (continuité ou rupture, homogénéité ou non...) et des détails particuliers (accélération, déclin...).

C. Une régulation du marché du café est-elle possible ?

Les fluctuations du marché du café ne favorisent pas une diffusion dans la durée du développement. Des expériences en faveur des producteurs se multiplient dans le cadre d'un commerce équitable.

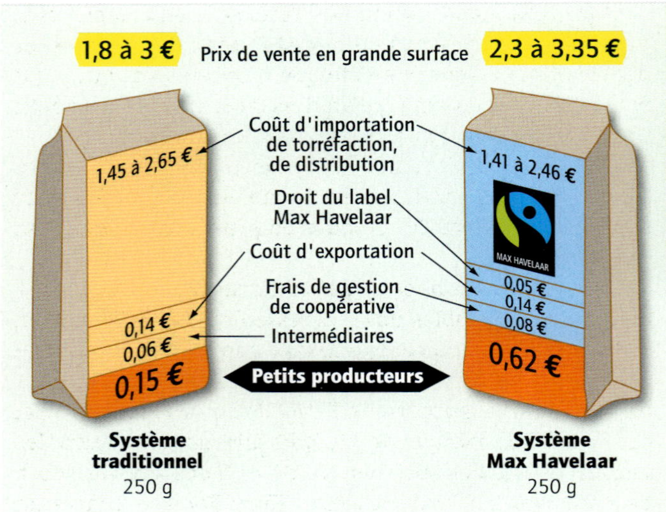

1 Max Havelaar et le développement des produits issus du commerce équitable

Le commerce équitable se développe dans les années 1980 et constitue une réponse solidaire face au marché. Le café « équitable » suppose une rétribution plus juste du producteur, rendue possible par un coût supplémentaire de 15 à 30 % accepté par le consommateur des pays riches. Créé en 1988, Max Havelaar est l'une des associations qui militent en faveur de cette forme d'échange. En 2005, elle contrôle 80 % du commerce équitable en France et réalise un chiffre d'affaires de 120 millions d'euros.

2 Le prix-plancher garanti au producteur par le label Max Havelaar

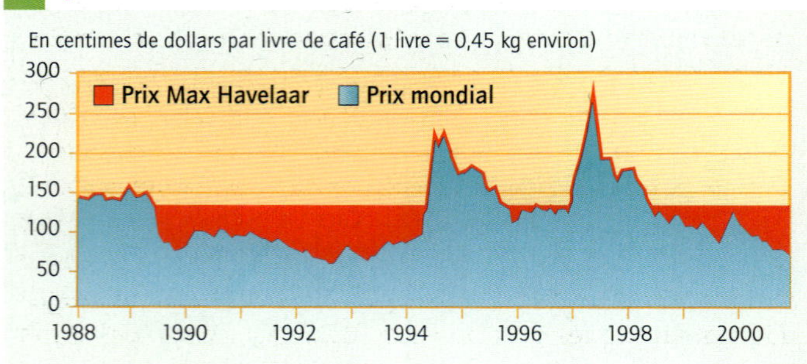

3 «Une» d'un magazine publié par le torréfacteur Malongo, engagé dans le commerce équitable (avril-mai 2005)

4 Une production organisée dans le cadre de coopératives

Pour garantir leur insertion sociale et une sécurité accrue sur le long terme, l'adhésion à une coopérative est vitale pour les petits producteurs.

Ces organisations se doivent d'être compétitives face aux industriels et intermédiaires privés. En l'absence de l'appui privilégié de l'État, elles ont besoin de se professionnaliser davantage, afin de remplir leur double vocation de commercialisation et d'amélioration des conditions sociales et économiques de leurs membres.

Il est aujourd'hui essentiel de s'appuyer sur les forces du marché en utilisant le poids économique des acteurs privés en aval de la filière : les consommateurs soucieux d'un acte d'achat responsable.

Source : site www.maxhavelaarfrance.org.

5 Le commerce équitable, une gamme de produits qui s'élargit

Le succès du commerce équitable conduit ses producteurs à élargir le principe à d'autres produits que le café et les bananes. Des vêtements en coton sont désormais concernés.

6 Le développement de l'entreprise Malongo

Présente sur les différents réseaux de distribution – cafés, hôtels et restaurants, grande distribution, services aux entreprises avec son partenaire Elis et un réseau de 16 boutiques, les MalongoCafés –, la PME niçoise enregistre une croissance à deux chiffres : plus de 10 % en 2004 pour un chiffre d'affaires de 63,2 millions d'euros et les prévisions pour 2005 tablent sur 65 millions d'euros.

Les ventes de cafés commercialisés sous le label « Max Havelaar » ont progressé de 40 % en 2004. Ces cafés du commerce équitable, dans lequel le torréfacteur est engagé depuis 1992, représentent en valeur 33 % de ses achats, mais c'est le succès des dosettes expresso (30 % du chiffre d'affaires) pour les machines à café « 1,2,3 Spresso » qui explique la croissance rapide de l'entreprise alors que, globalement, la consommation du petit noir est en recul en France.

Christiane Navas, *Les Échos*, 7 novembre 2005.

7 Le commerce équitable, nouveau filon pour les géants de l'alimentaire

Après les grands acteurs de l'industrie agroalimentaire, c'est au tour des géants de la distribution de s'engouffrer dans la voie du commerce « éthique ». Le café « éthique », qui représente 70 % du chiffre d'affaires du commerce équitable, prend de plus en plus de place dans les rayons français.

Altria, Nestlé, Sara Lee et Procter & Gamble, les quatre géants du café — ils torréfient la moitié des volumes vendus –, ont tous lancé des produits étiquetés « équitables » ou « solidaires ». [...]

Preuve de la bonne santé du secteur solidaire, les échanges de produits équitables ont progressé de 50 % en France en 2005, pour représenter 250 millions d'euros. Chaque étiquette « solidaire » ne renvoie cependant pas aux mêmes exigences. « Il faut creuser derrière l'effet de mode », résume-t-on chez Alter Eco, marque de produits alimentaires équitables vendus en grandes surfaces. Nestlé et Monoprix ont choisi de s'appuyer sur Max Havelaar. Kraft Foods a conclu un partenariat avec l'organisation non gouvernementale Rainforest : elle achètera plus de 10 000 tonnes de café vérifié par cet organisme.

La principale différence entre les labels touche à la rémunération des producteurs. Le mécanisme de commerce équitable, tel qu'il est défendu par les pionniers, repose sur un prix minimum garanti (1,21 dollar la livre d'arabica d'Amérique latine), permettant de protéger le producteur des fluctuations des cours du café. S'y ajoute une prime au développement, consacrée à la réalisation de projets collectifs (5 cents par livre). Si le cours vient à dépasser le prix minimal, le premier redevient la référence. Ces prix garantis se répercutent mécaniquement sur les prix de vente dans les rayons. Les tarifs de la gamme équitable sont entre 15 % et 30 % plus élevés. Pour sa part, Kraft Foods paie les producteurs au prix du marché et ajoute une prime pour projets sociaux, oscillant entre 8 et 12 cents la livre[1].

Ludovic Lamant, *Le Monde*, 6 mai 2006.

1. 1 livre = 0,45 kg environ.

MENER L'ÉTUDE

1. Comparez la décomposition du prix d'un paquet de café issu du système commercial traditionnel et d'un paquet issu du système labellisé Max Havelaar. (Doc. 1)
2. Quel est l'avantage pour un petit producteur de vendre son café à une entreprise du commerce équitable ? (Docs 2, 3 et 4)
3. Comment se manifeste le dynamisme des entreprises spécialisées dans le commerce équitable ? (Docs 3, 5 et 6)
4. **Dégager l'apport d'un document.** Quelle est la stratégie des grands groupes de distribution et de l'alimentation face au développement du commerce équitable pour le café ? (Doc. 7)

SAVOIR FAIRE

Dégager l'apport d'un document

1. Vérifier les informations dégagées. Confronter les documents aux faits, changer d'échelle pour mieux saisir les logiques spatiales.
2. Rassembler les éléments critiques. Souligner les qualités et les faiblesses du document de manière argumentée.
3. Présenter votre conclusion. Souligner l'intérêt et la portée du document pour la connaissance du sujet étudié.

BAC **Pour réviser**

À RETENIR

• Les territoires de la production du café

Le café est une plante tropicale qui fait l'objet d'un commerce depuis l'époque coloniale. Plus de cent vingt millions de personnes en assurent la culture, dont 20 % sont des producteurs pauvres. La caféiculture façonne des territoires variés. Elle peut s'associer avec de l'agriculture vivrière notamment dans les Andes et en Afrique. Le café peut aussi être exploité dans de vastes exploitations, les plantations, comme c'est le cas au Brésil.

• Un marché inégal, soumis à de fortes fluctuations

La production de café est destinée à 85 % aux consommateurs des pays riches du Nord. Les récoltes peuvent varier dans de fortes proportions si bien que les prix connaissent des fluctuations incessantes à la bourse de New York et de Londres. Ces variations réduisent d'autant les chances de développement des pays les plus dépendants des revenus du café.

• Une régulation du marché du café est-elle possible ?

Une poignée de transnationales des pays développés dominent le marché du café. Ces firmes maîtrisent la filière du café, de l'achat des sacs aux petits producteurs à la torréfaction et la distribution dans les pays riches. Certaines entreprises sont sensibilisées à la question d'une juste rémunération des producteurs.

CHIFFRES CLÉS

La part du café dans les échanges mondiaux : 0,1 %

Le nombre de producteurs de café dans le monde : 125 millions

Les grands producteurs de café : le Brésil produit 30 % du café mondial, le Vietnam et la Colombie près de 10-12 % chacun.

Les grands marchés de consommation : l'Europe de l'Ouest (54 %), les États-Unis (23 %).

POUR ALLER PLUS LOIN

LE SITE DU CENTRE INTERNATIONAL DU COMMERCE SUR LE CAFÉ
www.intracen.org/thecoffeeguide/welcome_french.htm

LE SITE DE MAX HAVELAAR
www.maxhavelaarfrance.org

UN FILM
Le film de B. Charlery de la Masselière, *Kilimandjaro : le café au bois dormant* (en collaboration avec F. Devenne, réalisation : S. Bouharaoua), Université de Toulouse-Le Mirail, CAV, 2000.

LE CAFÉ DANS LE MONDE

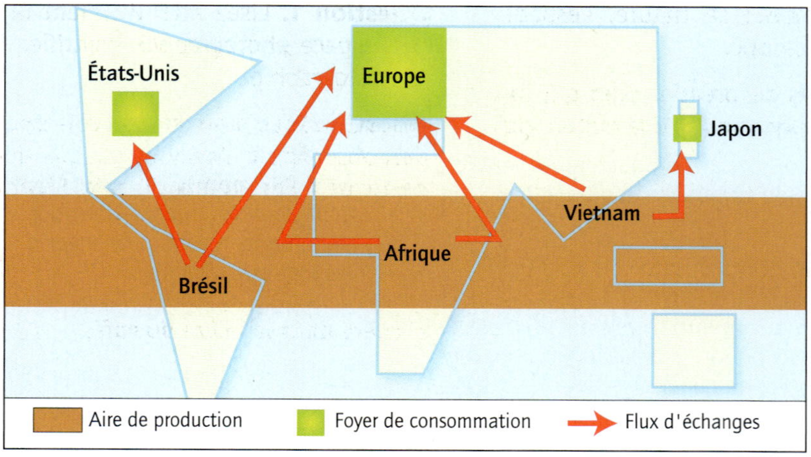

S'entraîner à la 2e partie de l'épreuve

BAC

DÉGAGER L'APPORT D'UN DOCUMENT

Méthode, p. 14

Sujet guidé Les espaces du café

Le séchage du café à Nyeri (Kenya)

Titre du document
Il permet de déterminer le thème.

Localisation
Elle aide à situer le paysage photographié dans l'espace mondial.

Les plans du paysage
Ils structurent la lecture du paysage.

QUESTIONS

1 Identifiez le document : sa nature, l'espace concerné, le thème développé.

2 Relevez les éléments au premier plan qui informent sur le poids économique de la culture du café.

3 Dégager l'intérêt du document : en quoi ce document permet-il de comprendre un aspect de l'organisation géographique du commerce du café ?

AIDE

Question 1. Lisez attentivement la légende sur la localisation de l'espace photographié. Identifiez le thème que veut illustrer la photographie

Question 2. Le premier plan correspond à la partie la plus proche de l'observateur. Analysez chaque détail pour repérer en quoi il participe à l'économie du café. Identifiez tout ce qui contribue à la spécialisation de l'espace.

Question 3. Appuyez-vous sur vos réponses précédentes. Cette question sert de synthèse. Vous devez montrer en quoi cet espace s'insère dans la filière du café.

BAC

S'entraîner à la 2e partie de l'épreuve

METTRE EN RELATION DEUX DOCUMENTS

Sujet guidé

L'évolution récente du marché du café

Méthode, p. 14

Document 1

L'évolution des prix du café depuis 1990

Axe des ordonnées
Il permet d'estimer la valeur des données du graphique.

Unité de valeur
Il peut s'agir de valeurs exprimées en monnaies, en poids, en pourcentages.

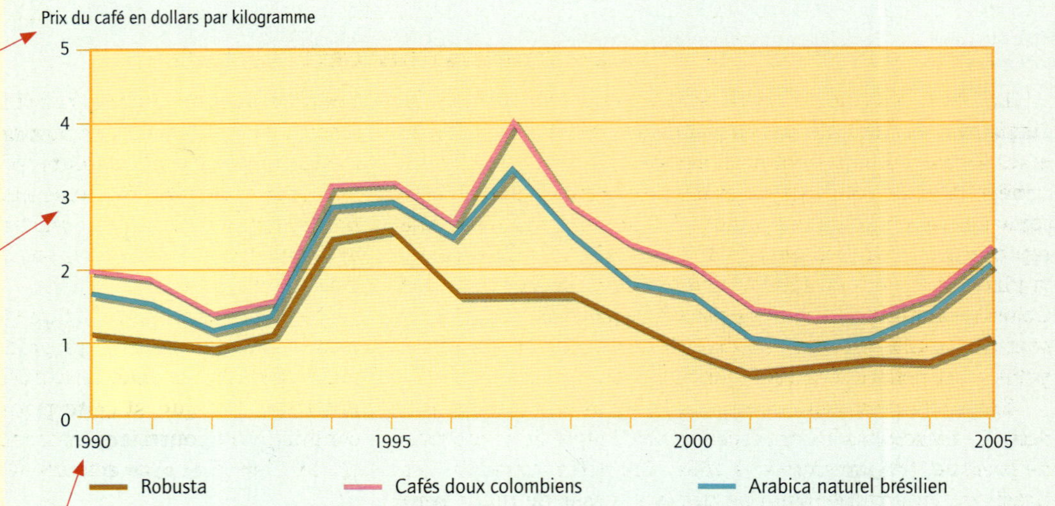

Source : Office international du café.

Axe des abscisses
Il indique ici le temps mais peut aussi classer des ensembles régionaux.

Document 2

Le marché du café se corse

La chute des cours enregistrée de 1997 à 2003 résultait de l'expansion importante des capacités de production au Brésil et au Vietnam, qui tiraient parti des prix élevés du milieu des années 1990. Les deux pays ont en effet presque doublé leurs capacités au cours de ces années. La production brésilienne représente aujourd'hui plus de 30 % de l'offre mondiale, ce qui la place largement en tête de tous les pays. Le Vietnam et la Colombie arrivent tous deux en deuxième place, chacun produisant de 10 à 12 % de l'offre mondiale. Le reste vient de nombreux petits pays, notamment d'Afrique et d'Amérique centrale.

Les sécheresses qu'a connues le Vietnam au cours des deux dernières saisons ont entraîné une baisse de production de presque 20 % par rapport à 2004. Une gelée inattendue au Brésil, qui pourrait se traduire par une baisse de rendement par rapport aux prévisions, crée maintenant des pressions supplémentaires sur un marché où les stocks sont déjà contractés. Les prévisions ont du coup bondi, indiquant des hausses allant jusqu'à 30 et 40 % pour l'an prochain. Et la cerise sur le gâteau, c'est l'entrée des spéculateurs sur le marché. En général plus préoccupés par le pétrole, le cuivre, le jus d'orange ou les flancs de porc, voilà qu'ils ont fixé leur attention sur le café, ajoutant ainsi aux pressions sur la demande à un moment de tassement de l'offre.

La bonne nouvelle, c'est que les prix plus élevés permettront à certains petits pays producteurs de voir leurs revenus augmenter, ce dont ils ont bien besoin. [...] La mauvaise nouvelle, c'est que, si cette période de cours élevés devait continuer, elle pourrait entraîner une entrée encore plus forte sur le marché de gros acteurs de l'industrie.

Stephen S. Poloz, premier vice-président, Affaires générales et économiste en chef, Exportation et développement, Canada, 13 septembre 2006.

Auteur du document

Date du document

QUESTIONS

1 Identifiez chaque document : nature, auteur, thème abordé.

2 Confrontez les thèmes traités par les documents : décrivez l'évolution des cours du café dans le document 1. Quelles explications le document 2 en donne-t-il ?

3 Le document 2 évoque des tensions sur le marché depuis 2004. Quels acteurs du marché peuvent en profiter ? Comment ces tensions s'expriment-elles sur le document 1 ?

4 Quelle réponse sur l'évolution récente du marché du café la confrontation des deux documents apporte-t-elle ?

AIDE

Question 1. Attachez-vous à bien situer les documents. Lisez les titres, observez les documents et leurs auteurs. Repérez les thèmes majeurs développés par les documents.

Question 2. Étudiez chaque document pas à pas. Commencez par le document 2 qui semble plus complet. Confrontez-le ensuite au document 1. Recherchez en quoi ces documents se complètent, en quoi ils s'opposent.

Question 3. Limitez-vous aux informations que la consigne vous demande de rechercher : les acteurs et les tensions. Mettez en relation les deux documents, croisez les informations.

Question 4. Cette réponse s'appuie sur vos relevés précédents et les éléments sélectionnés à partir des documents. Faites aussi appel à vos connaissances.

BAC BLANC 1re partie de l'épreuve

1 Caractériser un espace

Quel phénomène majeur connaissent les espaces des économies illicites qui participent à la mondialisation ?

- le développement d'infrastructures touristiques, ou
- l'implantation de nouvelles usines occidentales de produits manufacturés, ou
- une spécialisation dans la culture de pavot, de la coca et la production de contrefaçons.

2 Caractériser une situation

L'Asie orientale devient une région motrice de la mondialisation. Expliquez comment s'exprime son rattrapage économique.

3 Citer des acteurs

Citez trois acteurs majeurs à l'origine de l'insertion rapide des pays émergents dans la mondialisation.

4 Justifier une affirmation en proposant des arguments

Justifiez cette affirmation : les flux migratoires constituent un aspect de la mondialisation.

5 Localiser sur un croquis

Placez sur le croquis (après l'avoir reproduit) :

- les trois pôles de la Triade ;
- les grandes flux commerciaux et financiers de la planète ;
- les grands flux du tourisme international.

6 Proposer une définition pour une notion

Donnez la définition de « réseau ».

2e partie de l'épreuve BAC BLANC

Sujet guidé — Les acteurs du commerce du café

Document 1

Starbucks contre l'Éthiopie

Le café est de loin la principale ressource de l'Ethiopie. Il représente entre 40 % et 60 % de ses exportations et assure la survie d'environ 15 millions de personnes, essentiellement des familles d'agriculteurs pauvres. Pour tenter d'accroître ses revenus et se protéger de l'effondrement catastrophique des prix comme entre 2000 et 2003, Addis-Abeba cherche à déposer la marque des régions où sont produits les cafés les plus réputés Sidamo, Yirgacheffe et Harar, à l'image du cognac ou du roquefort.

Mais l'Ethiopie se heurte à Starbucks. La multinationale utilise abondamment les noms éthiopiens pour vendre ses breuvages et ne veut pas entendre parler de marques à rémunérer. Oxfam, organisation anglaise prônant le commerce équitable, accuse depuis des mois le groupe américain de priver les fermiers éthiopiens d'au moins 90 millions de dollars de revenus supplémentaires par an. « Les cafés Harar et Sidamo sont vendus jusqu'à 24 et 26 dollars par livre par Starbucks. Les agriculteurs qui les cultivent reçoivent entre 60 cents et 1,10 dollar par livre[1] », explique Seth Petchers d'Oxfam.

La première tentative de l'Ethiopie pour protéger la marque Sidamo remonte à mars 2005. Le dossier soumis au bureau américain des brevets US Patent and Trademark Office a finalement été rejeté. [...] Addis-Abeba a jusqu'à la fin du mois pour faire appel et le fera sans doute. Mais le pays a un besoin vital de vendre son café. Le gouvernement éthiopien a offert en échange d'une marque un accord de licence gratuite à Starbucks. Onze distributeurs américains de café ont déjà accepté la proposition. Il y a deux semaines, le premier ministre éthiopien, Meles Zenawi, a reçu le patron de Starbucks, Jim Donald. Mais ce dernier reste inflexible.

1. une livre : 500 g

Éric Leser, *Le Monde*, 15 décembre 2006

Document 2

Principaux producteurs de café

Les principaux producteurs de café dans le monde (2005)

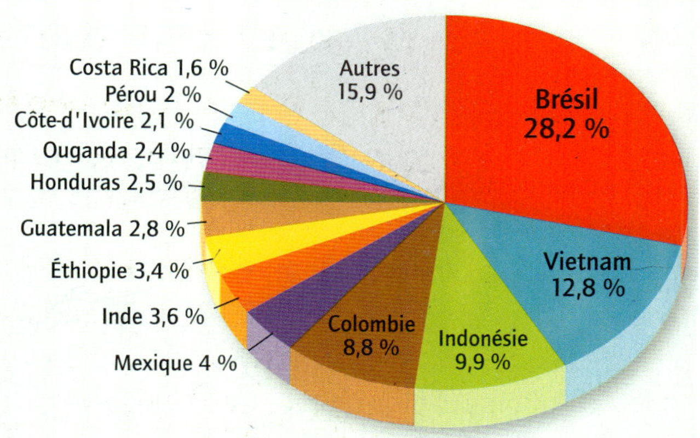

QUESTIONS

1 Identifiez chaque document : sa nature, son auteur, la source, les thèmes développés.

2 Confrontez les thèmes traités par les documents : d'après le document 1, quelle place représente la caféiculture dans l'économie éthiopienne ? Quelle information complémentaire fournit le document ?

3 Quel problème traité dans le document 1 est absent dans le document 2 ? En quoi consiste-t-il ?

4 Qu'apporte la confrontation des documents à la compréhension de l'organisation du marché mondial du café ?

PARTIE 1

Communication : le développement de l'Internet

Initialement développé par des chercheurs et des militaires dans les universités de Californie dans les années 1970, Internet s'est rapidement étendu dans le monde entier. Aujourd'hui, cette technologie participe pleinement à la mondialisation, à l'instantanéité de l'information. Ce nouveau moyen de communication constitue une innovation majeure qui bouleverse en profondeur les rapports entre les entreprises, les sociétés et les territoires.

A. Le réseau Internet, reflet de la mondialisation et de ses inégalités

→ *Le réseau Internet renforce-t-il la hiérarchie des puissances économiques ?*

B. Des firmes et de nouveaux marchés qui tirent la croissance

→ *Comment Internet favorise-t-il le développement de nouveaux marchés ?*

C. Qui contrôle Internet ?

→ *Quels acteurs dominent le réseau ?*

Un cybercafé à Abidjan en Côte-d'Ivoire
Alors que 70 % des Américains ont accès à internet, c'est seulement le cas de 3,5 % des Africains. pour l'heure les cybercafés représentent en Afrique le mode privilégié pour surfer et être connecté au reste du monde.

A. Le réseau Internet, reflet de la mondialisation et de ses inégalités

Le rapide développement du réseau Internet favorise la mondialisation de l'information.

1 Les internautes dans le monde en 2004

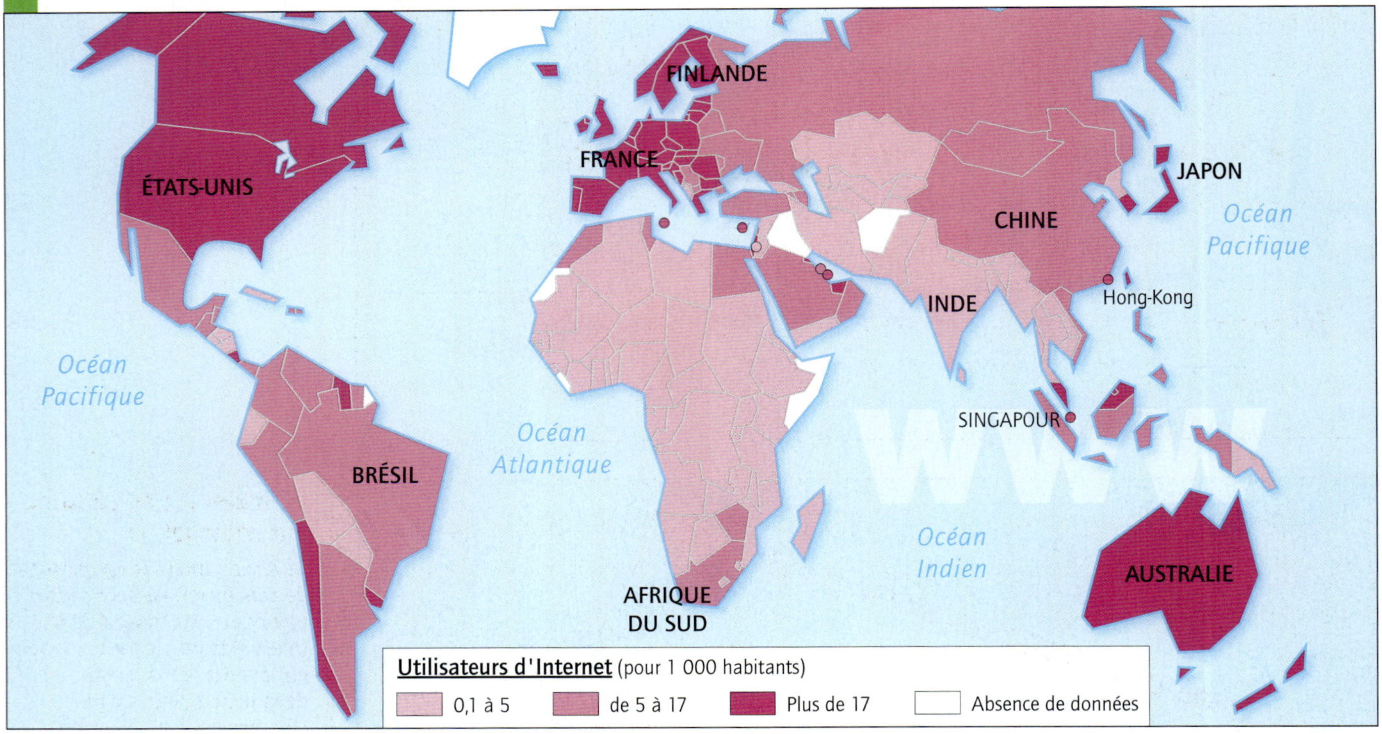

2 Internet, une nouvelle ère technologique

Le microprocesseur date de 1971 mais l'ordinateur personnel s'est répandu près de vingt ans plus tard. De même, Internet est apparu en même temps que les micro-ordinateurs, mais son usage s'est généralisé à la fin du XXe siècle. […] Il permet de tisser des réseaux entre entreprises ou entre individus, entre clubs ou clans. L'exemple d'Internet, et en général de l'informatique, illustre bien le processus qui se déroule entre la recherche, l'innovation, l'industrialisation et les conséquences de la mise en service de nouveaux produits ou de nouvelles techniques.

L'informatisation de l'économie et de la société a des effets dans tous les pays. Les possibilités d'équipements sont d'autant plus aisées que leurs coûts sont en baisse constante.

Michel Drancourt, *Les Nouvelles frontières de l'entreprise*, PUF, 2005.

3 Une desserte inégale des territoires

La société de l'information a diminué les distances, mais ne les a pas annihilées, ni réduit tous les lieux à la même valeur. Seules les très grandes villes du monde, et en leur sein les plus grandes entreprises, ont la capacité d'innovation et l'assise financière pour produire, organiser et contrôler les réseaux.

L'irruption de l'informatique dans tous les domaines de la vie sociale provoque en revanche dans les pays du Sud un mélange d'inquiétudes et d'espoir. D'un côté, la perception d'un risque réel d'une marginalisation aggravée existe, de l'autre, celle d'un possible rattrapage. En Asie, entreprises et particuliers se sont rapidement équipés, auxquels s'ajoutent en Amérique du Sud les services de l'État ou le secteur très important des ONG. Les cybercafés existent dans les villes africaines, mêmes petites. […] La géographie des usagers d'Internet montre néanmoins de très grands écarts, encore renforcés dans le cas des serveurs pour lesquels le poids des États-Unis est écrasant. L'instantanéité, l'intensité et la diversité, jusqu'alors inconnues, de la diffusion des idées n'empêchent pas Internet de rester un instrument des élites et, de ce fait, un facteur d'exclusion. Les banques de développement et de nombreuses ONG mettent en place et financent des projets pour réduire cette fracture et la transformer en opportunité pour le développement.

Marie-Françoise Durand, Benoît Martin, Delphine Placidi, Marie Törnquist-Chesnier, *Atlas de la mondialisation. Comprendre l'espace mondial contemporain*, Les Presses de Sciences Po, 2006.

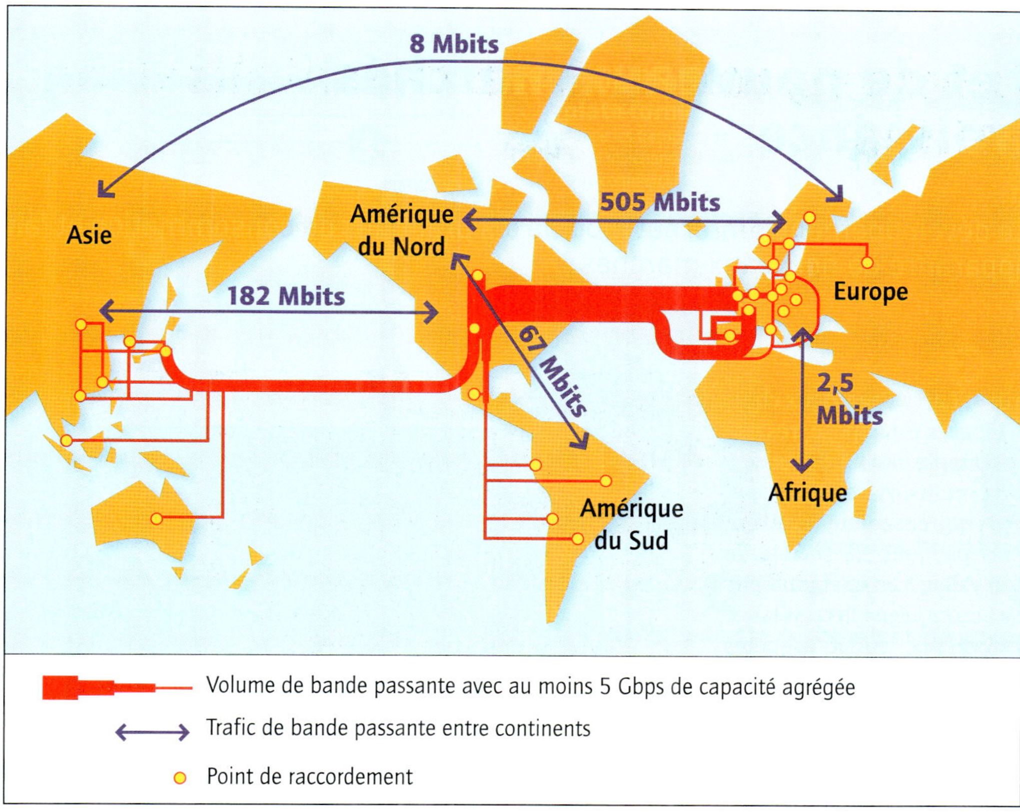

4 **L'organisation du réseau Internet**

À l'échelle internationale, Internet présente un réseau maillé dont les multiples liens servent à résister aux pannes. Les routes les plus empruntées relient les pays riches. Les liens avec l'Asie se développent rapidement.

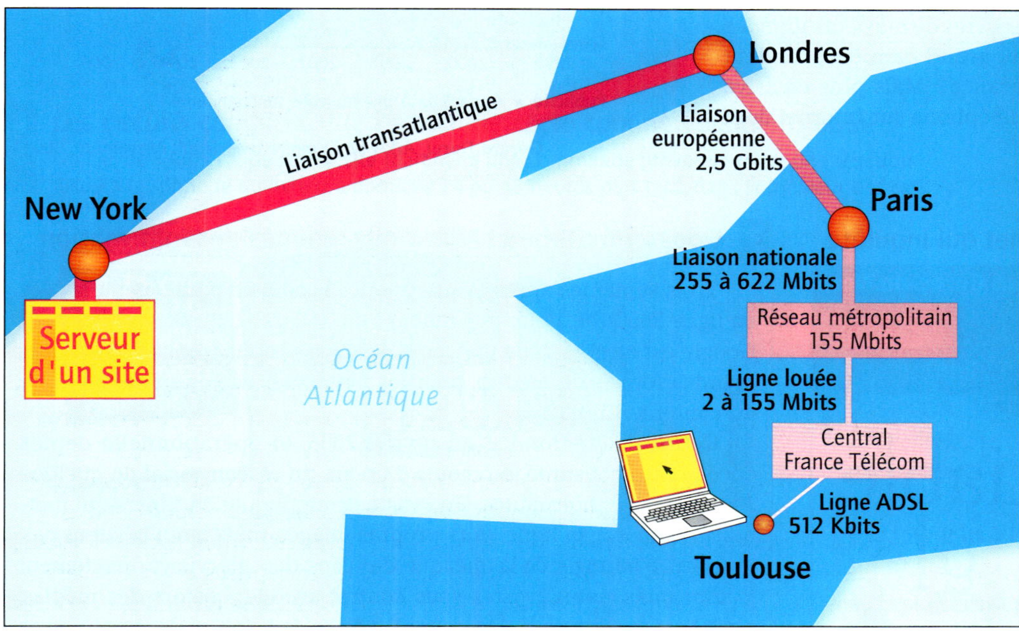

5 **Le trajet d'une requête sur Internet**

Le réseau Internet est constitué de canaux qui laissent passer une quantité d'informations (mesurées en bit par seconde) en fonction de la largeur de la bande de passage. Une fois la requête lancée, l'information emprunte le réseau *backbone*, l'épine dorsale du réseau de base (ici, la liaison transatlantique), avant de s'afficher sur l'écran d'ordinateur de l'internaute.

MENER L'ÉTUDE

1. Citez des pays où le nombre d'internautes pour 1 000 habitants est élevé, moyen et faible. **(Doc. 1)**

2. Dans quel contexte technologique s'inscrit le développement d'Internet ? En quoi Internet constitue-t-il une innovation aux effets économiques et sociaux considérables ? **(Docs 2 et 3)**

3. Décrivez le trajet d'une requête, c'est-à-dire d'une demande d'information de la part d'un internaute. Expliquez l'évolution de la taille de la bande passante au fur et à mesure que l'on s'éloigne des grands nœuds du réseau ? **(Doc. 5)**

4. Lire une carte de réseau. Décrivez la manière dont Internet dessert l'espace mondial. **(Doc. 4)**

SAVOIR FAIRE

Lire une carte de réseau

1. Caractériser le type de réseau. Le titre, la légende informent sur la nature du réseau, les flux qui l'empruntent.

2. Dégager les informations. Comment se structure le réseau ? comment se hiérarchise-t-il ?

3. Interpréter l'organisation des flux. Donner du sens en vous appuyant sur vos connaissances.

C. Qui contrôle Internet ?

Les enjeux économiques et sociaux d'Internet sont devenus considérables et posent le problème de son contrôle.

1 Les serveurs Internet dans le monde

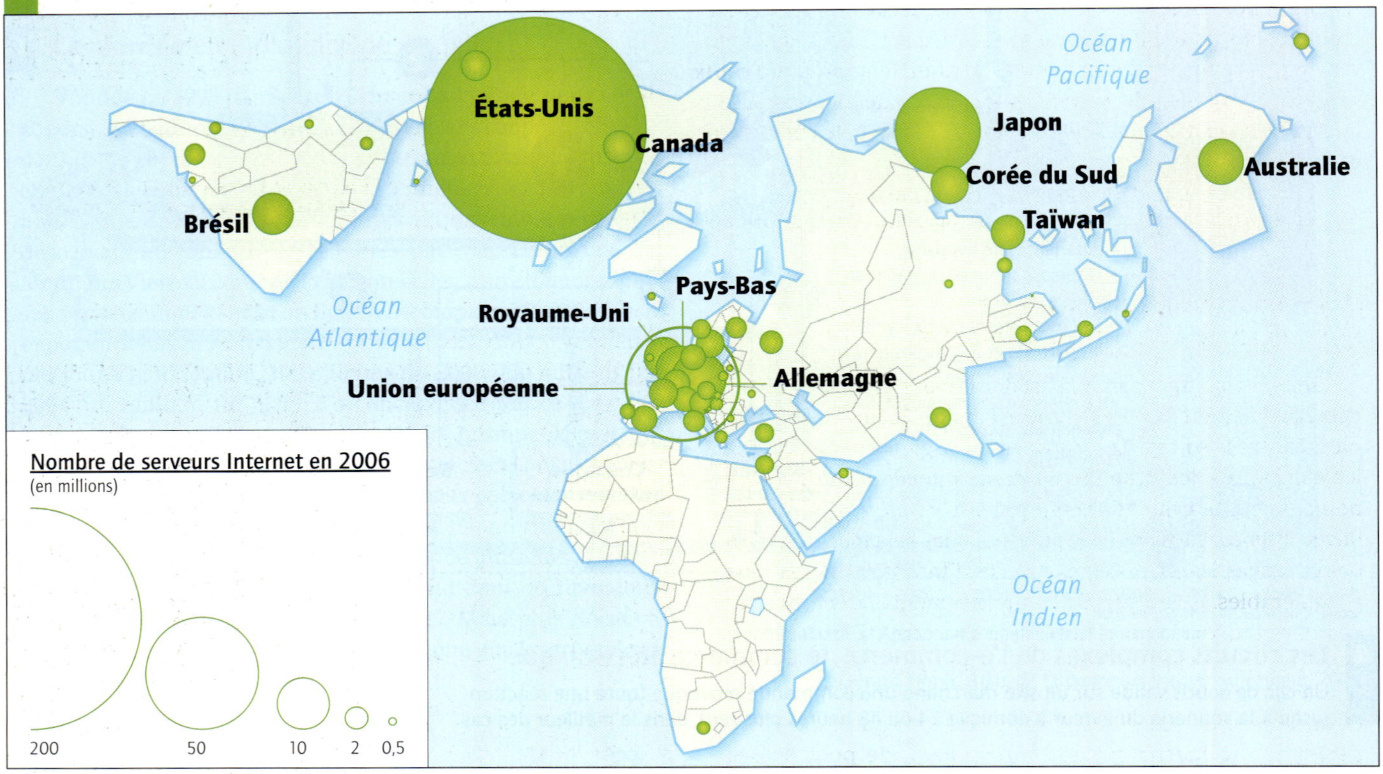

2 La Toile sous contrôle

Invention américaine qui a conquis le monde, Internet reste sous le contrôle de sociétés publiques ou privées états-uniennes. Elles dictent les normes avec l'Internet Society, basée à Washington et à Genève. Cisco fabrique 80 % des routeurs et c'est une société de Los Angeles qui gère les noms de domaines et donne les adresses IP. Enfin, un consortium basé au Massachusetts Institute of Technology (MIT) à Boston émet les recommandations techniques pour le *World Wide Web*.

Gérard Dorel, *Atlas de l'Empire américain*, Autrement, 2006.

3 Le stockage des informations personnelles

Tous les moteurs de recherche collectent des informations sur leurs utilisateurs, principalement en leur envoyant des « cookies », ces fichiers texte invisibles qui suivent nos déplacements sur la Toile. Les cookies Google n'identifient pas l'utilisateur nommément, mais l'adresse IP de son ordinateur. Or, les recherches sur Internet sont de véritables fenêtres de l'âme des internautes, comme ont pu le constater les 658 000 utilisateurs d'AOL dont les archives ont été publiées par erreur sur le Net.

Adam L. Penenberg, « Mother Jones » in *Le Courrier international*, 19 au 25 octobre 2006.

4 Des adresses maîtrisées par les États-Unis

Une adresse Web tapée dans un navigateur fournit trois types d'informations : le protocole de communication (ici: http), le nom du domaine et le langage informatique utilisé (ici: html).

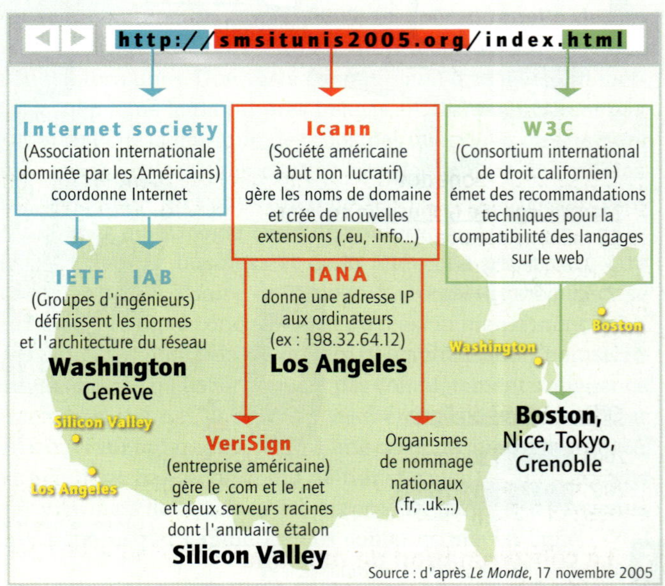

Source : d'après *Le Monde*, 17 novembre 2005

5 Un instrument pour les terroristes

C'est sur Internet que les islamistes d'al-Qaida adressent des menaces à l'encontre des Occidentaux, que relaient les grands sites de médias occidentaux.

Avec la mondialisation, Internet est un vecteur favorable au terrorisme contemporain, et en particulier d'al-Qaida. D'un côté, il relie les terroristes entre eux, de l'autre, il met en réseau leurs causes, leurs informations et leurs moyens que, ce faisant, il démultiplie. Il leur permet aussi de coordonner et de planifier leurs actions, tout en restant difficiles à saisir, loin des territoires où ils organisent leurs attentats. Parallèlement, il offre aux réseaux terroristes de récupérer certaines des exaspérations éparpillées dans le monde, de les fédérer puis de les manipuler, et le cas échéant de recruter.

Jean-Christophe Victor, Virginie Raisson et Frank Tétart, *Atlas géopolitique, le Dessous des cartes*, Tallandier/Arte Éditions, 2006.

BBC NEWS

OPEN BBC News in video and audio

News Front Page

Africa
Americas
Asia-Pacific
Europe
Middle East
South Asia
UK
Business
Health
Science/Nature
Technology
Entertainment

Have Your Say
In Pictures
Country Profiles
Special Reports

Last Updated: Thursday, 14 September 2006, 14:39 GMT 15:39 UK

E-mail this to a friend — Printable version

Al-Qaeda 'issues France threat'

Al-Qaeda's deputy leader has claimed that a radical Algerian Islamist group has joined al-Qaeda and is being urged to punish France, it has emerged.

Ayman al-Zawahiri appeared in a video on a website on the fifth anniversary of the 11 September attacks.

Zawahiri urges Algerian militants to crush "French crusaders"

In the tape, he issued a warning of new attacks targeting Israel and the Gulf.

Although France's government opposed the US-led war in Iraq, French officials believe the country is still a target for Islamist militants.

6 De nouvelles revendications en matière de contrôle d'Internet

Tout réseau international est d'ordinaire géré de manière décentralisée. Internet reste une exception. Jusqu'au Sommet mondial sur la société de l'information, organisée fin 2003 par les États-Unis, les problèmes liés à la gestion intergouvernementale d'Internet n'avaient pas encore été posés. Avec le développement des nouvelles technologies et la multiplication des échanges, les enjeux économiques d'Internet sont devenus considérables. Aussi, certains gouvernements, en particulier des pays en développement, ont récemment revendiqué un droit de regard sur les noms de domaines et les codes-pays, jusque-là attribués par l'ICANN[1]. Si le contrôle d'Internet devait être cédé aux États, il est à craindre que celui-ci ne devienne un instrument de renforcement de pouvoir des régimes autoritaires en matière de circulation de l'information. Quoi qu'il en soit, l'enjeu est de taille puisqu'il s'agit en effet de sécuriser le réseau et d'en renforcer le contrôle sans toutefois priver de liberté les utilisateurs.

1. ICANN : *Internet Corporation for Assigned Names and Numbers*

Kenneth Neil Cukier, « *Foreign Affairs* », 13 septembre 2006.

7 Le nouveau centre de stockage des données de Google (The Dalles, États-Unis)

MENER L'ÉTUDE

1. Les serveurs sont des ordinateurs qui hébergent l'information accessible sur le réseau Internet. Observez la carte et dites en quoi cette information est fortement concentrée dans le monde. **(Doc. 1)**

2. Mettre en relation deux documents. De quels moyens les États-Unis disposent-ils pour maintenir leur influence sur Internet ? **(Docs 2 et 4)**

3. Quels problèmes le stockage des données sur le réseau Internet pose-t-il ? **(Doc. 3)**

4. Quels avantages techniques Internet offre-t-il aux réseaux terroristes ? **(Doc. 5)**

5. Quel site Internet est reproduit et à quelle date ? **(Doc. 5)**

6. Qu'est-ce qui suscite de nouvelles revendications en matière de contrôle d'Internet ? En quoi consistent-elles ? **(Doc. 6)**

7. Comment se traduit sur la photo l'énorme volume de données traitées par Google ? **(Doc. 7)**

SAVOIR FAIRE

Mettre en relation deux documents

1. Sélectionner les informations d'un premier document. Il peut fournir un ou plusieurs éléments majeurs qu'il faut repérer.

2. Sélectionner ensuite les informations de l'autre document. Permettent-elles d'illustrer, de compléter ou de s'opposer aux idées du document précédent ?

3. Mettre en relation les informations. La confrontation contribue à replacer un phénomène à une autre échelle, de révéler une évolution, un processus. Les connaissances personnelles permettront de compléter l'analyse, d'évaluer la portée ou les limites des documents.

BAC Pour réviser

À RETENIR

• Le réseau Internet, reflet de la mondialisation et de ses inégalités

Apparu dans les années 1970, Internet constitue une innovation technologique qui se diffuse rapidement vingt ans plus tard. Aujourd'hui, Internet est un réseau d'information déterminant pour les sociétés et les économies de pays développés. Si certains pays effectuent un rattrapage impressionnant en termes d'équipement, d'autres contrées accèdent encore difficilement à Internet.

• Des firmes et des nouveaux marchés qui tirent la croissance

La diffusion d'Internet dans la sphère productive et dans la société bouleverse les pratiques des individus, les manières de consommer. Des entreprises anticipent de nouveaux besoins, organisent de nouveaux marchés : requête, partage d'images, blogs, achat de musique ou de vidéo en ligne…

• Qui contrôle Internet ?

Le réseau Internet s'appuie sur des structures matérielles, des serveurs qui stockent des milliards d'informations. Les États-Unis apparaissent au centre du réseau mondial, maîtrisent les adresses, et relient les autres pôles de la Triade. En même temps, la Toile représente un instrument pour des opérations non légales comme le piratage voire le terrorisme international.

LE RÉSEAU INTERNET

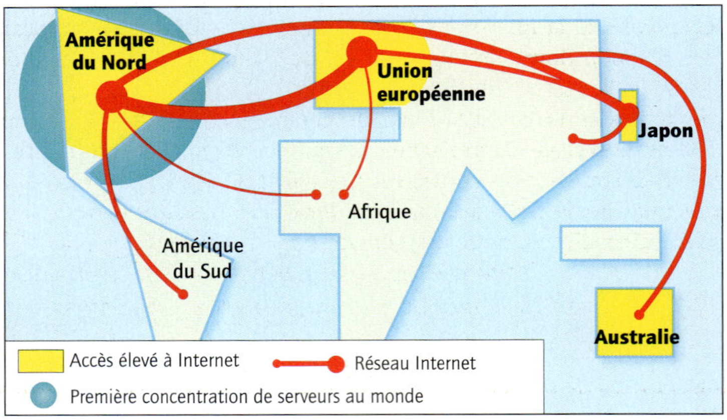

CHIFFRES CLÉS

Nombre d'internautes en 2007 : 1 milliard dont 389 millions en Asie, 313 M. en Europe, 232 M. en Amérique du Nord.

En 2015 : on prévoit 3 milliards d'internautes

Taux de pénétration : 16 % de la population mondiale, mais 70 % de la population en Amérique du Nord, 38 % des Européens, 3,5 % des Africains.

POUR ALLER PLUS LOIN

LES SITES DES GRANDES ENTREPRISES D'INTERNET

http://www.telegeography.com

http://www.internetworldstats.com/stats.htm

UN FILM

I. Winkler, *Traque sur Internet*, avec S. Bullock, 1998.

S'entraîner à la 2e partie de l'épreuve

BAC

DÉGAGER L'APPORT D'UN DOCUMENT

Méthode, p. 14

Sujet guidé Les retombées économiques d'Internet

Internet et la recomposition du marché de la musique

Cette année encore, les iPods vont se multiplier sous les sapins de Noël. Devenu l'icône de toute une génération, le baladeur musical d'Apple s'est écoulé à plus de 70 millions d'exemplaires en cinq ans. Surnommé « l'objet parfait », il détient à lui seul 80 % du marché aux États-Unis et près de 50 % en Europe. L'iPod s'est imposé grâce à son design et à sa simplicité d'utilisation. [...] L'objet jouit d'une image cool et branchée, entretenue à grand renfort de publicité. [...]

La firme est redoutable en affaires. Grâce à sa position de leader, elle négocie de gros rabais avec les producteurs de composants. [...] La marque a également bâti son succès sur iTunes, leader de la vente de musique en ligne avec 80 % du marché mondial. Mais Apple a tardé à intégrer le répertoire français à son catalogue. De plus, iTunes ne fonctionne qu'avec l'iPod et, surtout, la firme empêche ses rivaux de vendre des chansons compatibles avec son baladeur. « Apple a verrouillé son système grâce à son format propriétaire pour limiter la concurrence, ce qui fait peser un risque important sur l'économie de la filière et l'avenir de la création musicale française », dénonce Stéphan Bourdoiseau, président de l'Union française des producteurs indépendants.

Pour protester, Virgin et la Fnac ont commencé à vendre des chansons dépourvues de verrous de protection. Ce qui ne les empêche pas d'être pessimistes. « Le couple iPod-iTunes est très agréable à utiliser. Nous ne nous attendons pas à gagner beaucoup de clients chez les utilisateurs d'iPods », reconnaît Julien Ulrich, directeur général de virginmega.fr.

Yan Philippin, *Le Journal du Dimanche*, 17 décembre 2006.

Titre du document
Il informe sur le thème principal développé dans le document

Auteur du document

Source du document

QUESTIONS

1 Identifiez le document : sa nature, son auteur, la source, le thème abordé.

2 Relevez dans le texte les éléments qui informent sur les raisons du succès du baladeur iPod.

3 Comment l'entreprise Apple parvient-elle à s'imposer sur le marché de la musique en ligne ?

4 Dégagez l'intérêt du document : en quoi illustre-t-il la capacité des entreprises à créer de nouveaux marchés grâce au développement d'Internet ?

AIDE

Question 1. Lisez attentivement les références et le titre du document. Exploitez le premier et le dernier paragraphe, souvent le thème y est abordé.

Question 2. Faites une lecture attentive du texte pour répondre : il ne s'agit que de relever des informations.

Question 3. Vous devez rechercher des explications sur l'origine de la réussite commerciale.

Question 4. Cette question s'appuie sur vos réponses précédentes mais aussi sur vos connaissances.

BAC S'entraîner à la 2e partie de l'épreuve

METTRE EN RELATION DEUX DOCUMENTS

Sujet guidé Les aspects géographiques d'Internet

Méthode, p. 14

Document 1

L'accès au réseau Internet

Contrairement aux transports maritimes et aériens, les télécommunications devaient permettre enfin de s'affranchir totalement de l'espace et du temps. Le développement exponentiel d'Internet avec l'image de la Toile permettait de ce point de vue de remuer tous les fantasmes.

La fracture numérique est criante. Les utilisateurs d'Internet se localisent massivement dans les pays riches. Quant aux flux, ils sont assez similaires aux flux aériens, centrés sur l'Amérique du Nord qui historiquement constitue le cœur du réseau. Les relations les plus fortes s'effectuent entre l'Europe et l'Amérique du Nord, l'Asie étant en deçà même si la croissance qu'elle enregistre dans le domaine est la plus forte.

Une bonne connexion technique à Internet ne suffit pas à en généraliser l'utilisation. L'exemple du Bénin le prouve. Ce pays africain est relié dès 1996 au réseau Internet grâce à des aides de la France et des États-Unis. Mais en 1999, une enquête montre que seulement 0,2% de la population béninoise utilise Internet. 90% de ces utilisateurs sont des étudiants, enseignants, informaticiens ou documentalistes. L'usage de l'Internet varie directement en fonction du niveau d'éducation et du degré de développement. Plus ces deux dernières variables sont élevées, plus les usages de l'Internet gagnent en complexité. [...]

La qualité des infrastructures, les capacités financières et institutionnelles et le capital humain se renforcent mutuellement pour former des cercles vertueux ou négatifs qui expliquent l'inégal accès aux télécommunications. Les écarts entre pays développés et pays en développement, notamment les pays les moins avancés, loin de se réduire, ont tendance à s'accroître.

Antoine Frémont, « Flux et transports » in *La mondialisation*, sous la direction de Laurent Carroué, Sedes, 2006.

Auteurs du document

Source du document

Document 2

Les largeurs de bande Internet (2005)

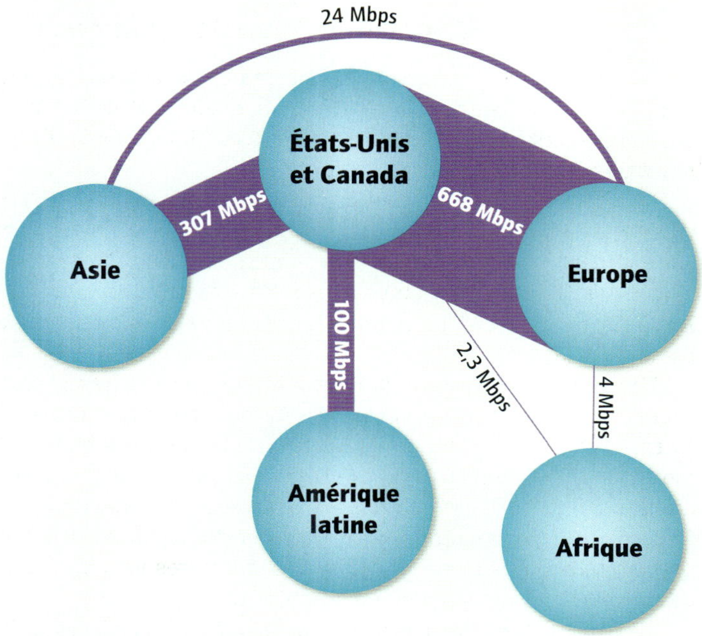

La bande Internet ou « bande passante » détermine les capacités techniques disponibles pour assurer le flux d'information. L'unité d'information est le « bit » par seconde, ou comme sur ce shéma, le Mega bits (Mbps).

QUESTIONS

1 Identifiez chaque document : sa nature, son auteur, la source, le thème abordé.

2 Confrontez les thèmes traités par les documents : sur quels caractères du réseau Internet le document 1 renseigne-t-il ? Dans quelle mesure le document 2 confirme-t-il une hiérarchie du réseau Internet ?

3 Quelle est la place de l'Asie et de l'Afrique dans le réseau Internet au regard du document 2 ? Quels éléments complémentaires le document 1 fournit-il ?

4 Dégagez l'intérêt de la confrontation des deux documents : en quoi permet-elle de répondre au sujet ?

AIDE

Question 1. Lisez les titres, observez les documents et leurs sources, repérez le thème majeur développé par chaque document.

Question 2. Commencez par une lecture attentive du document 1 pour répondre à la première partie de la consigne. Ensuite seulement passez au document 2.

Question 3. Analysez d'abord, en fonction de la question, le schéma. Confrontez les chiffres en les transformant en pourcentages pour montrer des proportions.

Question 4. Cette question s'appuie sur vos réponses précédentes mais faites aussi appel à vos connaissances.

BAC BLANC 1re partie de l'épreuve

1 Caractériser une situation

Expliquez en quoi l'accélération de la mobilité des hommes participe à la mondialisation.

2 Justifier une affirmation en choisissant des arguments

L'Asie orientale devient une région motrice de la mondialisation. Comment s'exprime son rattrapage économique :

- par l'affirmation de sa façade maritime, ou
- par la diminution des investissements directs de l'étranger, ou
- par le développement de la pauvreté ?

Justifiez votre réponse.

3 Citer des acteurs

Quels acteurs majeurs contribuent à l'accélération du processus de mondialisation ?

4 Justifier une affirmation en proposant des arguments

Justifiez, en vous appuyant sur des exemples, l'affirmation suivante : les flux migratoires constituent un aspect de la mondialisation.

5 Localiser sur un croquis

Situez sur le croquis (après l'avoir reproduit) :

- les trois pôles de la Triade ;
- les grands flux commerciaux et financiers de la planète ;
- les grands flux du tourisme international.

6 Choisir une définition pour une notion

Donnez une définition complète pour l'expression : « mise en réseau du monde ».

Le réseau Internet dans le monde (2004)

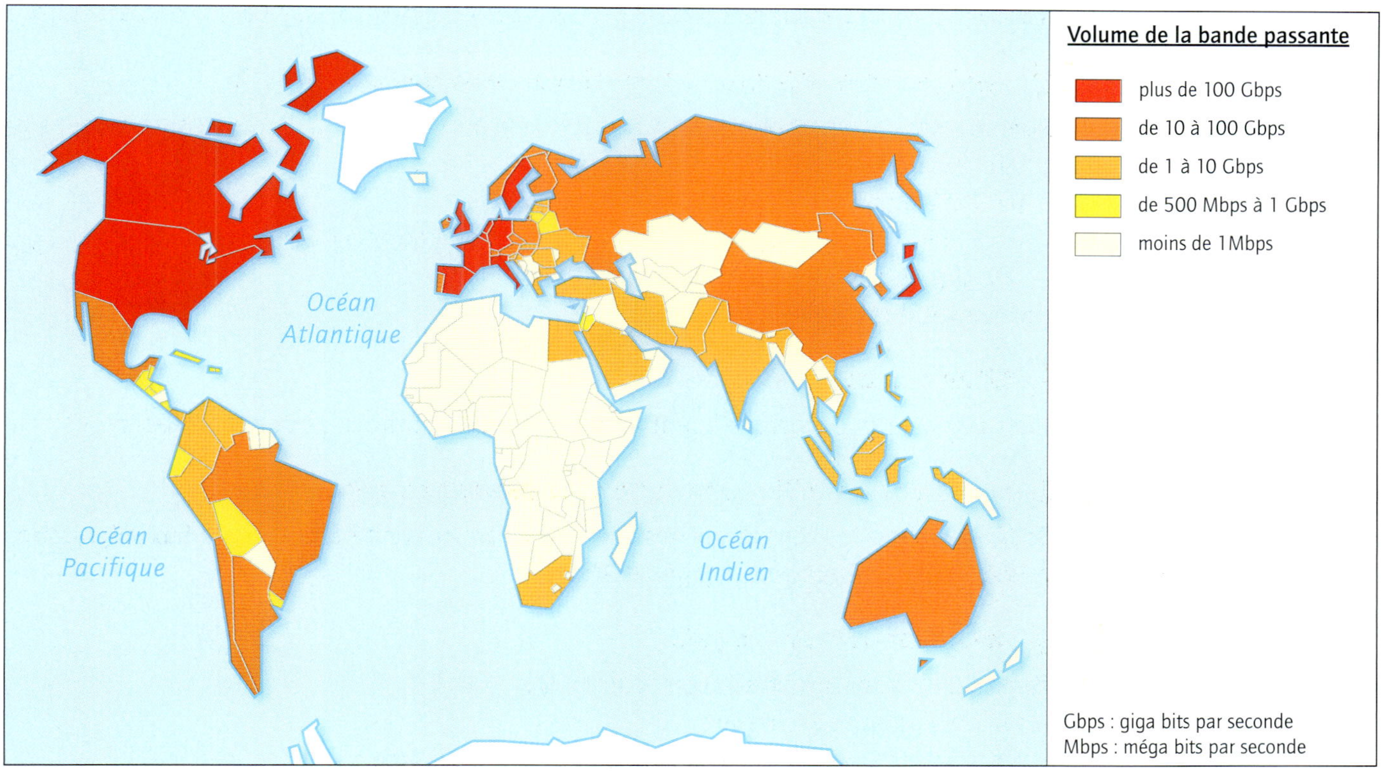

Volume de la bande passante par pays : la bande passante détermine les capacités techniques disponibles pour assurer le flux d'information.

QUESTIONS

1 Identifiez le document : sa nature, la source, le thème abordé, l'échelle sélectionnée.

2 Localisez les ensembles régionaux les mieux dotés pour accéder au réseau Internet et ceux qui souffrent d'un faible équipement technique.

3 Comment cette inégalité dans la répartition des moyens techniques pour la maîtrise d'Internet peut-elle s'expliquer ? Cette inégalité semble-t-elle irréversible ?

4 Dégagez l'intérêt du document : en quoi illustre-t-il les inégalités de développement généralement observables à l'échelle mondiale ?

Pôles et aires de puissance

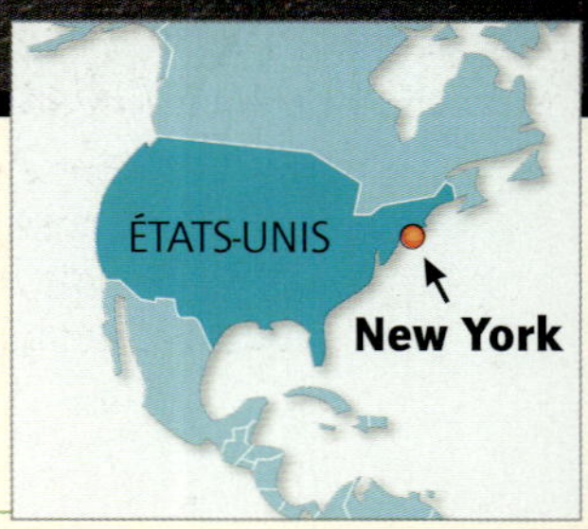

A Question obligatoire

Centres d'impulsion mondiaux et inégalités de développement

B Sujets d'étude au choix

L'Union européenne

La Chine

PARTIE

2

Vue aérienne de la pointe sud de l'île de Manhattan (New York).
L'île de Manhattan constitue le quartier hypercentral de New York, ville mondiale et métropole majeure des États-Unis. New York est au cœur de la mégalopole du Nord-Est atlantique des États-Unis, centre d'impulsion de l'espace mondialisé.

Centres d'impulsion mondiaux et inégalités de développement

Quelques très grandes villes dans le monde concentrent les pouvoirs économiques et financiers de la planète. Ce sont des centres d'impulsion de l'espace mondial. On les désigne par les termes de « métropoles » ou bien de « villes mondiales » quand elles cumulent de nombreux pouvoirs de commandement.
La plupart sont regroupées en trois ensembles :
les mégalopoles nord-américaine, européenne et japonaise.
L'espace mondial se caractérise par ailleurs par de fortes disparités. Des puissances économiques s'affirment tandis que des régions sont marginalisées et qu'apparaît un ensemble hétéroclite de pays à revenus intermédiaires.

Comment s'organise l'espace mondial entre centres d'impulsion et aires inégalement intégrées ?

QUESTION OBLIGATOIRE

La baie de Tokyo (Japon).
La baie de Tokyo est conquise par des terres-pleins industriels, tertiaires et résidentiels. Les constructions à la verticale des quartiers d'affaires affirment la puissance de la ville mondiale japonaise.

L'espace mondial. Inégalités de développement

A États du Nord, États du Sud dans l'espace mondial

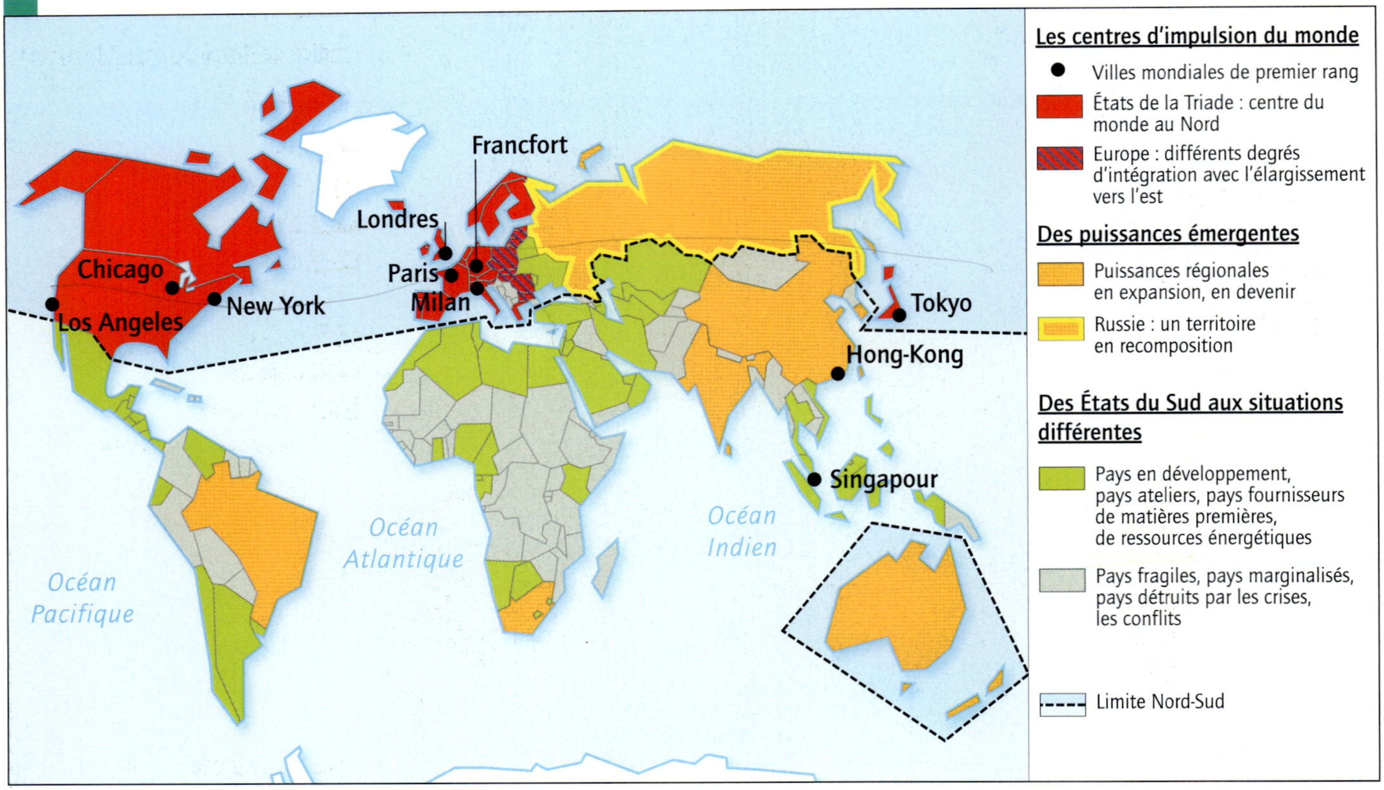

B L'évolution de la croissance

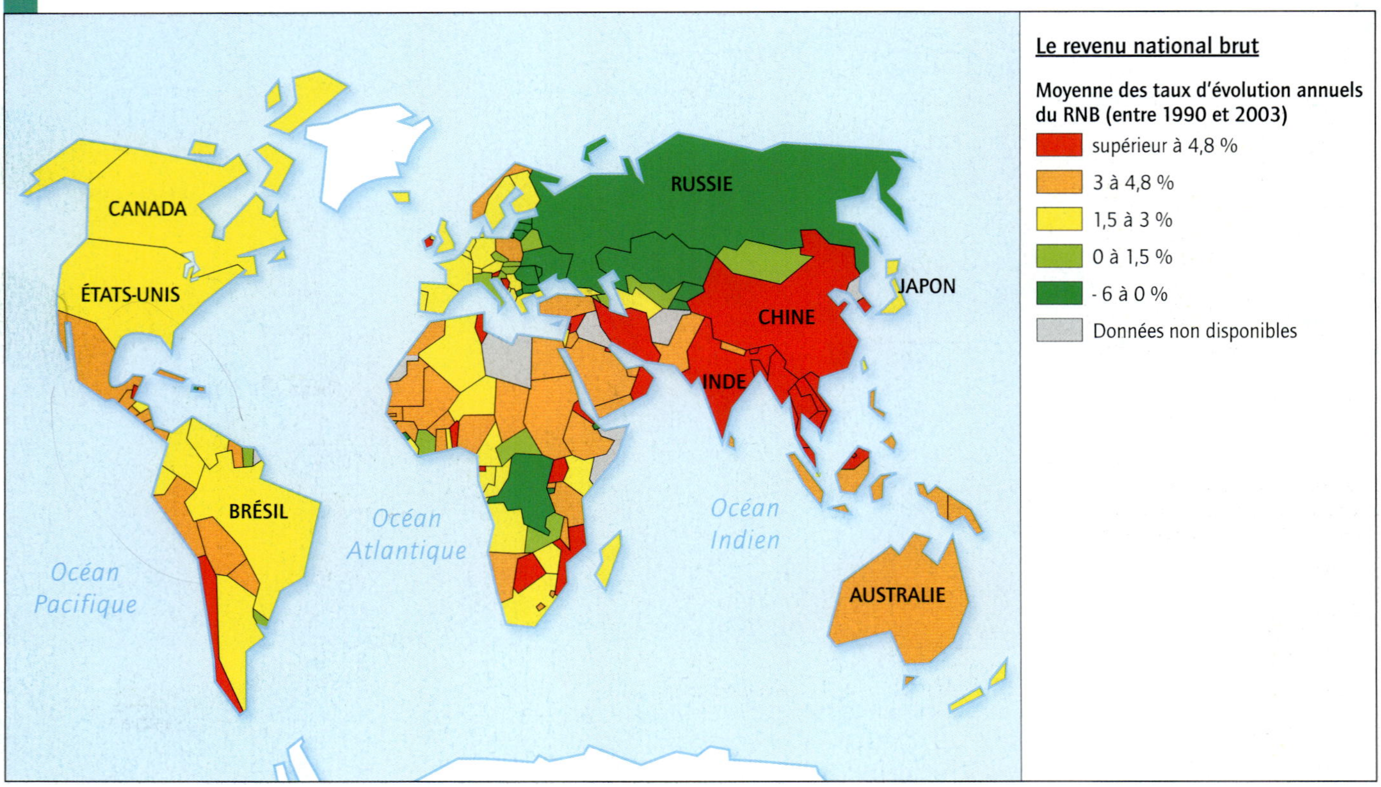

C L'IDH

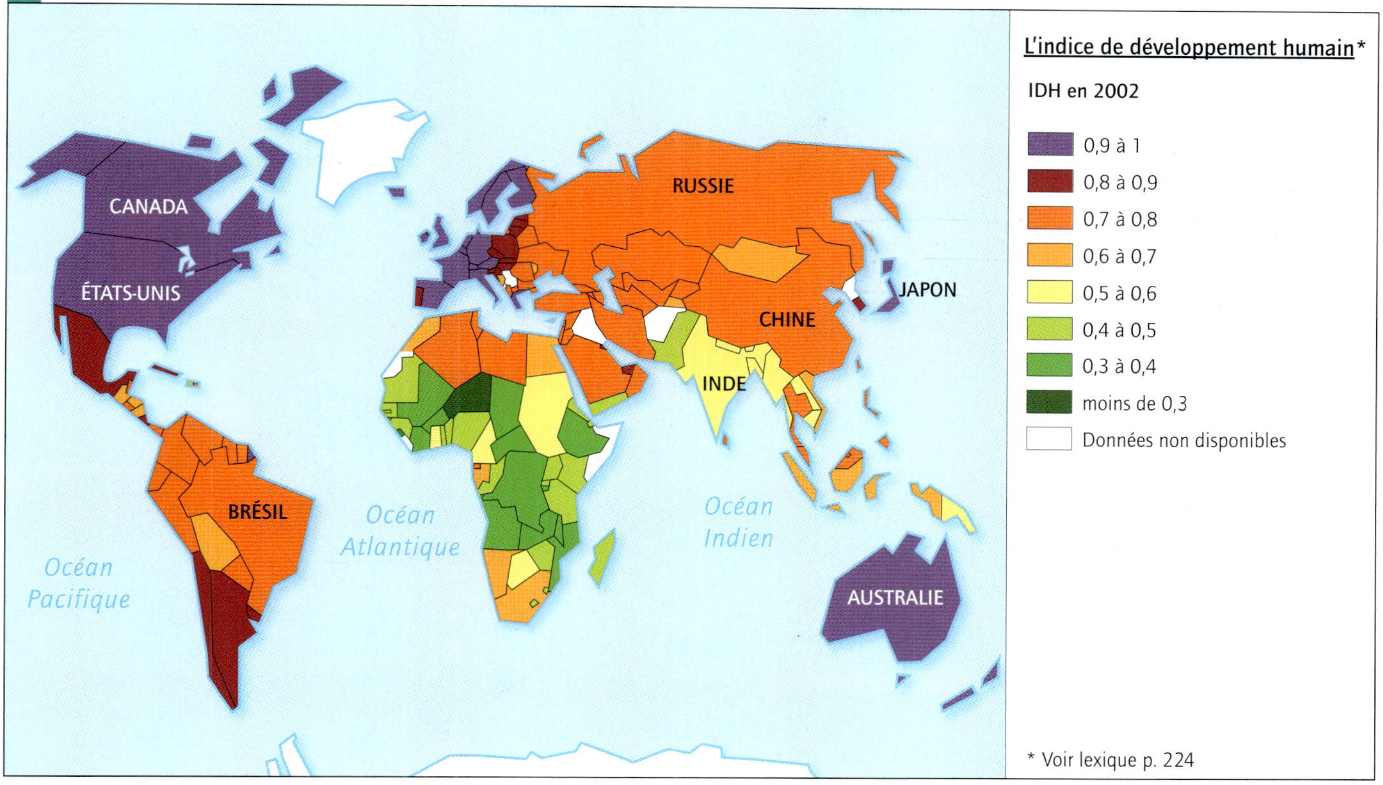

D Les principales places financières

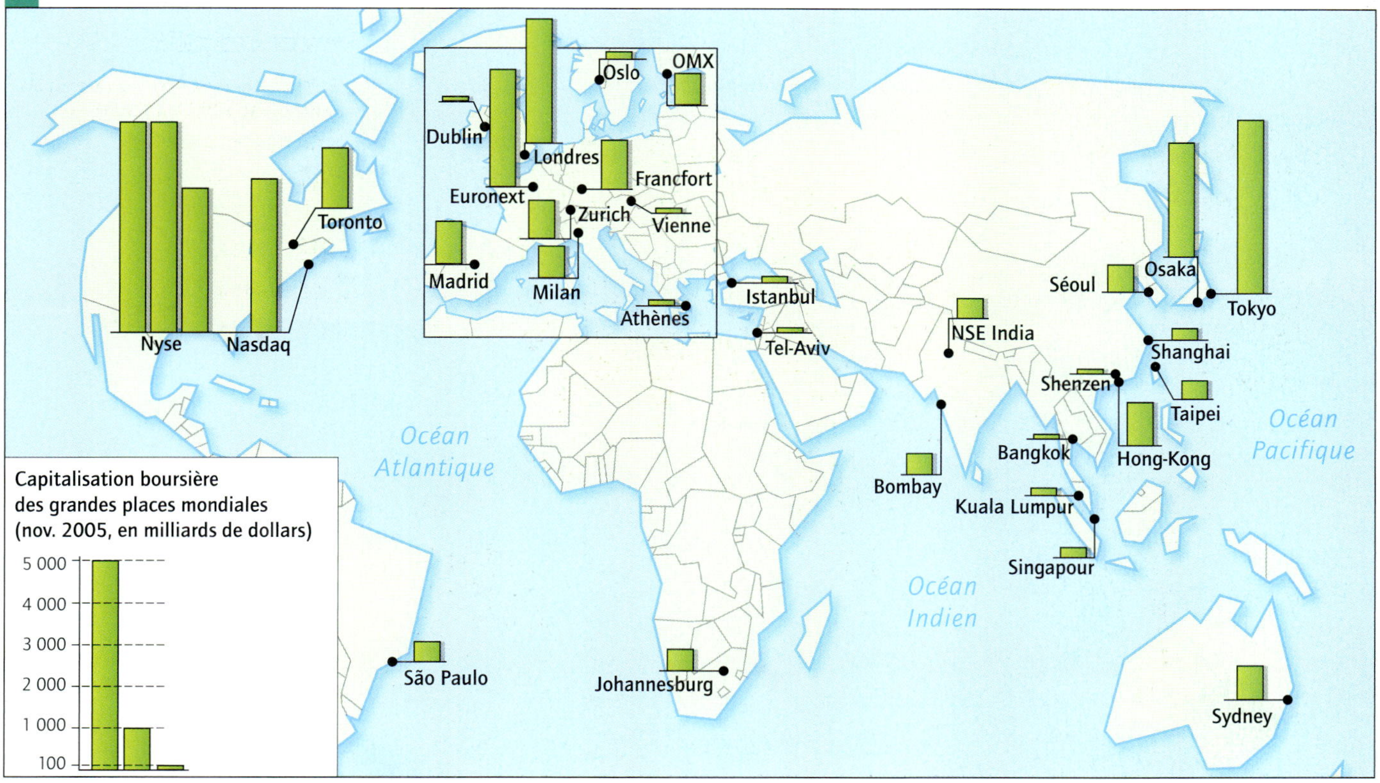

COURS 1

Les villes au centre de l'espace mondial

À l'échelle mondiale, certaines villes exercent un fort rayonnement. À la tête des réseaux de la mondialisation, elles entretiennent des relations denses et continues.

1 La domination des villes mondiales

• **Une concentration des pouvoirs.** Les villes mondiales désignent les grandes métropoles, centres de commandement de l'économie mondiale. Elles abritent les sièges des firmes transnationales, les grandes places boursières, les services les plus spécialisés. Cette métropolisation leur donne un rôle déterminant sur les marchés financiers, dans la création de nouveaux produits et la diffusion de l'information.

• **Une hiérarchie des villes mondiales.** En tête du classement, New York dispose d'un milieu d'affaires financières puissant. Tokyo, Londres assurent les plus grandes transactions internationales. Paris rassemble également des activités tertiaires de haut niveau, dans les services aux entreprises, la banque, la publicité… Les centres d'affaires des villes mondiales, avec leurs prestigieux immeubles de bureaux, sont des lieux où se prennent les décisions à l'échelle planétaire.

2 La concentration dans les mégalopoles

• **De grandes régions urbaines.** Le terme « mégalopole » désigne un vaste ensemble d'urbanisation continue regroupant plusieurs dizaines de millions d'habitants dans des villes de taille différente. S'y juxtaposent des métropoles de rang international et des villes de rang secondaire. La grande extension des zones périurbaines sur plusieurs centaines de kilomètres, la concentration d'activités de haut niveau, la densité des réseaux de communication caractérisent les mégalopoles.

• **Trois grandes mégalopoles.** La mégalopole américaine est une concentration de plus de 40 millions d'habitants qui regroupe cinq grandes agglomérations. La mégalopole japonaise forme un ruban côtier urbanisé qui abrite 90 millions d'habitants. La mégalopole européenne est la région-centre de l'Europe qui s'étend sur plusieurs pays, de Birmingham en Angleterre jusqu'à la plaine du Pô en Italie, en passant par l'axe rhénan.

3 Des réseaux de métropoles

• **Un réseau à l'échelle mondiale.** Entre elles, les mégalopoles tissent à leur tour des relations privilégiées. Le réseau urbain mondial est dominé par les villes mondiales, par les grandes métropoles qui sont reliées les unes aux autres par des liens privilégiés. On peut les comparer à des îles formant un archipel. Quelques grands pôles du Sud sont reliés à cet archipel : Mexico ou Bombay par exemple. Tout en développant les meilleurs chances d'intégration dans un réseau urbain mondialisé, les villes doivent gérer les problèmes issus d'un développement rapide.

• **Des liens à l'échelle régionale.** Il existe des relations entre des villes appartenant à la même région. Un nouveau réseau discontinu de villes se développe sur la façade pacifique de l'Asie, de Séoul à Singapour, formant « l'archipel mégalopolitain asiatique ». De la même manière, une mégalopole est en formation entre São Paulo et Buenos Aires ainsi que sur la côte ouest de l'Amérique du Nord.

1 Croquis d'une métropole mondiale en situation littorale

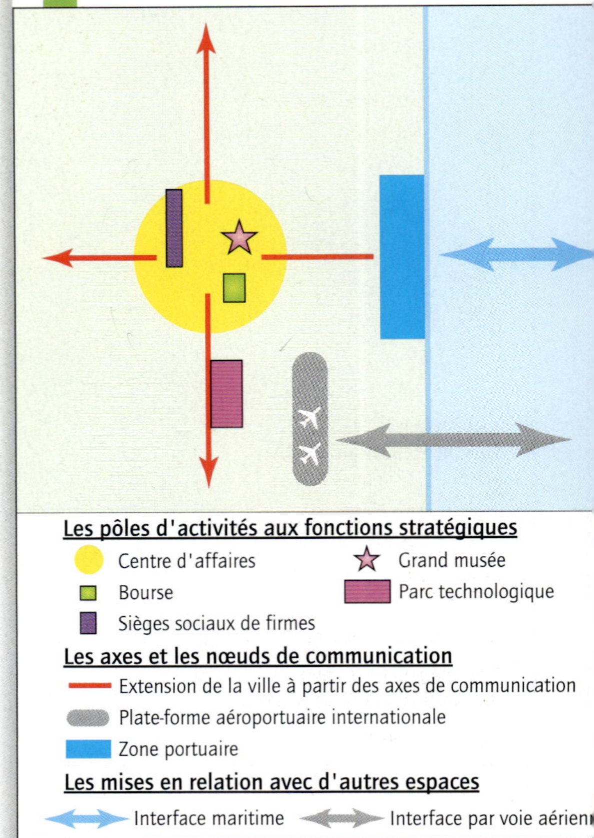

La métropole mondiale est un grand centre d'impulsion caractérisé par des fonctions économiques et financières de niveau mondial, regroupées dans le quartier des affaires, par des réseaux de communication qui relient la métropole à l'espace mondial, par des activités de haute technologie et de recherche.

LEXIQUE

- **Métropole :** ville ayant un pouvoir de commandement, parce qu'elle concentre des fonctions stratégiques (secteur financier, activités de pointe, services aux entreprises…), des fonctions politiques et décisionnelles. La métropole attire et rayonne.
- **Métropolisation :** mouvement de forte concentration des hommes et des fonctions de commandement dans les villes.
- **Pôle :** lieu d'où partent les flux et où ils convergent. Les grandes villes attirent et exercent leur rayonnement, elles polarisent leur espace.

Quel rôle les grands pôles jouent-ils dans l'organisation de l'espace mondial ?

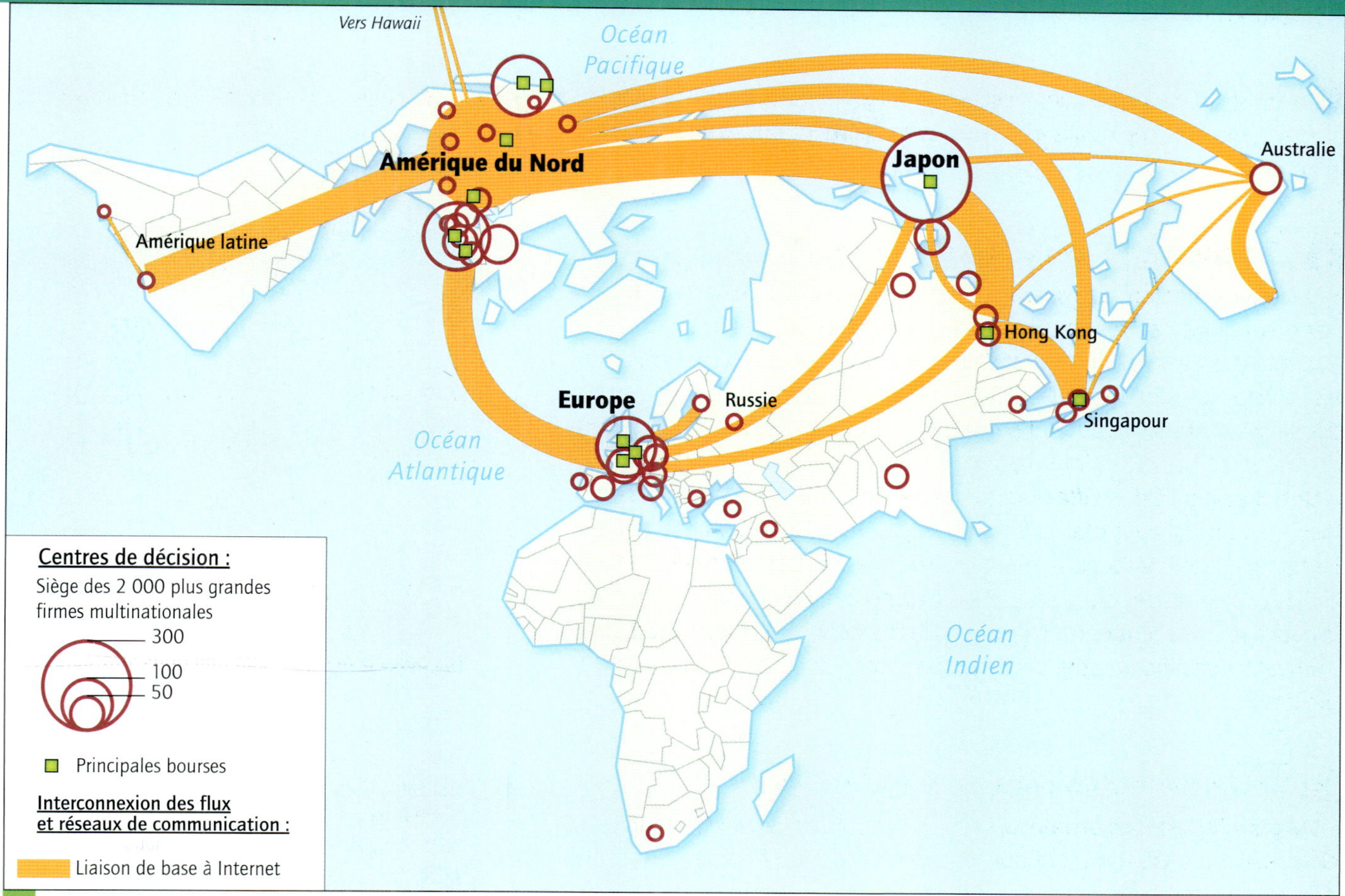

2 Les centres d'impulsion et leurs réseaux Internet

3 **Londres, ville mondiale**

Grande place financière avec la City, Londres est une ville attractive et cosmopolite. Nœud de communication, elle possède une plate-forme aéroportuaire internationale avec Heathrow et Gatwick. Symbole de la ville mondiale, la Shard of Glass tower (fin de la construction prévue pour 2008) sera la plus haute tour d'Europe occidentale. Londres accueillera les jeux Olympiques d'été en 2012.

Étude des documents

1. Caractérisez les espaces reliés par les flux les plus denses ? (Doc. 2)
2. Quels sont les espaces qui sont encore à l'écart des grands flux de ce réseau de communication ? (Doc. 2)
3. Londres est une ville mondiale. Comment sa puissance s'exprime-t-elle dans le paysage ? (Doc. 3)
4. Comment, à partir de l'ensemble des documents, peut-on caractériser un centre d'impulsion mondial ? (Docs 1, 2, 3)

Questions BAC

1. Donnez des exemples de villes mondiales.
2. Quelle différence fait-on entre une mégalopole et une ville mondiale ?

COURS 2

Deux mégalopoles : l'américaine et l'européenne

Le terme de « mégalopole » a été donné pour la première fois à l'espace urbain du Nord-Est des États-Unis. Il s'applique aussi à la région urbaine du cœur de l'Europe.

1 La mégalopole américaine, grand centre du monde

- **La puissance de la mégalopole.** La mégalopole joue un rôle majeur dans l'interface atlantique, véritable charnière entre le monde et l'intérieur des États-Unis. Les ports, les aéroports, les téléports concourent à faire de la mégalopole un centre d'impulsion où se concentrent des fonctions internationales de haut niveau. La Banque mondiale réside à Washington, de prestigieuses universités (MIT, Harvard) font la renommée de Boston, les Nations unies siègent à New York. Avec ses 21 millions d'habitants, New York représente la ville mondiale par excellence, comme le révèle Wall Street, première place boursière.
- **Un espace mégalopolitain étalé.** La mégalopole s'étend sur un millier de kilomètres le long du littoral atlantique. Elle s'appuie sur cinq grandes agglomérations : Boston, New York, Philadelphie, Baltimore et Washington. Les immenses banlieues pavillonnaires continuent de s'étendre mais les réseaux de communication permettent de les relier aux CBD à l'architecture verticale, les quartiers hypercentraux tel Manhattan à New York, sont les hauts lieux de la mondialisation. Séparées par des espaces ruraux, les périphéries urbaines ont aussi multiplié les espaces protégés et récréatifs.

2 La mégalopole européenne, une region-centre

- **Un semis de villes.** La mégalopole européenne regroupe de grandes agglomérations mais aussi tout un semis de petites villes. L'axe du Rhin en constitue la colonne vertébrale. Plusieurs régions urbaines se détachent tels la région Rhin-Ruhr avec Cologne, Duisburg, Dortmund (11 millions d'habitants) et l'ensemble des villes qui constituent la *Randstad Holland* (Rotterdam, La Haye, Amsterdam…). Les espaces urbains s'organisent autour d'un noyau historique, lieu central de la ville. Les nouveaux centres d'affaires (Docklands à Londres, quartier de la gare du Nord à Bruxelles, quartier de l'Euro Tower à Francfort, la Défense à Paris) dédoublent les centres originels… Dans les banlieues se juxtaposent des aires résidentielles socialement différenciées, des centres commerciaux, des zones d'activités et de loisirs.
- **Un centre du monde sur plusieurs pays.** Les grandes villes possèdent des fonctions internationales de haut niveau. Londres abrite la City et ses institutions financières, Bruxelles concentre le siège des institutions de l'OTAN et de l'Union européenne, Francfort a recueilli le siège de la Banque européenne tandis que La Haye abrite le siège de la Cour internationale de justice. Paris est directement relié à cette mégalopole par le TGV et l'autoroute. L'Italie du Nord et sa capitale économique Milan la prolongent vers le Sud. La mégalopole affirme sa puissance par l'intensité des flux de marchandises, de capitaux, d'hommes, d'informations dans le cadre d'un espace commercial unique. On y relève les plus forts PIB régionaux de l'UE. La bonne accessibilité de la métropole est liée à un réseau très dense de communications (liaisons ferroviaires à grande vitesse, axes autoroutiers, lignes aériennes, flux Internet…). La forte fréquentation des axes conduit à l'augmentation des contraintes (congestion des voies, pollutions, nuisances…)

1 Une grande métropole européenne : Francfort

Son centre historique, son centre d'affaires. La juxtaposition de CBD verticaux et de quartiers historiques est caractéristique des métropoles européennes.

LEXIQUE

- **CBD (*Central Business District*) :** quartier des affaires situé au cœur de la ville anglo-saxonne, reconnaissable à ses gratte-ciel.
- **Hypercentre :** centre premier et quartier où se concentrent les fonctions stratégiques de l'économie mondiale, les fonctions de commandement, les fonctions financières, politiques… La pointe sud de Manhattan à New York, la City à Londres sont des quartiers hypercentraux.
- **Téléport :** carrefour majeur de télécommunications.

2 La mégalopole américaine

3 Le projet de reconstruction de *Ground Zero* à Manhattan, New York (image de synthèse)

Le projet de Daniel Libeskind, qui a remporté le concours international pour la reconstruction de *Ground Zero* (541 m), souligne la dynamique de l'hypercentre new-yorkais.

4 La mégalopole européenne

Étude des documents

1. Comment s'organise l'espace de la mégalopole américaine ? **(Doc. 2)**
2. Qu'est-ce qui fait de la mégalopole américaine un des principaux centres de l'espace mondial ? **(Docs 2, 3)**
3. Francfort est une grande métropole européenne. Quels sont les contrastes du paysage urbain ? **(Doc. 1)**
4. Quelles sont les particularités des villes de la mégalopole européenne ? Comment expliquez-vous cette diversité ? **(Docs 1 et 4)**

Questions BAC

1. Quelles sont les caractéristiques d'une mégalopole ?
2. Retrouvez la métropole qui abrite le siège des organismes internationaux suivants : Organisation des Nations unies, Cour internationale de justice, Banque mondiale, Banque européenne.

COURS **3**

La mégalopole japonaise et l'archipel mégalopolitain asiatique

La mégalopole japonaise regroupe les grandes villes qui jalonnent le littoral pacifique. Les métropoles de la façade pacifique de l'Asie, de Singapour à Séoul, forment un archipel mégalopolitain.

1 La mégalopole japonaise, un immense ruban urbain

- **Les dynamiques de la mégalopole.** La mégalopole japonaise forme un ruban de peuplement dense qui s'étend sur 1 300 km de Sendai au nord-est à Kumamoto au sud-ouest. L'assemblage des villes, grandes et petites, est entrecoupé de zones agricoles et d'espaces verts. La mégalopole montre ses capacités à échanger des marchandises, des services et des informations. Les baies de Tokyo, d'Osaka, de Nagoya regroupent de grands ports à conteneurs. L'espace mégalopolitain continue de gagner sur la mer des terre-pleins pour l'industrie, les transports et le logement.
- **Une congestion de l'espace.** Des millions de migrants pendulaires empruntent chaque jour les grands axes de circulation. La ligne du Shinkansen (train à grande vitesse) constitue une voie majeure très fréquentée. Mais la densité du trafic provoque des ralentissements et des pollutions contraignants. Le risque sismique constitue une autre forte contrainte car il reste imprévisible.

2 Tokyo : une ville mondiale

- **La puissance d'un centre du monde.** Regroupant 60 % des sièges sociaux d'entreprises japonaises, 85 % des établissements financiers étrangers, le Grand Tokyo abrite plus de 30 millions d'habitants. Grâce à ses services industriels, technologiques et financiers haut de gamme, à son PUB le plus important dans le monde, Tokyo fait partie des villes mondiales.
- **Une organisation par quartiers.** Le centre de Tokyo s'est organisé par quartier autour de différentes fonctions : politiques, financières, économiques, commerciales et de loisir. Le quartier de Shinjuku, où siège le gouvernement municipal, affiche une impressionnante verticalité du bâti.

3 Un réseau de nouvelles métropoles

- **Le rôle de l'interface.** Les grandes métropoles asiatiques (Séoul, Shanghai, Hong Kong, Singapour…) développent des échanges à partir de leurs plates-formes portuaires et aéroportuaires. De nouvelles fonctions métropolitaines transforment ces villes en nouveaux centres de l'économie mondiale. En témoigne l'apparition de quartiers d'affaires aux immeubles imposants (Pudong à Shanghai, le Two International Finance Center de Hong Kong…).
- **Les effets de la croissance urbaine.** Les flux migratoires issus de l'exode rural, la forte croissance démographique ont des effets directs sur la croissance spatiale des métropoles. Des immeubles de bureaux et d'appartements haut de gamme remplacent les anciens quartiers traditionnels livrés aux pelleteuses. Les populations modestes sont reléguées en périphérie dans de nouvelles banlieues.

1 Le réseau des métropoles asiatiques

L'interconnexion des grandes métropoles facilite la circulation des marchandises, des hommes, des capitaux et des informations. Les infrastructures de transport et de communiaction se développent. Cette mise en réseau facilite l'intégration économique régionale.

LEXIQUE

- **Contrainte :** élément dont les sociétés doivent tenir compte dans l'organisation de l'espace.
- **Migrations pendulaires :** déplacements journaliers du domicile au travail.
- **PUB :** produit urbain brut. Ensemble des richesses produites à l'échelle d'une agglomération.
- **Risque :** tout phénomène qui peut affecter une société humaine à un moment ou à un autre.
- **Terre-plein :** espace gagné sur la mer en avant du littoral pour permettre l'installation d'aménagements portuaires et d'établissements industriels.

Comment se manifestent les dynamiques de ces espaces mégalopolitains ?

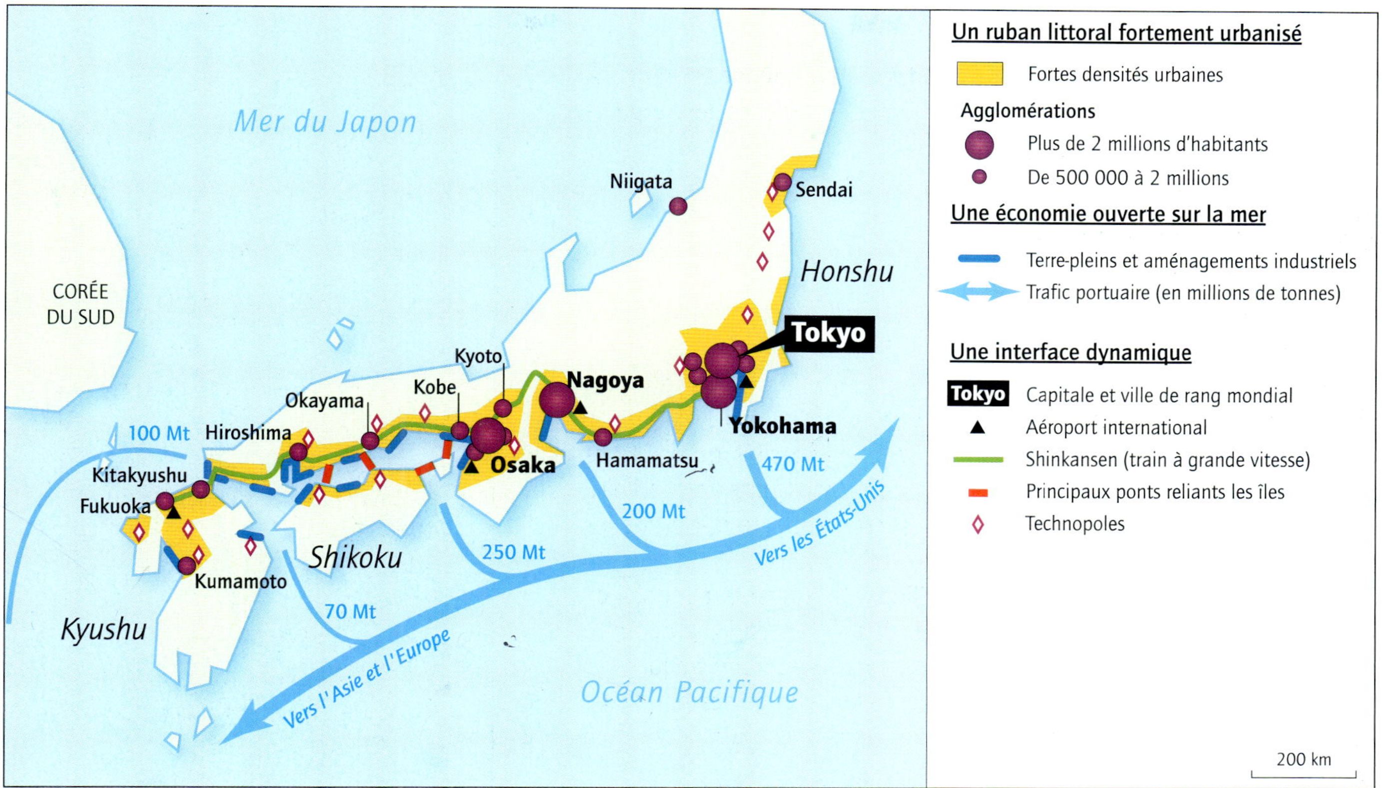

2 L'organisation spatiale de la mégalopole

Polarisé par les trois aires métropolitaines de Tokyo, Nagoya et Osaka, le ruban urbain s'étend sur plus de 1 000 km sur tout le littoral pacifique de Honshu et déborde sur les îles de Kyushu et Shikoku.

3 Les transformations de Pékin

Le rythme des constructions à Pékin s'est emballé depuis les Jeux Asiatiques (années 1980). La ville compte officiellement 14 millions d'habitants. Son urbanisme est régi par un schéma directeur pour 2020 et une stratégie de développement pour 2050. Le projet de développement principal est de construire une ville moderne internationale. Les nouveaux repères identitaires de la société chinoise sont les hôtels, les centres commerciaux, les bureaux et quartiers d'affaires regroupés dans les CBD. Le chantier de l'opéra, à deux pas de la Cité interdite, se veut le symbole d'une Chine audacieuse.

[...] La hauteur légale des constructions (30 mètres) est dépassée, les populations modestes du centre-ville sont déplacées en périphérie, les gens vont être dédommagés à concurrence de 700 à 1000 euros le m² alors que dans le CBD, le prix du m² est de 2000 euros.

[...] Les plans de reconstruction de la ville soulèvent de nombreux débats concernant la sauvegarde des quartiers anciens et les autorités envisagent de protéger 25 quartiers. Les opérations de réhabilitation sont souvent des copies de l'ancien, pur décor pour un spectacle touristique. Cette politique a créé une nouvelle classe de propriétaires, majoritairement des familles de Hong Kong ou de Taiwan qui investissent les quartiers traditionnels et achètent à prix d'or les pastiches de *siheyuan* (maison à cour carrée à un étage). [...] Ainsi nouveaux riches et touristes sont devenus les nouveaux acteurs des centres des villes.

Ph. Pelletier (dir.), *Géopolitique de l'Asie*, Nathan, 2006.

Étude des documents

1. Comment s'organise la mégalopole japonaise ? Quelles fonctions de la mégalopole en font un centre du monde ? (Doc. 2)
2. En quoi les métropoles de la façade pacifique forment-elles un réseau ? (Doc. 1)
3. En quoi les transformations de Pékin sont-elles révélatrices d'une métropolisation ? Quels sont les enjeux de ces dynamiques urbaines ? (Doc. 3)
4. Quels sont les problèmes auxquels sont confrontés les espaces mégalopolitains asiatiques ? (Docs 1, 2, 3)

Questions BAC

1. « L'ouverture sur la façade pacifique est un facteur essentiel du dynamisme des métropoles asiatiques. » Justifiez cette affirmation.
2. Citez quelques nouveaux centres d'affaires de l'archipel mégalopolitain asiatique.

COURS 4

La Chine, une montée en puissance

De nouvelles économies tournées vers le marché mondial deviennent concurrentes des économies des pays développés. Ces pays émergents, dont la Chine, sont en phase de devenir de nouvelles puissances économiques.

1 Qu'est-ce qu'une puissance économique ?

- **Les éléments de la puissance.** Sur une partie de l'espace mondial, se concentrent des activités de production, des capacités d'innovation, des pouvoirs de décision qui lui confèrent une influence dans l'économie et la gestion du monde. La maîtrise du territoire, le poids démographique, l'influence stratégique et militaire peuvent renforcer cette position.
- **De fortes relations.** Ces aires de puissance développent des réseaux d'échanges qui s'intègrent dans une économie de marché. Leurs grandes villes deviennent des métropoles à fort rayonnement et à forte attractivité. L'accès aux ressources énergétiques et aux matières premières, le développement des communications qui permettent l'insertion dans la mondialisation deviennent des enjeux pour toute aire de puissance.

2 La Chine : « le socialisme de marché »

- **Des bouleversements rapides.** Entrée dans l'OMC en 2001, la Chine communiste, qui compte 1,3 milliard d'hommes, s'intègre au marché mondial. Des entrepreneurs nationaux et des Chinois d'outre-mer disposant d'importants réseaux de relation sont les nouveaux acteurs de l'économie chinoise. Les régions littorales (la région de Shanghai, le delta de la rivière des perles) sont la première destination des investissements étrangers. Les métropoles littorales, Hong Kong, Shenzhen, Shanghai… deviennent des lieux dynamiques de l'espace mondialisé. 80 % des IDE proviennent des pays de l'Asie orientale.
- **Le rôle des échanges internationaux.** En 2003, la Chine est passée à la 4e place dans les exportations mondiales. Ce sont surtout des biens manufacturés provenant pour la moitié des entreprises étrangères. La Chine a un énorme besoin en matières premières. Pour cette raison, elle investit en Afrique, en Russie, autour de la mer Caspienne. Elle est en train de bouleverser le marché mondial des produits énergétiques. Développant depuis peu des secteurs industriels de moyenne ou de haute technologie, la Chine ne veut plus être un simple pays atelier du monde.
- **Les contraintes du dynamisme économique.** L'important exode rural avec une population flottante de plus d'une centaine de millions de paysans, conduit à une urbanisation sauvage. La prospérité ne profite pas à tous, même si on enregistre une réduction « absolue » de la pauvreté et la montée d'une classe moyenne. Les disparités conduisent à des mécontentements populaires. Les villes chinoises témoignent de cette Chine à double vitesse : les quartiers pimpants coexistent avec des masures et des bidonvilles. L'environnement n'est pas épargné : dégradation des sols, manque d'eau dans la moitié nord, pollution des cours d'eau, pollution atmosphérique. La Chine privilégie sa croissance au détriment d'un développement durable.

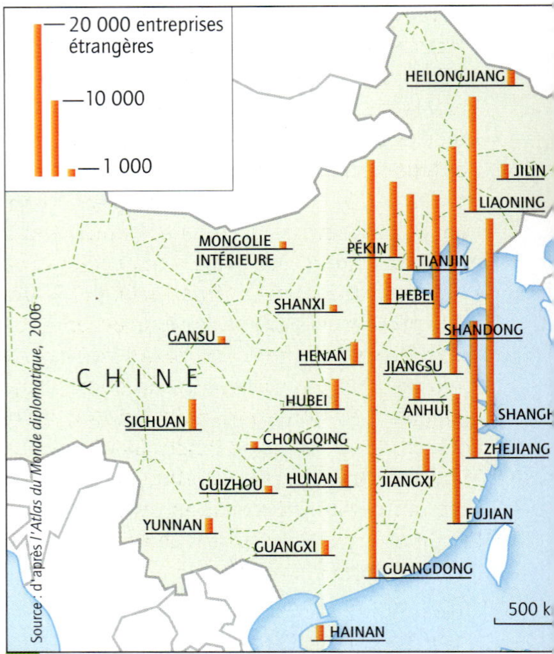

1 Les investissements étrangers (IDE) en Chine

LEXIQUE

- **Chinois d'outre-mer :** nom des minorités chinoises d'Asie du Sud-Est (Thaïlande, Indonésie, Malaisie, etc.) ayant souvent une forte capacité d'investissement.
- **IDE :** voir p. 174.
- **OMC (Organisation mondiale du commerce) :** organisme créé par les accords de Marrakech, qui a succédé au GATT depuis 1995. Il prépare et veille à l'application des accords généraux sur le commerce des marchandises et des services.
- **Population flottante :** résidents temporaires vivant en dehors de leur lieu d'enregistrement de leur état civil et à statut plus ou moins légal.

Quelles sont les bases de la puissance économique chinoise ? 4

2 Les Chinois investissent en Afrique

Depuis 2003, la Chine est le second consommateur de pétrole au monde, derrière les États-Unis et devant le Japon. Elle cherche donc, pour soutenir sa formidable croissance économique, à diversifier ses sources d'approvisionnement en hydrocarbures, d'où une intensification des rapports commerciaux sino-africains. Nigeria, Angola, Guinée équatoriale, Sao Tome & Principe, Congo Brazzaville et Gabon sont désormais des fournisseurs attitrés de la Chine au même titre que le Soudan. Au Mali et en Mauritanie, des sociétés chinoises mènent des campagnes de forage dans l'espoir de découvrir des gisements pétroliers aussi importants que ceux du Tchad. Au Gabon, le président Omar Bongo vient d'inaugurer le nouveau Sénat en face duquel sera construit, par la même entreprise chinoise, une futuriste Cité de l'Information. Des projets financés par la vente à Pékin du pétrole gabonais. La Chine est également intéressée par le pétrole angolais. En échange de différents prêts et subventions au gouvernement, Pékin a obtenu 50 % de l'exploitation du forage off shore n° 18, autrefois attribué à Shell. Plus du tiers du pétrole angolais part pour la Chine, de quoi inquiéter les États-Unis, gros clients de l'Angola. L'or noir soudanais, qui doit financer la reconstruction du pays, est également convoité par Pékin. La China National Petroleum Company exploite le gisement du bassin de Muglad. Elle a construit un oléoduc de 1 300 km de long permettant l'évacuation du pétrole par le port de Marsa-al-Bashair. Voilà les Chinois installés sur les côtes de la mer Rouge, une situation suivie de près par Washington et Jérusalem.

Patrick Girard,
Marianne, le 19 janvier 2006.

3 Le Guangdong : une province dynamique

Le Guangdong est la première province chinoise pour la valeur de sa production industrielle. Les autorités souhaitent aujourd'hui s'orienter vers des secteurs à plus forte valeur ajoutée tels que les hautes technologies, la pétrochimie et la chimie fine : elles estiment que le Guangdong a les moyens de passer du statut d'« atelier du monde » à celui d'une zone tournée vers les hautes technologies et les services. Le Guangdong est la première province chinoise en matière de valeur ajoutée dans le secteur des services. La vocation financière du Guangdong est mise en valeur par la présence de nombreuses institutions financières chinoises et étrangères, et d'une des deux Bourses que compte la Chine à Shenzhen. Les autorités ont exprimé en janvier 2003 leur volonté de faire de Canton et de Shenzhen des centres financiers régionaux d'ici à 2008, en vue « d'attirer un nombre croissant de multinationales désireuses d'implanter dans le delta leurs sièges et leurs centres de recherche et développement ».

Olivier Candiotti, Mission économique de Canton, Ambassade de France en Chine, septembre 2003.

4 Des migrants à la gare de Pékin

Les ruraux venus travailler dans les usines des régions côtières font la queue pour accéder un à un aux quais.

Étude des documents

1. Pour quelles raisons la Chine investit-elle en Afrique ? De quelle manière organise-t-elle ses relations commerciales ? Quelles peuvent être les conséquences à l'échelle mondiale ? (Doc. 2)
2. Quelles régions chinoises profitent de l'ouverture ? (Docs 1 et 3)
3. Quels sont les facteurs qui favorisent l'intégration de la Chine dans l'économie mondiale ? (Docs 1, 2, 3, 4)
4. Quelles sont les fragilités de cette puissance émergente ? (Docs 1, 2, 4)

Questions BAC

1. Quels lieux dynamiques traduisent la montée en puissance de la Chine ?
2. Pourquoi la Chine développe-t-elle des relations avec l'Afrique ?

COURS 5

L'Inde et le Brésil, deux autres modes de développement

L'Inde fonde son développement sur une main-d'œuvre qualifiée. Le Brésil s'appuie sur les ressources de son vaste territoire.

1 L'Inde : du riz à la puce

• **Le choix des secteurs de pointe.** Comptant un milliard d'habitants, l'Inde s'ouvre aux échanges intrarégionaux asiatiques et affiche un taux de croissance de 8 % en 2006. L'économie indienne s'est spécialisée dans les services informatiques pour des clients internationaux. Sur les traces de Bangalore, cœur de la révolution informatique, surgissent un peu partout des pôles informatiques. L'Inde se révèle aussi dans le domaine des biotechnologies et des médicaments génériques. La révolution verte des années 1960 a fait de l'Inde un grand pays agricole. Une agriculture plus respectueuse de l'environnement est aujourd'hui prônée.

• **Des inerties encore fortes** Les activités de la croissance ne profitent pas à tous. À quelques mètres des parcs technologiques, les infrastructures en logement, en transport, en électricité, les services de santé, d'éducation ont du mal à suivre. 23 % des citadins vivent dans des bidonvilles. Des inégalités s'observent aussi entre les villes et les campagnes encore très peuplées, entre les régions et les différents États : le centre de gravité politique du pays est toujours au nord, mais le dynamisme économique est plutôt au sud. L'Inde oscille entre vie moderne et système de castes, qui maintient des cloisonnements sociaux. La force d'une culture millénaire ne masque pas les tensions religieuses entre hindouisme et islam.

2 Le Brésil : la modernité des métropoles et l'immensité du territoire

• **Le choix de l'ouverture.** Le Brésil, 11e puissance par son PNB, a fait le choix de l'ouverture aux échanges internationaux par l'intégration au MERCOSUR et à l'OMC. Les produits industriels représentent 80 % du total des exportations. La construction automobile, l'aéronautique, l'informatique et l'industrie pharmaceutique sont en plein essor. Le Brésil est un géant agricole qui occupe la 1re place pour le café, la canne à sucre et les agrumes et le 2e rang pour le soja. Troisième exportateur agricole, le Brésil fournit de plus en plus de produits issus du puissant complexe agro-industriel.

• **Des contrastes socio-spatiaux.** Avec 8,5 millions de km², le territoire brésilien présente des ressources qui sont à la base du développement économique. L'action politique a permis de maîtriser le territoire par les axes de communication. L'avancée du front pionnier en Amazonie a été liée à la progression de la culture du soja et de l'élevage bovin en relation avec les grands marchés mondiaux. La stratégie de développement a favorisé la croissance du Sudeste et de ses grandes métropoles littorales, Rio de Janeiro, São Paulo. Les contrastes sociaux et spatiaux se lisent aussi à l'échelle de l'espace urbain où se côtoient des quartiers riches sécurisés et des quartiers pauvres de favelas. Des actions sociales y sont menées par les autorités locales en particulier les municipalités de certaines grandes villes.

1 L'Inde, nouvel acteur de l'économie mondiale

C'est dans le domaine de l'informatique que l'Inde a connu ses plus nets succès en capitalisant sur une force de travail qualifiée, anglophone et comparativement à faible coût. Bien peu nombreux sont ceux qui, il y a encore quelques années, avaient entendu parler de la ville de Bangalore dans l'État du Karnataka, avant qu'elle devienne non seulement la cinquième agglomération du pays mais aussi le cœur de la révolution informatique en Inde en hébergeant les leaders du secteur : Infosys, Tata Consultancy Services et Wipro. Microsoft a décidé d'installer à Hyderabad son plus important centre de développement à l'étranger. La part des prestations de services informatiques aux entreprises est passée en quelques années de 10 % des exportations totales de services à la moitié. [...] Nombre de multinationales ont externalisé une partie de leurs services informatiques en Inde. Le pays poursuit l'ambition de devenir un centre scientifique global dans d'autres secteurs de pointe comme la recherche médicale et les biotechnologies.

Ph. Pelletier (dir.), *Géopolitique de l'Asie*, Nathan, 2006.

LEXIQUE

- **Caste :** groupe social fermé. On distingue des castes dominantes : les brahmanes (religieux), les guerriers, les castes des commerçants et des producteurs, puis les basses castes : les paysans, les serviteurs des hautes castes. Il y a enfin les « intouchables », qui sont en dehors des castes et le plus souvent dits « opprimés ».
- **Favela :** mot portugais désignant les zones d'habitats précaires des grandes villes brésiliennes.
- **Front pionnier :** espace de conquête humaine.
- **MERCOSUR :** Marché commun de l'Amérique réunissant depuis 1991 l'Argentine, le Brésil, le Paraguay. La Bolivie et le Chili sont des pays associés sans être membres.
- **Révolution verte :** ensemble des améliorations techniques apportées à l'agriculture pour accroître les rendements.

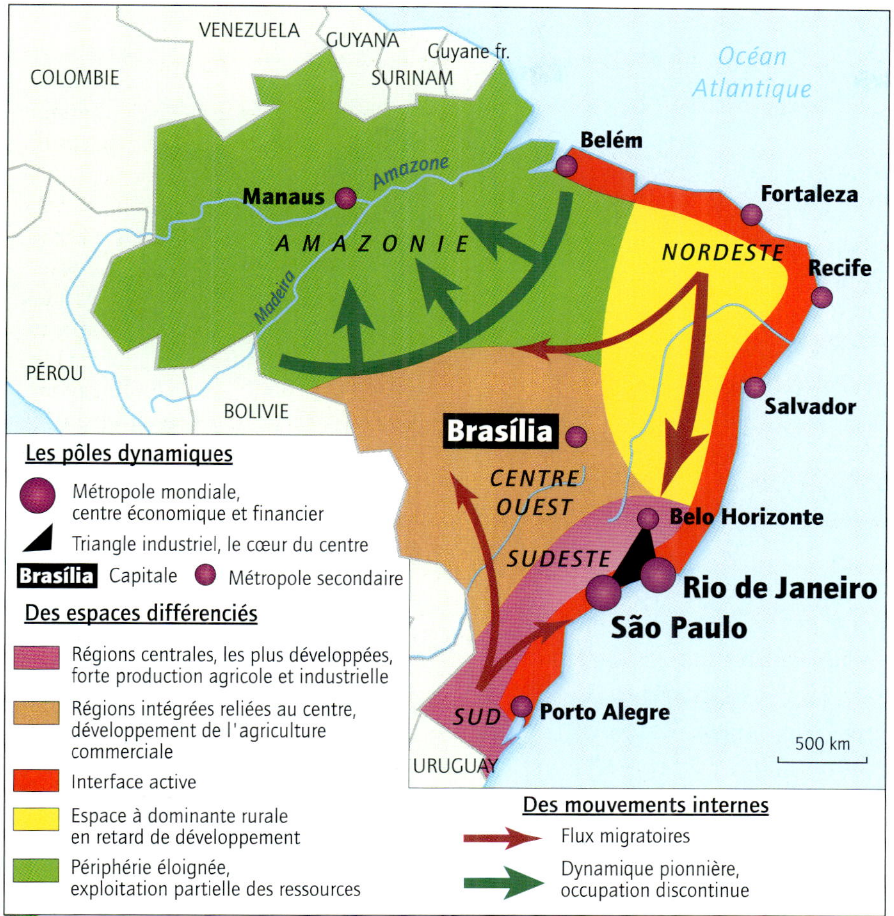

2 Les contrastes de développement au Brésil

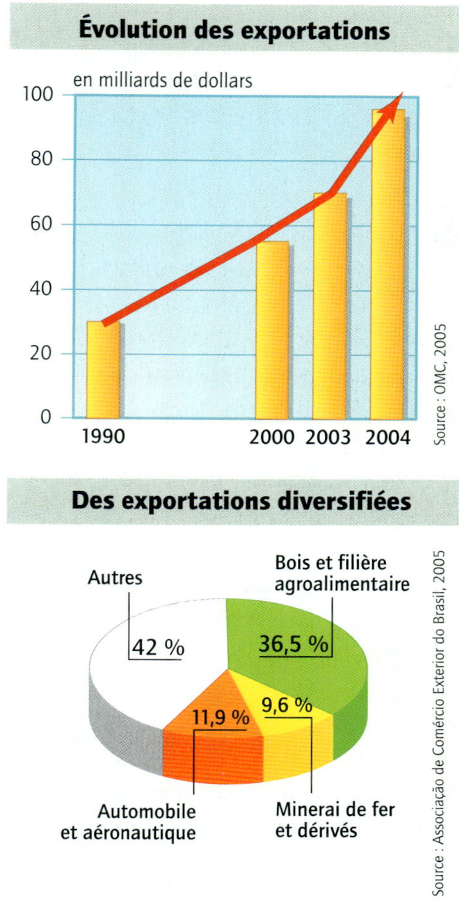

3 Les exportations brésiliennes en 2004

4 Bangalore en Inde

Cette grande agglomération est considérée comme la « Silicon Valley » indienne. Elle a développé un pôle de compétence de rang mondial, axé sur les nouvelles technologies (logiciels, biochimie, aérospatial…)

Étude des documents

1. Quels sont les atouts du dynamisme indien ? (Doc. 1)
2. Quelles sont les activités motrices de l'Inde ? (Docs 1 et 4)
3. Sur quoi se fonde la puissance brésilienne ? (Docs 2 et 3)
4. Comment se manifestent les contrastes spatiaux au Brésil ? (Doc. 2)

Questions BAC

1. Citez des acteurs du développement en Inde et au Brésil.
2. Quelles inégalités génèrent le développement de l'Inde et du Brésil ?

COURS 6 Un espace mondial différencié

Les rythmes de la croissance économique accentuent les inégalités et laissent de côté les PMA, en marge de la mondialisation.

1 Les grandes aires de puissance

• **La Triade.** Les États-Unis, superpuissance disposent du tiers de la richesse mondiale et se placent au premier rang des échanges de services. Leur capacité en recherche et développement (R & D) les place à la pointe des hautes technologies. Pays attractif, les États-Unis détiennent près du cinquième des investissements directs étrangers. Au Japon, un fort investissement en R & D (3% du PIB) permet aux industries japonaises de conserver un avantage compétitif et de maintenir une production de haute technologie. L'Europe occupe une place importante au sein de l'économie mondiale (20% du PIB mondial, 25% des échanges mondiaux). Elle mise sur son savoir-faire à fort contenu technologique, sur son secteur tertiaire. Elle se spécialise dans l'agroalimentaire, les biotechnologies, les communications, le tourisme et développe des stratégies d'intégration de ses régions.

• **Les pays émergents.** La croissance dans les pays en développement est soutenue par les résultats de la Chine et de l'Inde. Les flux d'investissements se dirigent de plus en plus vers certains pays du Sud. Ces entrées de capitaux proviennent souvent des pays émergents tels que le Brésil, la Chine, le Mexique, l'Afrique du Sud, qui sont eux-mêmes bénéficiaires de ces flux.

2 Des inégalités qui s'accentuent

• **Un inégal développement.** L'ouverture aux échanges ne profite pas à toutes les régions du monde. L'écart de revenu entre les pays les plus riches et les pays les moins avancés (PMA) s'accroît (11,6 en 1960, 46,2 en 2001). L'IDH est très faible dans ces pays. L'ensemble des pays en développement constitue un groupe de plus en plus hétérogène avec de nouvelles puissances économiques, des pays très pauvres et des pays à revenus intermédiaires.

• **La pauvreté plus présente que jamais.** Alors que jamais la planète n'a été aussi riche, la moitié de la population du globe vit avec moins de deux dollars par jour et un tiers de la population active mondiale se trouve en sous-emploi ou au chômage.

3 Les PMA, entre mondialisation et marginalisation

• **Des pistes pour le développement.** Les PMA d'Asie du Sud, d'Amérique latine et surtout d'Afrique restent à l'écart des échanges mondialisés. Le commerce africain, spécialisé dans les produits agricoles, miniers ou pétroliers, a perdu du terrain (4% des exportations mondiales en 2000 contre 6% en 1980). L'IDH est très faible en Afrique subsaharienne et l'espérance de vie y diminue (entre autres raisons du fait de la pandémie du sida). Cette aire régionale souffre du manque d'infrastructures, de l'étroitesse des marchés, de ses dépendances internationales, de la faiblesse des investissements.

• **Des pays en marge.** Le bilan doit cependant être nuancé. Le développement local n'est pas forcément mesurable. Le fondateur de la « Banque des pauvres » au Bangladesh vient d'obtenir le prix Nobel de la paix et a financé des centaines de milliers de microentreprises, le secteur informel permet la survie des populations des villes africaines. L'ONU a proposé en 2001 un nouveau partenariat pour le développement en Afrique, qui passe par la lutte contre la corruption, l'instauration de la démocratie et l'augmentation du développement.

1 Couturière au Salvador

Cette Salvadorienne de 51 ans subvient aux besoins de sa famille grâce à sa micro-entreprise de fabrication de tabliers qu'elle a pu créer grâce au prêt d'une ONG issue de la Grameen Bank.

LEXIQUE

- **Croissance économique :** augmentation de la production nationale et revenu par habitant.
- **Développement :** capacité d'une société à satisfaire ses besoins essentiels et à acquérir un mieux-être nécessaire à son épanouissement.
- **IDH (indice de développement humain) :** cet indicateur comprend trois composantes : le PIB réel par habitant, l'espérance de vie, le taux d'alphabétisation de l'adulte avec le nombre moyen d'années d'études. Il s'échelonne entre 0 et 1.
- **PMA (pays les moins avancés) :** groupe de pays les plus pauvres du monde défini par l'ONU à partir de trois critères : le revenu par habitant, l'importance de la production industrielle, le taux d'alphabétisation (49 pays en 2002).
- **Secteur informel :** ensemble des activités économiques sous-déclarées ou non déclarées. Il relève le plus souvent des services aux personnes ou de l'artisanat.

2 Tendances régionales et mondiales de la croissance et prévisions

	2003	2004	2005	2006	2007
Monde	2,5	3,8	3,1	3,2	3,3
Pays à revenu élevé	1,9	3,2	2,4	2,6	2,6
Zone euro	0,5	1,8	1,2	2,2	2,6
Japon	1,4	2,6	0,8	1,9	1,9
États-Unis	3,0	4,4	3,5	4,6	4,5
Pays en développement	5,3	6,6	5,7	5,2	5,4
Asie de l'Est et pacifique	8	8,3	7,4	6,9	7,2
Europe et Asie centrale	5,9	6,8	5,5	4,9	5
Amérique latine et Caraïbes	1,7	5,7	4,3	3,7	3,7
Moyen-Orient et Afrique du Nord	5,8	5,1	4,9	4,3	4,3
Asie du Sud	7,8	6,6	6,2	6,4	6,7
Afrique subsaharienne	3,4	3,8	4,1	4,0	4,1
Pays en développement sans la Chine et l'Inde	3,9	5,8	4,8	4,4	4,4

Source : Banque mondiale.

3 Un parc naturel gabonais menacé par la prospection pétrolière chinoise

C'est un des plus beaux parcs d'Afrique centrale, composé d'une mosaïque de milieux divers – forêt, savane, mangrove, marais – et peuplé de nombreux grands mammifères. Loango est sans doute le seul lieu au monde où l'on peut voir des éléphants arpenter la plage et des hippopotames se baigner dans l'océan. C'est aussi un des rares endroits où l'on peut étudier en même temps gorilles et chimpanzés, comme le fait une équipe du Max Planck Institute. Depuis plusieurs mois, le parc gabonais de Loango, au sud de Port-Gentil, ne vibre plus des trilles des oiseaux à l'aurore, mais des explosions de dynamite provoquées par une campagne de recherche de pétrole dans une zone couvrant quasi intégralement ses 1 500 km². Tout est parti de la visite au Gabon du président chinois, Hu Jintao, en février 2004, suivie, en septembre 2005, d'un permis d'exploration accordé à Sinopec, la deuxième compagnie pétrolière chinoise. Une étude d'impact sur l'environnement a été réalisée. En plus des dégâts écologiques qu'elle provoque, ne serait-ce que sur les animaux, l'exploration pétrolière met à mal le projet d'écotourisme développé sur le parc. Plus généralement, elle altère l'image écologique que veut se donner le Gabon depuis que, en 2002, le président Omar Bongo a décidé de réserver 10 % du territoire national à la conservation de la nature en créant treize parcs, dont Loango est le fleuron.

Les ONG de protection de la nature ont vivement protesté. Le ministère de l'Environnement s'est élevé contre les agissements de Sinopec, tandis que le Conseil national des parcs naturels sommait la compagnie chinoise d'interrompre ses activités. Mais le ministère des Mines a pesé dans l'autre sens et le Conseil des ministres tranchait en faveur de la poursuite de l'exploitation.

Hervé Kempf, *Le Monde*, 26 octobre 2006.

4 Construction d'un nouvel hôtel à Tbilissi (Géorgie)

Au fond, les immeubles construits à l'époque soviétique.

Étude des documents

1. Comment l'espace mondial se différencie-t-il selon le niveau de développement humain ? (voir carte p. 213)
2. Quelles sont les aires régionales à plus forte croissance et celles à plus faible croissance ? (Doc. 2)
3. En quoi les différents acteurs au sein du parc naturel de Loango au Gabon révèlent-ils des enjeux contradictoires ? De quelle manière le développement durable est-il remis en cause dans cette région d'Afrique ? (Doc. 3)
4. Comment le microcrédit change-t-il la vie des plus pauvres ? (Doc. 1)
5. Quels atouts et quelles difficultés sont ceux des pays de l'ex-URSS ? (Doc. 4)

Questions BAC

1. Quelle différence faites-vous entre la croissance et le développement ?
2. Sur quelles bases le développement de l'Afrique peut-il se fonder ?

BAC Pour réviser

À RETENIR

CHIFFRES CLÉS

Population chinoise : 1,3 milliard d'hommes

Population indienne : 1 milliard d'hommes

Population dans la mégalopole américaine : 40 millions d'habitants

Population dans la mégalopole japonaise : 90 millions d'habitants

Chine : 4e place dans les exportations mondiales en 2003

Chine : 80 % des investissements étrangers proviennent des pays de l'Asie orientale.

Brésil : 80 % des exportations sont des produits industriels

• Les centres d'impulsion de l'espace mondial

Les mégalopoles, les villes mondiales, les métropoles sont des lieux fondamentaux de la mondialisation. Ils captent différents flux de personnes, de produits, de capitaux, ils concentrent des activités d'innovation, de commandement et de contrôle. Au début des années 1960, la grande concentration urbaine de Boston à Washington est appelée mégalopole. Dans le monde, seules les mégalopoles européenne et japonaise peuvent lui être comparées. La croissance de ces hauts lieux de la mondialisation est liée à leur gestion raisonnée dans la perspective d'un développement durable.

• L'émergence de nouvelles puissances économiques

Au cours des dernières décennies, des pays du Sud ont connu une dynamique de développement et de modernisation technologique. C'est le cas, après les nouveaux pays industrialisés d'Asie du Nord-Est, de la Chine, de l'Inde et du Brésil. Ces pays ont mis en place des politiques visant à un développement par les exportations et une intégration croissante dans l'économie mondialisée. Les disparités sociales et spatiales restent cependant fortes dans ces nouvelles puissances économiques.

• Croissance et inégalités de développement

Le monde est en croissance économique mais cela ne signifie pas pour autant un développement important pour tous les pays. Si l'Asie abrite encore beaucoup de pauvres, des progrès sont réels. Par contre, certaines régions d'Afrique restent à l'écart. La situation des pays en développement est de plus en plus hétérogène. Les contrastes sociaux et spatiaux s'observent aussi très fortement à l'échelle des métropoles.

UN MONDE DIFFÉRENCIÉ

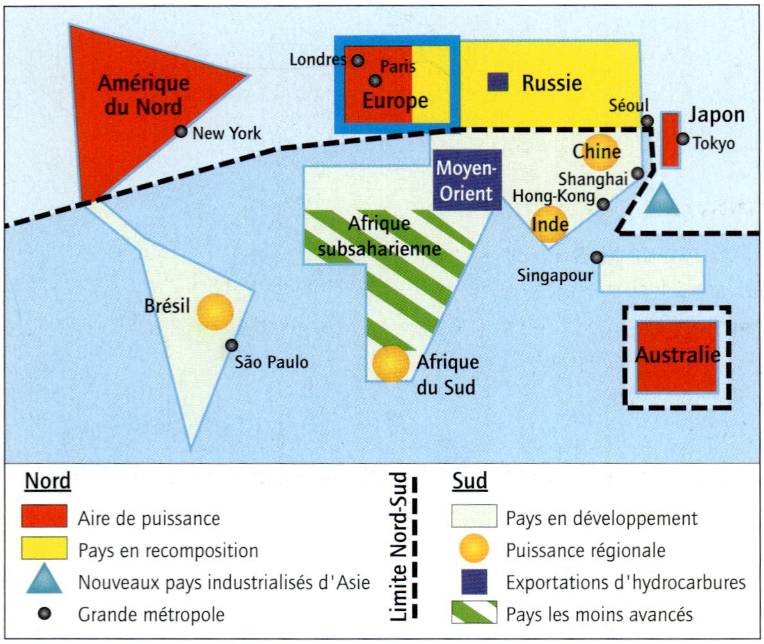

NOTIONS CLÉS

Pôle : lieu d'où partent les flux et où ils convergent. Les grandes villes attirent et exercent leur rayonnement, elles polarisent leur espace.

Métropole : ville ayant un pouvoir de commandement, parce qu'elle concentre des fonctions stratégiques (secteur financier, activités de pointe, services aux entreprises...), des fonctions politiques et décisionnelles. La métropole attire et rayonne.

Mégalopole : c'est un vaste ensemble d'urbanisation continue regroupant plusieurs dizaines de millions d'habitants dans des villes de taille différente.

Aire de puissance : zone ou pays exerçant une influence économique, politique, culturelle.

Développement : c'est la capacité d'une société à satisfaire ses besoins essentiels et à acquérir un mieux-être nécessaire à son épanouissement.

Interface : zone de contact entre deux espaces distincts. Une interface ouverte permet des relations et des échanges de toute nature.

S'entraîner à la 1re partie de l'épreuve

BAC

Méthode, p. 14

1 Caractériser un espace

Dans un paragraphe bien organisé, vous indiquerez les principales caractéristiques d'une ville mondiale.

2 Citer des acteurs

Citez au moins deux acteurs de la croissance économique chinoise.

3 Justifier une affirmation en proposant des arguments

Justifiez l'affirmation suivante : « Le réseau de métropole en situation littorale est un facteur de puissance pour l'Asie pacifique ».

4 Compléter un croquis

Localisez sur le croquis (après l'avoir reproduit) la mégalopole américaine.
Situez ensuite les métropoles suivantes : Philadelphie, New York, Boston, Baltimore, Washington et Richmond

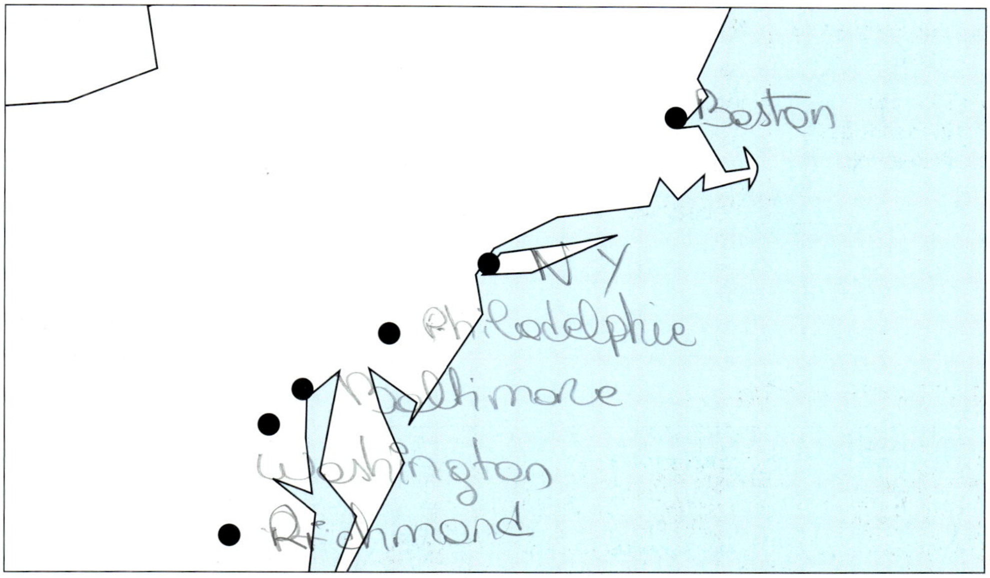

5 Choisir une définition pour une notion

Sur quels éléments le développement d'un pays repose-t-il ?
- sur l'augmentation de la production nationale
- sur la capacité à satisfaire les besoins essentiels de sa population et à favoriser un mieux-être nécessaire à son épanouissement.

6 Caractériser un espace

Quelles villes, de la liste suivante, appartiennent à la mégalopole européenne ?

- Francfort
- Londres
- Paris
- Bruxelles
- Berlin
- Milan
- Rotterdam
- Dublin

PARTIE 2

L'Union européenne

L'Union européenne est un des trois pôles majeurs de l'espace mondialisé tant par l'importance et la diversité de ses productions de biens et de services que par sa place dans les échanges mondiaux. Elle attire les investissements étrangers avec son grand marché de 492 millions de consommateurs. Les grandes métropoles européennes telles Londres, Paris… reflètent le rayonnement et l'attraction de l'Union. L'idée du marché commun se réalise en 1957 à six. Depuis, la Communauté européenne s'est élargie et se transforme en Union en 1993. Elle constitue aujourd'hui un grand espace économique à 27. Mais cet espace est loin d'être homogène : les régions qui le composent accusent des disparités de développement. Les élargissements successifs renforcent les différenciations économiques régionales.

A. L'Union européenne, un pôle majeur de l'espace mondialisé

→ *Comment s'exprime le rôle majeur de l'Union européenne dans le monde ?*

B. Les dynamiques métropolitaines de Londres

→ *Sur quelles bases repose la puissance des métropoles européennes ?*

C. L'organisation de l'espace de l'Union européenne

→ *Quels contrastes spatiaux traversent l'Union européenne ?*

Vue satellite du port de Rotterdam.
Le port de Rotterdam, second port mondial, est la principale porte d'entrée maritime de l'Union européenne, au débouché de l'axe rhénan. Rotterdam a étendu ses installations tout au long d'une des embouchures aménagées du Rhin. La ville et les installations portuaires antérieures à 1960 sont plus en amont. Nous voyons ici les gigantesques terminaux pétroliers de Rosenburg 1 et d'Europoort 2, et les remblais du port à conteneurs de Maasvlakte 3.

A. L'Union européenne, un pôle majeur de l'espace mondialisé

Avec ses 492 millions de consommateurs, l'Union européenne est au centre des flux commerciaux, de services et de capitaux.

1 Les étapes de la construction européenne

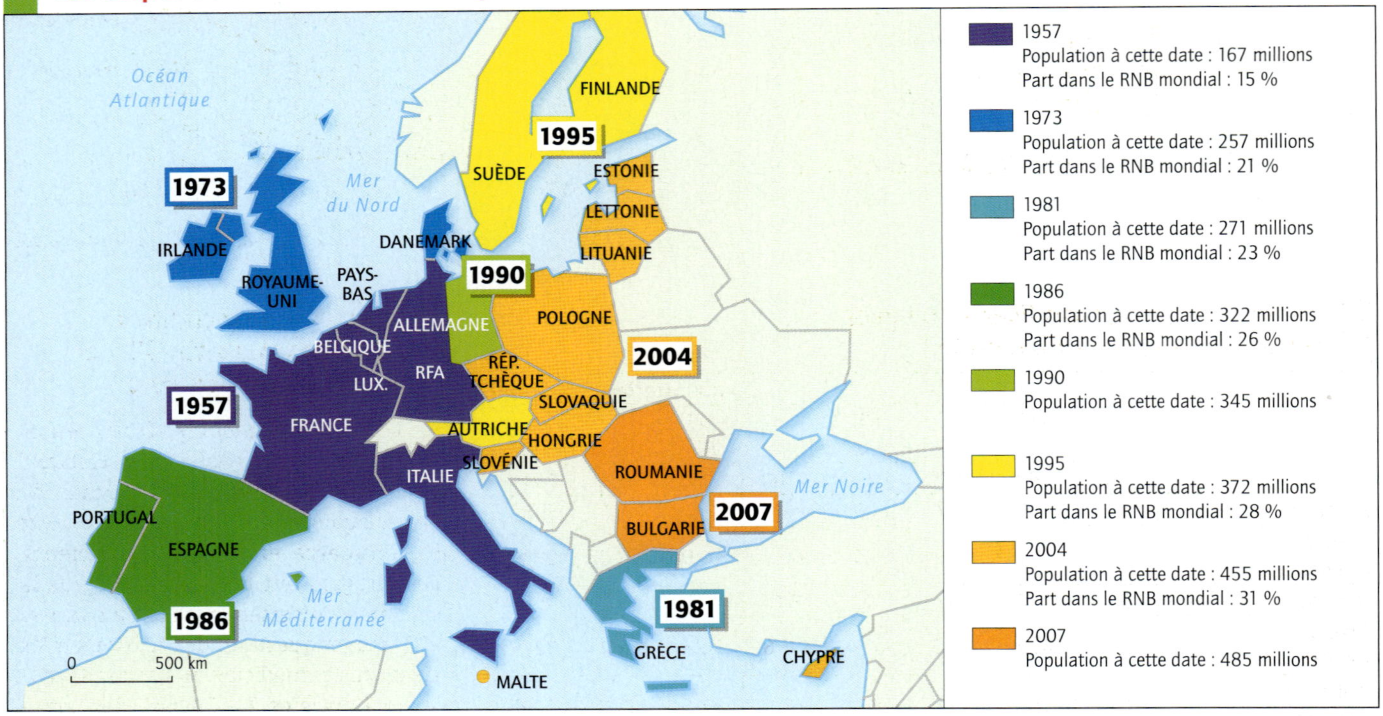

2 Les échanges commerciaux de l'Union européenne dans le monde

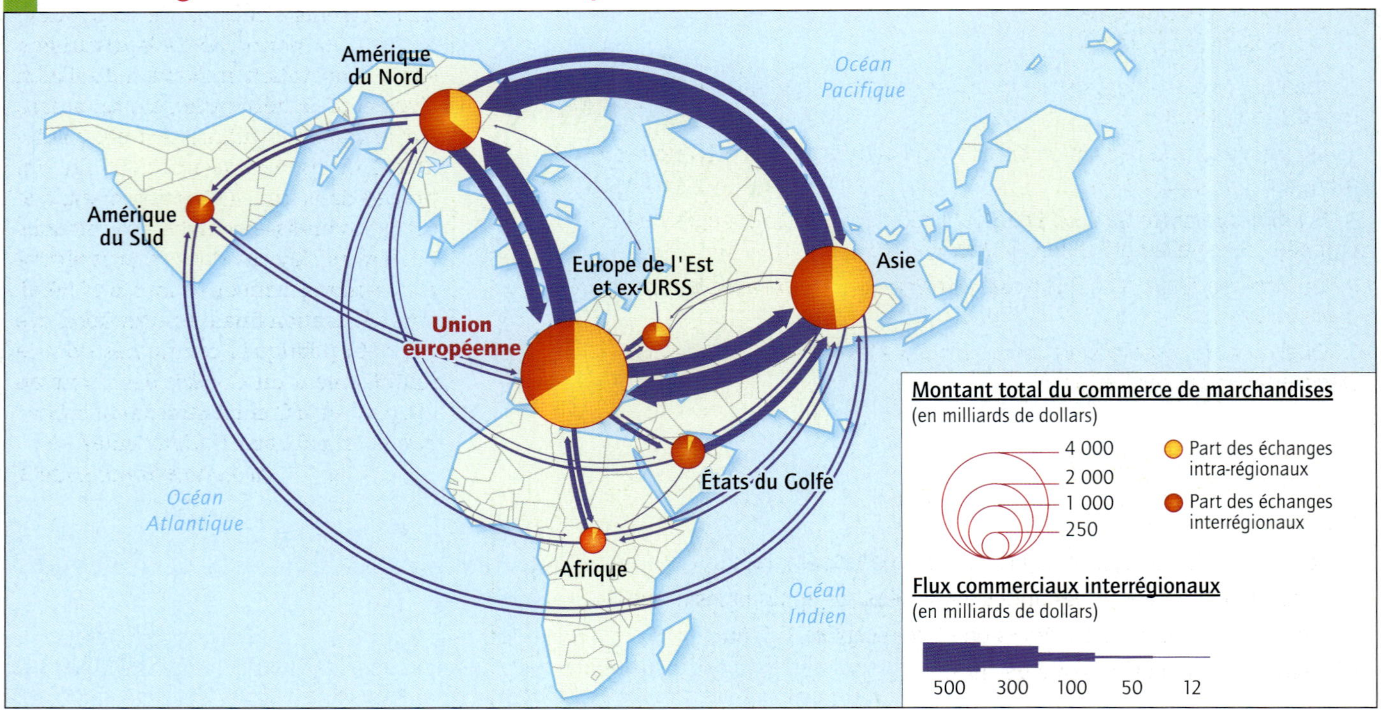

3 Les exportations de services commerciaux

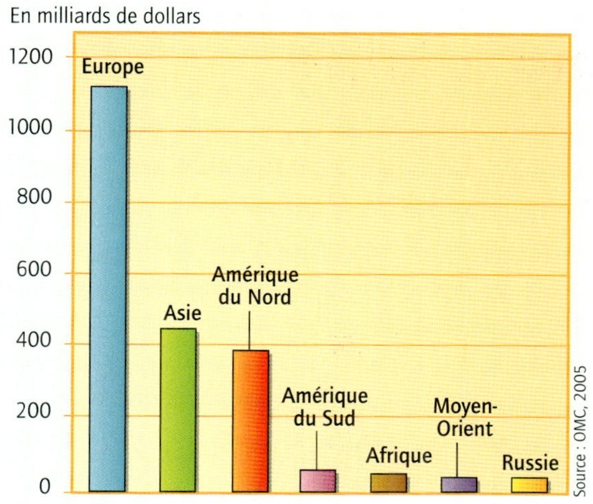

4 Les stocks d'investissements directs étrangers

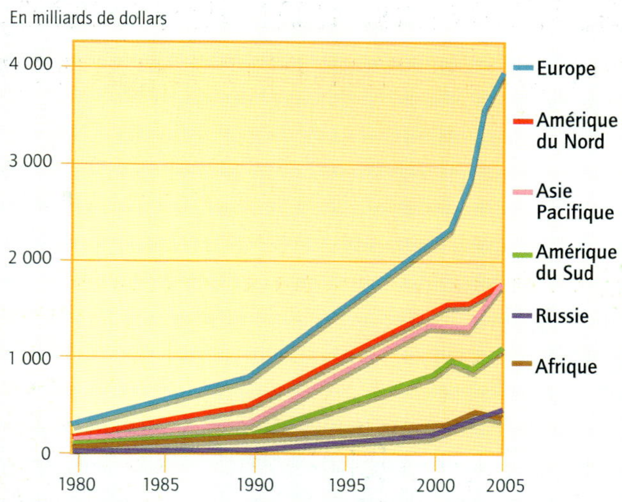

Source : Base de données en ligne de la CNUCED, 2006

5 Structure des marchandises échangées entre l'UE et le reste du monde

	Exportations				Importations			
	UE à 15			UE à 25	UE à 15			UE à 25
	1980	1990	1999	2005	1980	1990	1999	2005
Agroalimentaire	7,9	7,5	5,7	4,9	9,3	8,5	6,5	5,3
Matières premières et énergie	6,7	4,8	4,5	6,3	43,9	24,9	17,0	26,9
Produits chimiques	9,3	11,5	14,0	15,5	3,8	6,5	7,5	8,2
Machines et matériel de transport	33,5	40,7	46,3	44,9	11,6	28,6	39,2	32,1
Autres productions manufacturées	42,6	35,5	29,5	25,6	31,4	31,5	29,8	25,4

Source : Eurostat.

6 Nouvelles négociations commerciales entre l'Inde et l'Union européenne

Le septième Sommet Union européenne-Inde qui s'est tenu à Helsinki a permis de convenir de l'ouverture de négociations pour un large accord sur le commerce et les investissements. Des progrès ont été réalisés depuis la signature du partenariat mis en place en 2004 sur les questions de sécurité, sur les visas, sur les médicaments et les nouvelles technologies. La Commission européenne prépare actuellement un cadre financier pour 2007-2013 destiné aux financements d'activités de coopération en Inde. La poursuite de la discussion sur la coopération en matière d'aviation civile et de la négociation sur un accord sur le transport maritime a été confirmée. L'Union européenne et l'Inde ont précisé dans une déclaration finale que cet approfondissement de leurs relations bilatérales s'inscrit dans la perspective d'un renforcement du cadre multilatéral. Une déclaration finale accorde aussi des priorités politiques communes dont le renforcement du Conseil des droits de l'homme et la Commission de consolidation de la paix aux Nations unies.

Europe Midi, 16 octobre 2006.

MENER L'ÉTUDE

1. Montrez que les élargissements construisent un pôle majeur de l'espace mondialisé. **(Doc. 1)**
2. Quelle place occupe l'Union européenne dans les flux de l'économie mondiale ? **(Docs 2, 3 et 4)**
3. **Étudier une carte de flux.** En quoi la géographie des échanges de l'Union européenne est-elle particulière ? **(Doc. 2)**
4. Qu 'est-ce qui fait l'originalité des relations de l'Union avec le monde ? **(Docs 2, 3, 4 et 6)**
5. Quels sont les produits prédominants dans les importations de l'UE ? Dans les exportations ? **(Doc. 5)**

SAVOIR FAIRE

Étudier une carte de flux

1. Le titre précise le sujet et la nature des flux cartographiés.
2. La légende informe sur les unités employées, les lignes et les nœuds.
3. Il faut repérer les foyers d'émission et de réception des flux.
4. Il faut observer la hiérarchie des flux.

B. Les dynamiques métropolitaines de Londres

L'Union appuie son rayonnement sur ses grandes métropoles. Certaines, comme Londres, sont des villes mondiales.

1 Les métropoles européennes

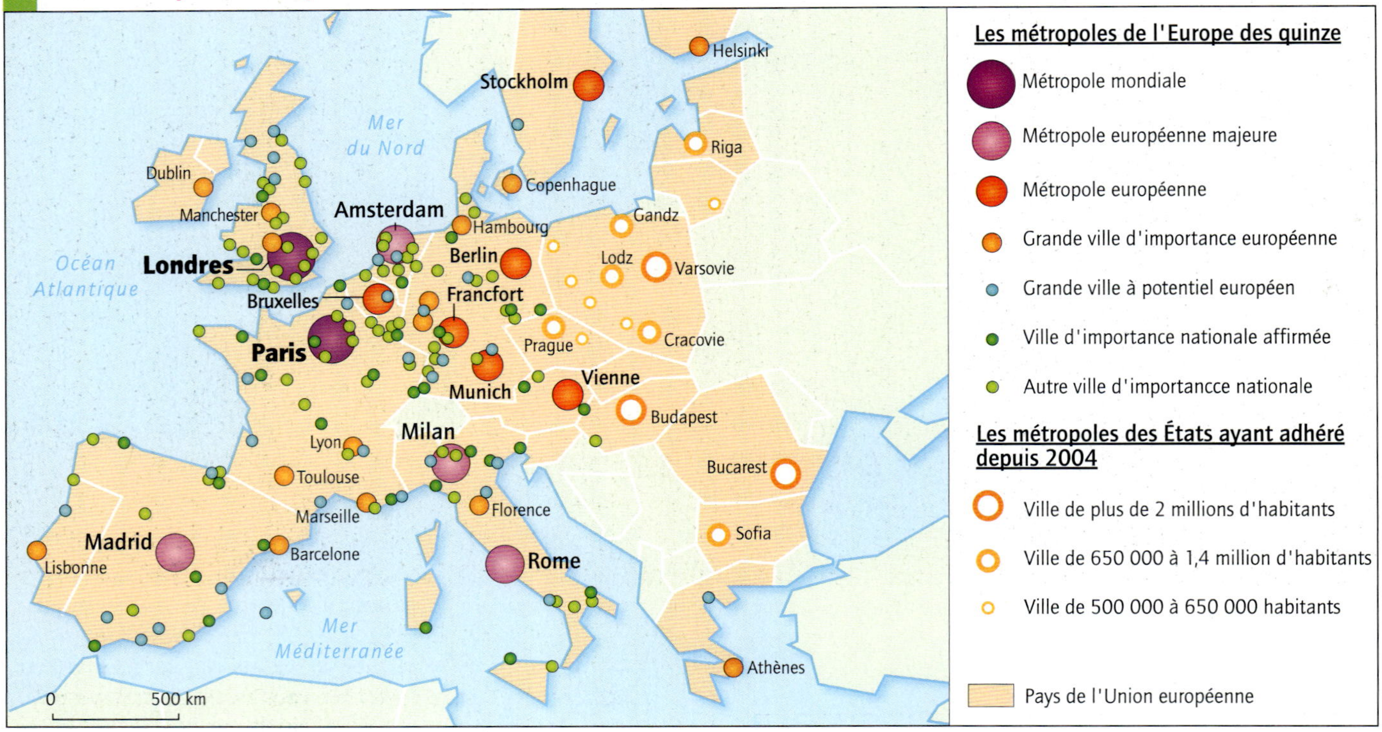

2 Le centre de Londres et ses nouveaux quartiers

Les Docklands, quartier construit depuis 1981 sur les anciens docks désaffectés de Londres, rassemblent les bureaux de plus de 700 firmes (journaux et chaînes TV, banques de la City) et plusieurs dizaines de milliers de logements de luxe, avec les plus hauts gratte-ciel de Londres et d'importants équipements de loisir.

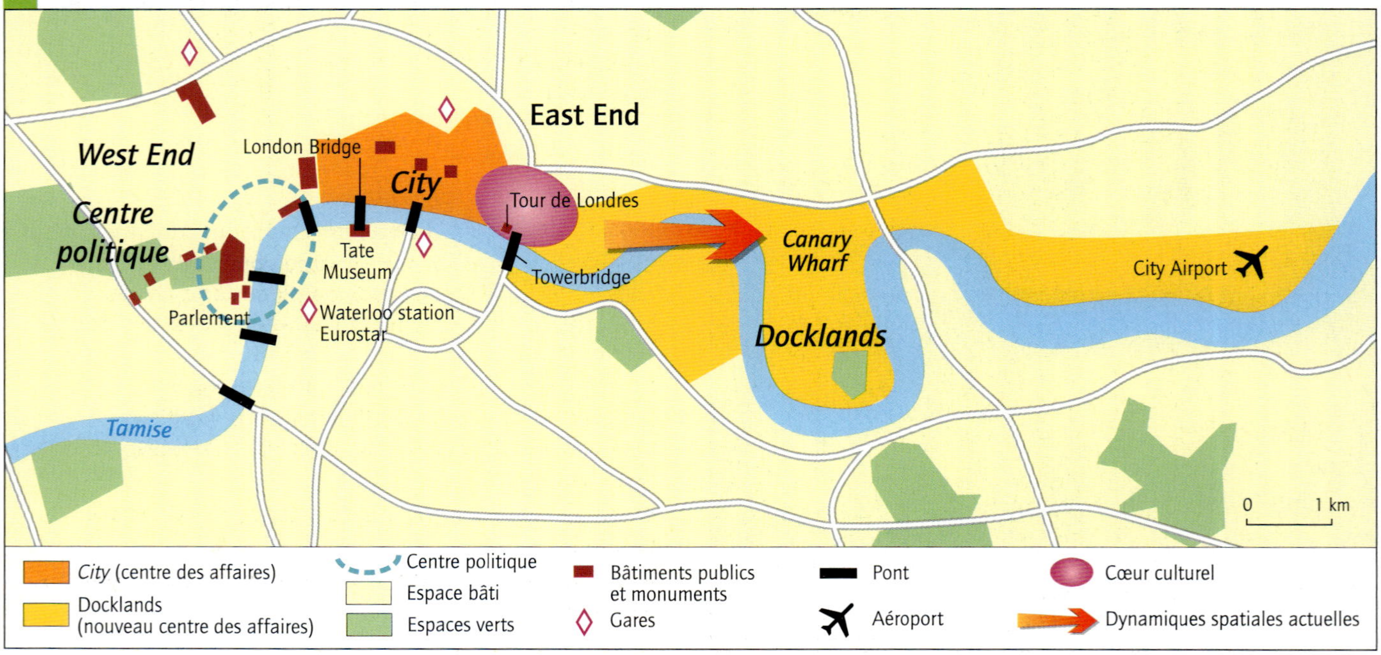

3 Le paysage d'une grande métropole

4 Les aéroports européens

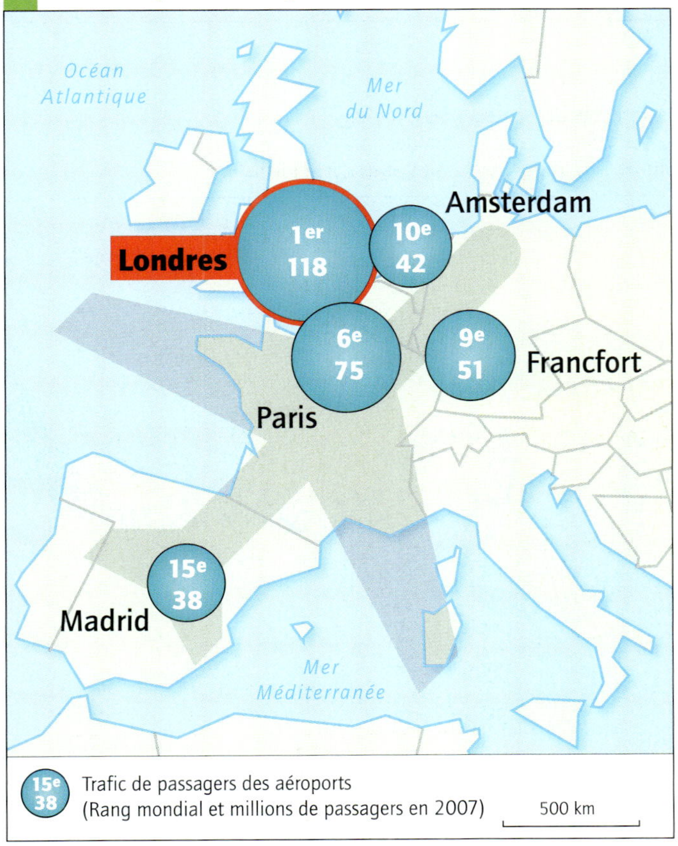

MENER L'ÉTUDE

1. **Étudier un paysage urbain.** En vous aidant du document 2, étudiez sur la photo le paysage urbain de Londres.
2. Quels sont les différents quartiers du centre de Londres ? Quelles fonctions abritent-ils ? **(Docs 2 et 3)**
3. Quelle est la place de Londres parmi les villes européennes ? **(Docs 3 et 4)**
4. En croisant les documents, montrez que la métropole londonienne exerce une forte attraction et un fort rayonnement à différents niveaux d'échelle (nationale et internationale).

SAVOIR FAIRE

Étudier un paysage urbain

1. Repérer les éléments du paysage urbain : densité du bâti, verticalité des constructions, extension spatiale, nature des bâtiments, des équipements, présence d'axes de communication.
2. Dégager des unités spatiales selon le type de constructions, selon la fonctionnalité des quartiers (fonctions résidentielles, économiques, culturelles, politiques, historiques…)
3. Identifier les aménagements récents, les extensions récentes.
4. Dégager, enfin, l'organisation et les dynamiques spatiales de la ville.

C. L'organisation de l'espace de l'Union européenne

L'Union européenne présente des contrastes spatiaux marqués. La richesse, l'accessibilité, la qualité des infrastructures varient beaucoup entre le centre et les marges.

1 Les disparités de richesse dans l'Union

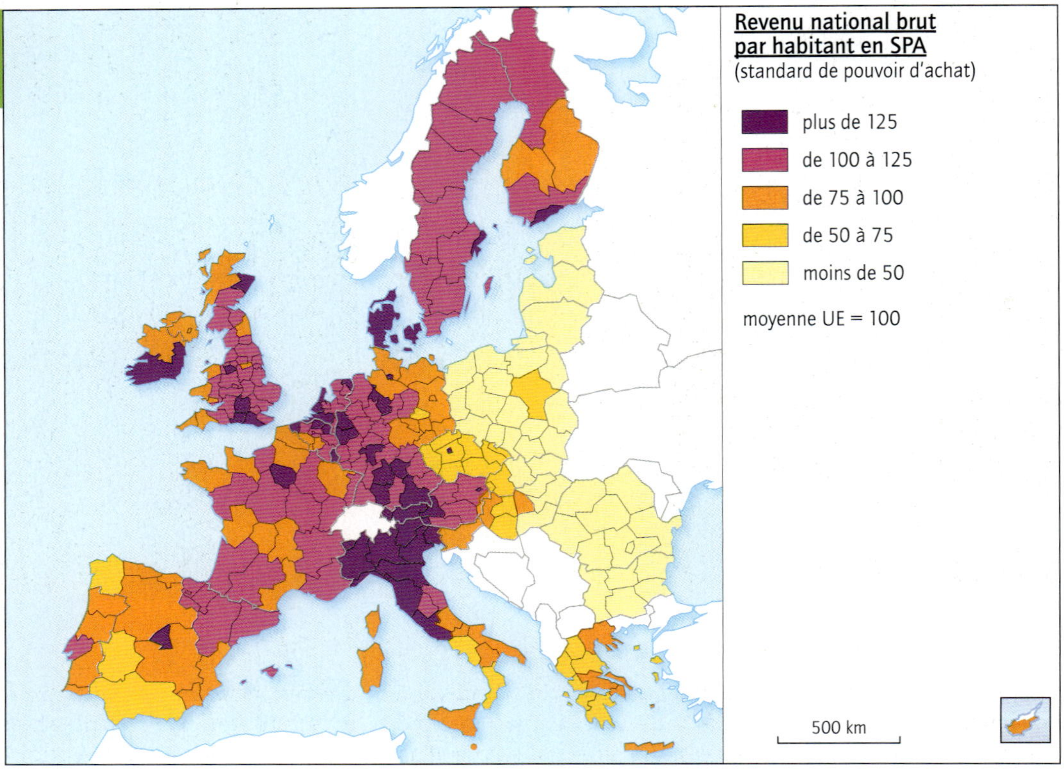

2 La structuration de l'espace européen

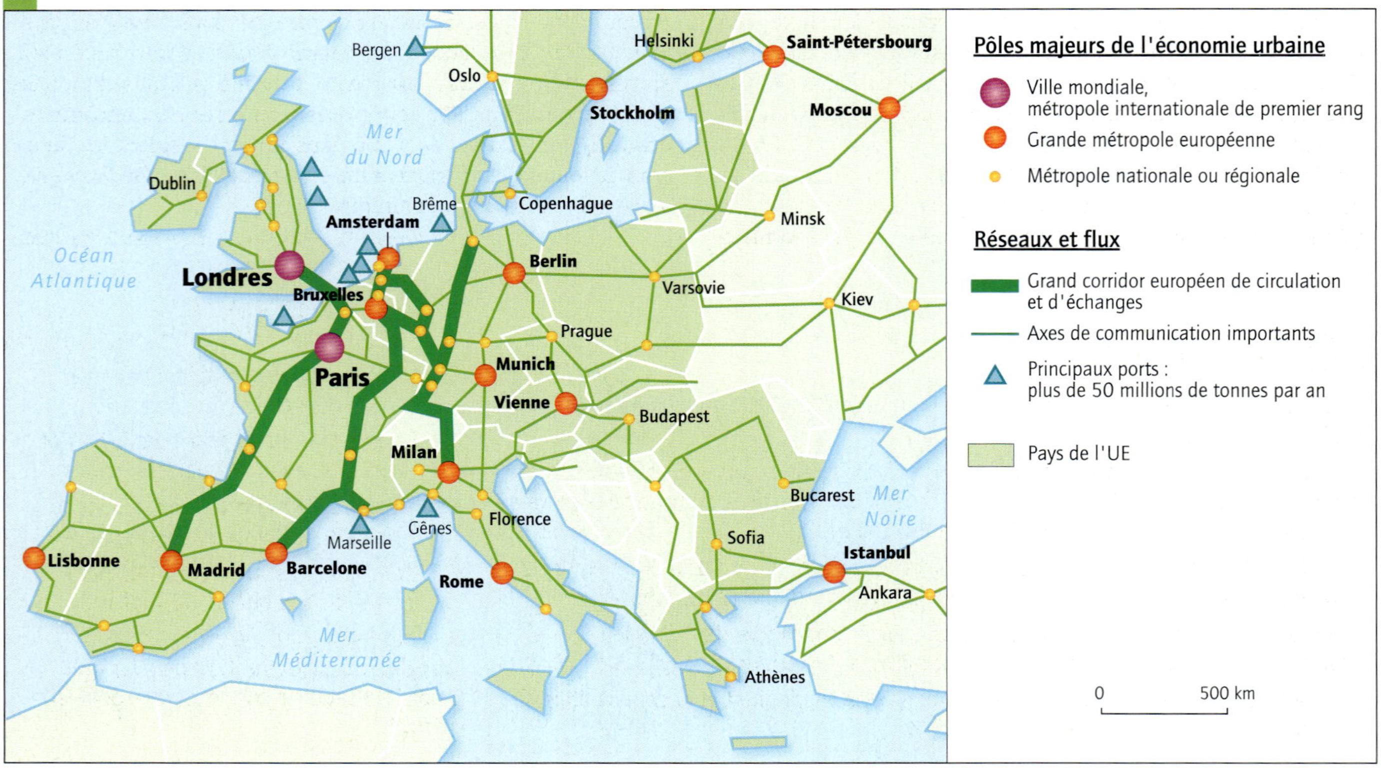

3 Roumanie : la banlieue de Bucarest (a) et un village du Nord (b)

Les décalages de richesse entre les nouveaux adhérents et le cœur de l'Union européenne sont visibles, surtout dans les espaces périphériques, banlieues populaires ou campagnes isolées.

a.

b.

4 Des dynamiques tirées par le processus de métropolisation

Si, ces deux dernières décennies, l'économie irlandaise a connu une forte croissance liée à l'intégration européenne et à la mondialisation, ce processus s'accompagne à l'échelle d'un petit pays comme l'Irlande par un phénomène de métropolisation sur Dublin qui déséquilibre le territoire insulaire. Face au déclin du Nord, du Centre et de l'Ouest du pays, l'axe Cork-Dublin polarise 75 % de la population et de l'économie du pays. Avec 1,1 million d'habitants, l'agglomération de Dublin a en effet largement capté ce dynamisme : l'emploi y a augmenté de 41 % en dix ans pour atteindre 571 000 emplois, dont 75 % dans les services, le taux de chômage y est le plus faible du pays, une pénurie de personnels qualifiés y entraîne un appel à la main-d'œuvre étrangère. Dublin dispose de très nombreux atouts en accumulant population, richesse et capacités de production industrielle. Grâce à la présence de 30 % des chercheurs et de 50 % des étudiants de tout le pays, un tiers des Dublinois ont un niveau d'études postsecondaires contre 19 % dans l'Ouest du pays alors que la valeur ajoutée par salarié y est d'un tiers supérieur au reste du pays. Enfin, sa région a drainé 70 % des créations d'emploi par IDE et 800 entreprises étrangères sont implantées dans l'agglomération, dont 250 états-uniennes, soient les deux tiers de toutes celles du pays, en particulier dans l'électronique, les services financiers et l'informatique.

L. Carroué, D. Collet, C.Ruiz, *L'Europe*, Bréal 2006.

MENER L'ÉTUDE

1. Où se situent les régions les plus riches au regard du RNB par habitant ? Les régions les moins riches ? **(Doc. 1)**
2. **Analyser un réseau de communication.** Quels sont les pôles de niveau mondial et européen ? Quels sont les pôles les plus densément connectés ? Où les réseaux de communication sont-ils les moins denses ? **(Doc. 2)**
3. Relevez les éléments qui, sur les photos, témoignent des retards d'équipement et d'investissement dans certains espaces des nouveaux adhérents de l'UE. **(Doc. 3)**
4. Quelles ont été les bases du développement économique de l'Irlande ? Quels déséquilibres ce développement a-t-il fait naître à l'intérieur du pays ? **(Doc. 4)**
5. Quelle relation faites-vous entre le niveau de développement et la date d'adhésion à l'Europe ? **(Docs 1, 2, 3 et 4 et carte 1 p. 230)**

SAVOIR FAIRE

Analyser un réseau de communication

1. Repérez les pôles, foyer de départ et d'arrivée des axes de communication.
2. Observez la hiérarchie et la densité des pôles et des axes sur les espaces.
3. Relevez les espaces bien desservis, ceux qui le sont beaucoup moins.
4. Regroupez les informations pour dégager la structuration de l'espace par le réseau de communication ainsi étudié.

BAC Pour réviser

À RETENIR

• L'Union européenne, premier ensemble commercial

En 2004, le commerce de l'UE représente 42 % des échanges mondiaux. La particularité du commerce des pays européens réside dans l'importance de leurs échanges réciproques. Les principaux flux d'échanges de marchandises rejoignent les grandes aires de l'espace mondialisé : Amérique du Nord, Asie pacifique.

• Un espace unique

L'Union européenne exporte beaucoup de produits manufacturés. Elle importe aussi des produits finis et des produits primaires. Ce sont des ressources énergétiques, des matières premières, des produits agricoles. L'Europe est également en tête pour les exportations de services. La réalisation d'un espace unique sans frontières où circulent librement les biens, les services, les capitaux fait de l'UE, une entité commerciale originale.

• Les contrastes spatiaux de l'Union européenne

L'espace de l'Union européenne fait apparaître des contrastes entre les zones centrales et les zones périphériques en relation avec les élargissements successifs. Les grandes métropoles, la mégalopole européenne rassemblent les principaux éléments de la puissance européenne. De grands axes qui relient les métropoles structurent le territoire européen et les façades maritimes permettent une interface active avec l'espace mondialisé.

LES CONTRASTES SPATIAUX DE L'UNION EUROPÉENNE

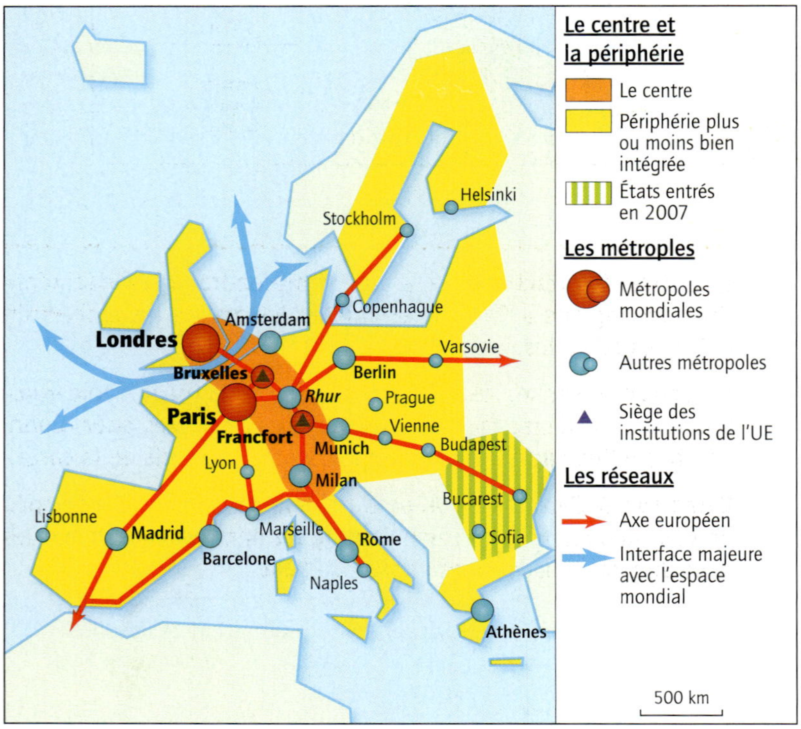

POUR ALLER PLUS LOIN

LES SITES

http://europa.eu

http://europa.eu/abc/history/animated_map/index_fr. htm

www.europe.gouv.fr

www.touteleurope.fr

CHIFFRES CLÉS

Les habitants de l'Union : 27 pays et 492 millions d'habitants.
La place de l'Europe : 25 % des échanges mondiaux sont européens. L'Europe produit 20 % du PIB mondial.

S'entraîner à la 2e partie de l'épreuve

BAC

DÉGAGER L'APPORT D'UN DOCUMENT

Méthode, p. 14

Sujet guidé L'organisation spatiale de l'Union européenne

L'accessibilité dans l'Union européenne

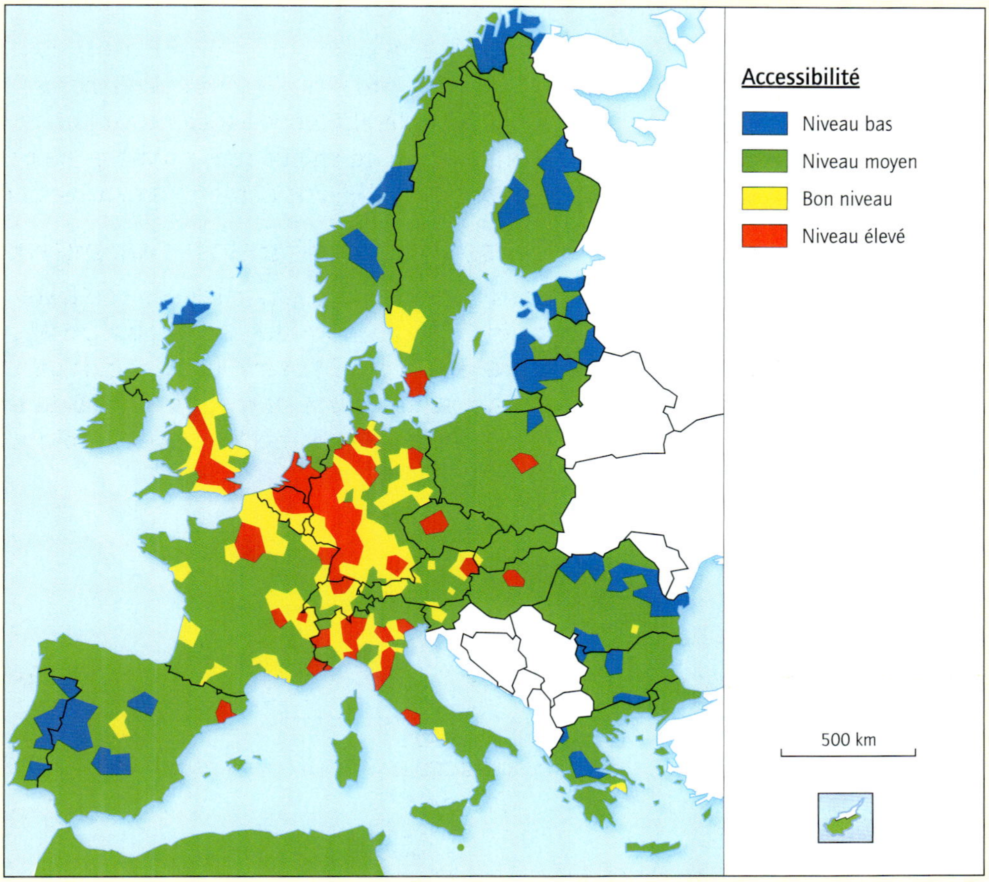

QUESTIONS

1 Quels sont les espaces à forte densité en réseaux de communication ? Où se situent les espaces à plus faible densité ?

2 Expliquez l'attractivité des régions-centres en donnant trois arguments.

3 Expliquez en quoi les régions européennes sont inégalement accessibles. Précisez quelles sont les actions de l'Union pour rendre les régions périphériques plus accessibles et plus dynamiques.

AIDE

Question 1. Attachez-vous à bien comprendre la légende. Identifiez les régions à forte accessibilité : les grands ensembles urbains, les capitales…

Question 2. Pensez aux caractéristiques de la mégalopole européenne. Vous devez faire appel à vos connaissances pour répondre. N'oubliez pas de citer quelques exemples précis de la carte.

Question 3. Cette question doit être soigneusement développée en vous appuyant sur la carte. Distinguez dans votre réponse : les pays du Sud ceux du Nord et ceux de l'Est

BAC

S'entraîner à la 2e partie de l'épreuve

METTRE EN RELATION DEUX DOCUMENTS

Sujet guidé

L'Union européenne, puissance agricole mondiale

Méthode, p. 14

Document 1

Les échanges agricoles

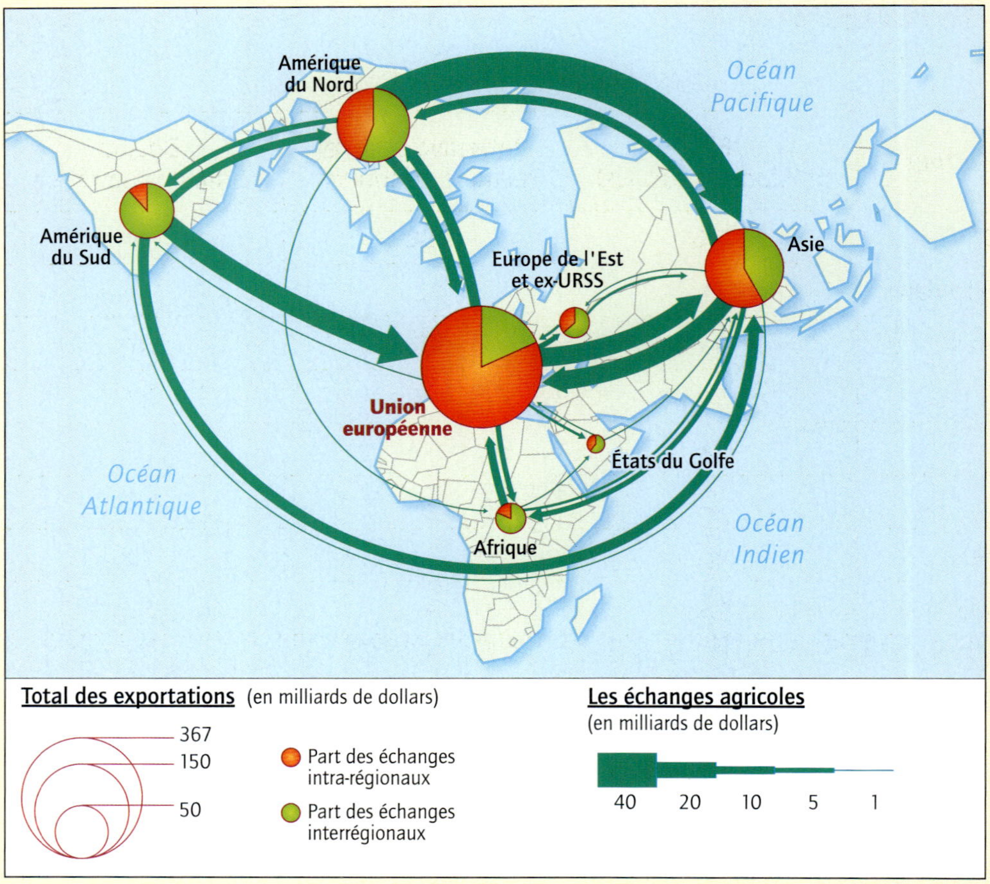

Document 2

Les grandes productions agricoles en 2005

Producteur	Blé (millions de tonnes)	Betterave à sucre (millions de tonnes)	Bovins (millions de têtes)	Porcins (millions de têtes)
UE à 25	136	132	90	151
Chine populaire	91	12	106	465
États-Unis	44	25	97	59
Russie	51	16	27	16
Inde	72	-	222	-
Brésil	3	-	176	30
Australie	9	-	30	-
Argentine	13	-	51	4,2

QUESTIONS

1 Quelle est la place de l'Europe dans les échanges agricoles mondiaux ? Relevez les grands clients et les grands fournisseurs de l'Europe.

2 Quels sont les grands concurrents de l'Europe au regard des grandes productions agricoles ?

3 Quelle est la particularité du commerce agricole de l'Union européenne ?

4 Quelle est la place et l'originalité de l'Union européenne dans les échanges et la production agricoles du monde ?

AIDE

Question 1. Observez les titres des documents pour voir comment ils répondent au thème formulé par le titre du sujet. Attachez-vous aux graphiques circulaires de la carte, ensuite observez les flèches.

Question 2. Colonne par colonne, analysez le tableau de chiffres et repérez les grands pays producteurs. Interrogez-vous sur la destination de la production.

Question 3. Observez la part des échanges intrarégionaux dans le graphique circulaire de l'Union

Question 4. Cette question s'appuie sur vos réponses précédentes. Distinguez bien les deux caractéristiques : place et originalité.

BAC BLANC 1re partie de l'épreuve

1 Caractériser un espace

Quels éléments permettent de caractériser l'Inde comme une nouvelle aire de puissance en Asie ?

2 Citer des acteurs

Citez deux acteurs du développement en Afrique. Justifiez votre réponse.

3 Justifier une affirmation en proposant des arguments

Justifiez l'affirmation suivante : « La mégalopole américaine est un centre d'impulsion de l'espace mondialisé. »

4 Compléter un croquis

Localisez sur la carte (après avoir l'avoir reproduite) les métropoles suivantes : Singapour, Hong-Kong, Séoul, Shanghai, Tokyo.

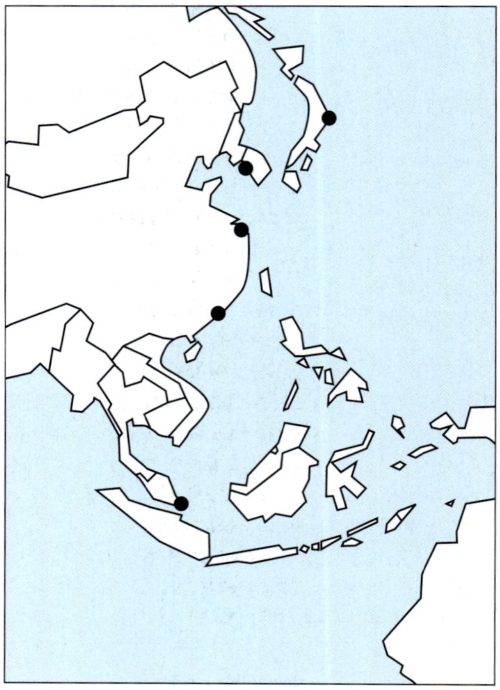

5 Choisir une définition pour une notion

Donnez une définition de développement durable.

6 Caractériser un espace

Dans la liste suivante, quels lieux appartiennent à la mégalopole européenne ?

- le port de Rotterdam,
- la région parisienne,
- la ville de Berlin,
- le port de Hambourg,
- le nord de l'Italie,
- la région de Dublin,
- la région urbaine Randstadt Holland,
- le région urbaine Rhin-Ruhr

LA PRODUCTIVITÉ DANS LES RÉGIONS EUROPÉENNES

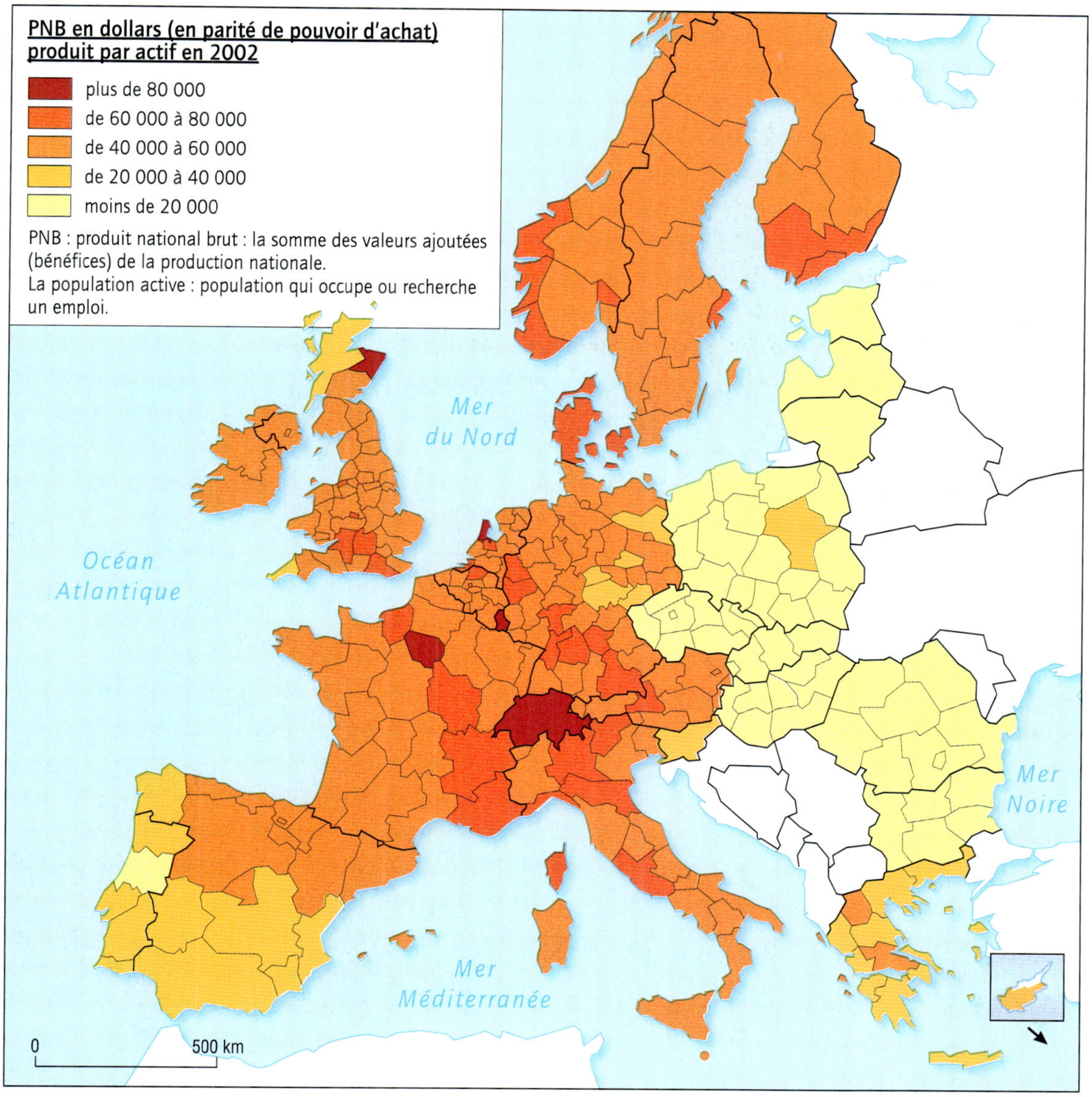

QUESTIONS

1 Dans quelles régions de l'Union la productivité est-elle la plus forte ?

2 Dans quelles régions de l'Union la productivité est-elle la plus faible ?

3 Quels contrastes de productivité l'espace de l'Union européenne révèle-t-il ? Quelles actions l'UE a-t-elle engagé pour réduire ces inégalités ?

PARTIE 2

La Chine

La Chine est entrée dans « un socialisme de marché », selon l'expression que les Chinois ont adoptée pour parler de leur économie de plus en plus intégrée à l'économie mondiale, sans pour autant abandonner la référence au communisme.
L'ouverture au monde implique la façade littorale, véritable interface maritime, où les grandes villes concentrent les pouvoirs économiques, culturels et politiques. Aujourd'hui, la Chine existe davantage par ses villes que par ses campagnes. Ces métropoles attirent la plupart des investissements étrangers et leur métamorphose tire tout le pays vers la mondialisation. Une des ces métropoles, Shanghai, se pose en pièce maîtresse sur l'échiquier des villes mondiales.

A. La Chine dans les échanges internationaux

→ *Quelles sont les formes de l'ouverture de la Chine sur les marchés mondiaux ?*

B. Les dynamiques métropolitaines de Shanghai

→ *Quel rôle jouent les villes chinoises dans le développement économique de la Chine ?*

C. Les effets de l'ouverture de la Chine

→ *En quoi le développement de la Chine accentue-t-il les inégalités spatiales ?*

La maquette du port de Yangshan à Shanghai.
La croissance accélérée du trafic du port de Shanghai nécessite l'aménagement d'un nouveau port en eau profonde, entièrement construit à partir de simples îlots rocheux au large.

A. La Chine dans les échanges internationaux

L'économie chinoise connaît une croissance très rapide, accompagnée d'une intégration poussée dans l'économie mondiale.

1 Les Japonais investissent en Chine

D'abord envisagée comme un pays atelier, surtout dans le domaine de l'industrie électronique à destination des pays occidentaux, favorisant le développement des réimportations, la Chine émerge depuis quelques années comme un marché de consommation et les formes de l'implantation des investissements changent. Leur déplacement de la côte vers l'intérieur (vallée du Yangzi) trahit un souci de rentabilité (salaires et terrains moins coûteux), mais aussi une volonté d'insertion dans le marché national, même si, par inertie ou manque d'infrastructures de transport performantes, les zones côtières concentrent encore 90 % des investissements directs japonais. Ces localisations ont suscité des investissements de natures différentes : industrie lourde à Shenyang, industrie électronique à Pékin-Tientsin, industries ou activités liées à la consommation de masse dans les régions des deltas (construction automobile, supermarchés).

M. Foucher (dir.), *Asies nouvelles*, Belin, 2002.

2 Des échanges en forte progression

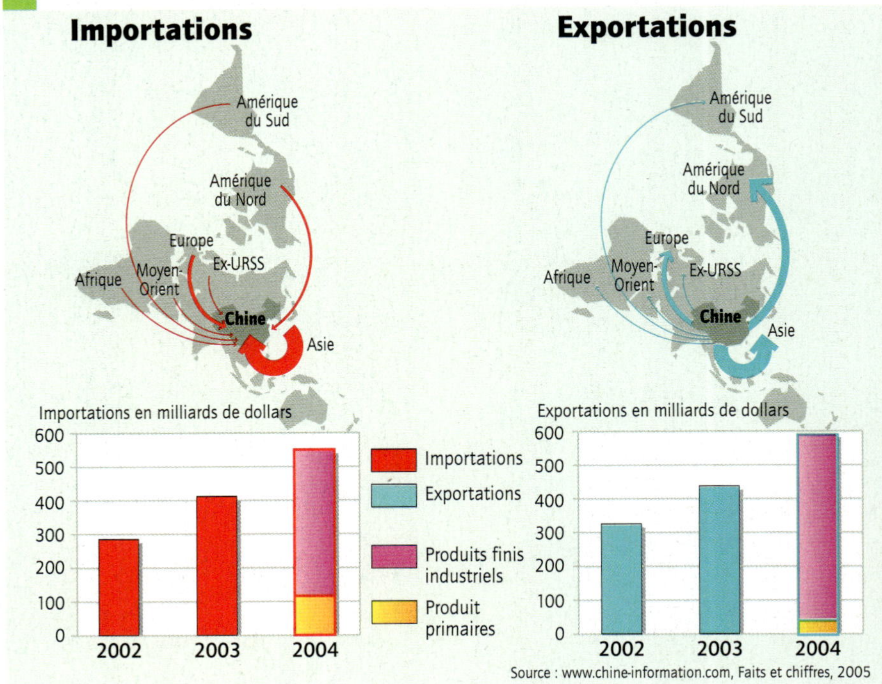

Source : www.chine-information.com, Faits et chiffres, 2005

3 L'invasion des pères Noël en Chine

Boutique à Yiwu (Zheijiang), l'un des plus grands bazars chinois.

4 Vue de Shenzhen

Shenzhen fut la première zone économique spéciale ouverte aux capitaux étrangers. Village de pêcheurs en 1975, c'est aujourd'hui une agglomération de 4,5 millions d'habitants qui compte certains des plus hauts gratte-ciel de Chine.

5 Les grandes firmes pétrolières chinoises à l'offensive

En moins de dix ans, la Compagnie nationale pétrolière de Chine (CNPC) a acquis une trentaine de champs pétroliers et elle a importé 35 millions de tonnes de pétrole brut en 2005. Petrochina […] a remporté un éclatant succès en 2005 en rachetant pour 4 milliards de dollars une société canadienne. De son côté, Sinopec, spécialisé dans le raffinage, s'est lancé dans l'exploration de gisements au Canada et en Afrique, où il a signé pour des concessions offshore, au Nigeria et à São Tomé. Sinopec a aussi renforcé ses alliances internationales en s'associant au britannique BP pour construire une usine d'éthylène et au saoudien Aramco pour une raffinerie. Le quatrième grand du secteur, Sinochem, cantonné dans la pétrochimie, affiche désormais des ambitions d'acteur mondial. En partenariat avec Total, il a ouvert un réseau de 300 stations-service dans le Sud de la Chine. La compagnie s'est lancée dans l'exploration et la production en Équateur et au Koweït. La Chine a un besoin vital d'énergie et elle est bien décidée à assurer le contrôle de son approvisionnement. Ses grandes firmes de véritables dragons crachent leur feu sous toutes les latitudes.

Jean-Luc Barberi à Pékin,.
L'Expansion, juin 2006.

MENER L'ÉTUDE

1. Caractérisez les échanges extérieurs de la Chine. (Doc. 2)
2. **Exploiter les informations d'un texte.** Quels sont les changements dans les localisations et les objectifs des investissements étrangers en Chine ? (Doc. 1)
3. En quoi cette boutique traduit-elle, à son niveau, l'intégration croissante de la Chine à l'espace mondialisé ? (Doc. 3)
4. Comment se traduit dans le paysage le dynamisme économique dans les zones d'ouverture ? (Doc. 4)
5. Quelles sont les formes d'ouverture de la Chine sur les marchés mondiaux ? (Docs 2, 4 et 5)

SAVOIR FAIRE

Exploiter les informations d'un texte

1. Choisir les informations du texte qui permettent de répondre à la question (les informations peuvent être descriptives ou informatives).
2. Utiliser ces informations en les confrontant à ses connaissances pour compléter l'analyse, évaluer la portée voir les limites du document.

B. Les dynamiques métropolitaines de Shanghai

Le développement économique de la Chine a favorisé l'émergence de grandes métropoles. Shanghai, grande métropole, a connu une croissance des plus spectaculaires.

1 Le développement d'une métropole symbole de l'ouverture chinoise

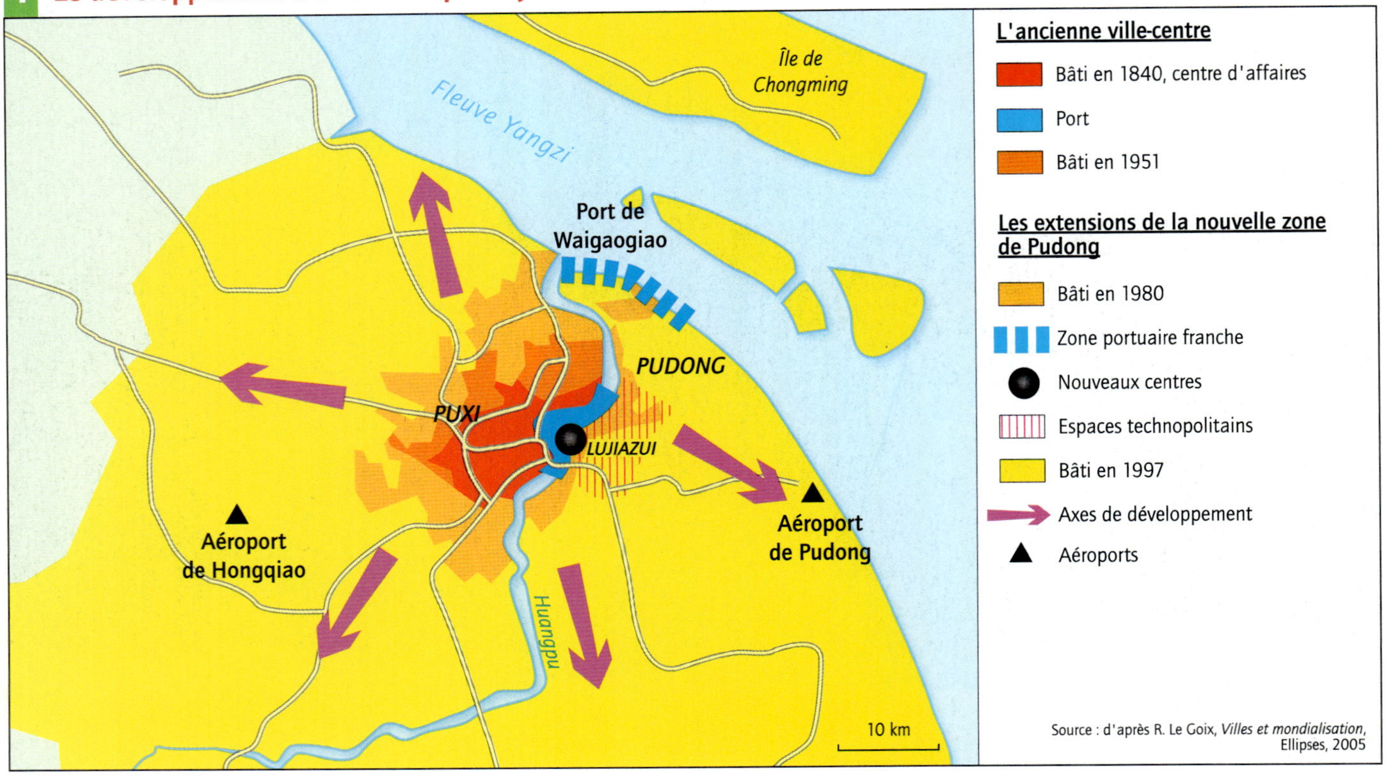

Source : d'après R. Le Goix, *Villes et mondialisation*, Ellipses, 2005

2 Le nouveau centre des affaires de Pu Dong

En avril 1990, le projet de Pudong New Area est lancé par les autorités chinoises. Outre le maintien d'une zone agricole, l'aménagement d'infrastructures (routes, aéroport, métro…) ainsi que le développement d'espaces résidentiels et publics, le volet économique de l'opération s'articule autour de la création d'un complexe commercialo-portuaire avec le statut de zone franche, d'une zone de production et d'exportation ou encore d'un parc technologique (Zhangjiang). De plus, face au Bund se dresse la nouvelle zone financière et commerciale de Lujiazui. Celle-ci s'étend sur 28 km, soit l'équivalent de quatre fois le quartier de La Défense à Paris. Le caractère dense et vertical s'affirme de plus en plus et de nombreux gratte-ciel à l'architecture souvent audacieuse comme la tour de la télévision ou la tour Jinmao, composent une *skyline* qui ne cesse de s'enrichir d'immeubles résidentiels et de bureaux.

« Le quartier d'affaires de Shanghai », *Le Commentaire de paysages en géographie humaine*, sous la direction de François Madoré, Armand Colin, 2006.

3 Le nouveau Shanghai

Dans l'ancien centre-ville, les quartiers traditionnels de *lilong*[1] densément construits et densément peuplés sont aujourd'hui menacés de disparition sous les coups des pelleteuses. Ils représentaient dans le Shanghai traditionnel une forme d'organisation de l'espace originale. Le *lilong* regroupe au sein d'un large bloc ceint de quatre rues principales et bordé de boutiques, habitations, commerces et activités diverses. De larges avenues se substituent aux anciens passages. Parallèlement, la municipalité s'inquiète du relogement des habitants chassés par les projets immobiliers; ces relogements ne doivent plus avoir lieu dans des banlieues trop éloignées ou mal desservies.

D'après l'*Atlas de Shanghai*, CNRS Éditions, 1999.

1. Le *lilong* est un ilôt de maisons fermé et protégé. Plusieurs familles peuvent habiter une maison. Elles partagent cuisine et salle de bain. Les occupants se mobilisent pour empêcher leur destruction.

4 Pu Dong : la *skyline* de Lujiazui

5 Les autoroutes urbaines au niveau des étages élevés des immeubles

MENER L'ÉTUDE

1. Caractérisez la croissance de Shanghai et ses étapes. (Doc. 1)
2. **Mettre en relation un texte et une photo.** Quelles sont les fonctions des quartiers nouveaux de Shanghai ? Comment se traduisent-elles dans le paysage ? (Docs 2 et 4)
3. Quels problèmes nouveaux cette croissance accélérée pose-t-elle aux populations ? (Docs 3 et 5)

SAVOIR FAIRE

Mettre en relation un texte et une photo

1. Analyser l'espace photographié, repérer l'organisation du paysage.
2. Dégager les informations du texte qui permettent d'expliquer la photographie.
3. Souligner les informations complémentaires apportées par chaque document.

C. Les effets de l'ouverture de la Chine

Les résultats spectaculaires de l'ouverture s'accompagnent d'un certain nombre de déséquilibres.

1 Des disparités régionales

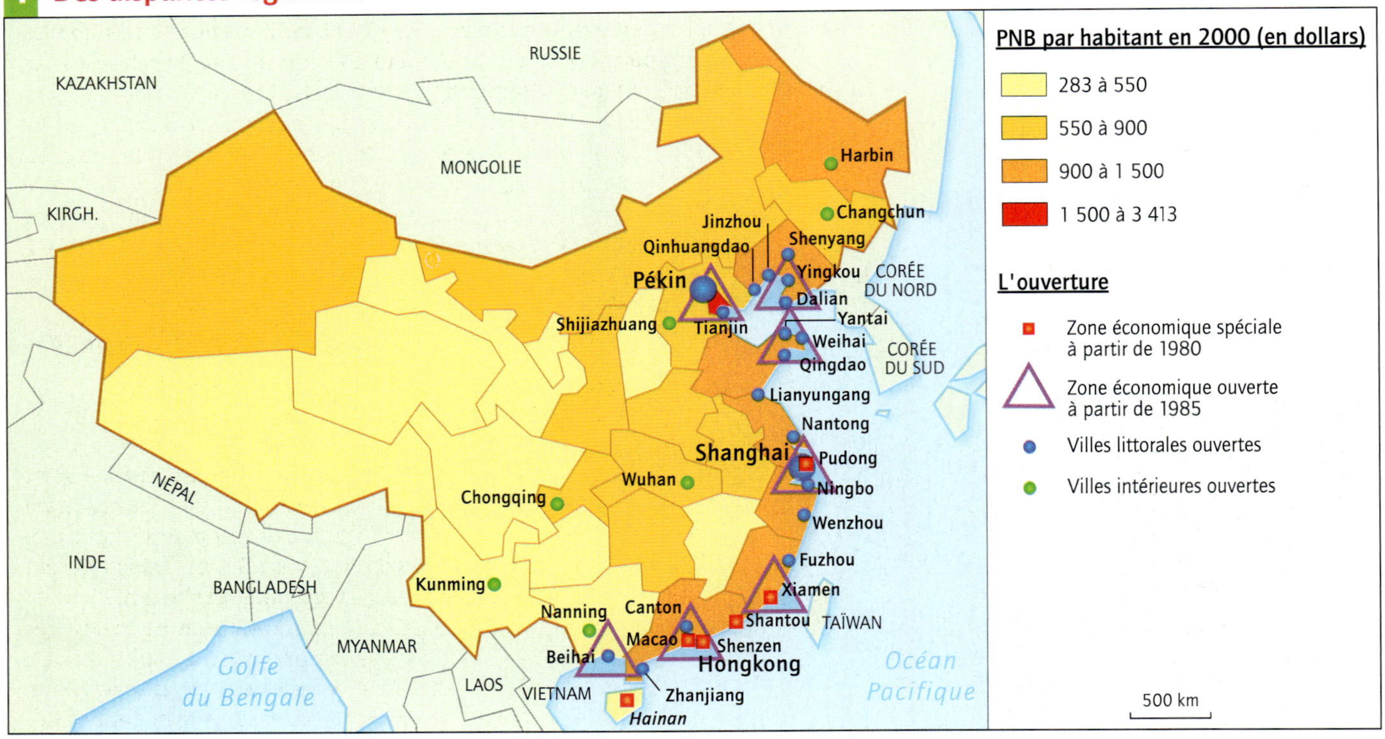

2 Des mobilités internes en progression

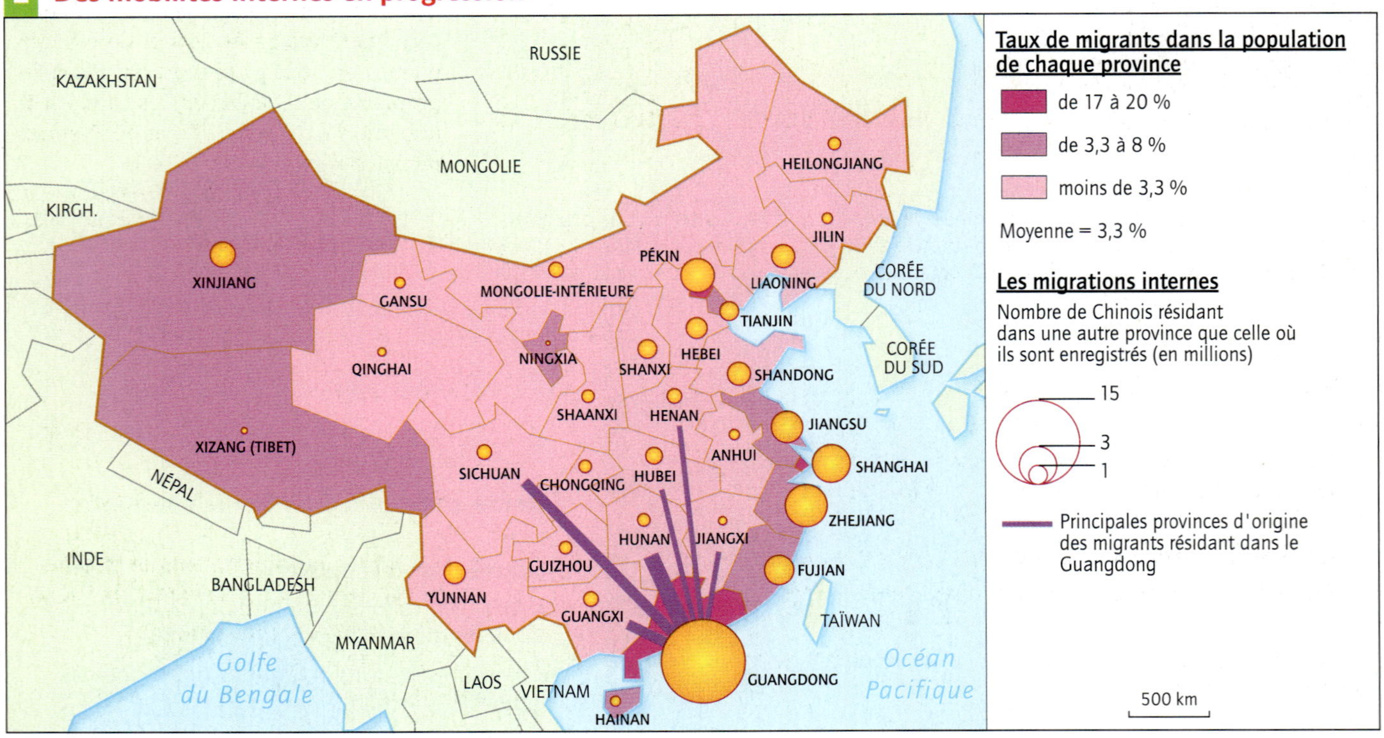

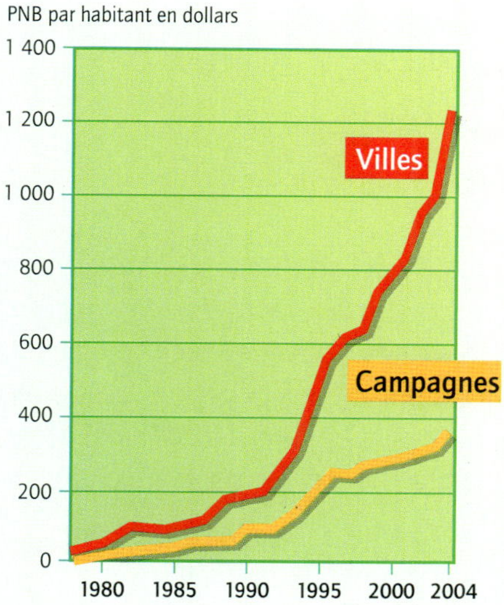

3 **Les campagnes à l'écart**

4 L'aide privée remplace l'encadrement public

Seul 1 Chinois sur 2 dispose d'une assurance médicale dans les villes et 1 sur 10 dans les campagnes. Résultat : la santé est devenue un tel luxe pour les familles chinoises, obligées de supporter 68 % des dépenses de santé, pour 36 % en 1980, que beaucoup d'entre elles renoncent à se soigner. Selon un rapport publié en 2005 par les Nations unies et les autorités chinoises sur l'état de la santé en Chine, le nombre de consultations dans les hôpitaux publics a baissé entre 1990 et 2003, mais leurs profits ont augmenté. Des chiffres d'autant plus inquiétants que le vieillissement de la population (plus de 100 millions de plus de 65 ans) devrait à l'inverse augmenter la demande de soins… Il est vrai qu'en matière de retraites, ce n'est guère plus efficace : près de 600 millions de Chinois, soit les trois quarts de la population active, ne cotisent à aucun régime de retraite. Pour financer les « trois montagnes » (éducation, retraite et santé), les Chinois se sont transformés en fourmis, la Chine détenant le record mondial du taux d'épargne (45 % du PIB). Surtout, les Chinois n'hésitent plus à se tourner vers le privé, en pleine expansion. En témoignent les 14 millions d'enfants scolarisés dans les 70 000 écoles privées. « Les parents sont prêts à faire de gros sacrifices pour que leur enfant devienne un phénix ou un dragon », explique Han Jialing [chercheuse à l'Académie des sciences sociales de Pékin]. D'où le succès d'institutions huppées, très en vogue chez les nouveaux riches.

Observatoire des inégalités, Chine, 31 mai 2006

6 **File d'attente pour la distribution d'eau potable à Harbin dans le Nord de la Chine**

En novembre 2005, l'usine pétrochimique de la CNPC rejette, à la suite dune explosion, d'énormes quantités de benzène dans la rivière Songhua qui passe à Harbin. Cette pollution a obligé les autorités à organiser des distributions d'eau potable.

5 Un environnement menacé

Permettre à tous les citoyens de boire une eau propre implique premièrement de disposer d'eau en quantité suffisante (de nombreuses villes et régions rurales de Chine manquent parfois cruellement d'eau ; l'alimentation en eau pose des problèmes dans plus de 400 villes et, dans une centaine de ces agglomérations, le déficit en eau est important) et, deuxièmement, de fournir une eau propre (en Chine, plus de 300 millions de personnes n'ont pas accès à une eau potable et certains riverains de lacs et de rivières pollués en sont privés). Aussi, régler le problème de la pollution des eaux est-il une priorité selon les propos du Premier ministre Wen Jiabao en 2005.

Courrier international, juin-juillet-août 2005.

MENER L'ÉTUDE

1. Quelles sont les disparités régionales en Chine ? Quel lien peut-on faire entre ces disparités et l'ouverture économique ? **(Doc. 1)**
2. **Lire une carte.** Quelles sont les directions prises par les nouvelles mobilités à l'intérieur du territoire chinois ? Comment peut-on les expliquer ? **(Doc. 2)**
3. Caractérisez l'évolution des disparités entre villes et campagnes. **(Doc. 3)**
4. Quels changements sociaux accompagnent la modernisation ? **(Docs 3 et 4)**
5. À quels enjeux environnementaux, les Chinois et les acteurs institutionnels sont-ils confrontés ? **(Docs 5 et 6)**

SAVOIR FAIRE

Lire une carte

1. Identifier des ensembles spatiaux et les caractériser.
2. Relever les dynamiques spatiales, les mettre en relation.
3. Confronter les informations, les mettre en perspective à d'autres niveaux d'échelle.
4. S'interroger éventuellement sur les limites de la représentation cartographique.

BAC Pour réviser

À RETENIR

DATES CLÉS

1980 : ouverture des zones économiques spéciales

1984-1985 : ouverture des principales villes côtières aux investissements étrangers

2001 : entrée de la Chine dans l'Organisation Mondiale du Commerce

CHIFFRES CLÉS

1,3 milliard de chinois

80 % des investissements étrangers en Chine proviennent des pays de l'Asie orientale.

Shanghai : 14,6 millions d'habitants

Pékin : 11,2 millions d'habitants

• L'ouverture économique de la Chine

À partir des années 1980, la Chine s'ouvre sur le monde, elle accueille des investissements étrangers et devient un pays atelier fournisseur de produits manufacturés. De nos jours, ses exportations évoluent, elles comportent des produits des nouvelles technologies. La Chine ayant besoin de matières premières, de ressources énergétiques mais aussi de produits finis qu'elle ne fabrique pas encore, elle importe de plus en plus. La Chine s'intègre aux réseaux métropolitains de l'aire pacifique et montre sa montée en puissance dans les relations commerciales avec ses partenaires asiatiques.

• Shanghai et le processus de métropolisation

Au débouché du bassin du grand fleuve Yangsi, Shanghai n'est pas la capitale politique comme Pékin, mais elle apparaît comme une grande métropole, centre intellectuel et économique de la Chine. Avec 1 % de la population chinoise (12 millions d'habitants), elle réalise 15 % de la production du pays. Elle capte le plus grand nombre d'investissements étrangers. Ce dynamisme la conduit à moderniser ses quartiers pour en faire des centres d'affaires, des parcs technologiques, des zones franches, industrielles et portuaires.

• Des disparités sociales et spatiales

La croissance profite surtout aux **régions littorales** qui restent les zones privilégiées d'accueil des investissements. D'importants flux de population se dirigent vers ces espaces qui offrent beaucoup d'emplois, mais les conditions de travail et de logement sont rudes. Les campagnes intérieures sont mises à **l'écart** de la prospérité. Le choix du développement économique prime sur ceux du développement social et de la protection de l'environnement.

L'ATTRACTION DU LITTORAL CHINOIS

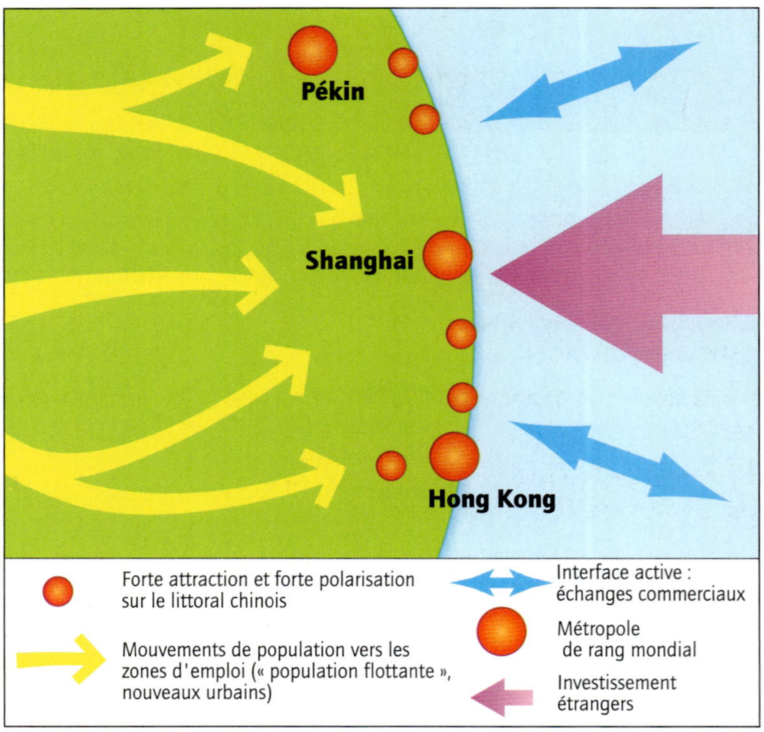

POUR ALLER PLUS LOIN

À CONSULTER

www.china.org.cn

www.missioneco.org/chine

www.chine-informations.com

www.oecd.org

www.ambafrance-cn.org

OUVRAGES

Thierry Sanjuan, (sous la direction de), *Dictionnaire de la Chine contemporaine*, Armand Colin, 2006.

« Pékin, Shanghai, Hong Kong : trois destins de villes dans l'espace chinois », dans Yves Lacoste, dir., *Géopolitique des grandes villes*, Paris, Hérodote, 2001, n° 101, pp. 153-179.

S'entraîner à la 2e partie de l'épreuve

BAC

DÉGAGER L'APPORT D'UN DOCUMENT

Méthode, p. 14

Sujet guidé — La métropolisation en Chine

Pékin au début du XXIe siècle

Le grand projet de la Chine au XXIe siècle est de faire de Pékin l'une des capitales mondiales. La rupture est définitive avec l'aspect « tiers mondesque » du centre politique du monde chinois. L'occasion qui a été donnée au pays entier d'organiser pour la première fois en Chine des jeux Olympiques aux symboles multiples, exige en retour la construction d'une capitale hypermoderne. Erreur ou non exagération funeste ou vision d'avenir, la ville veut d'abord créer d'ici 2008 un *CBD (Central Business District)* aux 43 tours de bureaux rutilantes, selon le modèle des centres-villes américains (4 km², 45 % de bureaux, 25 % de commerces et services, 30 % d'appartements de haut niveau), qui est en cours de construction à l'est de la ville ancienne, de part et d'autre du 3e périphérique. Un vaste pôle d'invention et développement, dédié aux technologies les plus pointues, est en cours d'agrandissement au nord-ouest, dans le quartier des universités et instituts de recherche. La Cybertower en est le symbole. Les lignes de métro notoirement insuffisantes pour une telle ville, vont passer de 2 à 13. On compte déjà quatre gares nouvelles dont celle qui met directement Pékin en liaison avec Hong-Kong. Le nombre des Plaza, immenses complexes commerciaux copiés des États-Unis plus que Hongkong ou Singapour, ne cesse de s'accroître. Cette fureur de construction et d'aménagement d'une capitale mythique correspond à une volonté politique ferme, à laquelle adhèrent de nombreux Pékinois qui en attendent un meilleur sort et quelquefois, qui sait, la fortune.

Michel Foucher (dir.), *Asies nouvelles*, éd. Belin, 2002.

Annotations :
- Activités d'affaires
- Activités de services de commerce
- Les axes de communication qui assurent une bonne desserte
- Les symboles de prestige
- Industries de pointe en relation avec la recherche et la « matière grise »
- Les nœuds de communication
- La mise en réseau avec d'autres métropoles

QUESTIONS

1 Une métropole se caractérise par des activités spécialisées de haut niveau. Identifiez ces caractéristiques à Pékin.

2 La ville connaît des transformations. Caractérisez-les.

3 À quoi reconnaît-on que la ville cherche à exercer un rayonnement de niveau mondial ?

AIDE

Question 1. Relevez dans le texte tout ce qui relève de la dynamique économique. Classez vos relevés en catégories : recherche et formation, commerce et échanges, bâtiment et construction.

Question 2. Identifiez tous les changements en cours y compris dans les transports.

Question 3. Cette question est une synthèse : montrez en quoi ce rayonnement s'appuie aussi sur une volonté politique.

BAC

S'entraîner à la 2e partie de l'épreuve

METTRE EN RELATION DEUX DOCUMENTS

Sujet guidé

Les activités et le développement économique en Chine

Méthode, p. 14

Document 1

La Chine littorale

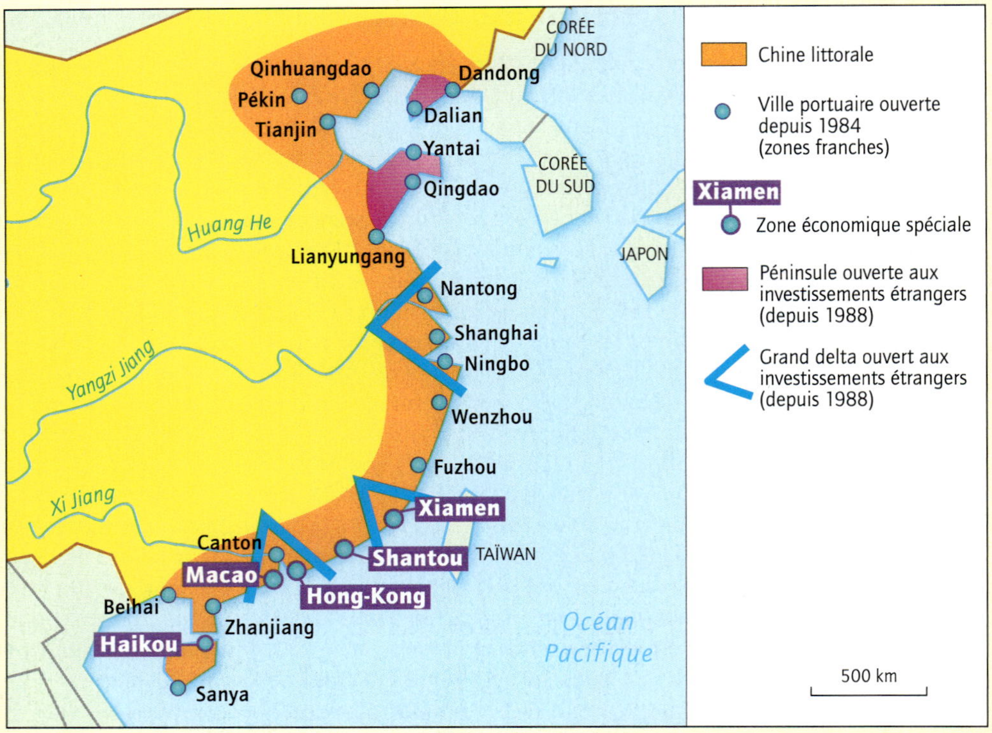

Document 2

Chine : produit intérieur brut par habitant

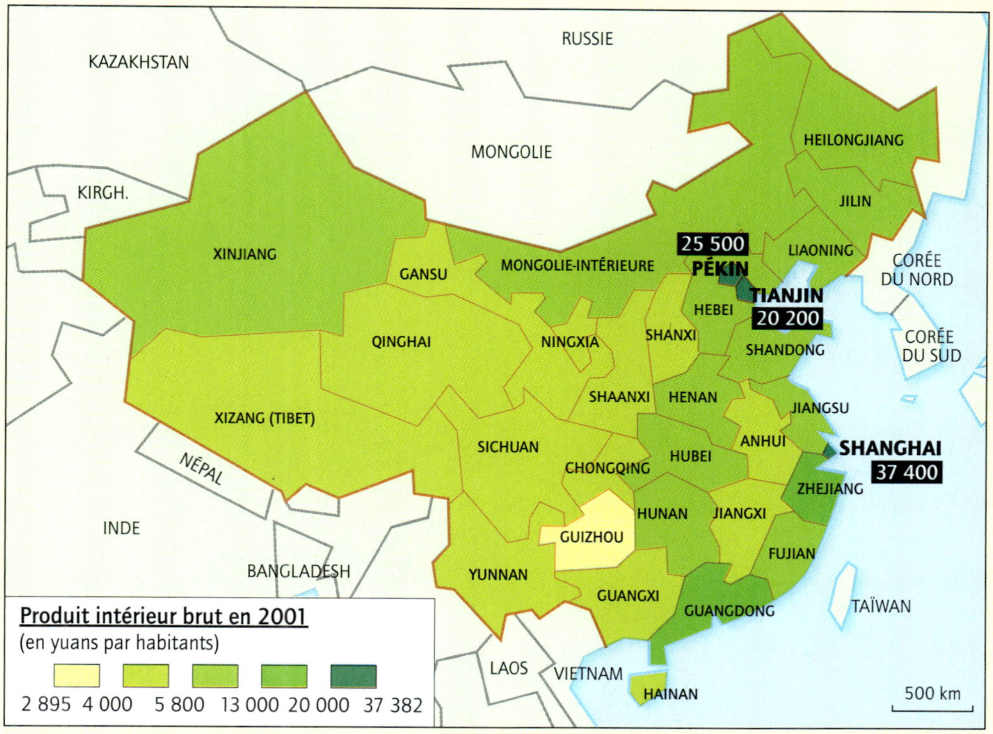

PIB par habitant : le rapport de la somme des valeurs ajoutées (bénéfices) créées par la production de la région par habitant

QUESTIONS

1 Caractérisez les espaces littoraux de la Chine ?

2 Situez les régions de Chine où le PIB par habitant est le plus élevé. À partir des informations de la carte 1, expliquez cette localisation.

3 Quelles disparités sociales et spatiales en Chine la confrontation des deux documents révèle-t-il ?

AIDE

Question 1. Confrontez les deux cartes pour dégager une des deux caractéristiques du dynamisme du littoral.

Question 2. Repérez les grands ensembles régionaux en fonction des contrastes de richesse. La carte 1 permet d'expliquer les caractéristiques de deux régions littorales.

Question 3. Mettez en évidence les contrastes dans l'organisation du territoire de la Chine. Caractérisez aussi le développement économique.

BAC BLANC 1re partie de l'épreuve

1 Caractériser un espace

Dans un paragraphe organisé, vous caractériserez les zones côtières chinoises.

2 Justifier une affirmation en proposant des arguments

Justifiez l'affirmation suivante : « le Brésil présente un développement contrasté ».

3 Citer des acteurs

Citez au moins deux acteurs qui interviennent dans la croissance économique de la Chine littorale

4 Compléter un croquis

Vous compléterez la légende du croquis (après l'avoir reproduit).

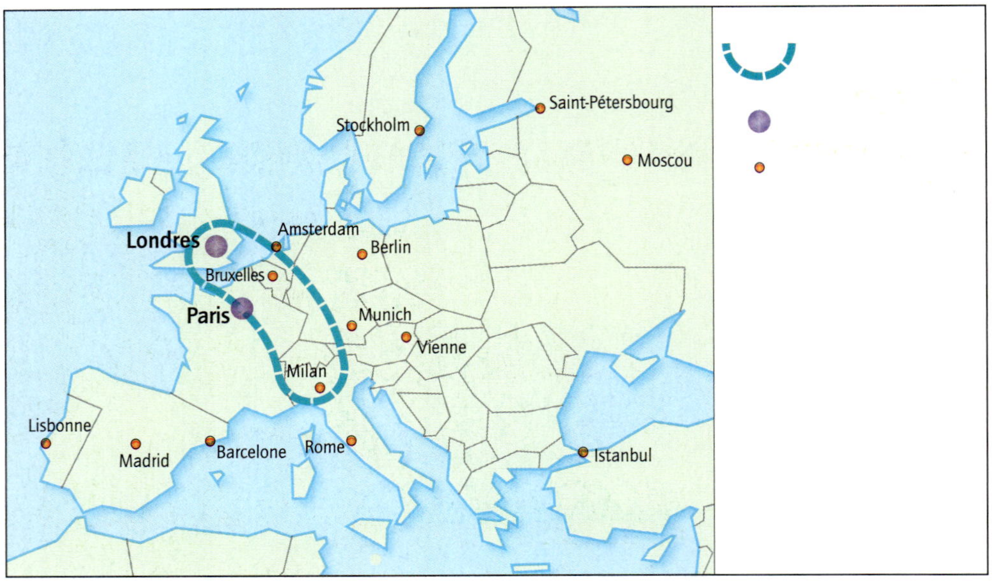

5 Proposer une définition pour une notion

Définissez les caractéristiques d'une métropole.

6 Justifier une affirmation en choisissant des arguments

Justifiez l'affirmation suivante en choisissant au moins trois arguments : « Dans la mégalopole japonaise, le manque de place conduit à la construction de terres-pleins. »

a. pour les activités industrielles
b. pour les parcs naturels
c. pour l'habitat collectif ou individuel
d. pour les infrastructures portuaires et aéroportuaires
e. pour la riziculture et l'élevage

7 Caractériser un espace

En quoi Shanghai est-elle métropole de rang mondial ?

2e partie de l'épreuve BAC BLANC

Document 1

Chine : valeur de l'import et de l'export des produits par secteur en 2004

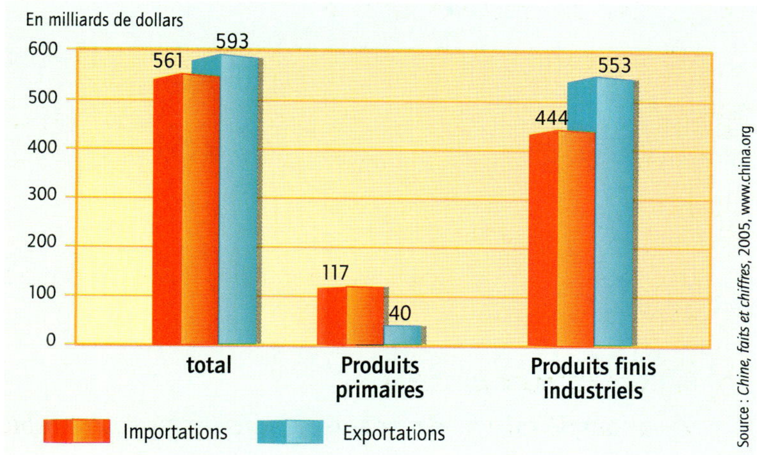

Les produits primaires sont les produits agricoles et les matières premières

Document 2

Les échanges commerciaux de la Chine

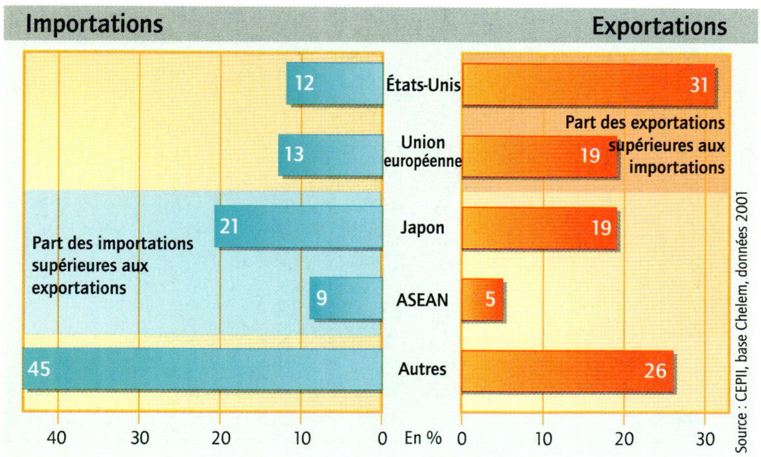

QUESTIONS

1 Quel est le thème commun à ces deux documents ? Quels sont les éléments qui les différencient ?

2 Que révèle l'analyse des importations et des exportations selon le type de produit sur les activités et les besoins économiques de la Chine ?

3 Dans les échanges commerciaux de la Chine, quels sont les principaux fournisseurs et les principaux clients ?

4 En croisant les informations des deux documents, qu'apprend-on sur les choix économiques actuels de la Chine ?

Uniformisation et fractures du monde

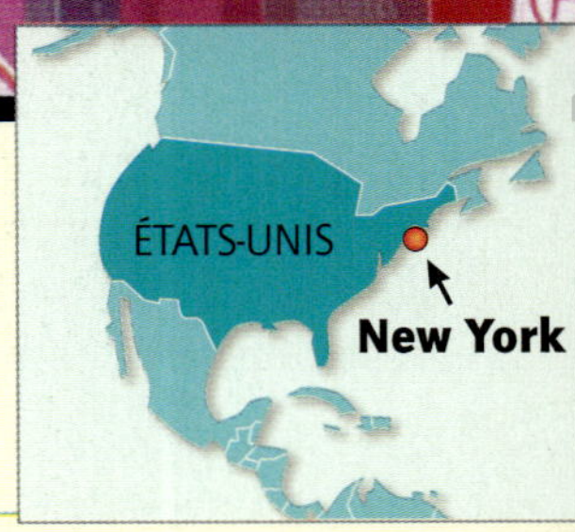

A Question obligatoire

Cultures et religions

B Sujets d'étude au choix

La santé

L'éducation

PARTIE 3

a. Canal Street dans Chinatown (Manhattan-New York)
b. La rue Nankin à Shanghai (Chine)
Les migrations de population et l'uniformisation des modes de consommation se traduisent dans des paysages urbains ressemblant.

Cultures et religions

Le poids des acteurs d'échelle planétaire, l'intensité de la mobilité des hommes, l'accélération des outils de communication favorisent une uniformisation des références culturelles et des modes de consommation. Cette mondialisation culturelle provoque cependant des phénomènes de rejet. Elle s'accompagne du réveil des identités locales et régionales, ainsi que de l'affirmation des grandes aires de civilisation. La géographie des religions est indispensable à la compréhension du monde.

Comment, dans un contexte de mondialisation, s'exprime la diversité des civilisations et des religions ?

a. La mosquée de Djenné (Mali) – b. Le temple de Brihadishwara à Thanjavur (Inde)
L'architecture religieuse différencie les espaces urbains. La mosquée de Djenné est caractéristique de l'architecture sahélienne (murs d'argile consolidés de poutre en bois). Le temple de Brihadishwara au sud de l'Inde, avec sa profusion de statues de divinités, témoigne d'une toute autre tradition. Dans les deux cas, le lieu de culte est un centre de la vie sociale : marché, foule de visiteurs, enfants des écoles en uniforme.

Les grandes aires culturelles de l'espace mondial

A Les aires de civilisation

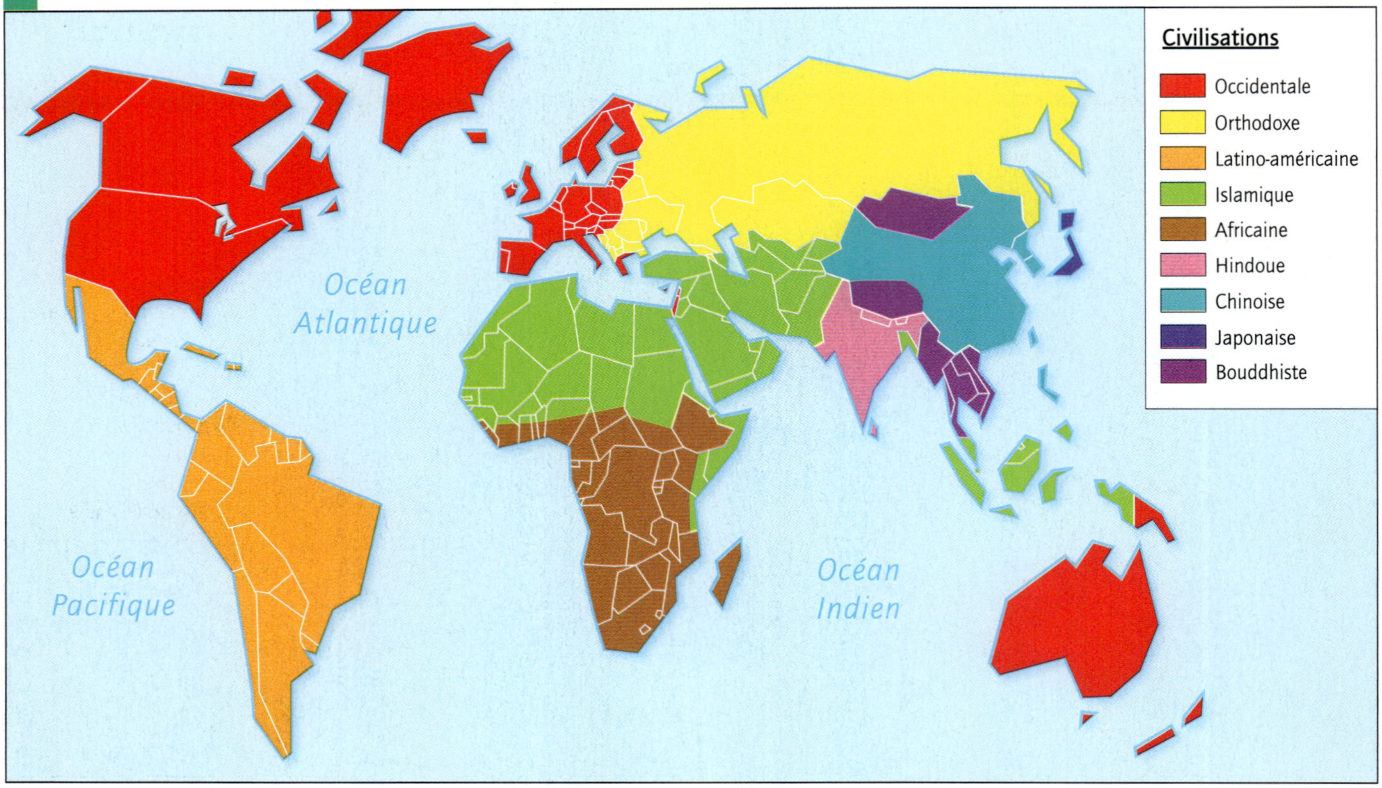

B Les grandes aires religieuses dans le monde

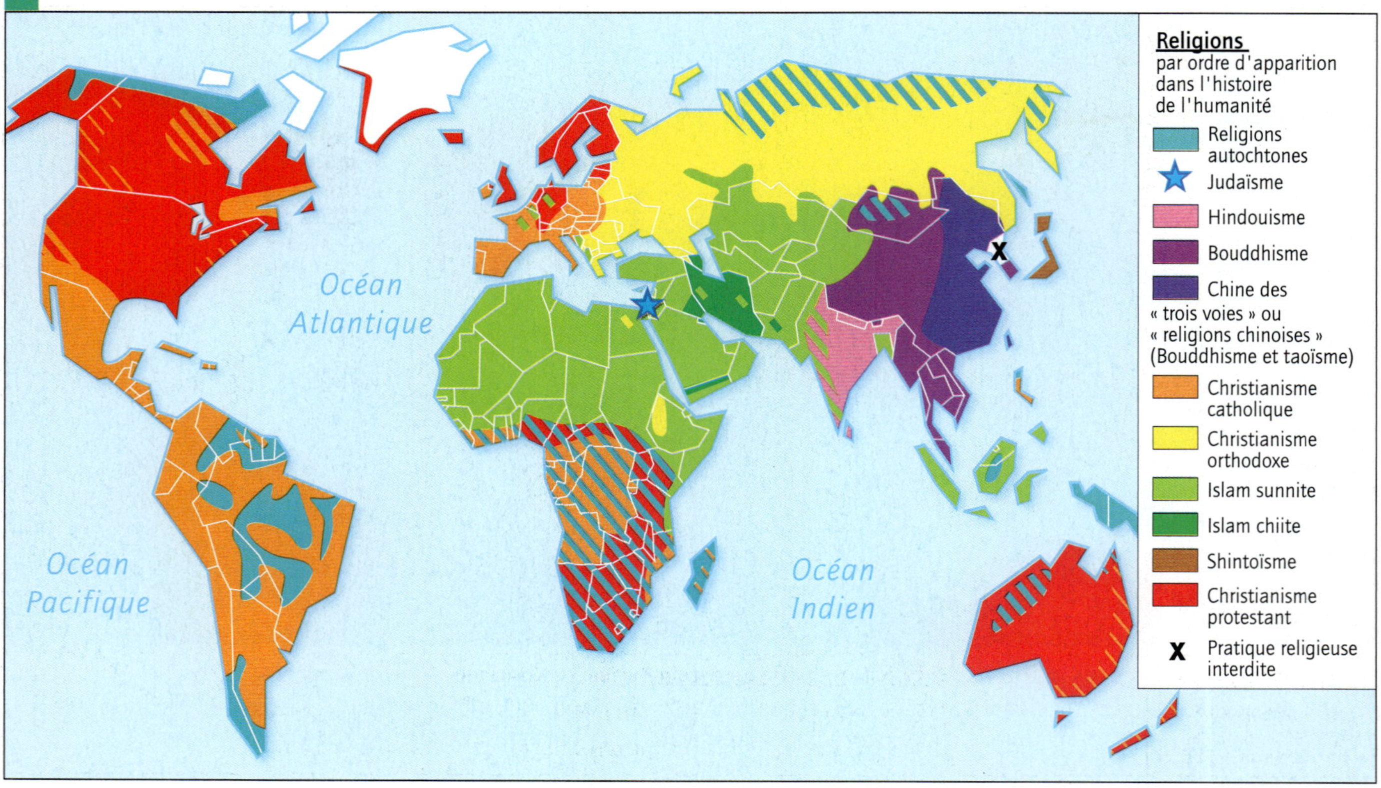

C Les principales langues parlées dans le monde

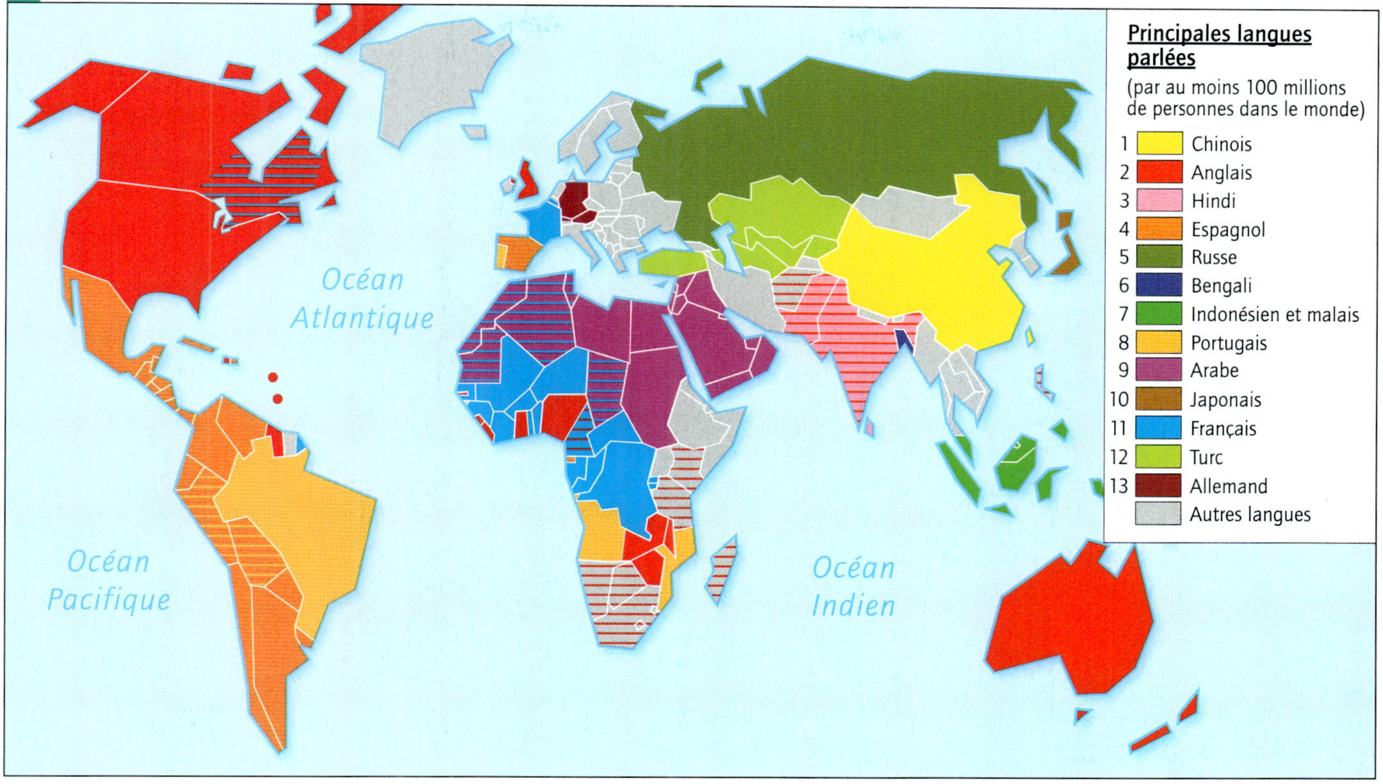

D Le cinéma dans les dernières années du XXe siècle

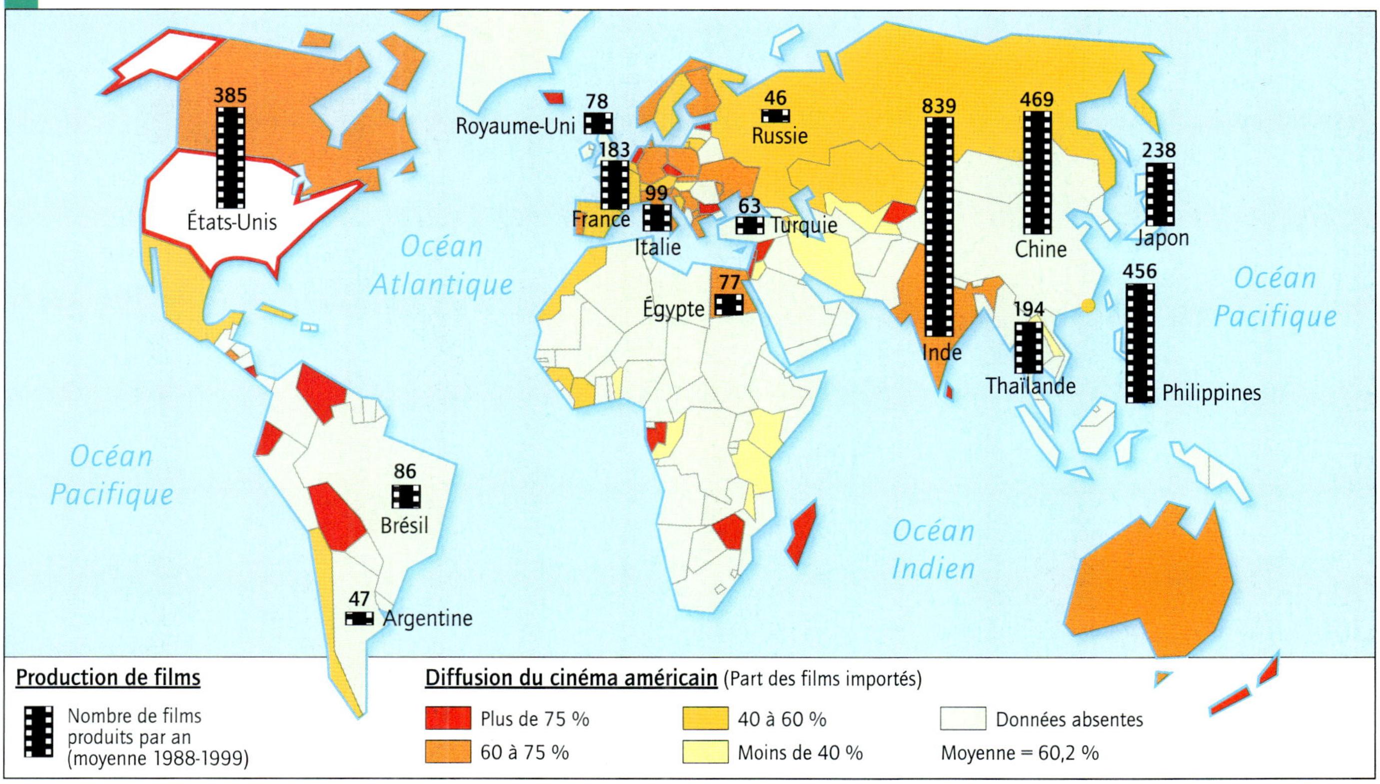

COURS 1

Une culture mondiale

La mondialisation n'est pas seulement un phénomène économique et commercial. Elle entraîne également des mutations sociales et culturelles rapides.

1 L'émergence d'une culture globale

- **La culture d'un monde urbain.** L'urbanisation a bouleversé le cadre de vie des populations et affecté leurs pratiques culturelles. Les repères familiaux, religieux et culturels nés dans des sociétés rurales ont été confrontés à d'autres modèles et d'autres lieux. Les valeurs de la modernité, individualisme, consommation, vitesse, sont inséparables de la ville. On écoute du rap de Rio de Janeiro à Dakar, de Los Angeles à Paris, parce qu'il paraît répondre aux mêmes problématiques urbaines.
- **L'uniformisation des modes de consommation.** Les satellites de communication, la télévision et Internet permettent de diffuser instantanément des images et des informations. Les modes vestimentaires (jeans, vêtements et chaussures de sport), les habitudes alimentaires (fast-foods, pizzas) se ressemblent de plus en plus. Les films, les consoles de jeux vidéo ou même les livres à succès (telle la série des *Harry Potter*) font l'objet aujourd'hui de sorties planétaires.

2 La diffusion d'un modèle occidental

- **Le rôle des États-Unis.** Ce pays incarne, plus que jamais, avec la fin de la guerre froide, la modernité occidentale. Disney, McDonald's, Coca-Cola, Nike sont les symboles de la diffusion des modes de vie. Les films hollywoodiens, les séries vendues à toutes les télévisions du monde, les tubes planétaires véhiculent un modèle culturel. La toute-puissance de l'anglo-américain, langue internationale presque unique aujourd'hui, accompagne cette hégémonie.
- **Des valeurs universelles ?** La diffusion est aussi celle de valeurs nées dans le monde occidental. Modèle démocratique, liberté individuelle, économie de marché, individualisme et valorisation de la réussite personnelle se greffent plus ou moins harmonieusement sur des héritages socioculturels très divers.

3 Un mélange mondial

- **L'émergence d'autres acteurs.** Les pôles émetteurs de cette uniformité culturelle ne se limitent pas à l'Occident. Autre membre de la Triade, le Japon, avec les mangas et les jeux vidéo, a ainsi inventé des référents devenus universels. Même hors de la Triade, les outils nouveaux de la communication permettent à la chaîne satellitaire qatarie Al Jazira, surnommée « la CNN arabe », de bénéficier d'une audience mondiale. Les *telenovelas* brésiliennes concurrencent, même hors du monde latin, les séries américaines.
- **Un brassage d'influences.** La nouvelle culture planétaire n'est pas seulement américaine ou occidentale. On peut manger des rouleaux de printemps ou des kebabs dans toutes les villes du monde. Les chanteurs latins chantent en espagnol pour le monde entier, et les stars du sport le plus populaire de la planète, le football, peu pratiqué aux États-Unis, sont brésiliennes. La diffusion de l'information favorise l'émergence d'une opinion publique mondiale sur les questions de société et d'environnement.

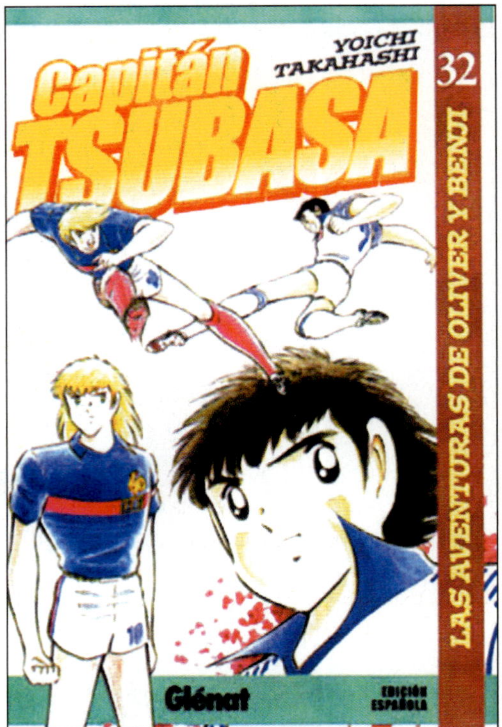

1 La couverture d'un manga

Dans leur pays d'origine, les mangas sont l'objet d'une consommation de masse et touchent tous les genres (romantiques, policiers, Fantasy, etc.). en raison de leur succès certains mangas sont même adaptés à l'écran. Ces BD typiquement japonaises se lisent aujourd'hui dans le monde entier, en particulier en France qui est le deuxième marché après le Japon.

LEXIQUE

- **Culture :** ensemble des outils (langue, valeurs, symboles) avec lesquels les peuples perçoivent la société dans laquelle ils vivent et le monde qui les entoure. Se définit également par des comportements et des modes de vie.
- **Hégémonie :** suprématie d'un État sur un autre ou sur l'ensemble des autres.

Comment les acteurs de la globalisation participent-ils à la globalisation culturelle ?

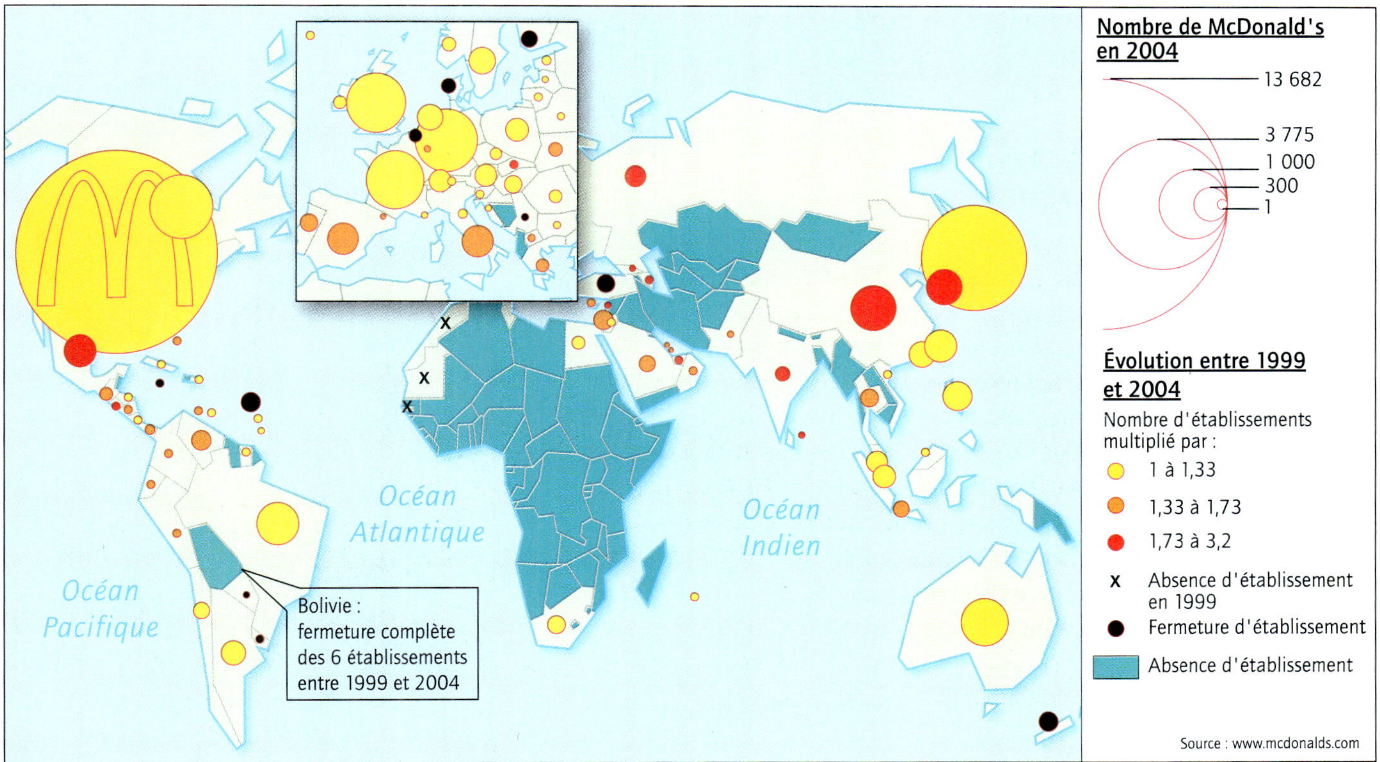

3 L'implantation des établissements McDonald's en 2004

4 Bali, le tourisme et la diffusion de la consommation

Étude des documents

1. Montrez comment les migrations favorisent le brassage des habitudes alimentaires. (Doc. 1)
2. Quelles sont les caractéristiques des grands groupes de communication ? (Doc. 2)
3. Quels types de pays concentrent le plus et le moins d'établissements ? À quelles logiques répond l'implantation des McDonald's ? (Doc. 3)
4. Comment, à votre avis, le tourisme uniformise-t-il les paysages ? (Doc. 4)

Questions BAC

1. La mobilité des hommes favorise la mondialisation culturelle. Justifiez cette affirmation.
2. Citez 5 FTN acteurs de l'unification culturelle.

COURS 3 Le sport, spectacle mondial par excellence

Les grandes manifestations sportives sont les événements planétaires les plus suivis, les stars du sport sont les plus universelles. La mondialisation du sport accompagne et entraîne la globalisation culturelle.

1 Une audience planétaire

• **Des impacts records.** Les jeux Olympiques et la Coupe du monde de football sont suivis tous les quatre ans par des foules immenses. Les JO de Sydney, en 2000, ont rassemblé jusqu'à 4 milliards de téléspectateurs simultanément. Le Mondial de 2006, en Allemagne, a été suivi par 32,5 milliards de téléspectateurs en audience cumulée sur 215 pays.

• **La concurrence entre les événements.** Les compétitions cherchent toutes à bénéficier d'une notoriété mondiale. Le Tour de France est connu de 56 % des Américains et est diffusé sur tous les continents. Le championnat nord-américain de basket-ball (NBA) est suivi dans le monde entier et éclipse les compétitions des équipes nationales.

2 Des acteurs aux stratégies globales

• **Le poids des grandes institutions sportives.** Le Comité international olympique, fondé en 1894, compte 203 pays membres, la Fifa (Fédération internationale de football) 207. Ils peuvent se targuer d'être plus universels que l'ONU, qui en recense 193. Tokyo en 1964, Mexico en 1968, Sydney en 2000, Pékin en 2008 : les JO sont organisés depuis longtemps hors d'Europe et d'Amérique du Nord, tandis que la Coupe du monde de 2010 en Afrique du Sud sera le premier événement de cette ampleur sur ce continent.

• **Firmes, clubs et champions pensent « global ».** Un club de football anglais comme Manchester United appartient à des investisseurs américains et vend davantage de produits dérivés au Japon et en Chine qu'en Angleterre. Les joueurs de football du monde entier rêvent des grands clubs européens ; les basketteurs, de la NBA. Les championnats des pays émergents d'Asie ou des pétromonarchies recrutent des joueurs de second rang. Il existe un marché mondial du sport. Les grandes firmes d'équipement participent à cette globalisation.

3 Mondialisation et polarisation à travers le sport

• **Les pôles de la planète sportive.** La plupart des grands sports sont issus d'Europe (jeux anglais, comme le football, le rugby ou le tennis ; mais aussi sports olympiques comme l'escrime) ou des États-Unis (basket-ball). Les grandes organisations furent fondées en Europe, où elles ont leur siège. Les réseaux de télédiffusion américains assurent le succès et le financement des événements. Les États-Unis et l'Europe comptent encore la majorité des médaillés des grandes compétitions et des effectifs des équipes professionnelles. Les marchés de la Triade sont ceux où les firmes d'équipement font leurs profits et assurent les revenus immenses des champions professionnels.

• **L'organisation d'un système planétaire.** Le reste de la planète participe selon des modalités variées. L'Afrique et l'Amérique du Sud fournissent des sportifs qui deviennent alors l'image de la réussite sociale. Les pays émergents d'Asie, organisent des compétitions et deviennent les marchés d'avenir pour les équipements (qui y sont d'ailleurs souvent fabriqués). Les rapports de force sportifs coïncident avec les équilibres géopolitiques (voir la puissance des équipes d'URSS du temps de la guerre froide) ou avec les rapports de force économiques : ainsi, l'irruption de la Chine sur la scène sportive.

1 La cérémonie d'ouverture du Mondial 2006

32 équipes de football se sont affrontées lors de cet événement planétaire qui s'est déroulé du 9 juin au 9 juillet 2006, mais ce sont 198 pays qui ont participé aux phases de sélection depuis 2003.

LEXIQUE

- **Audience cumulée :** nombre total de téléspectateurs obtenu en additionnant le public de tous les matches. Un même téléspectateur pourra évidemment être compté plusieurs fois.
- **Institutions sportives :** organisations internationales regroupant des fédérations nationales et qui organisent les grandes compétitions.

2 Affiche publicitaire russe de l'équipementier sportif Adidas

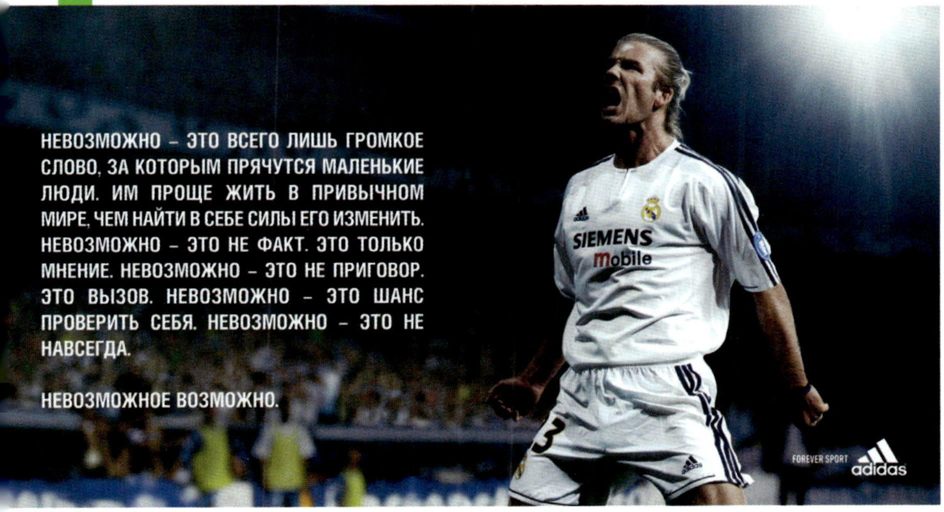

3 Les sports et les médias

« Je suis d'accord avec l'assertion selon laquelle il n'y a pas de sports sans médias, ni de médias sans sports. Un grand nombre de grandes manifestations sportives ont été inventées si ce n'est par des journalistes, en tout cas par des journaux : le Tour de France, la Coupe d'Europe des clubs champions, la Coupe du monde de ski, le Tour d'Italie, le Tour d'Espagne. […] Je ne sais si l'histoire entre le sport et les médias est une histoire d'amour, mais c'est en tout cas une histoire passionnelle. L'évolution des médias se fait avec l'évolution du sport. Les journaux qui ont créé les compétitions sportives, la radio qui les a fait entrer dans les foyers – et qui nous a fait rêver ! –, tout cela a été ensuite magnifié par la télévision, tout en faisant aussi grandir cette dernière, comme nous le montrent aujourd'hui les couvertures médiatiques exceptionnelles des grands événements sportifs. »

Christian Prudhomme, directeur de la Société du Tour de France, dans le rapport d'information « Sports, argent, médias » du Sénat, mai 2004.

4 Adidas profite à plein du Mondial

Adidas s'estime le grand gagnant de la Coupe du monde de football. Alors que la compétition bat son plein, le deuxième équipementier mondial a dépassé ses prévisions. Le chiffre d'affaires réalisé par les produits foot sera cette année supérieur à 1,2 milliard d'euros. Deux fois le montant réalisé lors du dernier Mondial en 2002. C'est aussi largement plus que le milliard anticipé initialement et les 900 millions encaissés en 2005. Au total, le groupe compte vendre plus de 3 millions de maillots aux couleurs des six équipes qu'il sponsorise, dont plus de 1,5 million pour le seul maillot de la Mannschaft et quelque 450 000 pour celui des tricolores. Si les ventes en 2007 pourraient fléchir, le groupe vise de nouveaux records dès 2008, année de l'Euro. Hier, il a annoncé le prolongement de son partenariat avec l'UEFA, la fédération européenne qui lui assure le titre de sponsor officiel pour l'Euro 2008. Il fournira aussi à partir de la prochaine saison et jusqu'à 2009 le ballon de toutes les rencontres de *Champions League*.

Bernadette de Peretti, www.latribune.fr, 29 juin 2006.

5 La place croissante des Africains dans les compétitions olympiques

Nombre de médailles d'or remportées par des athlètes africains

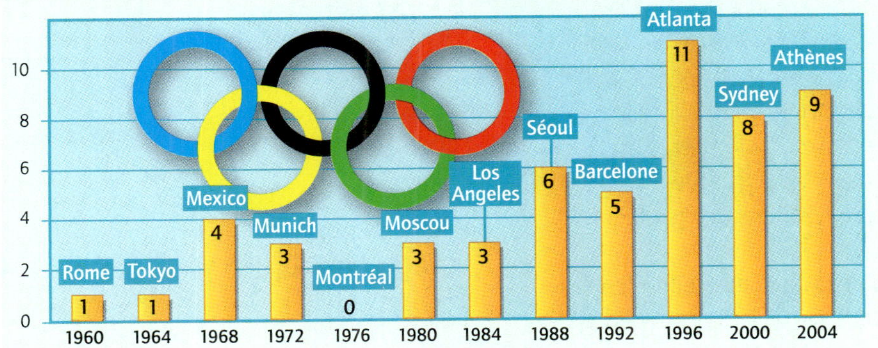

Étude des documents

1. En quoi la cérémonie d'ouverture traduit-elle la caractère universel du Mondial 2006 ? (Doc. 1)
2. En quoi la campagne publicitaire montre-t-elle une stratégie mondiale ? (Doc. 2)
3. Quels sont les acteurs principaux de l'universalisation des événements sportifs ? (Docs 3 et 4)
4. En quoi ce schéma illustre-t-il l'universalisation du sport ? (Doc. 5)

Questions BAC

1. Comment se traduit la globalisation du marché du sport et de son organisation ?
2. Citez les principales institutions sportives dans le monde.

COURS 4

Les résistances face aux risques d'uniformisation et de domination culturelle

Le rejet de la standardisation culturelle anime le mouvement altermondialiste. Ce rejet se retrouve aussi dans l'émergence ou la résurgence des cultures locales et régionales.

1 D'autres modèles pour l'échange culturel

• **La contestation altermondialiste.** Elle s'oppose aussi à cette mondialisation par la consommation. En janvier 2000, le best-seller de la journaliste canadienne Naomi Klein, intitulé *No Logo*, dénonce la « tyrannie » des marques. Celles-ci ne se limitent pas à vendre des produits, mais prétendent transmettre des valeurs (le *just do it* de Nike). Animées par le mouvement anti-marques, les actions de boycott des produits, de destruction des publicités sont marginales, mais ont assez de poids médiatique pour obliger les marques à les intégrer à leurs stratégies commerciales. Les firmes sont également surveillées pour les conditions de travail qui règnent dans les entreprises du Sud qui fabriquent leurs produits.

• **Des résistances au nom de la diversité.** Certains États, comme la France, soutiennent leur production cinématographique au nom de la sauvegarde de l'identité culturelle. L'UNESCO proclame en 2001 une « Déclaration universelle sur la diversité culturelle ». Les opposants à l'implantation des restaurants McDonald's souhaitent défendre une alimentation qui refléterait la diversité des terroirs et des habitudes, en opposition à la standardisation. Ce refus rejoint aussi la défense des producteurs locaux et de l'environnement : elle a été très présente dans les discussions des forums sociaux mondiaux, de Porto Alegre au Brésil en 2001 à Bamako au Mali en 2006.

2 La réaction par la revendication identitaire

• **L'uniformisation crée en retour le désir de retrouver des racines.** Les langues régionales, les cultures locales sont souvent en pleine réhabilitation : le gallois, le catalan sont des langues officielles à l'égal de l'anglais ou de l'espagnol. Les musiques traditionnelles sont souvent en pleine renaissance (chants celtes ou corses) et les fêtes locales retrouvent souvent de la vigueur (carnavals antillais ou flamands). Les peuples autochtones (amérindiens, peuples de Sibérie) s'organisent et revendiquent les droits coutumiers sur leurs terres. Les enracinements ne s'opposent pas forcément à la modernité et à l'ouverture sur les influences venues d'ailleurs.

• **De la revendication identitaire au conflit ethnique.** Cette affirmation prend parfois la forme d'une lutte violente contre l'État-nation affaibli par la mondialisation. Ainsi, la revendication corse ou, plus meurtrière, la guerre menée par certains nationalistes basques contre l'État espagnol en sont des exemples. À la fin du XXe siècle, l'identité ethnique parfois utilisée à des fins partisanes l'a souvent emporté sur les sentiments nationaux, déstabilisant les États africains et entraînant des guerres civiles sanglantes (ex-Yougoslavie, Soudan) marquées par des « nettoyages ethniques », voire par des génocides (Rwanda).

• **À une autre échelle, la résistance à la mondialisation culturelle prend la forme d'un rejet.** L'affirmation d'un Islam fondamentaliste, avant d'être un phénomène religieux, est souvent vécue comme la manifestation d'un refus de l'occidentalisation.

1 La contestation anti-marques
Un certain nombre d'associations dénoncent la présence de marques planétaires. Elles voient dans leur diffusion la remise en cause de traditions et d'identités locales. Elles les accusent de promouvoir un modèle culturel unique.

LEXIQUE

- **Altermondialiste :** voir cours, première partie, 4)
- **Conflit ethnique :** lutte ou guerre opposant deux groupes d'hommes se revendiquant chacun d'une langue, d'une histoire et d'une identité les différenciant des autres.
- **Forum social mondial :** manifestation altermondialiste organisée chaque année pour faire pendant aux sommets du G8 et au forume de Davos et regrouper les propositions d'une autre mondialisation.
- **Revendication identitaire :** affirmation par un individu ou un groupe de son appartenance ethnoculturelle.

2 Trois colas « identitaires » (breton, arabe et corse)

Plusieurs producteurs français ont eu l'idée de proposer des colas permettant aux clients d'affirmer leur appartenance. Cela est d'autant plus symbolique que Coca-Cola incarne le modèle culturel américain.

3 Des femmes chez le photographe à Téhéran en 1950 et en 2000

4 *No logo*

Aujourd'hui le village est « planétaire », l'adolescent est « mondial » et la société de consommation est dominée par les marques. [...] En plantant leurs drapeaux sur des territoires jusqu'à présent vierges de toute publicité, en substituant au simple objet de consommation une image capable de le faire accéder à la dimension du mythe, les multinationales ne se sont pas contentées de bouleverser les mentalités et le monde du travail, elles ont modifié l'économie de nombreux pays.

[...] Mais le nombre augmente de ceux qui prônent l'urgence d'une mobilisation vigilante, et qui dénoncent les abus commis par les grandes sociétés. Venant de partout, ils se rencontrent, se regroupent et s'organisent sur l'Internet : ils veulent des produits pour lesquels d'autres, à des milliers de kilomètres de chez eux, paient le tribut de la sueur et parfois du sang.

Ce nouveau militantisme, reflet de la pluralité sociale et ethnique de bon nombre de pays, a déjà gagné des batailles contre les logos mastodontes. Les événements de Seattle ou de Prague l'ont prouvé : il est encore temps de dire non à la tyrannie des marques ?

4e de couverture de *No logo*, livre de Naomi Klein.

Étude des documents

1. Quel est l'objectif de l'image ? Sur quelles références historiques s'appuie-t-elle ? (Doc. 1)
2. Pourquoi ces bouteilles sont-elles symboliques de l'opposition à la mondialisation par les marques ? (Doc. 2)
3. Quelle évolution dans le rapport officiel de la société iranienne aux valeurs occidentales traduisent ces deux photos ? (Doc. 3)
4. Que reproche Naomi Klein aux grandes marques ? (Doc. 4)

Questions BAC

1. Citez des exemples de conflits ethniques à la fin du XXe siècle.
2. Pourquoi la résistance à l'uniformisation culturelle rejoint-elle parfois la contestation alter-mondialiste ?

COURS 5

La permanence des grandes aires de civilisation

Le monde présente encore de grandes aires culturelles différenciées. Les religions jouent un rôle important mais non exclusif dans leur constitution.

1 La diversité culturelle

• **L'influence de l'héritage culturel.** Les héritages culturels définissent les rapports des hommes entre eux et avec leur territoire. La perception des relations sociales est largement transmise par les valeurs environnantes. Ainsi, le respect de la hiérarchie qui caractérise les régions confucéennes de l'Asie orientale, la place centrale de la famille élargie dans les sociétés africaines en sont des exemples. Le paysage, celui des campagnes comme celui des villes, reflète les croyances et les conceptions du monde, à travers les aménagements et les façons de construire. Les habitudes alimentaires sont un exemple de pratique reliant à l'origine des traits de culture (interdits, dégoûts) et des espaces de production agricole. L'interdit du porc et la sécheresse des pâtures se combinent pour favoriser l'élevage des moutons et des chèvres d'Afrique du Nord à l'Asie centrale.

• **Le rôle de l'histoire.** L'histoire, siècle après siècle, a constitué le monde en aires culturelles. Les migrations, les conquêtes, les échanges marchands ont rapproché les fondements culturels des peuples dans de vastes aires géographiques d'échelle continentale. Leurs limites, souvent associées à des obstacles naturels de la circulation (comme des hautes montagnes isolant l'aire de culture hindouiste au nord), restent aujourd'hui des éléments structurants de l'espace mondial. Ces aires sont d'échelles variées : on peut parler d'une culture de l'Asie du Sud-Est et distinguer, à l'intérieur, les cultures khmères, Thaï, ou Lao.

2 Les aires des civilisations

• **Qu'est-ce qu'une civilisation ?** Certaines de ces aires possèdent une plus grande homogénéité : on parlera alors de civilisations. Elles peuvent correspondre à l'unité des modes de vie et des organisations sociales : fortes densités et cohésion sociale de l'Asie rizicole, complémentarité entre oasis et nomadisme de l'Asie centrale jusqu'au Maghreb. Elles ont souvent connu dans l'histoire un pouvoir fort, unifiant les territoires et diffusant ces modes de vie : Empire chinois pour l'Asie orientale, conquête arabo-musulmane pour le Moyen-Orient et le Maghreb. Elles correspondent presque toujours à un système de représentations du monde.

• **Une géographie des religions.** Les religions semblent alors structurer ces aires de civilisation. La carte de ces grandes aires recoupe en effet largement celle des religions (voir page 261). Celles-ci participent à l'homogénéisation des systèmes de croyance et les rendent plus capables d'être adoptés en des lieux éloignés les uns des autres. C'est particulièrement vrai pour les religions révélées : judaïsme, christianisme, islam, bouddhisme. Cela ne l'est pas des religions autochtones, qui divinisent montagnes, arbres ou rivières et ne sont donc pas exportables.

1 Au Pérou, les Indiens prient Dieu et la montagne

LEXIQUE

- **Aires culturelles :** aires géographiques étendues dans lesquelles on trouve des traits culturels dominants.
- **Aires de civilisation :** aires culturelles unifiées par la religion, par une histoire commune, par des formes passées ou présentes d'unité politique.
- **Confucéen :** qui adopte les valeurs majeures de la morale codifiée par Confucius (604-531 av. J.-C. en Chine) : respect de la famille et des ancêtres, loyauté envers l'État, droiture et bienveillance.
- **Famille élargie :** conception des liens familiaux non limitée aux ascendants et descendants, mais incluant largement les oncles, cousins et apparentés jusqu'à des degrés éloignés.
- **Religions autochtones :** religions traditionnelles, souvent appuyées sur l'omniprésence du divin dans le territoire et sur le culte des morts, incluant souvent des pratiques magiques.
- **Religions révélées :** religions dont croyances et rites ont été révélés à un intermédiaire entre l'homme et le message divin. Dans le cas du judaïsme, du christianisme et de l'islam, on parle de prophète.

2 Ghardaïa (Algérie), l'héritage urbain de la civilisation arabo-musulmane

L'héritage urbain de la civilisation arabo-musulmane est caractéristique : maisons à toits plats et cour intérieure, protégeant l'univers clos des femmes, ruelles étroites car l'espace public est limité, regroupement autour de la mosquée placée au centre. Toutes les vieilles médinas ressemblent plus ou moins à cela.

3 La diversité culturelle

L'homogénéisation des modes de consommation reste un leurre. Dans l'Union européenne, les firmes pharmaceutiques doivent adapter leurs médicaments aux différentes traditions médicales : prise buccale, suppositoires, piqûres en Italie. Le fabricant de machines à laver chinois Haier adapte ses produits aux habitudes locales : pour les campagnes, un appareil très robuste qui sert aussi à laver les pommes de terre ; pour les villes, un appareil petit modèle adapté à la taille des logements ; pour la Corée, un appareil qui sert aussi à sécher les herbes médicinales [...].

Dans la cuisine européenne, dominent viandes et légumes, contre riz et poisson en Asie. À la margarine des pays anglo-saxons s'opposent huile ou beurre dans d'autres cuisines. Le thé est consommé brûlant en Asie et glacé aux États-Unis [...].

La firme Coca-Cola a du mal à vendre son soda en Asie, les traditions culinaires bloquant la consommation de boissons gazeuses. Elle se réoriente vers des produits plus adaptés (thé, jus de fruits, eaux, boissons énergisantes) soit en rachetant des producteurs locaux, soit en inventant des produits spécifiques : un quart de sa gamme asiatique de 250 références est introuvable dans le reste du monde.

D'après L. Carroué, *Géographie de la mondialisation*, A. Colin, 2002.

4 Riz et civilisation

Les versants méridional et oriental de l'Asie ont vu naître des civilisations très évoluées, par leur agriculture, leur aptitude à encadrer grand nombre d'habitants sur de vastes étendues et de longues durées, par leurs arts et leurs littératures. Cela aurait-il quelques liens avec la rizière inondée ? Dominant champs et repas, le riz envahit en effet vocabulaire et croyances ; les contraintes de l'irrigation n'auraient-elles pas favorisé l'esprit d'association, affermi le respect des obligations communes ? [...] La riziculture inondée fait partie de l'ensemble de techniques qui forme une civilisation ; mais elle fait partie de celle-ci sans le déterminer. [...] Les grandes civilisations asiatiques ne sont pas nées par le riz.

Pierre Gourou, *Riz et civilisation*, Fayard, 1984.

Étude des documents

1. Comment perçoit-on la persistance de la religion traditionnelle dans le culte catholique ? (Doc. 1)
2. Repérez les différents éléments caractéristiques d'une médina. (Doc. 2)
3. Montrez comment les grandes firmes s'adaptent à la diversité des pratiques culturelles. (Doc. 3)
4. Montrez comment les habitudes alimentaires sont liées à des aires de civilisation. (Docs 3 et 4)

Questions BAC

1. Quelles sont les grandes aires de civilisations ?
2. Une habitude alimentaire est liée à une civilisation. Justifiez cette affirmation.

COURS 6 Le retour de la géographie des religions

Les aires de civilisation se confondent en partie avec celles des grandes religions. La place de la religion dans les conflits géopolitiques s'est considérablement renforcée depuis la fin du XXe siècle.

1 Aires de civilisation, aires des religions ?

• **La baisse des pratiques religieuses.** La civilisation occidentale se définit en fait autant par la sécularisation, la baisse de la pratique et la fréquente laïcité politique que par le christianisme. L'Asie orientale, partagée entre religions traditionnelles de la Chine et du Japon et bouddhisme, est aussi marquée par la faiblesse de la religion comme élément d'identité.

• **Les civilisations et les religions.** Les frontières des aires de civilisation ne sont pas partout celles des religions. En Afrique subsaharienne, la population et les territoires se partagent entre islam, christianisme et religions autochtones, ce qui n'empêche pas de distinguer certains traits d'une civilisation africaine, par exemple l'absence, traditionnelle, de propriété individuelle du sol.

2 Un monde structuré par des frontières interreligieuses ?

• **Les aires étendues des grandes religions.** Le christianisme compte deux milliards de fidèles, et est très nettement majoritaire en Europe, en Amérique du Nord et en Amérique latine, ainsi qu'en Afrique centrale et méridionale. L'islam, qui a plus d'un milliard de croyants, est pratiquement exclusif de l'Afrique de l'Ouest jusqu'à l'Inde, puis de l'Indonésie. Le bouddhisme est très présent en Asie du Sud-Est mais aussi dans le monde chinois et japonais. L'hindouisme est la religion de plus de 800 millions d'Indiens.

• **Des frontières mal définies.** Les limites de ces aires religieuses sont des frontières majeures, mais floues. Elles recoupent des fractures historiques (Caucase entre Empires russe, perse et turc), des frontières d'États (Inde et Pakistan), des clivages économiques (entre les États-Unis de culture protestante et le Mexique catholique, de part et d'autre de la Méditerranée). Mais elles ne sont pas très nettes en général, et laissent des minorités de part et d'autre : plusieurs millions de chrétiens arabes au Moyen-Orient, plus de 100 millions de musulmans indiens, 30 millions de musulmans en Europe. Ces minorités remontent à plusieurs siècles ou peuvent être le résultat des migrations contemporaines.

3 Religions et mondialisation

• **Les diverses formes de retour du religieux.** De nouveaux cultes, souvent protestants, progressent très vite en Afrique et en Amérique latine. Des fondamentalismes, présentés comme un retour à la tradition, traversent de nombreuses religions. Cependant, il s'agit de courants de pensée modernes différents de traditions réelles.

• **Les religions et les enjeux géopolitiques.** Le discours religieux est de plus en plus présent dans les enjeux géopolitiques. De nombreux conflits d'aujourd'hui ou des attentats terroristes sont justifiés par des discours religieux, comme ils l'étaient de discours nationalistes il y a quelques décennies. Le nationalisme indien le plus extrémiste s'exprime à travers des partis religieux hindous. Le nationalisme arabe a été supplanté par les mouvements islamistes, présents dans tous les conflits territoriaux du monde musulman, du Soudan au Cachemire. Le conflit israélo-palestinien est aujourd'hui présenté par certains comme un conflit religieux, ce qu'il n'était pas du tout il y a vingt ans.

1 Sadhu à Allahabad (Inde) en 2000

Les sadhus renoncent aux biens matériels et vont de pélerinage en pélerinage. Certains (les nagas) forment des groupes armés, milices du fondamentalisme hindou.

LEXIQUE

- **Fondamentalisme :** courant de réforme des religions qui prétend s'appuyer sur une lecture littérale des textes sacrés et refuse aussi bien la modernisation du dogme que les traditions religieuses populaires.
- **Géopolitique :** étude des enjeux et des rivalités de pouvoir sur les territoires et entre eux.
- **Islamisme :** courant de pensée politique dont l'objectif est l'établissement d'États gouvernés par la loi islamique.
- **Sécularisation :** processus de limitation de la place de la religion dans la vie publique et de diminution des pratiques religieuses.

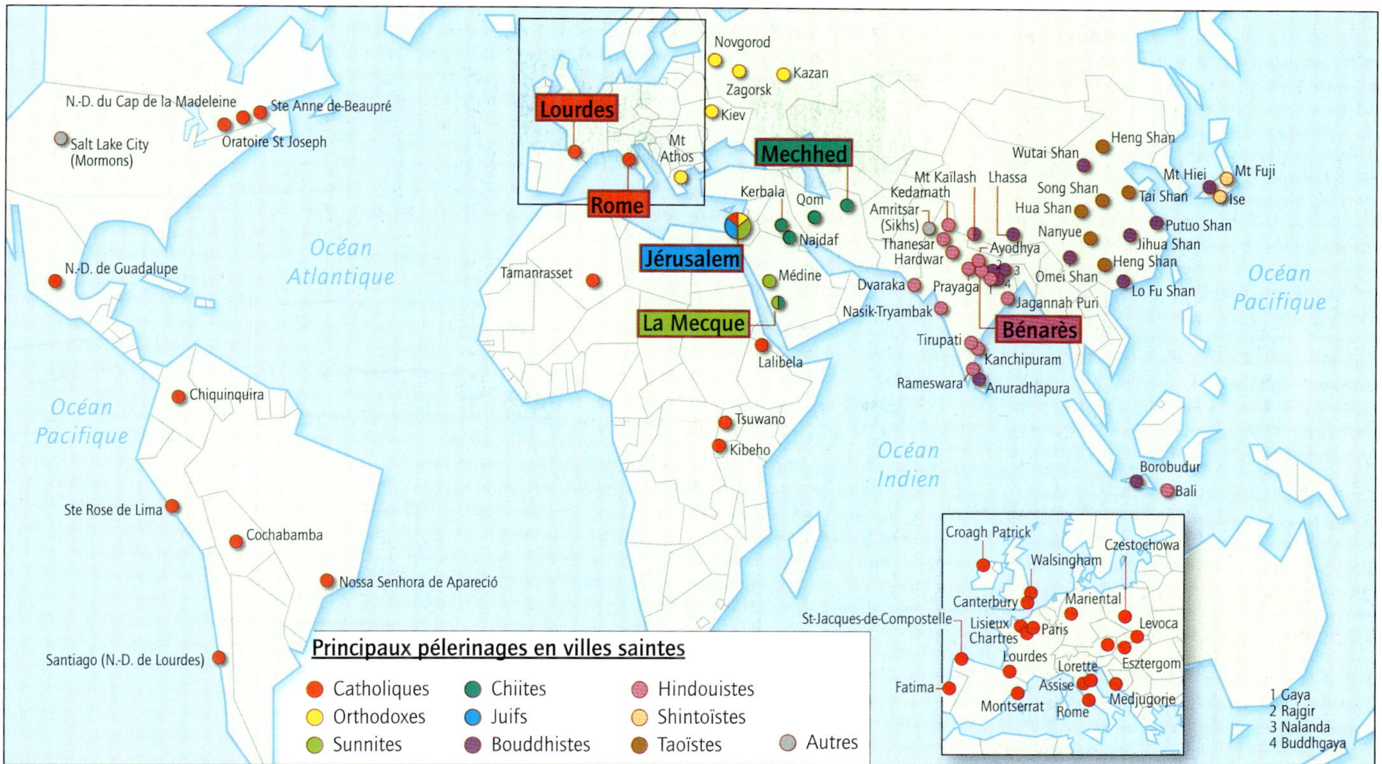

2 Les différents lieux saints dans le monde

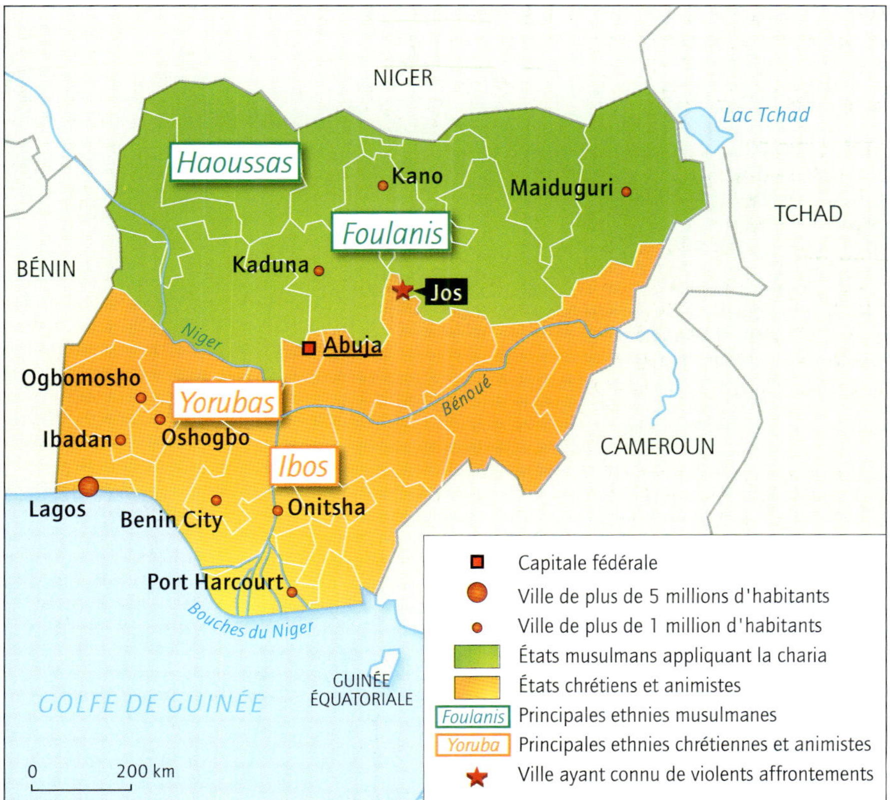

3 Le partage religieux dans un État fédéral : le Nigeria

Dans ce pays de plus de 135 millions d'habitants, les États du Nord, à majorité musulmane, appliquent la charia (loi islamique) à la place des lois fédérales.

Étude des documents

1. Identifiez les signes du renoncement et de l'adhésion totale au militantisme religieux dans l'apparence de ce sadhu. (Doc. 1)
2. Quelles sont les religions pratiquant le pèlerinage ? Et quelles aires géographiques délimitent-elles ? (Doc. 2)
3. À quelle autre limité correspond la frontière religieuse au Nigeria ? Quelles conséquences a-t-elle ? (Doc. 3)

Questions BAC

1. Quelles sont les religions les plus pratiquées dans le monde aujourd'hui ?
2. Les religions sont un enjeu majeur du monde aujourd'hui. Justifiez cette affirmation.

BAC Pour réviser

À RETENIR

• Une culture globalisée

Une culture globale émerge, représentée par des modes de consommation de plus en plus uniformisés (vêtements, alimentation, films...), à l'initiative des États-Unis, qui apparaissent comme le moteur de ce processus. Pour autant, d'autres influences s'expriment, venant d'autres parties du monde qui favorisent un brassage mondial. Les acteurs à l'origine de la globalisation, sont les firmes transnationales qui vendent les mêmes produits dans le monde entier, ainsi que les flux migratoires et touristiques qui favorisent le mélange culturel. Ces flux tendent à uniformiser les espaces et les sociétés.

• Une uniformisation face à des résistances

Le sport est une manifestation de la globalisation culturelle. Les Jeux olympiques ou la coupe du monde de football sont suivis par la planète entière. Les grandes institutions sportives regroupent les pays du monde entier. Les firmes et les clubs ont des stratégies mondiales. Les pôles dominants de la planète sportive demeurent l'Europe et les États-Unis. En même temps, cette uniformisation culturelle suscite rejet et réaction. Les altermondialistes proposent « un autre monde » prenant en compte les hommes, les sociétés et l'environnement. Les revendications identitaires s'appuient sur la réaffirmation des traditions, parfois de façon violente.

• De grandes aires de civilisation et le renouveau des religions

Le monde présente encore une grande diversité culturelle. Les aires de civilisation forment des espaces relativement homogènes dans lesquels se sont élaborés des modes de vie, une organisation sociale et politique, une conception du monde originales, souvent articulés autour d'une religion dominante. Pour autant, les religions et les aires de civilisation ne se recoupent pas forcément et leurs limites peuvent être floues. Le renouveau religieux s'exprime surtout par des fondamentalismes et sert souvent de justification à des conflits politiques.

CHIFFRES CLÉS

CIO : 203 pays membres

FIFA : 207 pays membres

2 milliards de chrétiens

1 milliard de musulmans

800 millions d'hindouistes

350 millions de bouddhistes

NOTIONS CLÉS

Culture : ensemble des outils (langue, valeurs, symboles) avec lesquels les peuples perçoivent la société dans laquelle ils vivent et le monde qui les entoure. Se définit également par des comportements et des modes de vie.

Aires culturelles : aires géographiques étendues dans lesquelles on trouve des traits culturels dominants.

Aires de civilisation : aires culturelles fondées sur un ensemble de caractères matériels, moraux, religieux, linguistiques, artistiques et sociaux communs à une société ou à un groupe de sociétés.

S'entraîner à la 1re partie de l'épreuve

BAC

Méthode, p. 14

1 Caractériser un espace

Quels sont les caractères d'une aire de civilisation ?

2 Caractériser une situation

Montrez que les grandes manifestations sportives sont des événements planétaires.

3 Justifier une affirmation

Justifiez l'affirmation suivante : aujourd'hui, l'espace mondial est à la fois un espace global et un espace diversifié.

4 Citer des acteurs

Quels acteurs participent à la mondialisation culturelle ?

5 Proposer une définition pour une notion

Proposez une définition pour l'expression « culture globalisée ».

6 Choisir une définition pour une notion

Quelle définition s'applique à « culture » ?
- l'ensemble d'une aire linguistique dans le monde,
- l'ensemble des grandes religions dans le monde,
- l'ensemble des comportements et modes de vie communs à une société.

PARTIE 3

La santé

Les problèmes de développement, d'environnement et de santé sont étroitement liés. Une population en bonne santé et un environnement sûr sont des conditions indispensables au développement durable. La faim, la malnutrition, le paludisme, le VIH/sida ou les affections transmises par l'eau non potable sont des effets de la pauvreté. La multiplication des échanges mondialise la diffusion des virus et des épidémies, mais l'inégal accès aux soins souligne les fractures de notre monde global.

A. Les inégalités dans l'accès à la santé

→ *La santé est-elle un privilège réservé à quelques pays ?*

B. La mondialisation des épidémies

→ *Pourquoi et comment les épidémies se diffusent-elles à l'échelle planétaire ?*

C. La politique de santé et la coopération internationale

→ *En quoi la santé constitue-t-elle un enjeu dans l'espace mondialisé ?*

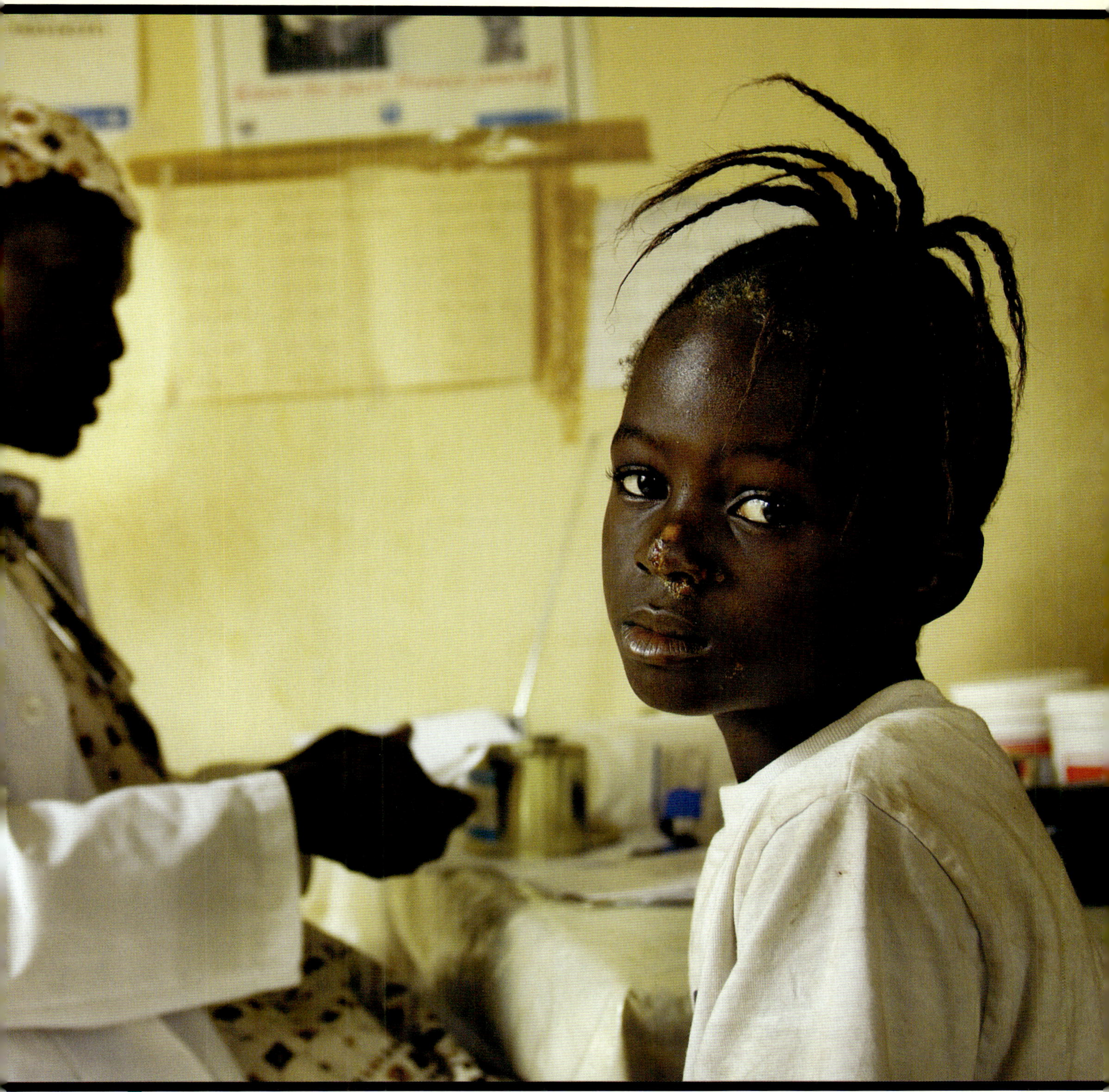

Centre de soins en Sierra Leone
Longtemps ravagée par une guerre civile la Sierra Leone reconstruit peu à peu ses infrastructures sanitaires. Dans le district de Kallahun, le docteur Edward Folloh est le seul médecin pour une population de dix mille habitants. L'Europe dispose en moyenne d'un médecin pour 300 habitants.

A. Les inégalités dans l'accès à la santé

La densité de médecins comme l'accès aux médicaments et l'équipement des hôpitaux varient considérablement d'un continent à l'autre.

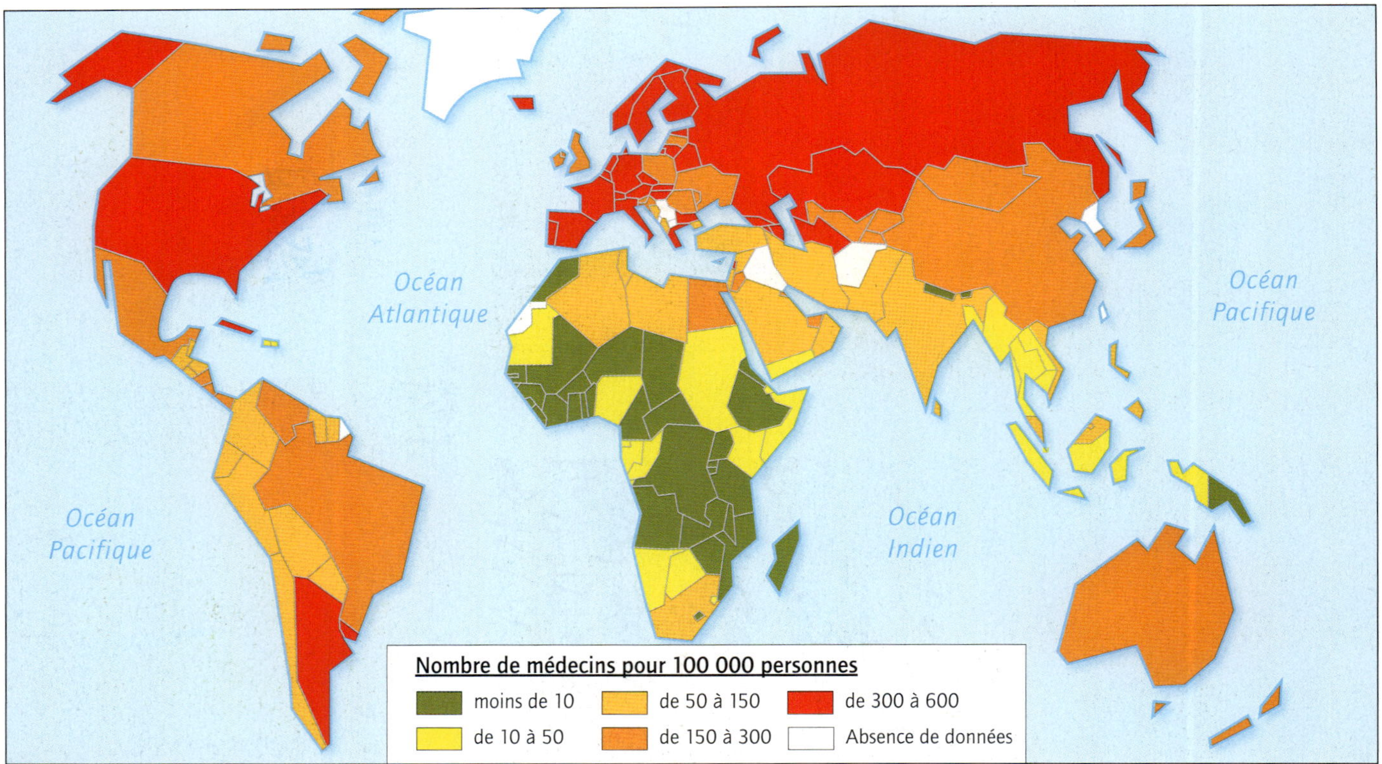

1 L'accès aux médecins en 2003

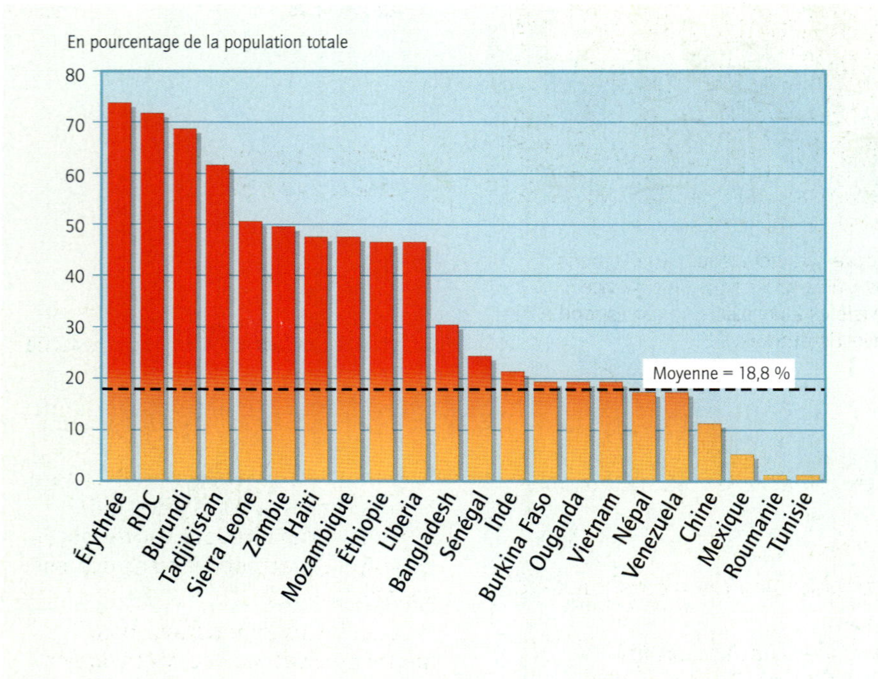

2 Population souffrant de malnutrition

3 L'accès à la santé est de plus en plus inégal

Les écarts de richesse entre les régions du monde expliquent en grande partie les différences dans le domaine de la santé. Une Japonaise née cette année devrait atteindre en moyenne l'âge de 85 ans, plus du double de l'espérance de vie à la naissance d'une Zimbabwéenne (36 ans, chiffre 2003). De ce scandale, les raisons sont connues : pauvreté, absence d'infrastructures médicales adaptées, échec du contrôle des épidémies, financiarisation de la recherche pharmaceutique. Les pathologies courantes (rougeole, asthme, problèmes cardiaques, difficultés psychiatriques, cancer, etc.) sont moins bien traitées et souvent plus mortelles ou handicapantes au Sud qu'au Nord.

Atlas du monde diplomatique, 2006 ed. A. Colin.

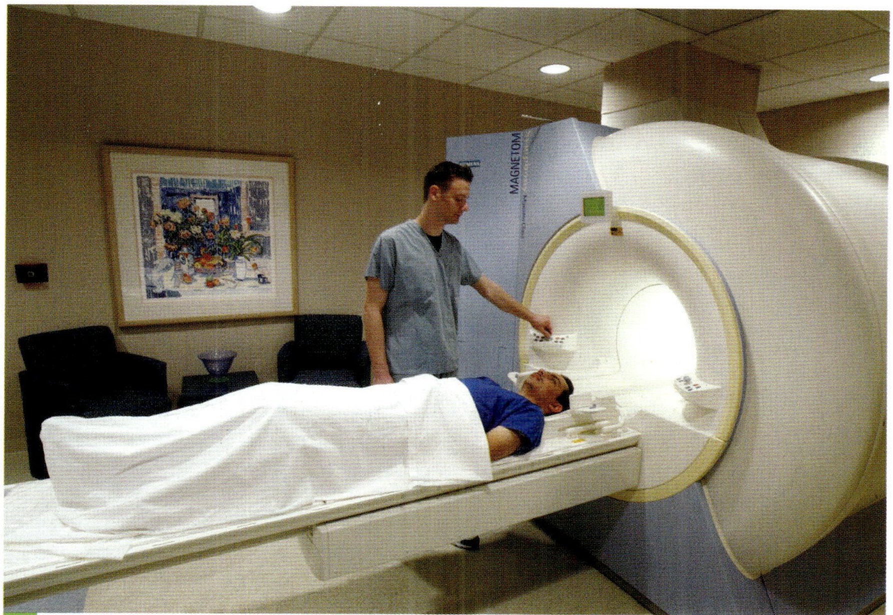

4 Une salle d'examen, par IRM dans un hôpital de Californie aux États-Unis

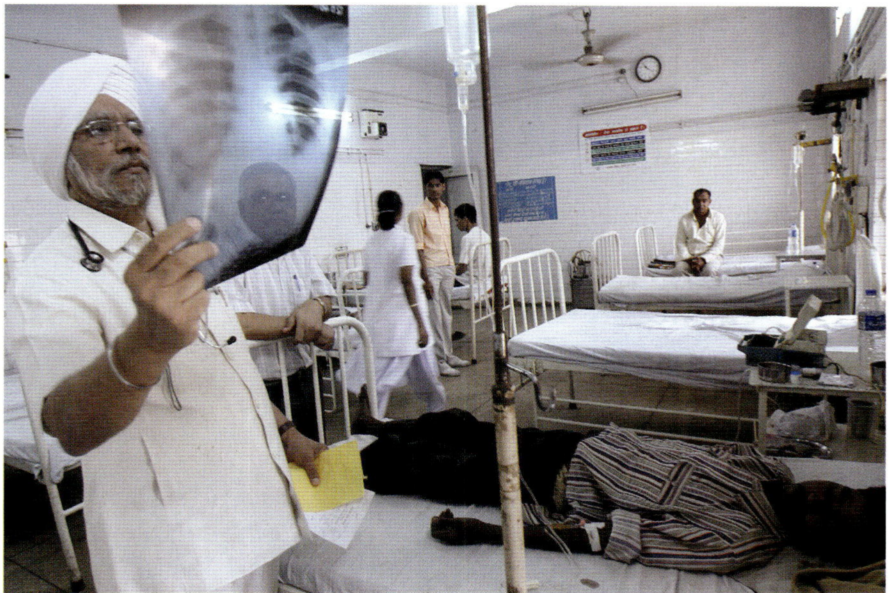

5 L'examen des radios à l'hôpital de New Delhi (Inde)

La radiographie est le plus ancien et le moins coûteux, aujourd'hui, des examens réalisés à partir d'images de l'intérieur du corps. L'IRM (image par résonnance magnétique) permet de détecter des lésions invisibles à la radio. Elle correspond à des équipements récents et représente de lourds investissements.

Au Nord : le marché pharmaceutique
400 milliards de dollars

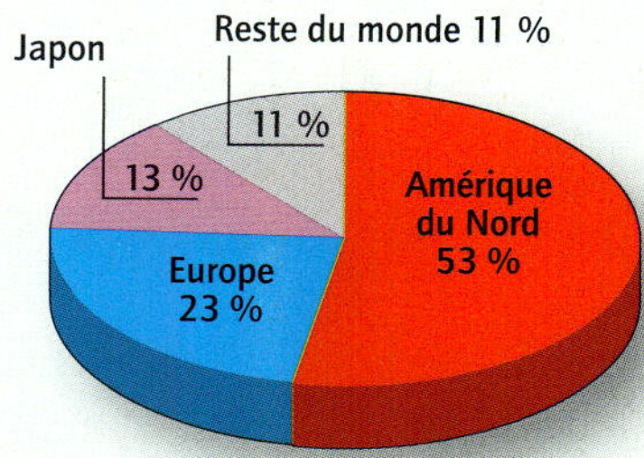

Au Sud : Les malades du sida
39,5 millions de personnes

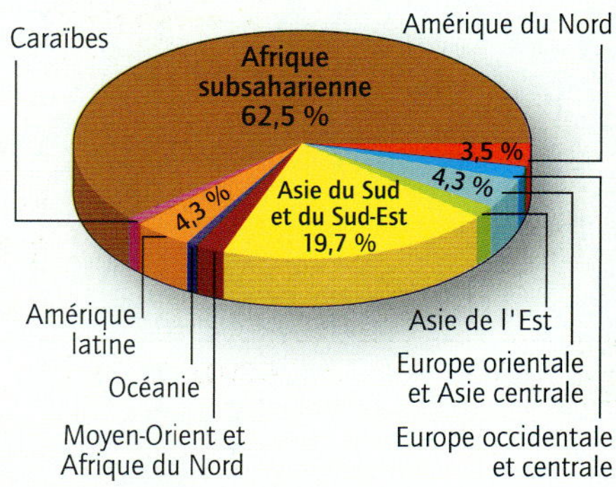

6 Médicaments au Nord, malades au Sud

MENER L'ÉTUDE

1. Quels ensembles géographiques le nombre de médecins par habitant amène-t-il à différencier ? **(Doc. 1)**
2. Comment se traduit l'inégal accès aux soins ? **(Docs 1, 3, 4 et 5)**
3. Sur quels continents et dans quel type de pays, la malnutrition constitue-t-elle un problème de santé majeur ? **(Doc. 2)**
4. **Mettre en relation deux documents.** Quels sont les impacts sur les populations les plus fragiles de l'inégalité d'accès aux soins ? **(Docs 2 et 3)**
5. Quels liens peut-on établir entre les deux graphiques du document 6 ?

SAVOIR FAIRE

Mettre en relation deux documents

1. Lire le premier document et sélectionner les informations essentielles qu'il faut retenir.
2. Étudier ensuite le second document. Sélectionner les informations qui complètent le précédent relevé : quelle opposition, précision ou élargissement apportent-elles ?
3. Associer les informations pour mettre en évidence une contradiction, une évolution ou une relation de cause à effet.

B. La mondialisation des épidémies

L'accroissement du nombre de déplacements favorise une diffusion de plus en plus rapide des virus à l'échelle de la planète.

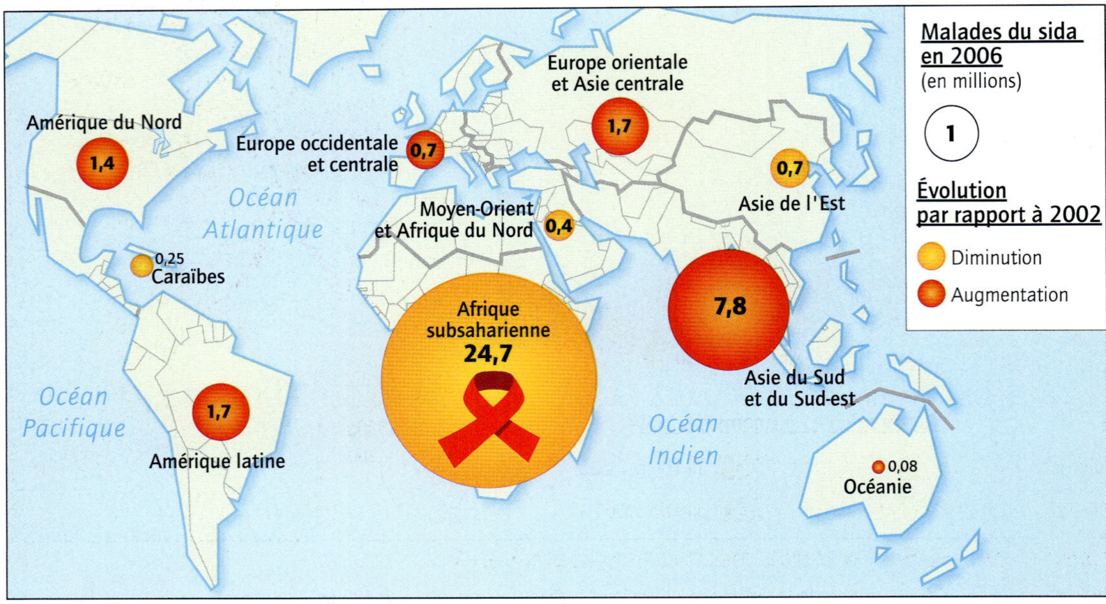

1 L'épidémie de sida en 2006

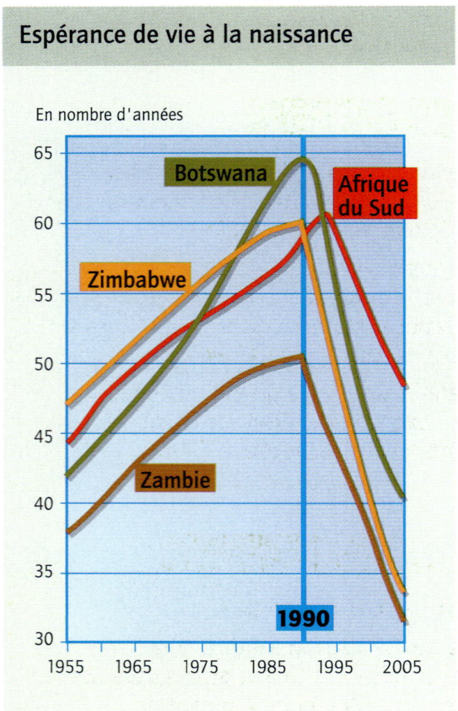

2 Les conséquences du sida en Afrique australe

3 La grippe aviaire toujours active

Le H5N1 est un virus qui affecte les volatiles et qui peut être transmis aux humains en cas de contact prolongé avec l'animal. Il ne se transmet pas à ce jour d'homme à homme.

D'après la FAO, la présence du virus H5N1 a été confirmée, à ce jour, dans 55 pays d'Afrique, d'Asie et d'Europe. Contre 45 en avril dernier. Le virus semble donc poursuivre sa progression, notamment en Asie, en Afrique et au Proche-Orient.

Dans un communiqué de presse, l'Organisation des Nations unies pour l'Alimentation et l'Agriculture (FAO) signale que « le virus mortel H5N1 continue de menacer les hommes, les animaux et les économies d'un nombre croissant de pays. Et ce, en dépit des interventions menées dans plusieurs pays pour endiguer sa propagation ».

Le virus continue donc de se propager en Asie, notamment en Indonésie où la grippe aviaire a tué 45 personnes. En Afrique, il « pose problème en Côte d'Ivoire et au Nigeria » où des flambées épidémiques ont été signalées dans des fermes avicoles du Sud-Ouest du pays. En Europe enfin, « nous estimons que la zone méridionale des Balkans et le Caucase sont une région à haut risque », a déclaré Juan Lubroth, responsable du système de prévention des maladies animales transfrontalières.

« Nous ne prévoyons pas d'éradiquer le virus H5N1 dans les éventuels réservoirs d'oiseaux sauvages », explique de son côté Joseph Domenech, vétérinaire en chef à la FAO. « Mais nous pouvons l'endiguer et le maîtriser pleinement dans le secteur avicole, ce qui est la meilleure garantie qu'il ne mutera pas en un virus aisément transmissible entre les humains. » À condition toutefois « de renforcer les services vétérinaires dans les pays les plus pauvres du monde ». Rappelons enfin que le virus H5N1 a tué 140 personnes dans le monde depuis 2002. Dont 63 cette année et 41 en 2005.

Dépêche AFP, 22 août 2006.

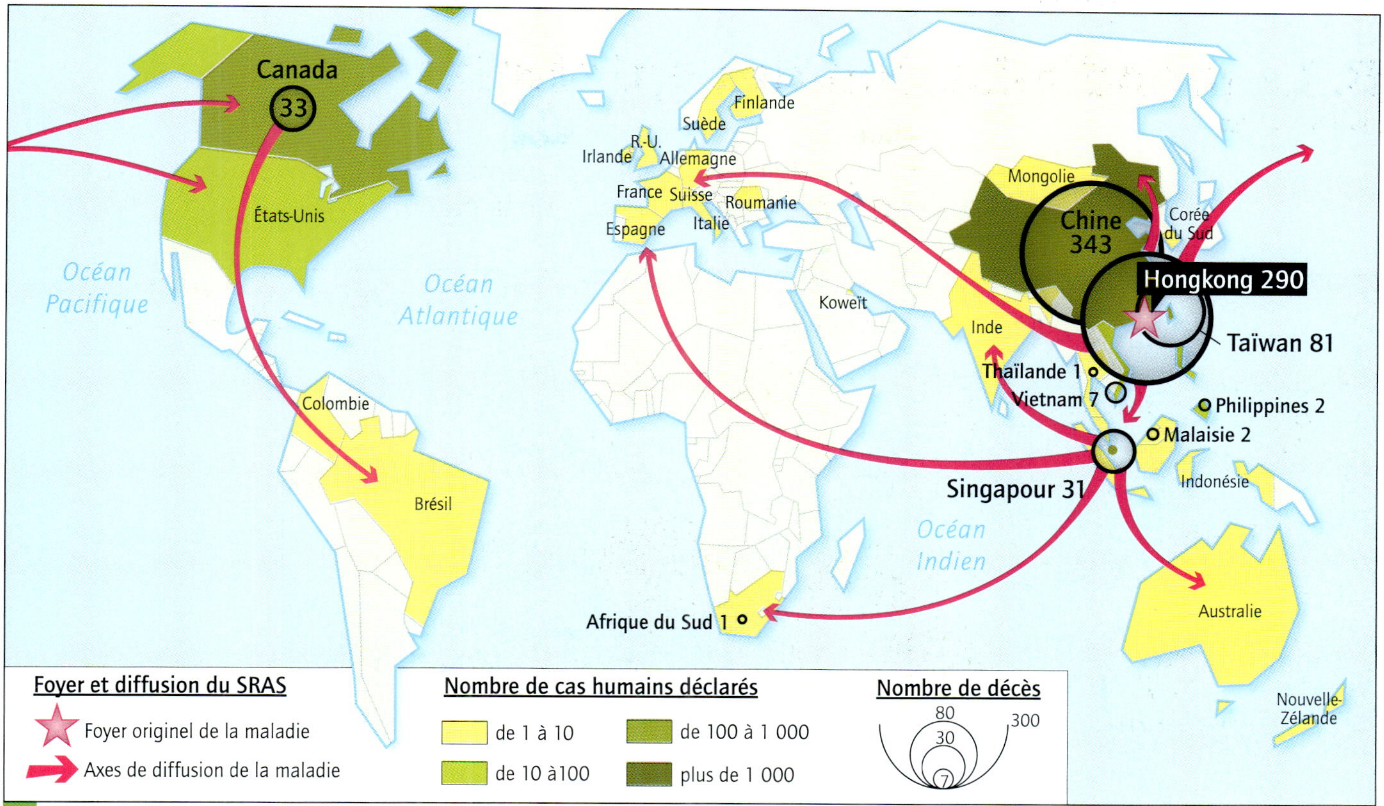

4 L'expansion de l'épidémie de SRAS (syndrome respiratoire aigu sévère)

Selon l'OMS, en juillet 2003, le virus du SRAS, à partir de la province chinoise de Guangdong, a voyagé avec l'homme dans 30 pays et zones, élisant plus spécialement domicile dans six d'entre eux. Le mode de transmission était le même : un cas de SRAS importé, une fois hospitalisé, a contaminé les personnels de santé et d'autres malades ; ceux-ci ont contaminé leurs contacts proches puis la maladie s'est étendue à la communauté.

5 Un bain de pied désinfectant à l'aéroport de Manille (Philippines)

Les passagers débarquant à l'aéroport de Manille en 2004 devaient passer par un pédiluve désinfectant contre la propagation de la grippe aviaire.

MENER L'ÉTUDE

1. Quelles sont les régions les plus affectées par le sida ? Quelles conclusions peut-on tirer de sa répartition ? (Docs 1et 2)
2. La grippe aviaire est-elle déjà une épidémie ? Pourquoi et comment les organisations internationales luttent-elles contre sa diffusion ? (Docs 3 et 5)
3. **Analyser une carte de flux.** Comment, d'après l'exemple du SRAS, les épidémies modernes se diffusent-elles ? (Doc. 4)

SAVOIR FAIRE

Analyser une carte de flux

1. Caractériser les flux. Le titre et la légende précisent le thème et la nature des déplacements d'un point à un autre.
2. Repérer les foyers d'émission et de réception. Quelle est leur situation ? Leur importance ? Quelle est leur hiérarchie ?
3. Interpréter l'organisation des flux. Repérer leur orientation. Avancer des explications en recherchant à quelle logique les flux obéissent : richesse, production, réseau de transport…

C. La politique de santé et la coopération internationale

L'amélioration des conditions sanitaires dépend des politiques de santé des États mais aussi, pour les pays du Sud, de la coopération internationale.

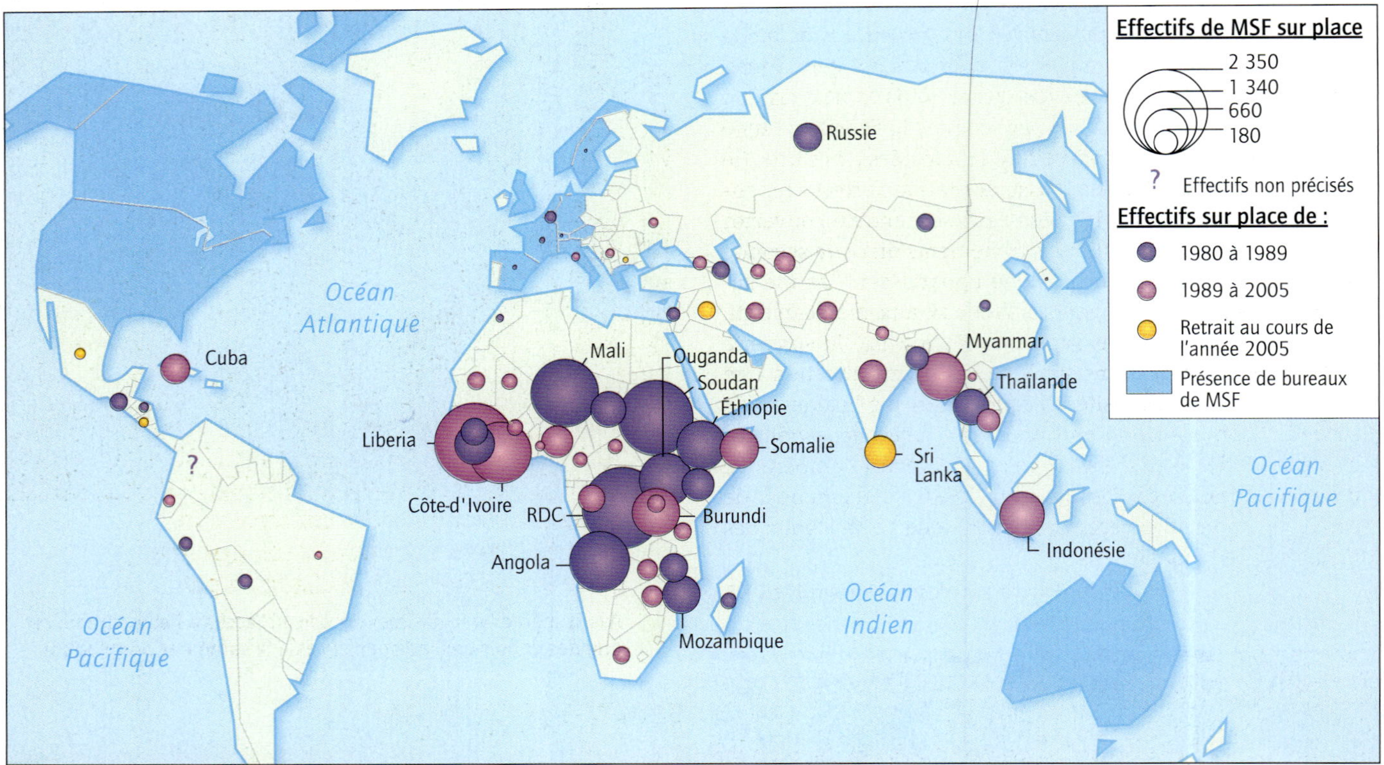

1 Les effectifs de Médecins sans frontières dans le monde en 2005

2 Les objectifs de l'ONU dans le domaine de la santé

En 2000, l'Assemblée générale de l'ONU a fixé plusieurs objectifs à atteindre pour 2015.

Réduire l'extrême pauvreté et la faim

1. Réduire de moitié le nombre de personnes extrêmement pauvres.
2. Réduire de moitié la proportion des personnes souffrant de la faim.

Assurer l'éducation primaire pour tous

3. Permettre l'achèvement d'un cycle complet d'études primaires pour tous les enfants.

Promouvoir l'égalité des sexes et l'autonomie des femmes

4. Éliminer les disparités pour les filles dans l'enseignement primaire.
5. Promouvoir l'égalité dans l'emploi.
6. Promouvoir une représentation équitable des femmes dans les Parlements nationaux.

Réduire la mortalité infantile

7. Réduire des deux tiers la mortalité des moins de 5 ans.
8. Généraliser la vaccination contre la rougeole.

Améliorer la santé maternelle

9. Réduire des trois quarts la mortalité maternelle.

Combattre le sida, le paludisme et d'autres maladies

10. Faire reculer l'épidémie de sida.
11. Faire reculer l'épidémie de paludisme.
12. Faire reculer l'épidémie de tuberculose.

Assurer un environnement durable

13. Stopper la déforestation.
14. Réduire de moitié le nombre de personnes sans accès à l'eau potable.
15. Réduire de moitié le nombre de personnes sans accès à un réseau d'assainissement.
16. Améliorer les conditions de vie dans les taudis.

ONU, *Déclaration du Millénaire*, 2000.

3 La négociation sur l'accès aux médicaments bloque à l'OMC

Les règles de l'Organisation mondiale du commerce (OMC) respectent le droit de propriété et donc empêchent de copier des médicaments récemment mis au point. Or, ces molécules efficaces sont aujourd'hui les plus onéreuses. Des pays émergents comme l'Inde ou le Brésil sont en mesure de fabriquer des médicaments génériques contre le sida mais doivent respecter la réglementation.

Dans un premier temps, l'accès aux soins s'est accru grâce à la baisse considérable du prix des antirétroviraux du fait de la concurrence introduite par les médicaments génériques. La déclaration de Doha (en novembre 2001) avait constitué un progrès. Elle confortait les pays comme le Brésil ou l'Inde dans leur politique de production de molécules à bas prix. Ce phénomène tendant à une baisse des tarifs n'affecte cependant pas les molécules les plus récentes, encore couvertes par un brevet, en particulier les traitements dits « de seconde ligne » qu'il faut prescrire lorsque apparaissent les inéluctables résistances des agents infectieux aux médicaments. D'ores et déjà, Médecins sans frontières a tiré la sonnette d'alarme, car ses missions sur le terrain commencent à être confrontées à la nécessité d'acquérir des médicaments de seconde ligne beaucoup plus onéreux. La récente modification par l'Inde de sa législation sur les brevets – impérative pour se mettre en conformité avec l'OMC – l'empêchera de copier les molécules récentes, comme elle l'a fait pour des médicaments plus anciens.

Paul Benkimoun, *Le Monde*, 29 novembre 2005.

4 Panneau expliquant la construction et l'utilisation d'un puit d'eau potable, dans un village isolé du Cambodge

Avant même l'encadrement médical, l'accès à l'eau potable est une des conditions indispensables à la santé des populations.

5 Un dispensaire au Sénégal

La vaccination et la prévention sont à la base des politiques de santé des États.

MENER L'ÉTUDE

1. Où se déploient prioritairement des ONG telles Médecins sans frontières ? Quelles carences tentent-elles de pallier ? **(Doc. 1)**

2. **Étudier une déclaration officielle.** Comment peut-on classer les objectifs de l'ONU ? **(Doc. 2)**

3. Quels États disposent des moyens techniques pour produire des médicaments génériques ? Quel problème pose l'application du droit commercial ordinaire aux médicaments ? **(Doc. 3)**

4. Quels sont les fondements, avant les soins des malades, d'une politique de santé efficace ? **(Docs 4 et 5)**

SAVOIR FAIRE

Étudier une déclaration officielle

1. Identifier l'auteur qui peut être un individu, un groupe ou un organisme. Rechercher son statut, éventuellement son engagement.

2. Étudier la déclaration. Dans quel espace (pays, région…) s'inscrit-il ? À quel contexte fait-il allusion ? Quelles décisions annonce-t-il ?

3. Dégager la portée du texte. Son influence sur les événements. L'importance de l'analyse qu'il révèle.

BAC Pour réviser

À RETENIR

• L'inégal accès à la santé

800 millions de personnes ne bénéficient pas d'une alimentation suffisante et ne disposent pas d'une sécurité alimentaire. Celle-ci n'est pas assurée dans les pays pauvres, favorisant maladies et épidémies. L'accès aux soins est très inégal. La fracture Nord-Sud est particulièrement marquée entre un Nord qui dispose des personnels médicaux et des matériels nécessaires et un Sud le plus souvent privé des médicaments essentiels.

• La mondialisation des pandémies

La multiplication des échanges favorise la propagation de pandémies par le déplacement de personnes atteintes de maladies. C'est le cas avec l'épidémie de SRAS, partie de Chine en 2003 et gagnant une trentaine de pays dans le monde. L'épidémie de sida, contrôlée dans les pays riches, continue à se propager ailleurs, surtout en Afrique australe. Des virus comme le H5N1 (virus de la grippe aviaire) risquent de muter et de se transmettre à l'homme. Cette mondialisation entraîne des coûts économiques et sociaux qui pénalisent les pays pauvres.

• La coopération internationale

Le sida, le paludisme et la tuberculose font au total 6 millions de morts chaque année, surtout dans les pays pauvres. Les Nations unies ont décidé en 2000 d'engager plusieurs programmes pour aboutir à la réduction du taux de mortalité des enfants de moins de 5 ans et la limitation de la propagation du VIH-sida. L'accès aux médicaments est un des objectifs clés de ces projets en particulier les antirétroviraux. Des organisations non gouvernementales présentes dans le monde entier, comme MSF, prônent la solidarité pour lutter contre la fracture sanitaire.

POUR ALLER PLUS LOIN

SITES INTERNET

Médecins sans frontières (MSF) : *www.msf.fr*

Organisation mondiale de la santé (OMS) : *www.who.org*

CHIFFRES CLÉS

Nombre de personnes souffrant de malnutrition : 800 millions

Chaque jour : 8 000 personnes meurent du sida.

Chaque année : 6 millions de personnes meurent du sida, du paludisme, ou de tuberculose.

S'entraîner à la 2e partie de l'épreuve

DÉGAGER L'APPORT D'UN DOCUMENT

Méthode, p. 14

Sujet guidé — La carte mondiale de l'IDH (indicateur de développement humain)

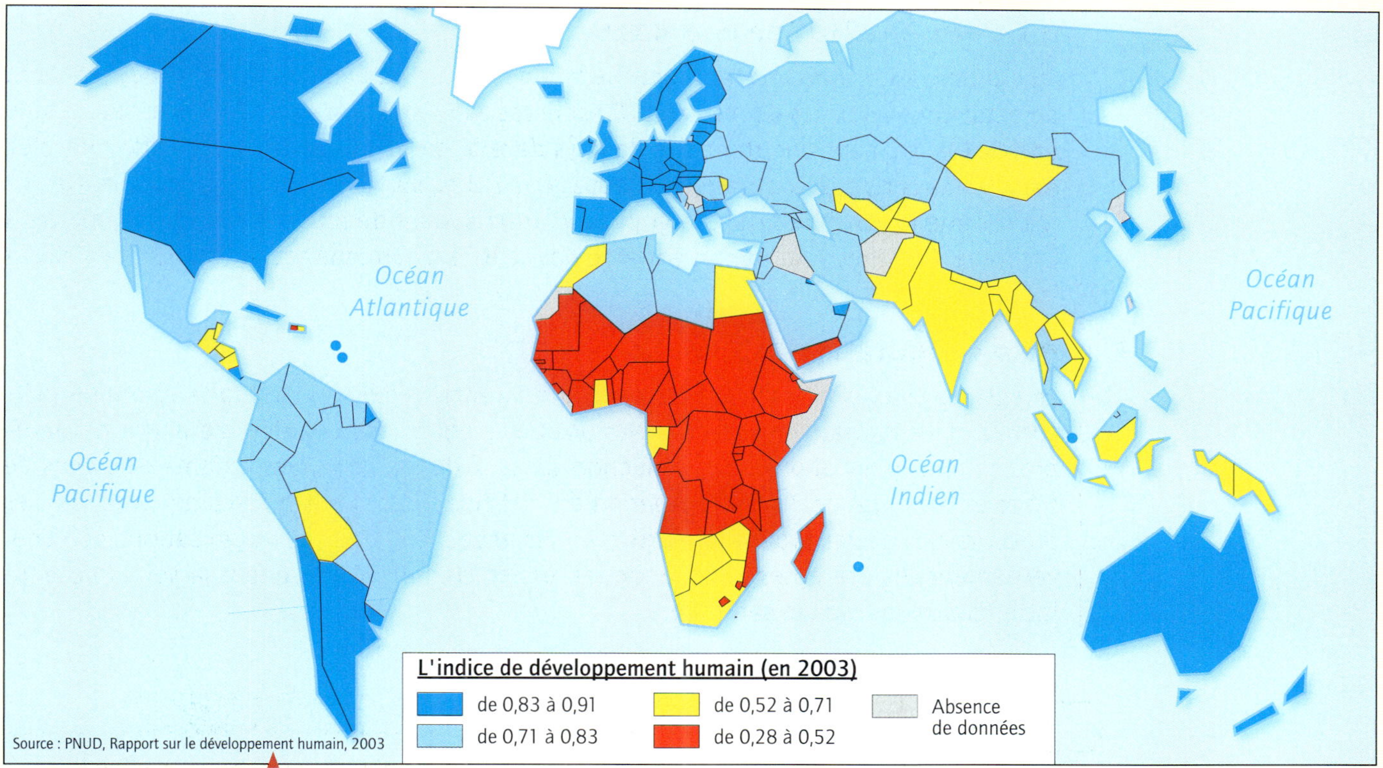

Source du document.
Programme des Nations unies pour le développement. C'est une agence spécialisée de l'ONU dont le but est d'aider les pays en voie de développement, C'est le PNUD qui a créé l'IDH pour mesurer de façon plus efficace le niveau de développement des pays.

QUESTIONS

1 Montrez en quoi l'IDH est un indicateur de développement.

2 Qu'apporte ce document à la connaissance des inégalités de développement dans le monde ?

3 Quel est l'objectif du Programme des Nations unies avec la publication de ces données ?

AIDE

Question 1. Définissez précisément en quoi consiste l'IDH, comment cet indicateur est calculé et justifiez son rôle de mesure de développement.

Question 2. Vous devez analyser la carte à partir de la légende et faire apparaître des grands ensembles de pays par niveaux de développement. Vous devez aussi expliquer cette situation en vous référant aux facteurs démographiques, économiques et politiques.

Question 3. Interrogez-vous sur le rôle du PNUD, de son action. Réfléchissez à l'action des acteurs internationaux sur le développement.

BAC S'entraîner à la 2e partie de l'épreuve

METTRE EN RELATION DEUX DOCUMENTS

Sujet guidé Les inégalités de la santé dans le monde

Méthode, p. 14

Document 1

Carte de la mortalité des enfants de moins de 5 ans dans le monde

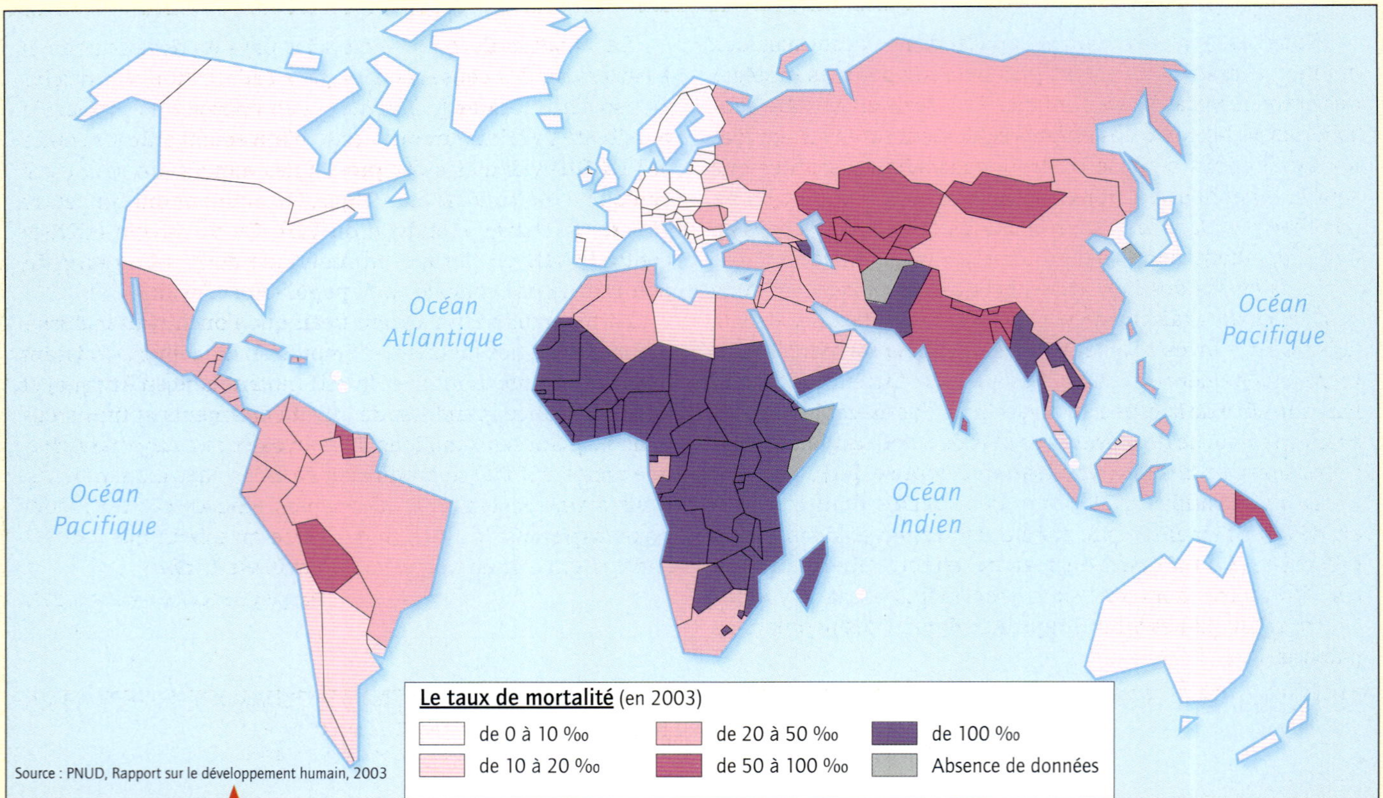

Source du document.
Programme des Nations unies pour le développement. C'est une agence spécialisée de l'ONU dont le but est d'aider les pays en voie de développement, C'est le PNUD qui a créé l'IDH pour mesurer de façon plus efficace le niveau de développement des pays.

Document 2

La santé dans le monde menacée par la faiblesse des investissements dans la vaccination

Dans les pays développés, on administre désormais aux enfants de nouveaux vaccins plus onéreux pour les protéger des grandes maladies de l'enfance [...]. Mais en Afrique subsaharienne, la moitié des enfants seulement sont couverts par les vaccinations de base contre les maladies courantes que sont la tuberculose, la rougeole, le tétanos ou la coqueluche, par exemple. Dans les régions pauvres et isolées des pays en développement, moins d'un enfant sur vingt est vacciné.

La faiblesse des investissements des donateurs est l'une des principales raisons de la couverture insuffisante. Mais la faiblesse des investissements dans la vaccination par les pays en développement eux-mêmes est un autre facteur expliquant l'insuffisance de la couverture vaccinale. Par exemple, les pays à faible revenu ne dépensent pas plus de 6 dollars par habitant et par an pour la santé, vaccination comprise. [...]

La pénétration insuffisante des vaccins dans les pays en développement a elle-même des répercussions sur la recherche. La faiblesse du marché n'incite guère en effet les laboratoires à investir dans le développement de vaccins contre des maladies affectant principalement les populations pauvres. [...]

La situation du marché dans les pays en développement a également des conséquences pour l'adaptation des vaccins aux souches locales [...]. Alors qu'on entrevoit désormais la possibilité de fabriquer un vaccin relativement efficace contre le VIH/SIDA dans les dix prochaines années, un seul essai clinique a été conduit en Afrique, le continent qui concentre 70 % de la charge mondiale du VIH. Or, un vaccin efficace contre le VIH en Europe, en Amérique du Nord ou en Asie, pourrait ne pas convenir à la population africaine.

La tuberculose, un ancien fléau que l'on croyait maîtrisé, réapparaît de nos jours, sous l'impulsion du nombre croissant de cas de co-infections avec le VIH (notamment en Afrique) et de la résistance grandissante aux médicaments antituberculeux. [...]. Sur les 8 millions de nouveaux cas survenant chaque année, 130 000 se produisent dans les pays industrialisés. Nous avons besoin d'un vaccin plus efficace car celui dont nous disposons, le BCG, n'immunise au mieux que jusqu'à l'adolescence et en aucun cas pour la vie entière.

Rapport de l'OMS, novembre 2002

L'Organisation mondiale de la santé est une institution spécialisée de l'ONU dont le but est d'amener tous les peuples au niveau de santé le plus élevé possible.

QUESTIONS

1 Quelles inégalités spatiales apparaissent dans les deux documents ?

2 En quoi le document 2 permet-il d'expliquer la situation montrée sur le document 1 ?

3 Quelles sont les responsabilités mises en cause dans le document 2 ?

4 En quoi peut-on parler d'interdépendance des pays du Nord et du Sud ?

AIDE

Question 1. Montrez dans quels pays cette mortalité est très forte, d'autres ou elle est moins forte, etc.

Question 2. Trouvez, dans le texte, les causes de la faible ou forte mortalité dans le monde. Le premier paragraphe répond à la question.

Question 3. Recherchez les responsabilités expliquant la forte mortalité des enfants de moins de 5 ans dans certains pays.

Question 4. Réfléchissez aux interactions dans le domaine de la santé : le Nord est-il dépendant du Sud ? Le Sud est-il dépendant du Nord ? Justifiez votre réponse par des arguments.

BAC BLANC 1re partie de l'épreuve

1 Justifier une affirmation en proposant des arguments

Justifiez l'affirmation suivante : l'espace dominé par l'islam dans le monde forme un bloc à la fois homogène et hétérogène.

2 Caractériser une situation

Montrez, en citant deux exemples, que la nouvelle culture planétaire se caractérise par un brassage d'influences.

3 Justifier une affirmation en proposant des arguments

Justifiez l'affirmation suivante : les aires de civilisation forment des espaces relativement homogènes.

4 Citer des acteurs

Citez cinq noms de FTN nord-américaines qui diffusent des biens de consommation courants.

5 Choisir une définition

Quelle caractéristique permet de définir le mot « culturel » ?
- le fait que à l'intérieur du même espace tout le monde parle la même langue ;
- la pratique d'une même religion dans une société ;
- l'ensemble des comportements et des modes de vie communs dans une société.

6 Proposer une définition pour une notion

Donnez la définition de : altermondialisme.

L'espérance de vie

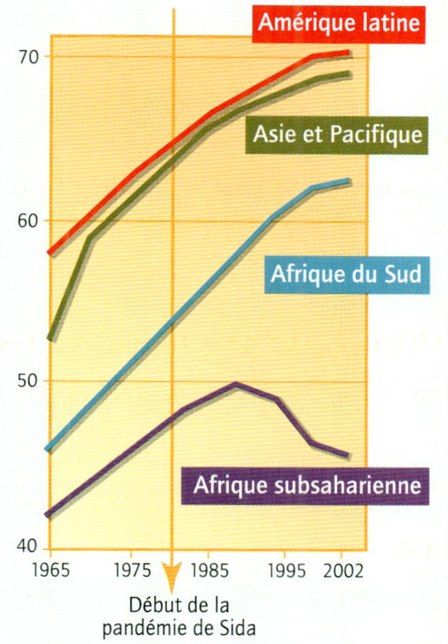

Source : d'après Tony Blair, *Notre intérêt commun*, rapport de la commission pour l'Afrique, mars 2005

Début 2004, le Premier ministre britannique Tony Blair a lancé la Commission pour l'Afrique. Peu après, le 11 mars 2005, les 17 membres de la Commission, dont 9 originaires d'Afrique et chacun travaillant dans son champ de compétences individuel et personnel, publiaient ensemble leur rapport « Notre intérêt commun ».

QUESTIONS

1 Quelle est la situation spécifique du continent africain, en particulier de l'Afrique subsaharienne ?

2 Une cause est indiquée sur le document : justifiez-la.

3 Indiquez d'autres causes pouvant expliquer la situation de l'Afrique subsaharienne.

4 Quel est l'intérêt de ce document dans le rapport qui s'appelle « Notre intérêt commun » ?

PARTIE 3

L'éducation

L'éducation est, comme la santé, au cœur du processus de développement. L'inégalité dans la scolarisation reste forte et le travail des enfants est, en dépit des efforts accomplis dans de nombreux pays, un obstacle au droit à l'éducation. L'alphabétisation des filles est pourtant un facteur essentiel d'amélioration de la santé publique mais aussi d'égalité et d'émancipation. La formation de la main-d'œuvre est un outil de développement. L'existence d'élites issues de l'enseignement supérieur est indispensable à la croissance économique. Encore faut-il que « la fuite des cerveaux » vers les pays riches n'entrave pas les efforts des pays du Sud dans le domaine de l'éducation.

A. L'inégalité d'accès à l'éducation

→ *Quelles inégalités d'accès à l'éducation observe-t-on à l'échelle planétaire ?*

B. L'inégal accès au savoir participe des difficultés de développement

→ *En quoi l'inégal accès au savoir renforce-t-il les inégalités de développement ?*

C. La protection et la scolarisation des enfants, un enjeu essentiel

→ *Pourquoi la protection et la scolarisation de l'enfant sont-elles des enjeux essentiels ?*

Une classe primaire au Brésil sur une île de l'estuaire de l'Amazone.
Dans ce grand État d'Amérique du Sud, puissance émergente à l'échelle planétaire, si 97 % des enfants sont inscrits à l'école primaire, toutefois seuls 11 % des enfants finissent leurs études primaires. Afin d'améliorer cette situation le gouvernement a mené une politique volontariste en organisant des campagnes d'alphabétisation et en instituant des bourses pour maintenir les 40 millions d'enfants brésiliens à l'école.

A. L'inégalité d'accès à l'éducation

Les niveaux d'éducation et de scolarisation connaissent de fortes disparités d'un continent à l'autre et les évolutions sont lentes.

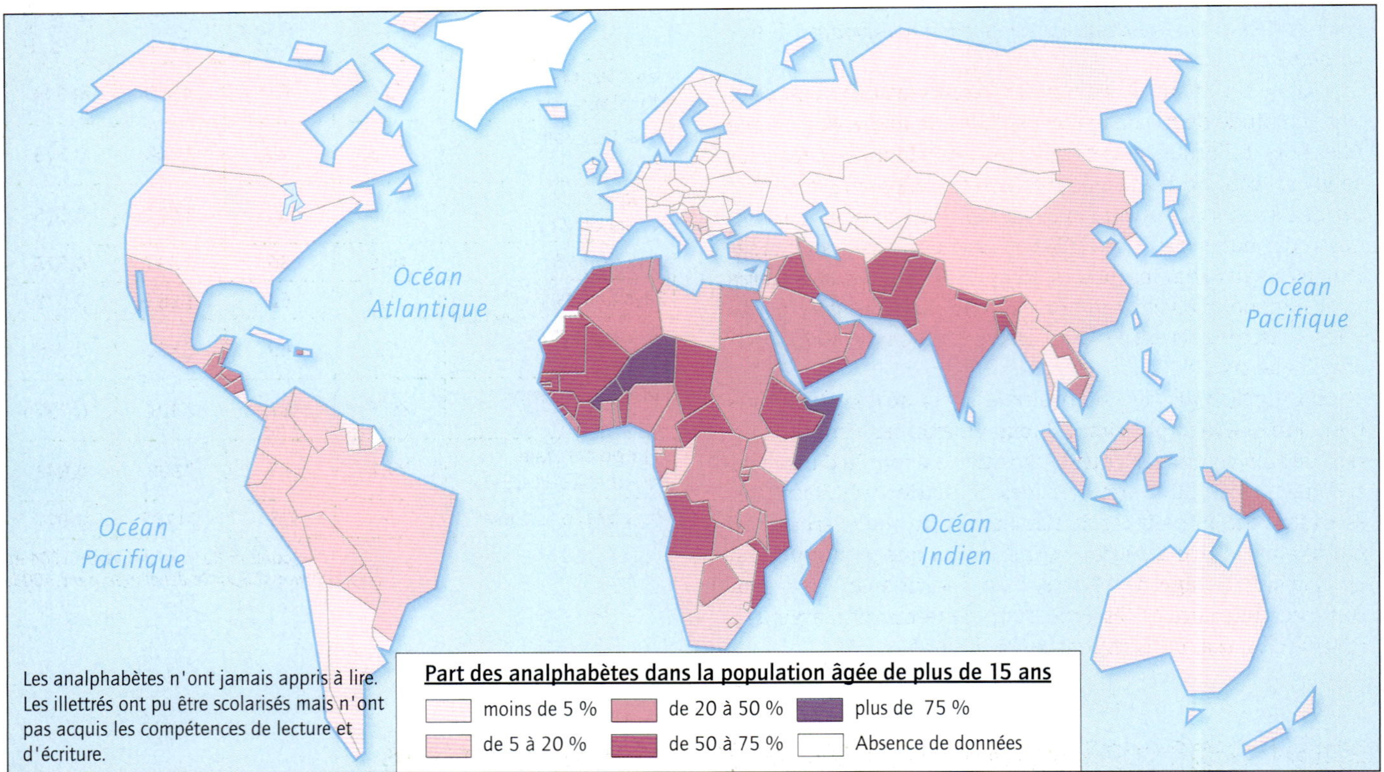

1 L'analphabétisme dans le monde

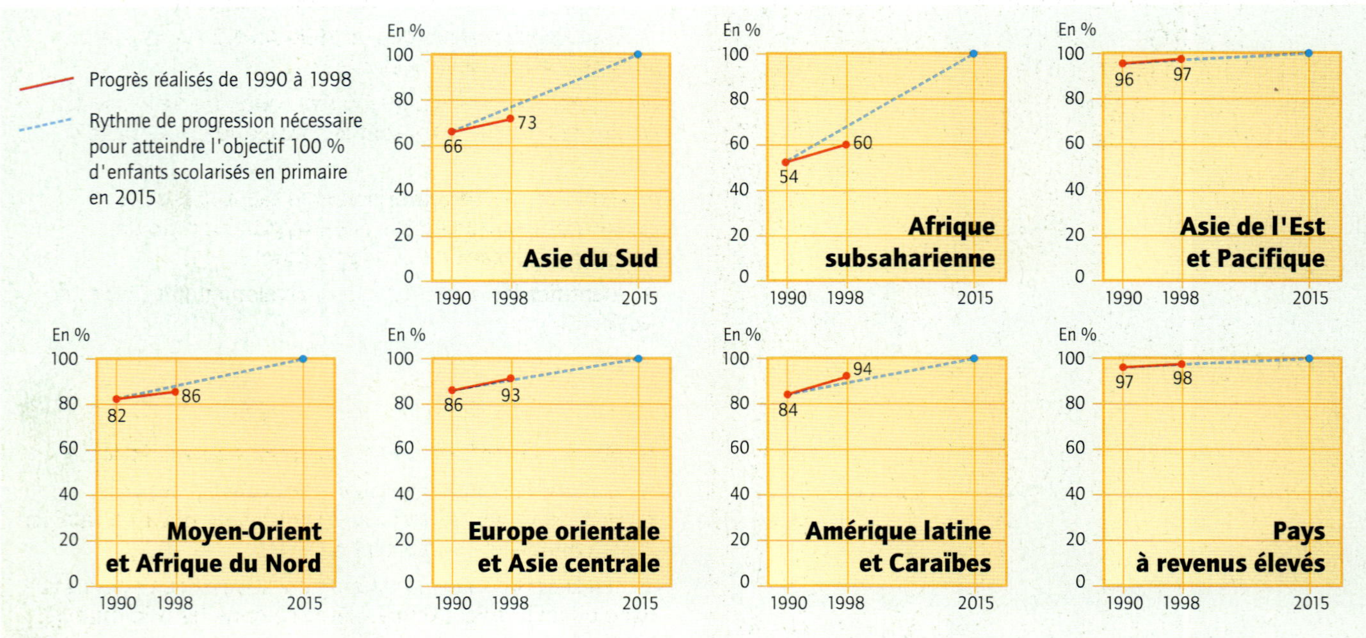

2 Les inégalités de scolarisation

L'enseignement primaire universel reste un grand défi. Son succès permettra à des millions de personnes d'acquérir les compétences nécessaires pour sortir de la pauvreté. Au contraire, un échec alimenterait la crise éducative et sociale dans les dix ans qui viennent.

3 L'inégalité filles-garçons dans l'éducation perdure

Les deux tiers des 861 millions d'adultes analphabètes dans le monde sont des femmes, et sur l'ensemble des enfants non scolarisés, estimés à 115,4 millions, environ 56 % sont des filles. Ces statistiques que vient de rendre publiques le rapport mondial de suivi sur l'« Éducation pour tous », intitulé Le monde est-il sur la bonne voie? *font froid dans le dos. Elles montrent bien que les disparités garçons-filles dans l'éducation sont encore très importantes. Le continent africain illustre ce phénomène.*

Sur ce continent, de nombreux parents avancent, en effet, une multitude de raisons pour expliquer le maintien de leurs filles hors de l'école. Dans nombre de foyers familiaux, les filles se voient confier des tâches ménagères, celles que la société assigne à leurs mères. À la maison, elles font en quelque sorte office de mères bis. « Les filles restent à la case pour aider leur mère aux champs, pour s'occuper de leurs jeunes frères et sœurs, pour aller chercher de l'eau aux marigots ou au puits et faire la vaisselle et la lessive », résume Raoul, jeune sociologue congolais.

En outre, dans de nombreux villages africains, notamment lorsque la population est musulmane, certains chefs de famille sont convaincus que l'éducation est inutile dans leurs sociétés où les filles sont censées se marier très jeunes et se cantonner au petit cercle familial. « Que voulez-vous que ma fille aille faire à l'école, quand je sais que je la donnerai en mariage à l'âge de 13 ans, c'est-à-dire avant la fin de son cycle primaire? C'est une perte de temps et d'argent! » affirme Moussa, un sexagénaire burkinabé.

RFI, avril 2003.

4 L'alphabétisation des femmes adultes (en %)

	Alphabétisation de l'ensemble des femmes de plus de 15 ans en %	Taux brut de scolarisation des moins de 24 ans en %	PIB par habitant en dollars	Indicateur de développement humain (IDH)
Tous les pays en développement	75,9	63	4359	0,694
Pays les moins avancés	43,3	45	1368	0,518
Afrique subsaharienne	55,9	50	1856	0,515
Asie du Sud	40,8	56	2897	0,628
Pays arabes	51,8	62	5685	0,679
Asie de l'Est et du Pacifique	86,2	69	5100	0,768
Amérique latine et Caraïbes	87,7	81	7404	0,797
Europe centrale et orientale et CEI	99,1	83	7939	0,802
Pays à revenu élevé	–	95	30181	0,911

Sources : Banque mondiale 2004 et *Rapport mondial sur le développement*, 2005.

5 Une école en Inde

L'éducation est une priorité même quand les moyens matériels sont rudimentaires.

MENER L'ÉTUDE

1. Quelles sont les région du monde où l'analphabétisme est le plus présent? Comment peut-on l'expliquer? **(Doc. 1)**
2. Les progrès réalisés depuis 1990 sont-ils de nature à réduire les décalages existants? **(Doc. 2)**
3. Quelles sont les régions où l'inégalité filles-garçons est la plus grande? Quelles sont les causes de ce décalage? **(Docs 3 et 4)**
4. **Exploiter les informations d'un tableau.** Quelle corrélation peut-on établir entre alphabétisation des femmes et niveaux de développement? **(Doc. 4)**
5. Identifiez les aspects du sous développement de cette école. **(Doc. 5)**

SAVOIR FAIRE

Exploiter les informations d'un tableau statistique

1. Identifier les unités et le type de statistiques : une répartition (pour préciser une distribution), une comparaison (pour confronter), une évolution.
2. Dégager des informations significatives. Repérer sur une ligne ou à l'intérieur d'une même colonne les minimum et maximum.
3. Formuler des hypothèses pour justifier ou expliquer les écarts ou les ruptures.

B. L'inégal accès au savoir participe des difficultés de développement

La formation des cadres est une condition du développement. La mobilité internationale des étudiants enrichit leur horizon, mais la fuite des cerveaux peut être un risque majeur pour certains États en développement.

1 L'inégale répartition du savoir dans le monde vue par l'Unesco

L'usage de l'Internet se montre loin d'être aussi globalisé qu'on le croit, en dépit de sa formidable extension. Seuls 11 % de la population planétaire y a en effet accès et 90 % de ces connectés sont issus des pays industrialisés, ce qui relativise singulièrement l'étendue de la société « mondiale » de l'information.

D'autant plus que, pour quelques centaines de millions d'internautes, on compte deux milliards d'humains qui n'ont pas accès à l'électricité. En outre, on assiste à une fragmentation de la Toile, qui se divise de plus en plus en sites accessibles aux privilégiés et espace laissé au tout venant.

À cette « fracture numérique » s'ajoute une fracture « cognitive ». Ainsi 33,2 % des publications scientifiques recensées dans le monde proviennent-ils des États-Unis (6,8 % pour la France et 3,6 % pour la Chine). De fait, l'Amérique du Nord caracole en tête des pays qui consacrent une part importante de leur produit intérieur brut (PIB) à la recherche (2,7 % contre 1,7 % en Europe). Conséquences : l'amplification de la fuite des cerveaux qui ne se fait plus seulement du sud vers le nord mais également, depuis quelques années, du nord au nord. En 2004, quelque 400 000 chercheurs européens étaient installés outre-Atlantique.

N. Weill, *Le Monde*, 4 novembre 2005.

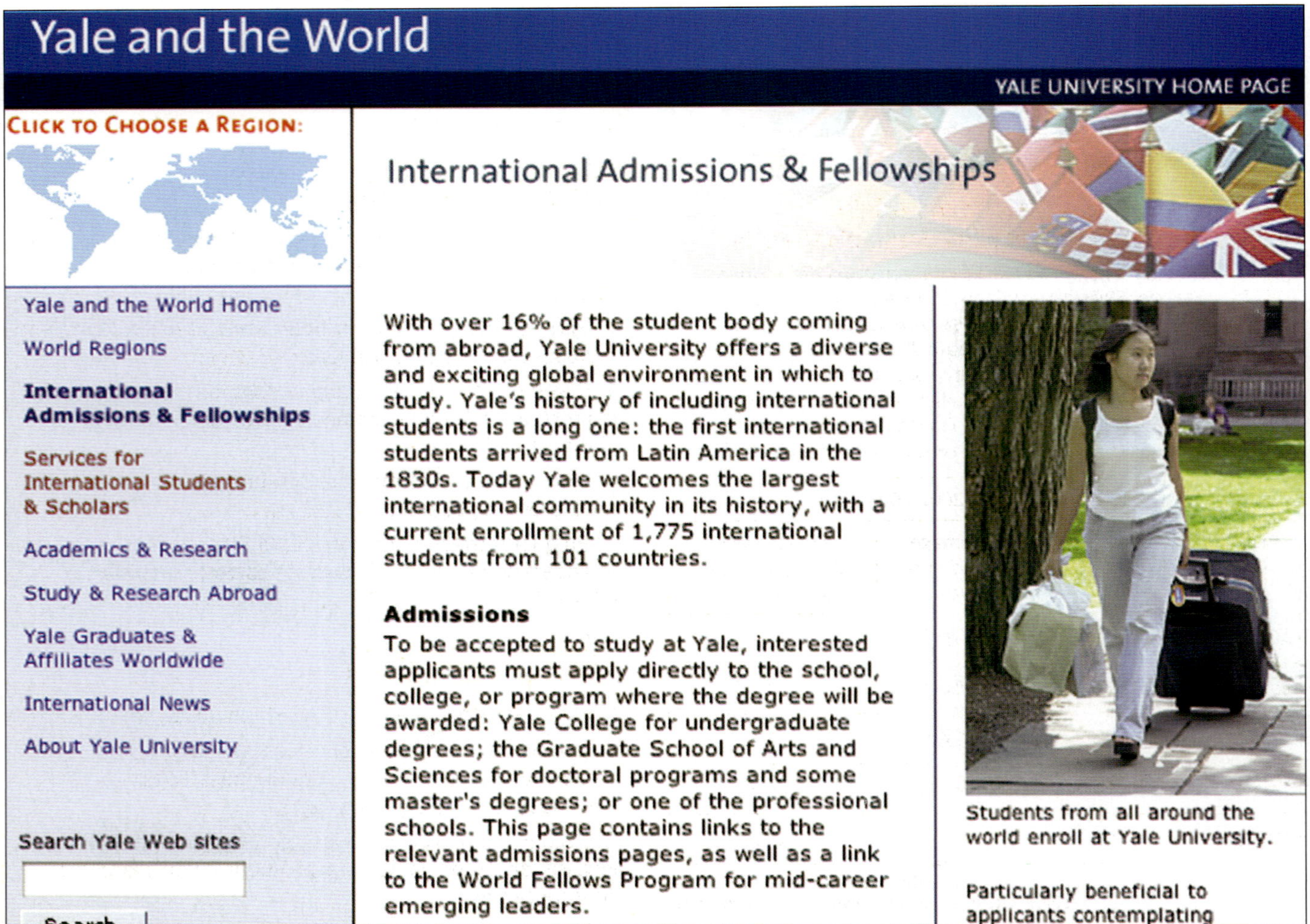

2 Page du site Internet de l'université de Yale (à Clinton, sur la côte Est des États-Unis) consacrée aux étudiants étrangers

3 Les effets des migrations des diplômés sur le développement

« La fuite des cerveaux est massive dans les pays en développement qui sont pauvres et de taille modeste », a déclaré Maurice Schiff, économiste à la Banque mondiale.

« Si plus de 50 % des diplômés d'université quittent les pays d'Amérique centrale et des Caraïbes, dans certains cas ce taux atteint 80 % ».

Le rapport montre que le problème de la fuite des cerveaux est nettement moins important dans les pays de grande taille.

Environ 3 à 5 % seulement des diplômés de pays comme la Chine et l'Inde vivent à l'étranger. Il en va de même du Brésil, de l'Indonésie et de l'ex-Union soviétique.

En revanche, les travailleurs qualifiés d'Afrique subsaharienne, qui ne représentent que 4 % du total de la population active, constituent cependant plus de 40 % de ceux qui quittent le pays.

Les destinations de la plupart de ces professionnels diplômés d'université originaires des pays en développement sont les États-Unis, ainsi que l'Union européenne, l'Australie et le Canada.

Il ressort d'une enquête réalisée auprès des ménages des Philippines que les transferts qu'ils reçoivent contribuent à atténuer le phénomène du travail des enfants, à accroître la scolarisation des enfants, à augmenter le nombre d'heures consacrées au travail autonome et à accroître le taux de personnes qui lancent des entreprises exigeant des capitaux importants.

Site Internet de la Banque mondiale, 2006.

4 Le PDG de la société Wipro à Bangalore

Wipro, n° 2 mondial de la maintenance informatique, s'emploie à retenir ses cadres et bénéficie de la « circulation » des cerveaux : son président fondateur, Azim Premji, a étudié dans l'université californienne de Stanford avant de reprendre son entreprise en 1966.

5 Analyse de la répartition par origine géographique (stocks) des étudiants inscrits

La France reste l'espace privilégié de formation de l'Afrique francophone (52 % des étudiants étrangers, pour moitié issus du Maghreb). Elle recrute peu dans les autres pays en développement, même si le nombre d'étudiants chinois augmente vite. Les échanges entre pays européens sont assez actifs, par contre le nombre d'étudiants en provenance des Etats-Unis et faible alors que les Français cherchant à partir dans les universités américaines sont de plus en plus nombreux.

	2002/2003		
	Nombre	Pourcentage des étudiants étrangers	Pourcentage de la population étudiante totale
Afrique	93 585	52%	6,5%
Europe	44 875	25%	3%
Asie/Océanie	29 317	16,1%	2%
Amérique	12 493	7%	0,8%
TOTAL	180 270	xxx	xxx

NB : Chiffres arrondis, source MJENR
Source : site internet : http://www.diplomatie.gouv.fr

MENER L'ÉTUDE

1. Quelles sont les manifestations de l'inégal accès au savoir et à l'information ? Quels pays sont les mieux placés ? (Doc. 1)

2. **Sélectionner des informations dans un texte.** Comment s'explique la « fuite des cerveaux » ? (Docs 1 et 2)

3. Combien d'étudiants étrangers sont inscrits à Yale (en effectifs et en pourcentage) ? De combien de pays viennent-ils ? (Doc. 2)

4. Quel rapport cette mobilité des diplômés entretient-elle avec le développement ? (Docs 3 et 4)

5. En quoi l'attraction exercée par la France sur les étudiants étrangers peut-elle être considérée comme traduisant la « fuite des cerveaux » ? (Doc. 5)

SAVOIR FAIRE

Sélectionner des informations dans un texte

1. Clarifier l'objectif de la recherche. Quels types d'informations cherche-t-on : des données ? Des informations ? Des explications ?

2. Rechercher dans le texte les informations à retenir : localisation, chronologie, caractéristiques d'un processus, liens de causalité…

3. Trier les informations relevées pour ne retenir que celles qui répondront à l'objectif.

C. La protection et la scolarisation des enfants, un enjeu essentiel

L'accès à l'éducation est un droit universel. La scolarisation est le meilleur moyen de limiter l'exploitation dont les enfants peuvent être victimes.

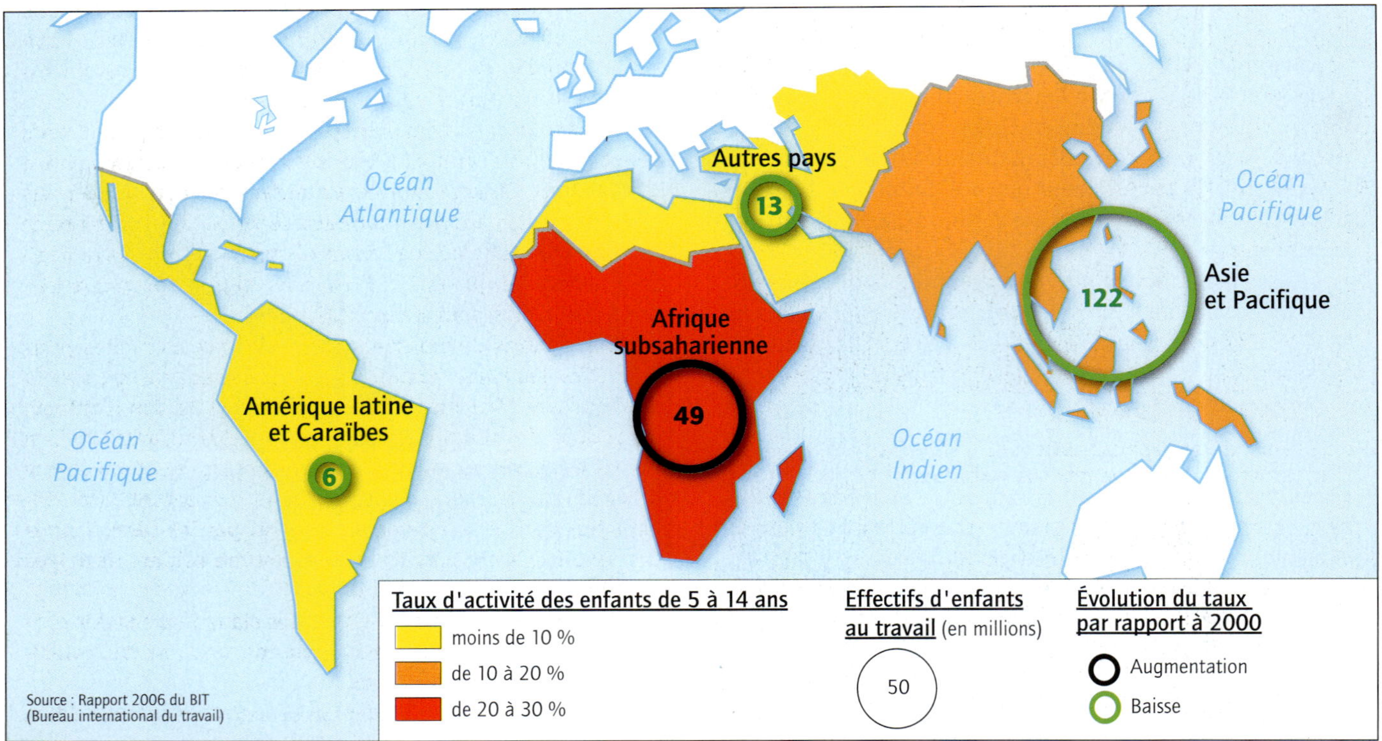

1 Le travail des enfants dans le monde en 2004

2 Le travail des enfants

Pour la première fois, le nombre d'enfants travaillant dans le monde a reculé entre 2000 et 2004. La baisse est de 11 % — ils sont passés de 246 millions à 218 millions — selon un rapport du Bureau international du travail (BIT) publié jeudi 4 mai et intitulé « La fin du travail des enfants : un objectif à notre portée ». La baisse la plus marquée concerne le nombre d'enfants de 5 à 17 ans astreints à des travaux dangereux : il a diminué de 26 %, passant à 126 millions en 2004. Sept sur dix travaillent dans l'agriculture. La baisse globale s'explique par la diminution de la population enfantine. Le pourcentage d'enfants au travail est revenu de 19,4 % à 18,8 % en 2004.

Le document, présenté par le directeur général du BIT, Juan Somavia, affirme que, si les efforts se poursuivent, « le travail des enfants dans ses pires formes pourrait être éliminé en dix ans ». En Amérique latine et aux Caraïbes, le déclin a été de deux tiers, à 5,7 millions, soit 5,1 % des enfants de 5 à 14 ans. L'Asie reste la région où travaillent le plus grand nombre d'enfants de cette tranche d'âge : 122 millions, contre 127 millions en 2000. Autre point faible, l'Afrique subsaharienne, avec 50 millions d'enfants au travail, soit 26 % de la tranche d'âge 5-14 ans.

Le Monde, 6 mai 2006.

3 À Lomé (Togo)

Dans les villes africaines, nombreux sont les enfants exerçant les petits métiers de la rue (marchands de cigarettes, vendeurs de nourriture, etc.).

4 À Kamrangir (Bangladesh)

Des enfants bangladais chauffent et mélangent du caoutchouc dans une fabrique de ballons.

6 Anciens enfants soldats au Soudan

Près de 10 000 enfants soldats ont combattu dans les diverses factions au Soudan. L'UNICEF a réussi à en démobiliser 2 500 depuis 2001, en les désarmant et en les regroupant dans des centres où ils reçoivent un traitement psychologique et une éducation de base.

5 Des millions d'enfants victimes de trafics et de maltraitance

Non enregistrés à l'état civil ou orphelins, ils sont « des centaines de millions à travers le monde et hors de la vue du public », victimes de toutes sortes d'exploitations, a expliqué la directrice du fonds des Nations unies, précisant que « les gens, les institutions et parfois même leurs propres familles les ignorent, les oublient ». Chaque année, ils sont en effet plus de 50 millions à ne pas être enregistrés à leur naissance, autant d'enfants qui « grandissent sans identité ». Or, « sans identité officielle, ils ont moins de chances d'obtenir une place à l'école ou les soins médicaux dont ils ont besoin », a souligné la directrice générale de l'Unicef.

Le rapport pointe un exemple parmi d'autres : les enfants représentent une proportion croissante des personnes vivant avec le VIH. Chaque minute, un enfant de moins de 15 ans meurt du sida, et un autre contracte le virus. L'Unicef dénonce également le scandale des Roms vivant dans les pays de l'ex-bloc soviétique : jusqu'à 75 % de leurs enfants sont scolarisés dans des écoles pour handicapés mentaux.

Ces enfants deviennent alors « des proies faciles pour les trafics, les abus, l'exploitation sexuelle et pire encore », a expliqué Ann Veneman. Chaque année, 1,2 million d'enfants font l'objet de trafics illégaux. « Ce sont des enfants que l'on force à endosser des rôles d'adultes alors qu'ils devraient être à l'école ou en train de jouer. Ce sont des enfants qui sont exploités par le commerce du sexe ou par les pires formes de travail des enfants, ou même comme soldats dans des conflits d'adultes », a-t-elle dit.

Pour aider ces enfants oubliés des statistiques et des programmes d'aide, l'Unicef recommande de faire des efforts pour étendre la scolarisation.

lemonde.fr, article publié le 14 décembre 2005.

MENER L'ÉTUDE

1. Comment évolue le travail ds enfants dans le monde ? Où le problème est-il le plus aigu ? **(Docs 1 et 2)**

2. **Exploiter le témoignage d'une photographie.** Quelles formes peut prendre le travail des enfants dans les pays en développement ? **(Docs 3 et 4)**

3. Quels aspects prend aujourd'hui l'exploitation des enfants ? Quel est le moyen de lutter contre elle ? **(Docs 5 et 6)**

SAVOIR FAIRE

Exploiter le témoignage d'une photographie

1. Observer la photographie : s'agit-il d'un paysage (rural, urbain…), de personnages (individus, groupes, adultes, enfants…) ?

2. Étudier la photographie : quelles informations apporte-t-elle sur le plan géographique, économique, culturel, social… ?

3. Interpréter la photographie : en quoi a-t-elle valeur de témoignage ? Quelle est son influence ? Exprime-t-elle un point de vue ?

BAC Pour réviser

À RETENIR

• L'inégalité d'accès à l'éducation

La scolarisation augmente, mais de fortes inégalités demeurent. Environ 70% des adultes analphabètes vivent dans trois régions : l'Afrique subsaharienne, l'Asie du Sud et de l'Ouest, les États arabes et l'Afrique du Nord. La qualité de l'enseignement est souvent déficiente : l'investissement dans la formation des maîtres et l'amélioration des écoles coûte cher. À ces disparités régionales s'ajoutent des disparités entre les sexes. Ainsi, les deux tiers des adultes analphabètes sont des femmes et les trois cinquièmes des enfants non scolarisés sont des filles.

• L'inégal accès au savoir renforce les inégalités de développement

Le manque d'infrastructures dans les pays pauvres accentue les écarts dans l'accès à l'information. À d'autres fractures, s'ajoute également la fracture numérique, En effet, seuls 11% de la population mondiale sont connectés à Internet. De plus, les activités de recherche-développement concentrées au nord amplifient la fuite des cerveaux privant les pays pauvres de bases pour leur développement. Pourtant, certains habitants reviennent après quelques années passées à l'étranger et font profiter leur pays des acquis obtenus.

• La protection des enfants : une priorité

La pauvreté et le sous-développement, le coût des études, l'endettement de familles trop nombreuses conduisent au travail des enfants. Ceux-ci sont utilisés dans l'agriculture, l'industrie, comme domestiques, dans des conditions qui portent souvent atteinte à leur développement physique, intellectuel ou psychologique. Aujourd'hui, 218 millions d'enfants sont astreints à des formes de travail qu'il faut abolir. Beaucoup ne sont même pas déclarés au moment de leur naissance, ce qui les transforme en proies faciles pour tous les trafics. Des organisations internationales comme le BIT (Bureau international du travail) ou l'UNICEF (Fonds des Nations unies pour l'enfance) luttent contre ce fléau.

CHIFFRES CLÉS

771 millions d'adultes analphabètes dans le monde.

115 millions d'enfants ne vont pas à l'école.

1 adulte sur 5 de plus de 15 ans est analphabète.

218 millions d'enfants travaillent dans le monde.

POUR ALLER PLUS LOIN

SITE DE L'UNESCO
www.unesco.org/fr

SITE DU BIT
www.ilo.org/public/french/

S'entraîner à la 2e partie de l'épreuve

BAC

DÉGAGER L'APPORT D'UN DOCUMENT

Méthode, p. 14

Sujet guidé L'analphabétisme des jeunes

Le taux d'analphabétisme des jeunes dans le monde en 2006

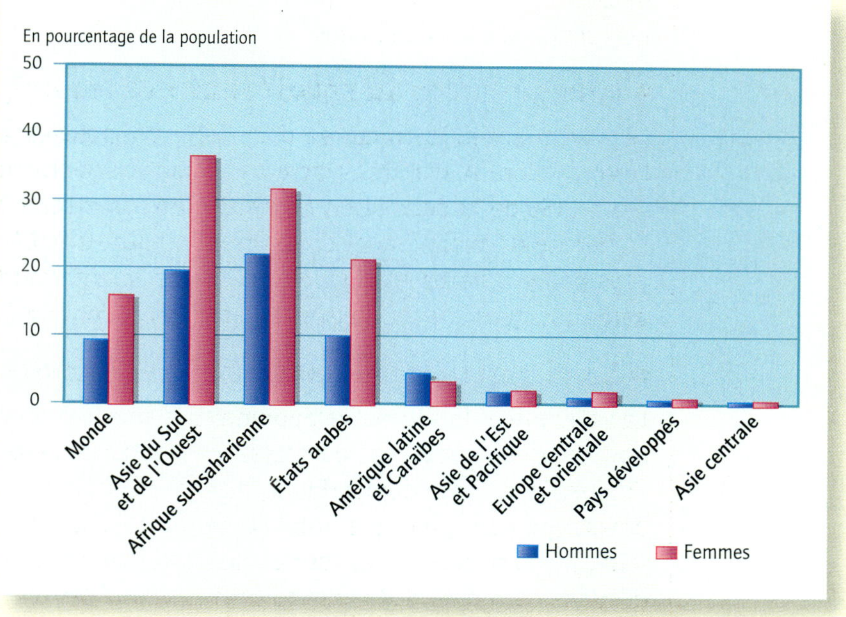

QUESTIONS

1 Que nous apprend ce document sur les inégalités mondiales en matière de scolarisation des jeunes ?

2 Pourquoi évaluer spécifiquement la scolarisation des filles ?

3 Quel est l'objectif de l'UNESCO quand il publie ces données ?

AIDE

Question 1. Pour répondre, associez les colonnes masculin et féminin et calculez les moyennes. Distinguez de grands ensembles mondiaux. Expliquez cette situation en vous référant aux aspects économiques, démographiques et sociaux.

Question 2. Cette double inégalité (par région et par sexe) pose directement la question du développement. Expliquez pourquoi l'éducation des filles présente de tels retards dans certains pays.

Question 3. Montrez quel est le rôle des grandes organisations internationales dépendant de l'ONU et en particulier de l'UNESCO dans le domaine de l'éducation.

BAC S'entraîner à la 2e partie de l'épreuve

METTRE EN RELATION DEUX DOCUMENTS

Sujet guidé Le travail des enfants en Afrique

Méthode, p. 14

Document 1

Les aspects du travail des enfants en Afrique

L'Afrique est le continent le plus touché par le travail des enfants, avec 41 % d'enfants de 5 à 14 ans au travail, soit 80 millions. C'est le pourcentage le plus élevé au monde.

C'est le Nigeria qui arrive en tête. C'est le pays le plus peuplé du continent africain. Selon l'Unicef, il compterait 12 millions d'enfants au travail. En Afrique du Sud, 400 000 enfants pauvres, non scolarisés issus des « township » *(bidonvilles)*, seraient au travail d'après l'ONG, *Réseau contre le travail des enfants*. En Égypte, les chiffres varient entre un demi millions *(chiffres officiels)* et 2 millions d'enfants travailleurs *(selon des études locales)*.

Une tradition africaine bien ancrée consiste à placer les filles et certains garçons comme domestiques en ville *(les « boys » et les « petites bonnes »)*. Ce phénomène est bien sûr accentué par la pauvreté des familles qui voient là un moyen relativement « *simple* » de faire rentrer de l'argent. Les enfants se retrouvent alors confrontés à des situations diverses allant des employés de maison relativement bien traités, aux fillettes durement exploitées et/ou victimes d'abus sexuels.

L'agriculture est également une grande pourvoyeuse du travail des enfants. Selon les conclusions des études, quelque 284 000 enfants travailleraient dans des conditions dangereuses dans des exploitations de cacaoyers en Afrique occidentale, pour la plupart familiales, et notamment 200 000 en Côte d'Ivoire. Le travail dangereux des enfants comprend, entre autres, la pulvérisation d'insecticides et le débroussaillage à l'aide de machettes. Il semble aussi que la traite de personnes touche de nombreux enfants, jusqu'à 2 500, employés dans la culture des cacaoyers en Côte d'Ivoire et au Nigeria.

Enfin, on trouve des enfants travailleurs également dans le secteur minier *(mines d'or de Côte d'Ivoire et du Burkina Faso, les mines de chrome du Zimbabwe et les gisements de diamants de la République démocratique du Congo (ex Zaïre)*. Au Burkina Faso, on peut voir des enfants à peine âgés de 8 ans creuser dans des mines d'or. C'est ainsi qu'ils se retrouvent dans des puits pouvant atteindre 60 mètres de profondeur où les risques d'éboulements sont omniprésents.

Sources : *OIT, Afrique Relance*, 2001.

Publication de l'ONU qui vient de changer de nom et qui s'appelle aujourd'hui *Afrique renouveau*, consacrée aux questions économiques et aux problèmes de développement.

Document 2

En Ouganda des employeurs luttent contre le travail des enfants dans le secteur agricole

La Fédération des employeurs de l'Ouganda (FUE) participe à la lutte contre le travail des enfants depuis 2001. Elle s'est intéressée en premier lieu au secteur du thé, par le biais d'un projet financé par le gouvernement norvégien (..). Dans le cadre de ce projet, la FUE a organisé des ateliers de formation et de sensibilisation pour 160 cadres supérieurs et 495 cadres intermédiaires des plantations de thé du pays.

La FUE a également exécuté des projets avec l'IPEC dans les secteurs du riz et du sucre. Ces projets ont abouti à la création de commissions de surveillance du travail des enfants au sein des communautés locales, à l'adoption de règlements sur le travail des enfants dans la riziculture, à la libération de 418 travailleurs enfants et à leur scolarisation grâce à des activités rémunératrices réalisées dans les écoles, ainsi qu'à l'incorporation de clauses sur le travail des enfants dans les conventions collectives du secteur sucrier.

La FUE participe actuellement, (...), à l'exécution d'un projet sur le travail des enfants dans le secteur du café. Ce programme, lancé en 2004, est lui aussi fi nancé dans le cadre de l'accord norvégien. Une enquête a révélé que le travail des enfants était très répandu dans les petites exploitations et les petites plantations de ce secteur, et que les conditions de travail y étaient généralement dangereuses. Elle a montré que la pauvreté était la principale cause du travail des enfants et que la situation était aggravée par la pandémie de VIH/SIDA et le fait que de nombreux enfants sont orphelins. Des mesures sont prises pour aider les petits agriculteurs et les sensibiliser aux conséquences du travail dangereux des enfants.

Les grands producteurs de café se sont intéressés à l'action menée par la FUE dans le secteur du café, ce qui a permis à celle-ci de recruter de nouveaux membres dans le secteur formel.

Source : Fédération des employeurs de l'Ouganda (FUE), cité dans *Rapport global de l'OIT*, 2006..

IPEC : Programme international pour l'abolition du travail des enfants, dans le cadre de l'OIT

OIT : Organisation internationale du travail : organisation spécialisée de l'ONU dont le but est de promouvoir la justice sociale et les droits de l'homme dans le monde du travail

QUESTIONS

1 Que nous apprend le document 1 sur le travail des enfants en Afrique ?

2 Relevez et confrontez les différentes sources (citées dans le texte ou à la fin du texte) du document 1. Quelles difficultés révèlent-elles ?

3 Comparez le quatrième paragraphe du document 1 (« L'agriculture est également… ») et le document 2 : le problème posé, les réponses apportées.

4 Que nous apporte le document 2 sur la lutte contre le travail des enfants ?

AIDE

Question 1. Relevez les domaines dans lesquels les enfants travaillent ainsi que les risques qu'ils encourent

Question 2. Relevez la variété des sources : sources institutionnelles (sources gouvernementales, OIT) et ONG et confrontez-les. Notez l'emploi du conditionnel.

Question 3. Comparez le constat et les tentatives de solution évoquées dans le document 2.

Question 4. Il faut évoquer ici les acteurs qui peuvent agir et montrer que c'est la conjonction d'actions à plusieurs niveaux qui peut améliorer la situation.

BAC BLANC 1re partie de l'épreuve

1 Caractériser une situation

Montrez que la nouvelle culture planétaire se caractérise par un brassage d'influences.

2 Justifier une affirmation en proposant des arguments

Justifiez l'affirmation suivante : la civilisation occidentale repose sur un ensemble de caractères matériels, moraux, religieux, linguistes et artistiques.

3 Caractériser un espace

Expliquez en quoi l'espace dominé par l'islam dans le monde forme un bloc à la fois homogène et hétérogène.

4 Citer des acteurs

Citez cinq noms de FTN nord-américaines qui diffusent des biens de consommation courants.

5 Caractériser un espace

Les limites des aires de religion correspondent-elles exactement aux limites des aires de civilisation ?
Justifiez votre réponse.

6 Proposer une définition pour une notion

Donnez la définition de altermondialisme.

« La Décennie des Nations Unies pour l'alphabétisation 2003-2012 »

L'UNESCO fait de l'alphabétisation une de ses priorités et le rappelle tous les ans le 8 septembre, journée internationale de l'alphabétisation

QUESTIONS

1 Expliquez le sens du titre de l'affiche et le dessin réalisé.

2 Expliquez ce qu'est l'UNESCO et montrez sur quelle valeur elle fait campagne

3 Qu'apporte ce document sur l'action de l'UNESCO en faveur de l'éducation ?

Index des notions

Acteurs spatiaux : organisations politiques ou régionales, entreprises ou groupes sociaux dont l'action s'exprime sur un territoire.

Aire de puissance : zone ou pays exerçant une influence économique, politique, culturelle.

Aires culturelles : aires géographiques étendues dans lesquelles on trouve des traits culturels dominants.

Aires de civilisation : aires culturelles fondées sur un ensemble de caractères matériels, moraux, religieux, linguistiques, artistiques et sociaux communs à une société ou à un groupe de sociétés.

Anticolonialisme : courant politique visant à remettre en cause la colonisation. Il caractérise les mouvements de libération des peuples colonisés ainsi que les mouvements qui, à l'intérieur des métropoles, les soutiennent.

Catégorie sociale : groupe social défini par des valeurs statistiques hiérarchisables, tel le revenu. Une autre définition est possible et se réfère aux représentations : groupe social ayant le sentiment d'appartenance à ce même groupe. Dans le vocabulaire marxiste, bourgeois et prolétaires sont les deux classes antagonistes au cœur de la société.

Cohabitation : situation dans laquelle le président de la République et le Premier ministre, tous deux représentants du pouvoir exécutif, appartiennent à des courants politiques opposés.

Constitution : texte législatif fondamental qui détermine la forme du gouvernement d'un pays et définit les différents pouvoirs (exécutif, législatif, judiciaire) en précisant leurs rapports.

Culture : ensemble des outils (langue, valeurs, symboles) avec lesquels les peuples perçoivent la société dans laquelle ils vivent et le monde qui les entoure. Se définit également par des comportements et des modes de vie.

Décolonisation : processus par lequel les puissances coloniales se retirent de leurs colonies.

Développement : c'est la capacité d'une société à satisfaire ses besoins essentiels et à acquérir un mieux-être nécessaire à son épanouissement.

Flux : ensemble des hommes, des informations, des marchandises ou des capitaux en déplacement d'un point à un autre dans l'espace.

Guerre froide : situation de tension entre les États-Unis et l'URSS dans laquelle chacun des deux tente de prendre l'avantage sur l'autre, tout en évitant de déclencher un conflit armé direct.

Impérialisme : politique d'expansion d'un État qui cherche à assurer sa domination sur un autre État ou une aire géographique. Cette domination peut prendre plusieurs formes : politique, économique ou culturelle.

Interface : zone de contact entre deux espaces distincts. Une interface ouverte permet des relations et des échanges de toute nature.

Islamisme : le terme est à distinguer de l'islam. Il désigne les courants les plus radicaux de l'islam qui veulent l'application stricte de la Charia (loi islamique inspirée du Coran) dans la société et l'instauration d'États islamiques.

Mégalopole : c'est un vaste ensemble d'urbanisation continue regroupant plusieurs dizaines de millions d'habitants dans des villes de taille différente.

Métropole : ville ayant un pouvoir de commandement, parce qu'elle concentre des fonctions stratégiques (secteur financier, activités de pointe, services aux entreprises...), des fonctions politiques et décisionnelles. La métropole attire et rayonne.

Monde bipolaire : division du monde en deux blocs ennemis, chaque État devant adhérer à l'un ou l'autre modèle idéologique, système politique et alliance économique et militaire.

Monde multipolaire/unipolaire : monde dans lequel plusieurs puissances régionales exercent une forme de domination régionale ou, au contraire, monde dominé par une seule grande puissance.

Mondialisation : processus croissant d'ouverture des économies, des cultures et des sociétés.

Nationalisation : transfert à l'État de la propriété d'une entreprise privée.

Nationalisme : mouvement politique constitué de personnes qui, ayant conscience de former une communauté nationale, veulent créer un État souverain.

Non-alignement : mouvement apparu en 1961, qui regroupe des États refusant la bipolarisation du monde entre deux blocs antagonistes.

Pôle : lieu d'où partent les flux et où ils convergent. Les grandes villes attirent et exercent leur rayonnement, elles polarisent leur espace.

Privatisation : transfert du capital d'une entreprise publique au secteur privé.

Tiers-monde : l'expression fait référence au tiers état de l'Ancien Régime. Comme lui, le Tiers-monde « n'est rien » dans l'ordre mondial et demande à y « devenir quelque chose ».

Transnational : relatif à ce qui dépasse le cadre national. Une transnationale est ainsi une grande entreprise d'envergure mondiale qui organise un réseau de filiales à l'étranger. La mondialisation favorise les logiques transnationales.

Lexique

A

Alternance : succession au pouvoir, dans le cadre d'une démocratie, de tendances politiques différentes.

Anti-impérialisme : courant hostile à toutes les formes de domination – politique, économique, militaire, culturelle – qu'une puissance peut exercer sur d'autres pays.

Armes nucléaires : armes utilisant la fission du plutonium : « bombe atomique » ou « bombe A » (États-Unis 1945, URSS 1949) ou la fusion de l'hydrogène : « bombe thermonucléaire » ou « bombe H » (États-Unis 1952, URSS 1955). Les têtes nucléaires équipent bombes, fusées ou missiles.

Audience cumulée : nombre total de téléspectateurs obtenu en additionnant le public de tous les matches. Un même téléspectateur pourra évidemment être compté plusieurs fois.

Austérité : en économie, politique de rigueur visant à équilibrer le budget de l'État par le blocage des salaires et l'augmentation des impôts.

Autodétermination : possibilité pour une communauté de choisir librement son statut politique.

Autonomie : système d'administration colonial qui accorde de nombreuses libertés aux peuples colonisés en les maintenant toutefois sous domination.

B

Ballottage : situation dans laquelle aucun candidat n'a obtenu la majorité nécessaire pour être élu dès le premier tour d'une élection.

Bipolarisation : dans les relations internationales, division du monde en deux blocs, chacun dirigé par un pôle ou une grande puissance (États-Unis et URSS).

Bipolarisation : en politique française, partage des forces politiques entre un bloc des droites et un bloc des gauches ; on parle aussi de clivage droite-gauche.

Blanchiment : opération qui vise à donner une apparence légale à de l'argent d'origine illicite.

C

CAEM : organisation soviétique de coopération économique entre pays du bloc de l'Est.

Capitalisation boursière : somme de la valeur de toutes les actions des entreprises cotées sur une place financière.

Casques bleus : soldats internationaux servant sous l'autorité de l'ONU, dans des opérations de maintien ou de rétablissement de la paix. Leur drapeau et leurs casques portent la couleur bleue, celle du drapeau de l'ONU.

Caste : groupe social fermé en Inde. On distingue des castes dominantes : les brahmanes (religieux), les guerriers, les castes des commerçants et des producteurs, puis les basses castes : les paysans, les serviteurs des hautes castes. Il y a enfin les « intouchables », qui sont en dehors des castes et le plus souvent dits « opprimés ».

CBD (Central Business District) : quartier des affaires situé au cœur de la ville anglo-saxonne, reconnaissable à ses gratte-ciel.

CEE : Communauté économique européenne, réalise le « Marché commun » (1957).

CEEA : Communauté européenne de l'énergie atomique, dite « Euratom» (1957).

Charte de l'Atlantique : texte élaboré par Roosevelt et Churchill en 1941, signé par toutes les nations unies contre les dictatures.

Chiites/sunnites : les deux principales branches de l'islam. Les chiites (10 % des musulmans) vivent principalement en Iran, Irak, et sont présents dans une quinzaine d'autres pays dont le Liban et Bahreïn.

Chinois d'outre-mer : nom des minorités chinoises d'Asie du Sud-Est (Thaïlande, Indonésie, Malaisie, etc.) ayant souvent une forte capacité d'investissement.

CMU : couverture maladie universelle entrée en vigueur en 2000. Elle permet la prise en charge médicale des personnes ne pouvant cotiser à la Sécurité sociale.

Commerce équitable : relation économique qui suppose une juste rémunération des producteurs des pays pauvres par les consommateurs des pays riches.

Commonwealth : organisation créée en 1931 pour maintenir les liens entre le Royaume-Uni et ses colonies devenues des États souverains.

Communication planétaire : campagnes de publicité d'échelle mondiale.

Conflit ethnique : lutte ou guerre opposant deux groupes d'hommes se revendiquant chacun d'une langue, d'une histoire et d'une identité les différenciant des autres.

Confucéen : qui adopte les valeurs majeures de la morale codifiée par Confucius (604-531 av. J.-C. en Chine) : respect de la famille et des ancêtres, loyauté envers l'État, droiture et bienveillance.

Conteneurs : boîtes métalliques de taille standardisée (EVP soit « équivalent vingt pieds » en général) qui permettent de transporter des marchandises en utilisant plusieurs modes de transport : bateau, péniche, train, camion.

Contrainte : élément dont les sociétés doivent tenir compte dans l'organisation de l'espace.

Croissance économique : augmentation de la production nationale et revenu par habitant.

CSG : contribution sociale généralisée (1991) ; impôt prélevé sur les revenus des ménages et destiné à combler le déficit de la Sécurité sociale.

D

Délocalisation : opération qui consiste à fermer une unité de production dans un territoire pour en ouvrir une ailleurs, souvent à l'étranger.

Détente : période de réchauffement des relations entre les Grands à partir de 1962 (téléphone rouge, échanges scientifiques spatiaux, reconnaissance de la Chine par le président Nixon, accords de désarmement Salt 1 puis Salt 2).

Développement durable : réponse aux besoins du présent sans compromettre la capacité des générations futures à répondre à leurs propres besoins. Le développement durable repose sur trois composantes : le développement économique, le développement social et la protection de l'environnement.

Diaspora : réseau formé par des communautés de migrants de même origine, dispersées dans le monde.

Droit d'ingérence : droit qui permet à la communauté internationale d'intervenir sans prendre en compte la souveraineté d'un État, afin de secourir des populations en détresse ou des minorités opprimées.

E

Écologistes ou Verts : courant apparu dans les années 1970, qui recouvre plusieurs partis et qui a pour objectif la défense de l'environnement.

Enclavement : situation géographique propre à un espace isolé, mal desservi par les réseaux de communication.

Épuration ethnique : volonté de chasser d'un territoire une population en raison de son appartenance ethnico-religieuse, au moyen de meurtres, viols et déportations.

État-nation : dans l'État-nation, la nation coïncide avec un territoire délimité par des frontières et dans lequel s'appliquent les mêmes lois.

État-providence : situation dans laquelle l'État assure la protection sociale (Sécurité sociale, allocation chômage...).

Ethnie : groupement humain dont l'unité repose sur une langue et une culture communes.

F

Façade maritime : portion du littoral aux activités portuaires et industrielles importantes. Elle comporte un avant-pays et un arrière-pays.

Facteur de production : moyen économique (comme le capital ou le travail mobilisé) pour produire un bien ou un service.

Famille élargie : conception des liens familiaux non limitée aux ascendants et descendants, mais incluant largement les oncles, cousins et apparentés jusqu'à des degrés éloignés.

Favela : mot portugais désignant les zones d'habitats précaires des grandes villes brésiliennes.

Fondamentalisme : courant de réforme des religions qui prétend s'appuyer sur une lecture littérale des textes sacrés et refuse aussi bien la modernisation du dogme que les traditions religieuses populaires.

Forum social mondial : manifestation alter-mondialiste organisée chaque année pour faire pendant aux sommets du G8 et au forum de Davos et regrouper les propositions d'une autre mondialisation.

Front pionnier : espace de conquête humaine.

G

Gaullien : qui se rapporte au mode de pensée et à l'action du général de Gaulle.

Gaullisme : courant politique fondé sur les principes défendus par le général de Gaulle, c'est-à-dire l'indépendance nationale, un pouvoir exécutif fort, la méfiance envers les partis, une plus grande participation sociale.

Gaulliste : personne qui soutient l'action du général de Gaulle.

Génocide : extermination volontaire et systématique d'un peuple.

Géopolitique : étude des enjeux et des rivalités de pouvoir sur les territoires et entre eux.

Glasnost : politique d'ouverture et de transparence, refus de la censure et recherche de la vérité sur le passé de l'URSS.

Guérilla : forme de guerre de partisans utilisant des troupes très mobiles, profitant d'un milieu contraignant (jungle, montagnes), frappant par embuscades, refusant de livrer des batailles frontales, avec des combattants dissimulés parmi la population civile.

H

Harkis : soldats algériens combattant aux côtés des Français pendant la guerre d'Algérie.

Hégémonie : suprématie d'un État sur un autre ou sur l'ensemble des autres.

Hypercentre : centre premier et quartier où se concentrent les fonctions stratégiques de l'économie mondiale, les fonctions de commandement, les fonctions financières, politiques... La pointe sud de Manhattan à New York, la City à Londres sont des quartiers hypercentraux.

Hyperpuissance : situation des États-Unis, premiers dans tous les domaines (économique, militaire, scientifique) et ne connaissant pas de rivaux parmi les puissances de second rang.

I

IDE (investissement direct à l'étranger) : placement effectué par une entreprise à l'étranger.

IDH (indice de développement humain) : cet indicateur comprend trois composantes : le PIB réel par habitant, l'espérance de vie, le taux d'alphabétisation de l'adulte avec le nombre moyen d'années d'études. Il s'échelonne entre 0 et 1.

Indépendance : une colonie devient indépendante quand elle rompt tous les liens de subordination qui la rattachaient à la métropole ; elle devient ainsi un État souverain.

Institutions financières internationales : le Fonds monétaire international (FMI) et la Banque mondiale ont été créés en 1944 et font partie du système onusien. Leur but initial était d'établir un cadre de coopération et de développement économique en consentant des prêts aux pays du Tiers-monde.

Institutions sportives : organisations internationales regroupant des fédérations nationales et qui organisent les grandes compétitions.

Islamisme : courant de pensée politique dont l'objectif est l'établissement d'États gouvernés par la loi islamique.

K-L

Kominform : organisation politique subordonnant tous les partis communistes du monde au parti communiste d'Union soviétique. Créé en 1947, il est dirigé par Jdanov.

Libéralisation des échanges : politique commerciale qui consiste à favoriser les échanges en supprimant différentes mesures protectionnistes.

Libéralisme : doctrine visant à limiter le plus possible l'intervention de l'État.

M

MERCOSUR : Marché commun de l'Amérique réunissant depuis 1991 l'Argentine, le Brésil, le Paraguay et l'Uruguay. La Bolivie et le Chili sont des pays associés sans être membres.

Métropolisation : mouvement de forte concentration des hommes et des fonctions de commandement dans les villes.

Migrant : personne qui se déplace pour une période temporaire ou définitive d'un point à un autre de l'espace terrestre.

Migrations pendulaires : déplacements journaliers du domicile au travail.

Mise en tourisme : aménagement et mise en valeur d'un territoire par le tourisme.

Motion de censure : vote de l'Assemblée nationale mettant en cause la responsabilité du gouvernement et pouvant entraîner la démission de celui-ci.

Multilatéralisme/unilatéralisme : conception des relations internationales et de la diplomatie, selon que l'on opte pour la négociation et la recherche du consensus ou au contraire la force et la contrainte permises par la puissance.

N

Nation arabe/panarabisme : notion mise en avant par certains dirigeants arabes dans les années 1960 considérant que les Arabes forment une communauté historique construite autour d'une langue et d'une culture communes.

Néocolonialisme : politique menée par certains pays pour maintenir, sous des formes nouvelles, leur domination sur les anciennes colonies.

O

OECE : Organisation européenne de coopération économique, qui promeut le capitalisme libéral.

OMC (Organisation mondiale du commerce) : organisme créé par les accords de Marrakech, qui a succédé au GATT depuis 1995. Il prépare et veille à l'application des accords généraux sur le commerce des marchandises et des services.

ONG : Organisation non gouvernementale impliquée dans des opérations humanitaires, l'aide au développement, les droits de l'homme...

ONU : Organisation des Nations unies, créée à San Francisco en juin 1945. L'organe de décision est le Conseil de sécurité, où les cinq membres permanents (Grande-Bretagne, France, États-Unis, Chine, Union soviétique) détiennent chacun le droit de veto.

OPEP : Organisation des pays exportateurs de pétrole. Fondée en 1960, elle regroupait alors treize États latino-américains, africains, moyen-orientaux et asiatiques, ayant pour objectif de contrôler le marché du pétrole.

OTAN : Organisation du traité de l'Atlantique Nord, alliance militaire créée en 1949 sous la direction des États-Unis, regroupant essentiellement des pays occidentaux européens.

P

Pacs : pacte civil de solidarité (1999) ; il s'agit d'un contrat conclu entre deux personnes majeures pour organiser la vie commune. Ces personnes peuvent être de même sexe.

Pacte de Varsovie : alliance militaire regroupant, sous la direction de l'URSS, les armées des pays communistes européens.

Paradis fiscal : État ou territoire qui garantit à des entreprises ou des particuliers l'anonymat bancaire, des avantages fiscaux et recycle souvent des capitaux d'origine douteuse (armes, drogue, etc.).

Parité : selon la loi de 2000, égal accès des hommes et des femmes aux fonctions politiques.

Perestroïka : nom donné aux réformes de Gorbatchev en Union soviétique, signifiant « restructuration »/« reconstruction ».

Plate-forme multimodale : lieu qui assure l'interconnexion entre différents réseaux de transport.

Pluralisme : en politique, existence de plusieurs partis susceptibles d'alterner au pouvoir à la suite d'élections libres.

PMA (pays les moins avancés) : groupe de pays les plus pauvres du monde défini par l'ONU à partir de trois critères : le revenu par habitant, l'importance de la production industrielle, le taux d'alphabétisation (49 pays en 2002).

Politique contractuelle : politique instaurant des contacts réguliers entre l'État, le patronat et les syndicats afin de répartir les bénéfices de la croissance.

Population flottante : résidents temporaires vivant en dehors de leur lieu d'enregistrement de leur état civil et à statut plus ou moins égal.

Pragmatisme : attitude consistant à s'adapter avec réalisme aux circonstances.

PUB : produit urbain brut. Ensemble des richesses produites à l'échelle d'une agglomération.

R

Recomposition territoriale : dynamique spécifique à un territoire qui se traduit par de nouvelles logiques de localisation des hommes et des activités économiques.

Rééchelonnement de la dette : politique consistant à retarder le remboursement de la dette d'un État surendetté, moyennant des commissions élevées et des exigences d'ajustement.

Référendum : consultation directe des citoyens. En France, ils sont limités à des sujets se rapportant à l'organisation des pouvoirs publics ou l'approbation d'un traité.

Régime parlementaire : régime dans lequel le Parlement peut contrôler le gouvernement.

Régime présidentiel : régime dans lequel le président de la République nomme et révoque sans contrepartie le Parlement. Le régime français est semi-présidentiel car le gouvernement est responsable devant le Parlement.

Régionalisation ou décentralisation : transfert aux régions de compétences appartenant au pouvoir central.

Religions autochtones : religions traditionnelles, souvent appuyées sur l'omniprésence du divin dans le territoire et sur le culte des morts, incluant souvent des pratiques magiques.

Religions révélées : religions dont croyances et rites ont été révélés à un intermédiaire entre l'homme et le message divin. Dans le cas du judaïsme, du christianisme et de l'islam, on parle de prophète.

Revendication identitaire : affirmation par un individu ou un groupe de son appartenance ethno-culturelle.

Révolution verte : ensemble des améliorations techniques apportées à l'agriculture pour accroître les rendements.

Risque : tout phénomène qui peut affecter une société humaine à un moment ou à un autre.

RMI : revenu minimum d'insertion (1988) ; somme versée aux personnes sans emploi ni revenu et ne recevant pas d'allocation chômage.

S

SALT : traités de limitation des armes stratégiques (armes à longue distance) signés en 1972 pour le premier, en 1979 pour le second, mais jamais appliqués.

Scrutin de liste proportionnel : mode de scrutin dans lequel les candidats sont élus selon le pourcentage de voix obtenu par chaque liste.

Scrutin uninominal à deux tours : vote sur le nom d'une seule personne qui doit remporter la majorité des suffrages exprimés pour être élue. Ce scrutin permet de dégager des majorités claires mais favorise les grands partis et la bipolarisation de la vie politique.

Secteur informel : ensemble des activités économiques sous-déclarées ou non déclarées. Il relève le plus souvent des services aux personnes ou de l'artisanat.

Sécularisation : processus de limitation de la place de la religion dans la vie publique et de diminution des pratiques religieuses.

SMIC : salaire minimum interprofessionnel de croissance.

Société civile : ensemble des citoyens capables de se faire entendre des responsables politiques en dehors des échéances électorales.

Sous-traitance : opération exécutée par une entreprise pour le compte d'une autre entreprise.

Standard de consommation : normes valorisées et présentées comme universelles pour les biens de consommation.

Système productif : ensemble des activités économiques liées à la production, à la conception et à la commercialisation.

T

Téléport : carrefour majeur de télécommunications.

Terre-plein : espace gagné sur la mer en avant du littoral pour permettre l'installation d'aménagements portuaires et d'établissements industriels.

Théocratie : gouvernement de Dieu, régime où c'est le texte religieux qui sert de constitution politique.

Touriste : individu qui séjourne temporairement hors de son domicile pour des raisons non professionnelles.

Transition démocratique : passage de la dictature à la démocratie par l'autorisation du multipartisme, la fin de la censure, l'organisation d'élections libres.

Transition démographique : elle correspond au passage d'un régime de forte natalité et de forte mortalité à un régime de basse natalité et de basse mortalité. Pendant la transition, l'accroissement naturel est très élevé car la mortalité baisse plus tôt que la natalité.

Transnationale : grande entreprise d'envergure mondiale qui organise un réseau de filiales à l'étranger.

U-V

Union africaine : fondée en 2002, elle a succédé à l'OUA et regroupe tous les États africains, sauf le Maroc. Elle a adopté le modèle de l'Union européenne.

Vote protestataire : vote exprimant le mécontentement à l'égard de partis traditionnels ou de l'État.

Biographies

Salvador Allende (1908-1973)
Président socialiste du Chili élu démocratiquement en 1970. Le 11 septembre 1973, l'armée, dirigée par Augusto Pinochet, aidé par la CIA, déclenche un coup d'État. À Santiago, Allende se suicide plutôt que de se rendre.

Yasser Arafat (1929-2004)
Homme politique palestinien, fondateur du Fatah (Mouvement de libération nationale) en 1959, il mène une guérilla contre Israël, et devient président de l'OLP (Organisation de libération de la Palestine) en 1969. La négociation des accords d'Oslo en 1993 lui permet d'obtenir, avec Yitzhak Rabin, le prix Nobel de la paix en 1994 ainsi que la création de l'Autorité palestinienne dont il est président jusqu'à sa mort.

Ahmed Ben Bella (né en 1916)
Membre fondateur du FLN, il est fait prisonnier en 1956 et libéré en 1962 au moment des accords d'Évian. Premier Président de la République algérienne en 1962, il est renversé en 1965 par le coup d'État du colonel Boumediene.

G. H. W. Bush (né en 1924)
Vice-président de Reagan (1981-1988), élu président des États-Unis en 1988. Il redéfinit le rôle des États-Unis dans le contexte de la fin de la guerre froide. Au nom d'un « nouvel ordre mondial », il mène la guerre du Golfe en 1991 à la suite de l'invasion du Koweït par l'Irak de Saddam Hussein.

George W. Bush (né en 1946)
Il est le fils de George Bush, qui fut président des États-Unis de 1989 à 1993. Gouverneur républicain du Texas, il est élu président des États-Unis en 2000 et réélu en 2004. Après les attentats du 11 septembre 2001, il engage les États-Unis dans une guerre idéologique, diplomatique et parfois militaire contre ceux qu'il nomme les « États voyous ».

Fidel Castro (né en 1926)
Homme politique cubain. Il accède au pouvoir suite à la révolution de 1959. Il se tourne vers l'URSS et fait de Cuba un État socialiste, membre du bloc de l'Est et ennemi des États-Unis.

Jacques Chirac (né en 1932)
Après avoir été le Premier ministre de François Mitterrand pendant la cohabitation, Jacques Chirac est élu président de la République en 1995. Il connaît à partir de 1997 une période de cohabitation avec le socialiste Lionel Jospin. Il est réélu en 2002, pour une période de cinq ans, après avoir affronté le leader d'extrême-droite lors du second tour des présidentielles et bénéficié d'un « sursaut républicain » des électeurs de gauche qui lui ont apporté leurs voix.

William (Bill) J. Clinton
(né en 1946) Président des États-Unis démocrate élu en 1992 et réélu en 1996, il s'implique dans le processus de paix entre Israël et les Palestiniens qui aboutit à la signature des accords d'Oslo en 1993.

Charles De Gaulle (1890-1970)
En 1944, il est reconnu par les Alliés comme le chef du Gouvernement provisoire de la République française (GPRF). Il fait une entrée triomphale à Paris, le 25 août 1944 et dirige la France lors de la Libération. En désaccord sur les institutions, il démissionne en 1946. La crise algérienne le ramène au pouvoir en 1958. Cette même année, il fait adopter le texte de la Constitution de la Vᵉ République. Il est à l'origine du règlement de la guerre d'Algérie et s'investit pour restaurer la « grandeur de la France » dans le monde. La crise de Mai 1968 le déstabilise et c'est l'échec à un référendum qui le conduit à démissionner en 1969.

Mohandas Gandhi (1869-1948) Avocat, dirigeant du parti du Congrès à partir de 1918, surnommé « Mahatma » (la grande âme), il mène des actions non-violentes contre le Royaume-Uni. Principal artisan avec Nehru de l'indépendance de l'Inde en 1947, il est assassiné par un fanatique en 1948 lors de la guerre civile.

Valéry Giscard d'Estaing (né en 1926) Chef de la droite non-gaulliste, il est élu président de la République en 1974. Il veut donner une image plus moderne de la fonction présidentielle et tenir compte des mutations de la société française en entreprenant de nombreuses réformes.

Mikhaïl Gorbatchev (né en 1931) Dirigeant soviétique à partir de 1985, il lance des réformes (*perestroïka* et *glasnost*) qui aboutissent à la fin de la guerre froide et à la dissolution du Bloc de l'Est. Il démissionne en 1991 après l'éclatement de l'Union soviétique.

Ernesto « Che » Guevara (1928-1967) Médecin argentin, il s'engage aux côtés de Fidel Castro dans la guérilla révolutionnaire à Cuba. Après la victoire de la révolution en 1959, il critique l'alignement du régime cubain sur le modèle soviétique et s'engage dans des mouvements de guérilla en Afrique et en Amérique latine. Il est tué en Bolivie en 1967.

Hô Chi Minh (1890-1969) Fondateur du Parti communiste indochinois, il proclame l'indépendance du Vietnam en 1945 et dirige la lutte contre le France de 1946 à 1954. Il est président du Nord Vietnam de 1954 à 1969 et meurt pendant la guerre du Vietnam contre les États-Unis.

Saddam Hussein (1937-2006) Au pouvoir en Irak depuis 1979, il déclenche en 1980 la guerre contre l'Iran, avec le soutien de l'URSS et des puissances occidentales qui craignent le régime islamique iranien. Après l'invasion du Koweït en 1990, il subit en 1991 une défaite contre une coalition dirigée par les États-Unis qui le laisse cependant au pouvoir. En 2003, il est capturé par l'armée américaine ayant envahi l'Irak sans autorisation de l'ONU. Condamné à mort par un tribunal irakien, il est exécuté le 30 décembre 2006.

John Fitzgerald Kennedy (1917-1963) Président américain démocrate, il crée l'Alliance pour le Progrès en Amérique latine, plan de lutte contre la pauvreté et le communisme. En 1962, lors de la crise de Cuba, il force l'Union soviétique à retirer ses fusées. En 1963, il manifeste sa solidarité envers les Berlinois après la construction du mur en lançant « Ich bin in berliner ! ».

Ayatollah Rouhollah Khomeiny (1902-1989) Théologien chiite iranien. Après la révolution de 1979, il instaure une république islamique, fait appliquer la Charia et persécute les opposants. Objet d'un culte de la personnalité dans son pays, il devient un modèle pour les islamistes. Il s'oppose violemment aux États-Unis qualifiés de « Grand Satan ».

Nikita Khrouchtchev (1884-1971) À la mort de Staline en 1953, il devient Premier secrétaire du parti communiste de l'URSS. En 1956, il entreprend la déstalinisation et dénonce notamment les crimes de son prédécesseur. Il approuve la construction du mur de Berlin en 1961, puis engage un bras de fer avec les États-Unis de Kennedy lors de la crise de Cuba en 1962. Après cette date, il se fait le champion de la « coexistence pacifique ».

François Mitterrand (1916-1996)
L'élection de François Mitterrand à la tête de l'État en 1981 marque l'arrivée, pour la première fois sous la Ve République, de la gauche au pouvoir. Il est réélu en 1988 et reste ainsi quatorze années au pouvoir. Ses deux septennats sont marqués d'abord par de nombreuses réformes avant la mise en place d'une politique de rigueur et par des périodes de cohabitation avec des premiers ministres de droite.

Gamal Abdel Nasser (1918-1970)
Premier ministre puis président de la République égyptienne de 1956 à sa mort. À Bandung en 1955, il devient un acteur clé du Tiers-monde. En 1956, il nationalise le canal de Suez et apparaît comme le champion du nationalisme arabe. La défaite de l'Égypte contre Israël dans la guerre des Six Jours en 1967 lui porte un coup très dur.

Jawaharlal Nerhu (1889-1964)
Avocat, disciple de Gandhi, Nehru est le principal artisan de l'indépendance de l'Inde dont il est Premier ministre jusqu'en 1964, grâce aux victoires électorales du parti du Congrès. Il est l'un des initiateurs de la conférence de Bandung et du mouvement des non-alignés.

Georges Pompidou (1911-1974)
Ancien Premier ministre du général de Gaulle de 1962 à 1968, Pompidou est élu président de la République en 1969. Il reste à la tête de l'État jusqu'à sa mort en 1974, après avoir incarné un gaullisme plus ouvert au changement social.

Yitzhak Rabin (1922-1995)
Premier ministre israëlien, il signe en 1993 les accords d'Oslo avec Yasser Arafat, ce qui lui vaut, avec ce dernier, le prix Nobel de la paix en 1994. Il est assassiné le 4 novembre 1995 par un extrémiste israëlien.

Ronald Reagan (1911-2004)
Ancien acteur, il entre en politique au sein du parti républicain. Il est président des États-Unis entre 1981 et 1989. Il relance la guerre froide et engage le bras de fer final avec l'URSS en augmentant considérablement les budgets de l'armement. En politique intérieure, il mène une politique libérale et conservatrice.

Anouar el-Sadate (1918-1981)
Président égyptien après la mort de Nasser en 1970, il effectue en 1977 un voyage historique en Israël et signe en 1978 les accords de Camp David. Il est assassiné en 1981 par des islamistes.

Joseph Staline (1878-1953)
Dirigeant soviétique à partir de la fin des années 1920, Staline durcit la dictature en URSS puis instaure la dictature dans les pays de l'Est que l'URSS domine après 1945. Il s'oppose aux États-Unis (blocus de Berlin, guerre de Corée) durant la période la plus dure de la guerre froide.

Harry S. Truman (1884-1972)
Président à partir de 1945, il engage les États-Unis dans la guerre froide au nom de l'« endiguement » du communisme (doctrine Truman, 1947). Réélu en 1948, il poursuit la lutte contre le camp soviétique (guerre de Corée, 1950).

Lech Walesa (né en 1943)
Électricien aux chantiers navals de Gdansk, il est élu lors de la grande grève de 1980 président de Solidarnosc, premier syndicat indépendant dans un pays socialiste. Arrêté en 1981, il reçoit après sa libération le prix Nobel de la paix en 1983. Après avoir joué un rôle décisif dans la démocratisation de la Pologne en 1989, il en est le Président de 1990 à 1995.

Cartes

AMÉRIQUE DU NORD

AMÉRIQUE CENTRALE ET CARAÏBES

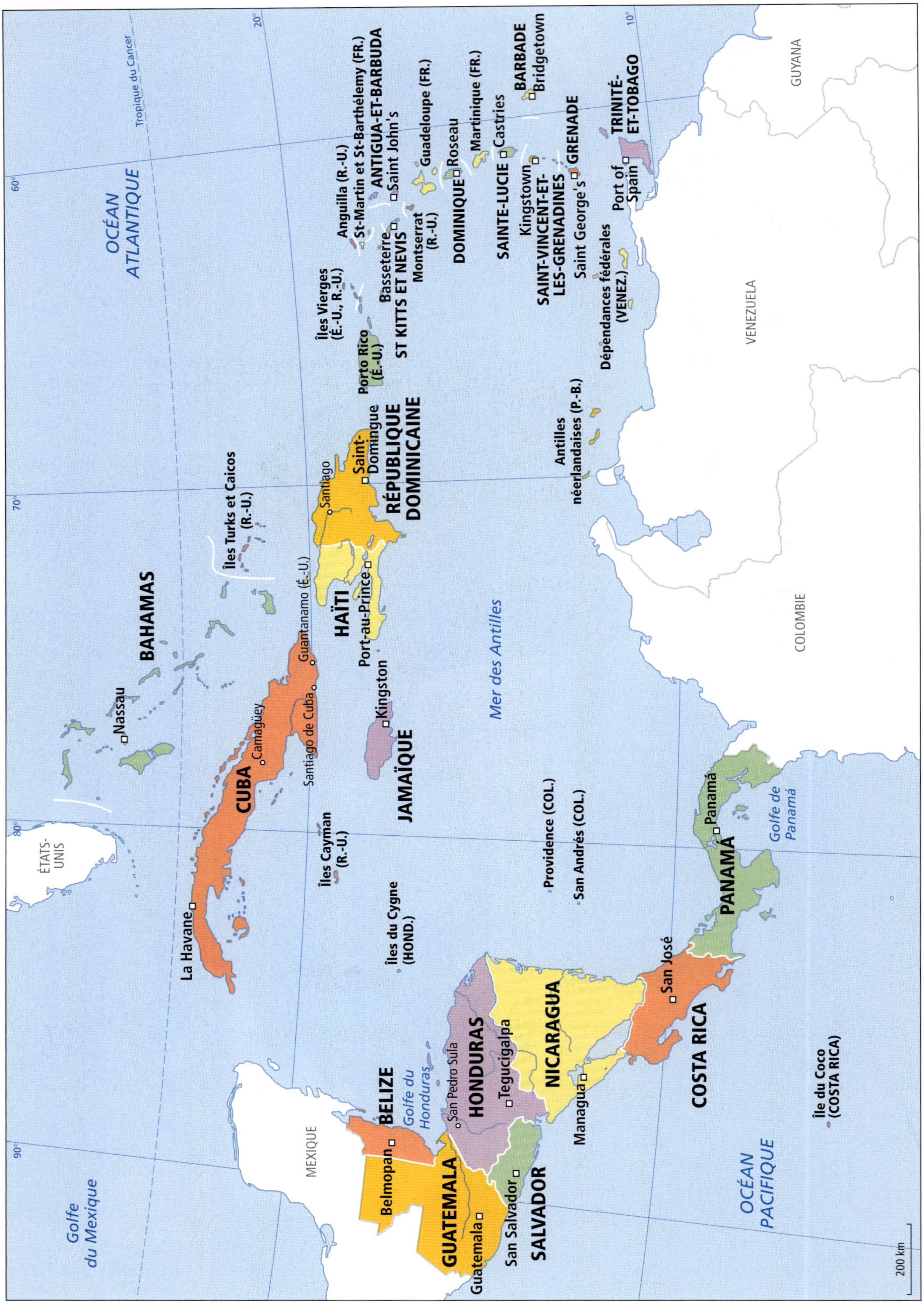

AMÉRIQUE DU SUD

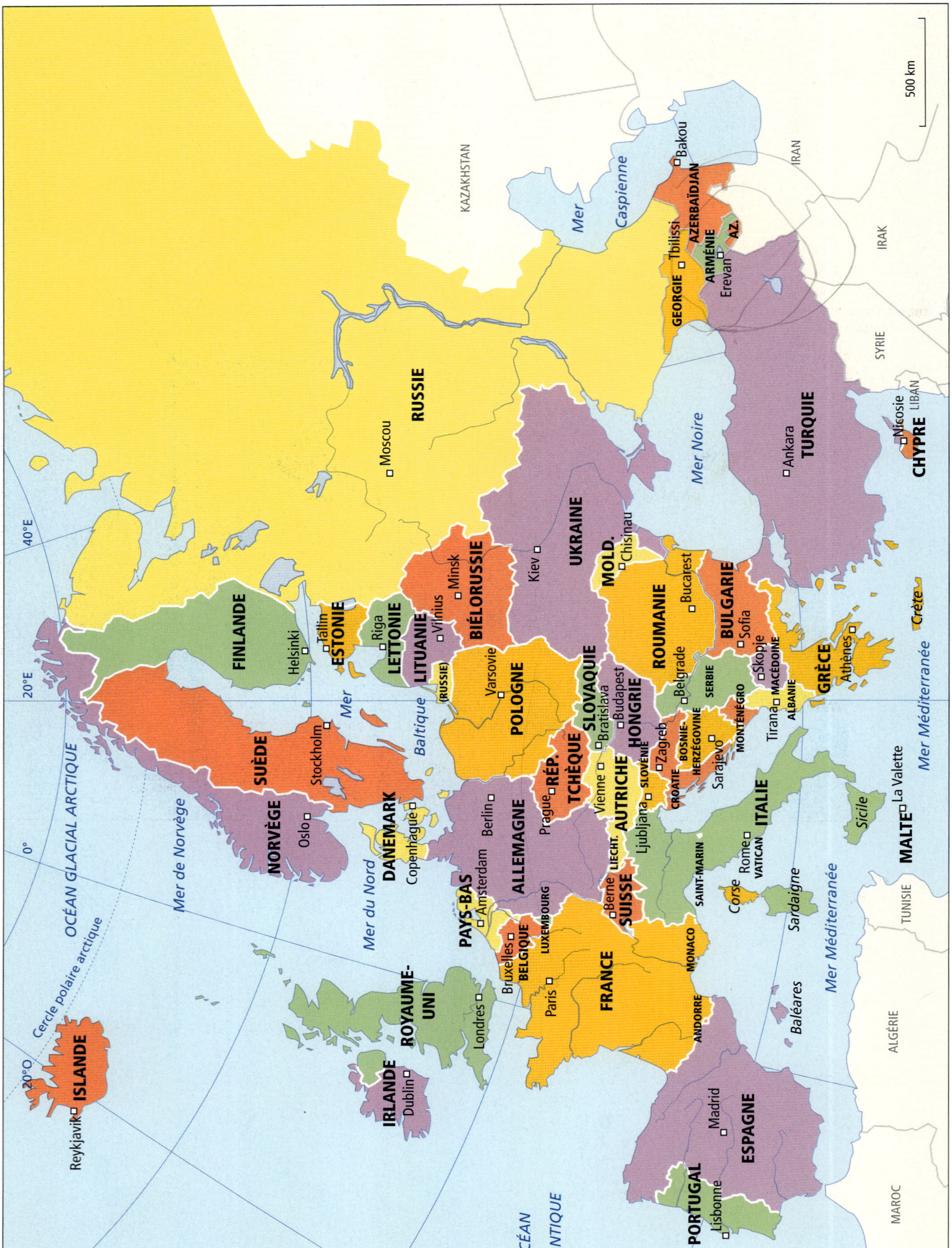
500 km
OCÉAN GLACIAL ARCTIQUE
Cercle polaire arctique
Mer de Norvège
Mer du Nord
Mer Baltique
OCÉAN ATLANTIQUE
Mer Méditerranée
Mer Noire
Mer Caspienne
60°N
20°O
0°
20°E
40°E
ISLANDE
Reykjavik
IRLANDE
Dublin
ROYAUME-UNI
Londres
NORVÈGE
Oslo
SUÈDE
Stockholm
FINLANDE
Helsinki
ESTONIE
Tallin
LETTONIE
Riga
LITUANIE
Vilnius
(RUSSIE)
BIÉLORUSSIE
Minsk
RUSSIE
Moscou
DANEMARK
Copenhague
PAYS-BAS
Amsterdam
BELGIQUE
Bruxelles
LUXEMBOURG
ALLEMAGNE
Berlin
POLOGNE
Varsovie
RÉP. TCHÈQUE
Prague
SLOVAQUIE
Bratislava
HONGRIE
Budapest
AUTRICHE
Vienne
LIECHT.
SUISSE
Berne
FRANCE
Paris
MONACO
ANDORRE
ESPAGNE
Madrid
PORTUGAL
Lisbonne
ITALIE
Rome
VATICAN
SAINT-MARIN
SLOVÉNIE
Ljubljana
CROATIE
Zagreb
BOSNIE-HERZÉGOVINE
Sarajevo
SERBIE
Belgrade
MONTÉNÉGRO
ALBANIE
Tirana
MACÉDOINE
Skopje
GRÈCE
Athènes
BULGARIE
Sofia
ROUMANIE
Bucarest
MOLD.
Chisinau
UKRAINE
Kiev
TURQUIE
Ankara
CHYPRE
Nicosie
GEORGIE
Tbilissi
ARMÉNIE
Erevan
AZERBAÏDJAN
Bakou
AZ.
MALTE
La Valette
Corse
Sardaigne
Sicile
Baléares
Crète
KAZAKHSTAN
IRAN
IRAK
SYRIE
LIBAN
TUNISIE
ALGÉRIE
MAROC

ASIE

FINLANDE
Moscou
RUSSIE
Mer d'Okhotsk
Astana
KAZAKHSTAN
Oulan-Bator
MONGOLIE
OUZBÉKISTAN
TURKMÉNISTAN
Achgabat
Tachkent
Bichkek
KIRGHIZISTAN
Douchanbe
TADJIKISTAN
IRAN
AFGHANISTAN
Kaboul
Islamabad
PAKISTAN
New Delhi
NÉPAL
Katmandou
BHOUTAN
Thimbu
BANGLADESH
Dacca
INDE
Mer d'Oman
Golfe du Bengale
SRI LANKA
Colombo
Male
MALDIVES
OCÉAN INDIEN
CHINE
Pékin
CORÉE DU NORD
Pyongyang
Séoul
CORÉE DU SUD
JAPON
Tokyo
OCÉAN PACIFIQUE
Tropique du Cancer
Mer de Chine orientale
Taipei
TAÏWAN
BIRMANIE
Pyinmana
Hanoï
LAOS
Vientiane
THAÏLANDE
VIÊT NAM
Bangkok
CAMBODGE
Phnom Penh
Mer de Chine méridionale
Manille
PHILIPPINES
Équateur
BRUNEI
Bandar Seri Begawan
Kuala Lumpur
MALAISIE
SINGAPOUR
INDONÉSIE
Jakarta
Dili
TIMOR-ORIENTAL
PAPOUASIE-NOUVELLE-GUINÉE
AUSTRALIE
1000 km
80°
100°
120°
40°
180°
160°
20°

PROCHE ET MOYEN-ORIENT

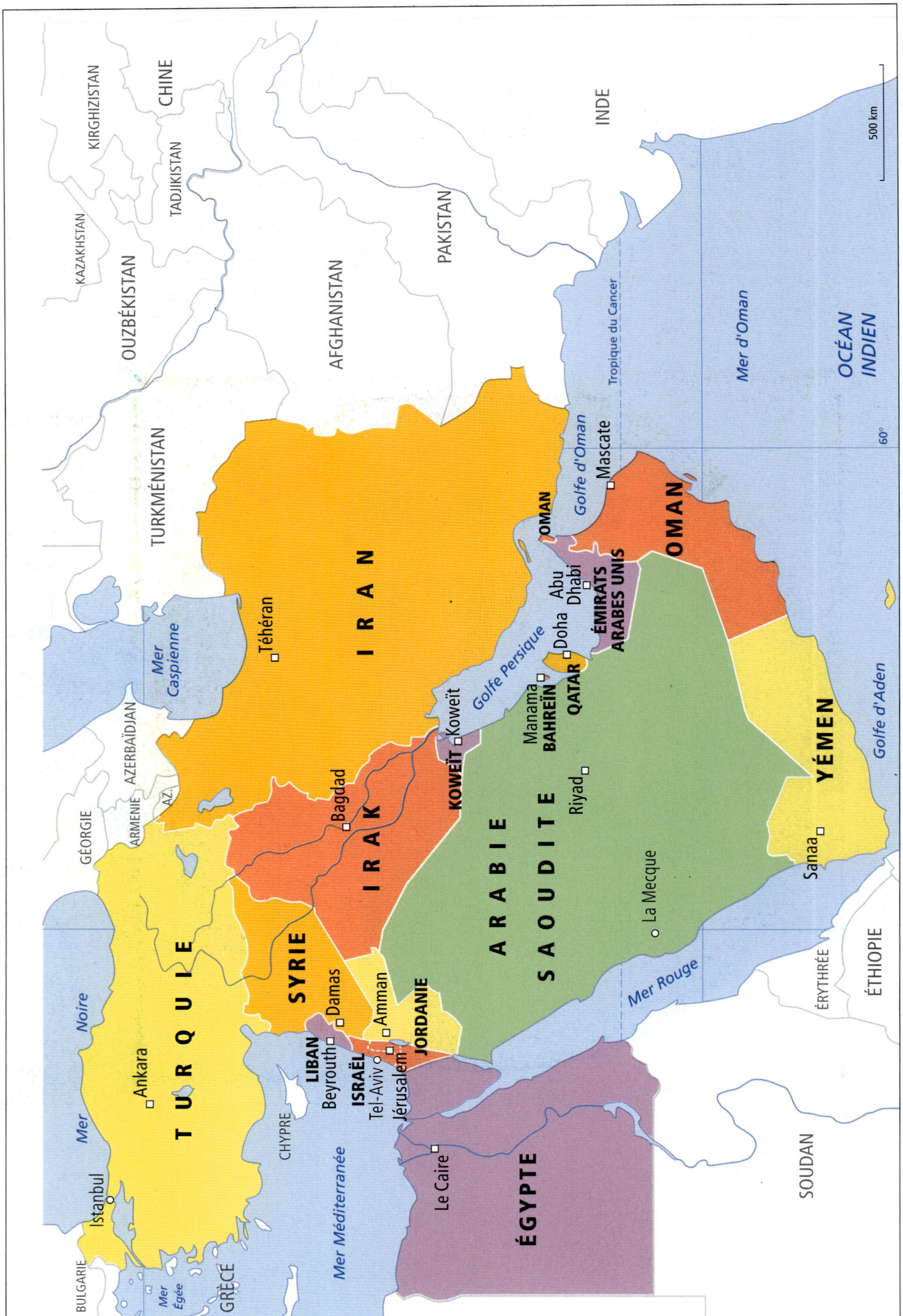

AFRIQUE

PORTUGAL
ESPAGNE
ITALIE
ALBANIE
MAC.
BULGARIE
GRÈCE
TURQUIE
ARM.
AZERB.
CHYPRE
SYRIE
LIBAN
ISRAËL
JORDANIE
IRAQ
IRAN
KOWEÏT
BAHREÏN
QATAR
E. A. U.
ARABIE SAOUDITE
YÉMEN
Mer Méditerranée
Mer Rouge
Trop. du Cancer
Équateur
Tropique du Capricorne
OCÉAN ATLANTIQUE
OCÉAN INDIEN
Alger
Tunis
TUNISIE
Tripoli
Rabat
MAROC
ALGÉRIE
LIBYE
Le Caire
ÉGYPTE
MAURITANIE
Nouakchott
CAP-VERT
Praia
Dakar
SÉNÉGAL
GAMBIE
Banjul
Bissau
GUINÉE-BISSAU
GUINÉE
Conakry
Freetown
SIERRA LEONE
Monrovia
LIBERIA
MALI
Bamako
Ouagadougou
BURKINA FASO
CÔTE D'IVOIRE
Yamoussoukro
Abidjan
GHANA
Accra
TOGO
Lomé
BÉNIN
Porto-Novo
Lagos
NIGER
Niamey
NIGERIA
Abuja
TCHAD
N'Djamena
SOUDAN
Khartoum
ÉRYTHRÉE
Asmara
DJIBOUTI
Djibouti
Addis-Abeba
ÉTHIOPIE
SOMALIE
Mogadiscio
RÉPUBLIQUE CENTRAFRICAINE
Bangui
CAMEROUN
Yaoundé
Malabo
GUINÉE ÉQUATORIALE
São Tomé
SÃO TOMÉ-ET-PRÍNCIPE
Libreville
GABON
CONGO
Brazzaville
Kinshasa
RÉPUBLIQUE DÉMOCRATIQUE DU CONGO
OUGANDA
Kampala
KENYA
Nairobi
RWANDA
Kigali
Bujumbura
BURUNDI
Dodoma
TANZANIE
SEYCHELLES
Victoria
Luanda
ANGOLA
ZAMBIE
Lusaka
MALAWI
Lilongwe
Moroni
COMORES
Harare
ZIMBABWE
MOZAMBIQUE
Antananarivo
MADAGASCAR
NAMIBIE
Windhoek
BOTSWANA
Gaborone
Pretoria
Maputo
Mbabane
SWAZILAND
Maseru
LESOTHO
AFRIQUE DU SUD
Le Cap
20°
0°
40°
1000 km

Crédits photohraphiques :

p. 18-19 : Corbis/ Sygma/ Alain DeJean ; p. 20-21 : Corbis/ Hulton-Deutsch Collection ; p. 25 (4) : Suddeutscher Zeitung/ Rue des Archives ; p. 27 : Akg ; p. 28 (1) : SIPA Press/ Boccon-Gibod ; p. 29 (4) : Corbis/ Sygma/ Igor Kostin ; p. 30 (1) : Contact Press Images/ Alexandra Avakian ; p. 30 (2) : SIPA Press/ East News ; p. 32 (1) : Sipa Press/ Baubau ; p. 34 (1) : AFP/ Images ; p. 35 (3) : AFP/ Karim Sahib ; p. 38-39 : Hoa-Qui/ Eitan Simanor ; p. 41 (4) : Corbis/ Bettmann ; p. 41 (5) : Magnum Photos/ Jean Gaumyp. 41 (6) : Magnum Photos/ ; Collection Dworzak ; p. 43 (5) : Reuters/ Gary Hershorn ; p. 44 (2,3) : Magnum Photos/ Bruno Barbey ; p. 45 (5) : Reuters/ Ceerwan Aziz CLH ; p. 49 : AFP/ HO ; p. 52-53 : Corbis/ Dmitri Baltermants ; p. 55 (4) : Corbis/ Bettmann ; p. 55 (5) : Corbis/ Steven Clevenger ; p. 56 (3) : SIPA Press/ EPA/ STR ; p. 57 (4) : Corbis Sygma ; p. 57 (5) : Corbis Sygma/ Alejandro Balaguer/ CO ; p. 58 (3) : Reuters/ Jamil Bittar ; p. 59 (6) : AFP/ Jorge Sagastume ; p. 61 : Corbis/ Sygma/ Carlos Carrion ; p. 63 : Collection Particulière ; p. 66-67 : Rapho/ Kay Lawson ; p. 68-69 : Fred Mayer/ DR ; p. 72 (1) : Rue des Archives/ FIA ; p. 73 (4) : Magnum Photos/ G. Roger ; p. 75(4) : Keystone ; p. 76 (1) : DR ; p. 76 (1) : Getty Images ; p. 76 (2) : AFP ; p. 80 (1) : Cirip/ A. Gesgon ; p. 80 (3) : DR ; p. 82 (1) : Keystone ; p. 83(2) : Sipa Press/ AP/ Brenan Linsley ; p. 86-87 : Marc Riboud ; p. 88 (3) : AFP ; p. 89 (4) : Roger-Viollet/ Ullstein Bild ; p. 89 (5) : ECPAD/ France/ Stelian ; p. 90 (4) : Photononstop ; p. 91 (7) : Corbis/ Sygma/ Kapoor Baldev ; p. 92 (1) : Gamma/ Sidali-Djenidi ; p. 92 (2) : AFP/ Hocine Zaoura ; p. 93 (3) : AFP ; p. 93 (4) : Gamma/ Menouar ; p. 96 : Cirip/ A. Gesgon ; p. 100-101 : Still Pictures/ Gilles Saussier ; p. 102 (1) : Corbis/ Bettmann ; p. 102 (3) : Claude Sauvageot ; p. 103 (5) : Corbis/ Sygma/ Kapoor Baldev ; p. 103 (6) : AP/ SIPA Press/ Osan Gurinder ; p. 104 (1) : Claude Sauvageot ; p. 104 (2) : Corbis/ David H. Wells ; p. 104 (3) : Corbis ; p. 105 (6) : Rapho-Top/ Jean-Philippe Charbonnier ; p. 106 (1) : Gerard Desgorges ; p. 106 (2) : Claude Sauvageot ; p. 106 (4) : Philippe Guignard ; p. 107 (5) : WPN ; p. 107 (5) : AFP/ Raveenpdram/ Files ; p. 114-115 : Magnum Photos/ Henri-Cartier Bresson ; p. 116-117 : Keystone ; p. 118 : Paris Match/ Camus ; p. 119 : Cirip/ A. Gesgon ; p. 120 : Le Canard Enchainé/ ADAGP, Paris 2007 ; p. 121 (2) : Roger Viollet ; p. 121 (4) : AFP ; p. 122 : Keystone ; p. 123 (3) : Rapho/ J. Niepce ; p. 123 (4) : SIPA Press/ Christian Deville ; p. 125 (3) : Corbis/ Noguès ; p. 125 (4) : Gamma ; p. 125 (5) : Plantu ; p. 127 (3) : Gamma/ Daniel Simon ; p. 127 (4) : LÐExpress ; p. 127 (6) : Gamma/ Alain Buu ; p. 128 : Libération ; p. 129 (4) : Corbis/ Sygma/ Thomas Jouanneau ; p. 129 (5) : Gamma/ E. Gregoire ; p. 132-133 : SIPA Press/ Dalmas ; p. 135 (5) : Tendance Floue/ Flore-Aël Surun ; p. 136 (2) : Coll Kharbine Tapabor ; p. 136 (4) : Citroën ; p. 137 (5) : Magnum Photos/ Bruno Barbey ; p. 137 (6) : Gamma/ Gilbert Giribaldi ; p. 137 (7) : BDIC ; p. 138 (1) : Gamma/ Alain Buu ; p. 139 (4) : SIPA Press/ Bordas ; p. 139 (7) : AFP/ Daniel Janin ; p. 142 : Cirip/ A. Gesgon ; p. 146-147 : Magnum Photos/ Henri-Cartier Bresson ; p. 149 (5) : Roger-Viollet ; p. 149 (6) : CGC/ Monique Guéna ; p. 150 (1) : Rapho/ J. Niepce ; p. 150 (4) : Rapho/ Baret ; p. 151 (6,7) : Bibliothèque Forney ; p. 152 (3) : Nouvel Observateur ; p. 153 (5) : REA/ Laurent Grandguillot ; p. 153 (6) : REA/ Garel ; p. 160-161 : Altitude/ Manfred Gottschalk ; p. 162-163 : AFP/ HO/ Airports of Thailand ; p. 168 (1) : AP/Sipa Press/ Arturo Rodriguez ; p. 169 (2) : Le Monde ; p. 171 (4) : AFP/ Roslam Raman ; p. 176 (1) : Hoa Qui/ J. Raga/ Explorer ; p. 180-181 : Altitude/ Brando Aldo ; p. 182 (2) : Corbis/ Paul Souder ; p. 182 (3) : Fernando Rebelo ; p. 183 (6) : Corbis/ Buddy Mays ; p. 186 (3) : Cafés Malongo ; p. 187 (5) : Cafés Malongo ; p. 189 : Briand Seed ; p. 194-195 : AFP/ Issouf Sanogo ; p. 198 (2) : Courrier International ; p. 201 (7) : AFP/ Getty Images/ Craig Mitchelldyer ; p. 201 (h) : BBC News ; p. 208-209 : Getty Images/ Photo DigitalGlobe ; p. 210-211 : Altitude/ Yann Arthus-Bertrand ; p. 215 (3) : Shard Of Glass ; p. 216 (1) : Corbis/ Zefa/ Karl Kinne ; p. 217 (3) : Courtesy Of The LMD ; p. 221 (4) : AFP/ EyePress New ; p. 223 (4) : Gamma/ Marc Roussel ; p. 224 (1) : AFP/ Yuri Cortez ; p. 225 (4) : Edith Bomati ; p. 228-229 : Hoa-Qui/ Planetobserver ; p. 233 (3) : London Aerial Photo Library ; p. 235 (3a) : AFP/ Daniel Mihailescu ; p. 235 (3b) : REA/ Gerhard Westrich ; p. 242-243 : Stéphane Compoint ; p. 244 (3) : Gilles Sabrie ; p. 245 (4) : Corbis/ Xiaoyang Liu ; p. 247 (4) : Corbis/ Michael Prince ; p. 247 (5) : Corbis/ Liu Liqun ; p. 249 (6) : Sipa Press/ Lou Lin/ i Photo via NewsCom Showcasepix ; p. 256-257 (a) : Hemisphère/ Bruno Barbey ; p. 256-257 (b) : Getty/ Iconica ; p. 258-259 (a) : Photononstop/ Foubert Bernard ; p. 258-259 (b) : Hemisphère/ Bertrand Rieger ; p. 262 (1) : Glenat ; p. 263 (3) : Les experts/ DR ; p. 264 (1) : Ludivine Aznal ; p. 265 (4) : AFP/ Oka Budhi ; p. 266 (1) : AFP/ François Xavier Marit ; p. 267 (2) : Adidas ; p. 268 (1) : Casseurs de Pub ; p. 269 (2) : Breiz Cola, Mecca Cola, Corsica Cola ; p. 269 (3d) : Shadi Ghadirian ; p. 269 (3g) : Malekeh Nayiny ; p. 270 (1) : Franck Charton ; p. 271 (2) : Andia/ Montarges ; p. 272 (1) : AFP/ Deshaka lyan Chowdhury ; p. 276-277 : Panos Pictures/ Aubrey Wade ; p. 279 (4) : BSIP ; p. 279 b(5) : AFP/ Prakash Sin ; p. 281 (5) : AFP/ Romeo Gacad ; p. 283 (4) : On Asia/ Aroon Thaewchatturat ; p. 283 (5) : Hoa Qui/ M. Renaudeau ; p. 290-291 : Panos Pictures/ Dermot Tatlow ; p. 293 (5) : Bios ; p. 294 (2) : Yale ; p. 295 (4) : SIPA Press/ AP/ Aijaz Rahi ; p. 296 (3) : Godong/ Pascal Deloche ; p. 297 (4) : SIPA Press/ AP/ Pavel Rahm ; p. 297 (6) : Mann/ Unicef ; p. 303 :Unesco ; p. 313 (1d), reprise p. 130 : Gamma/ Alexis Duclos ; p. 313 (1g), reprise p. 60 : Corbis/ Dmitri Baltermants ; p. 313 (2d) : Gamma/ Shiphires ; p. 313 (2g) : Gamma/ UPI ; p. 313 (3d), reprise p. 130 : Documentation Française : Jean Marie Marcel ; p. 313 (3g) : Corbis/ Bettmann ; p. 313 (4d) : Archives Larbor/ J.-L. Charmet ; p. 313 (4g) : Gamma/ UPI ; p. 313 (5d), reprise p. 130 : Sipa Press/ Boccon Gibod ; p. 313 (5g) : Gamma/ UPI/ R. Wollenberg ; p. 313 (6g), reprise p. 60 : Gamma/ CameraPress/ Karshofotawa ; p. 314 (1d) : Corbis/ Kipa ; p. 314 (1g), reprise p. 36 : Sipa Press ; p. 314 (2d), reprise p. 130 : Gamma/ Alexis Duclos ; p. 314 (2g), reprise p. 60 : Gamma/ Alberto Corda/ Calmann Levy/ Jazz ; p. ; 314 (3d), reprise p. 84 : Gamma/ Tarnowski ; p. 314 (3g), reprise p. 84 : Corbis/ Bettmann ; p. 314 (4d), reprise p. 84 : Corbis ; p. 314 (4g) : Gamma/ Shiphires ; p. 314 (5d), reprise p. 130 : Gamma/ André Sas ; p. 314 (5g),reprise p. 36 : Magnum Photos/ Wayne Miller ; p. 314 (6d) : Gamma/ Esaias Baitel ; p. 314 (6g) : Sipa Press/ Rudlning ; p. 315 (1d) : Archives Nathan ; p. 315 (1g), reprise p. 36 : Gamma ; p. 315 (2d) : Corbis Sygma/ Alain Noguès ; p. 315 (2g) : Corbis/ Kipa/ Alain Denize ; p. 315 (3g), reprise p. 36 : Gamma/ CameraPress.

Couverture : (ht) Ullstein Bilderdinst/ Leibing ; (b) Corbis/ Zefa/ José Fuste Raga.
Photo du haut : le jeune policier Est Allemand de 19 ans Conrad Schumann sautant au-dessus d'un barbelé à Bernauer Strasse à Berlin le 15 août 1961.
Photo du bas : cargo dans le port de Marsaxlokk (Malte).

Coordination éditoriale : Christine Asin
Édition : Gaël Gauvin et Séverine Martineau
Conception maquette : Killiwatch
Mise en page : Alinéa
Coordination artistique : Isabelle Jalfre
Iconographie : Katia Davidoff
Cartographie et schémas : Légendes Cartographie et Marie-Sophie Putfin
Couverture : Grégoire Bourdin
Fabrication : Maria Pauliat

N°de projet: 10144869 Dépôt légal: août 2007
Imprimé en Espagne par Mateu Cromo

En complément de son manuel, Nathan Technique vous propose sur CD-Rom un outil efficace pour apprendre et mémoriser les notions et les repères essentiels du programme d'Histoire-Géographie Term STG.

→ Le logiciel Woonoz est basé sur des travaux de recherche sur la mémoire.
→ Le principe est que pour mémoriser un élément, il faut être capable de le réciter plusieurs fois de suite sans se tromper. C'est pourquoi les questions reviennent plusieurs fois.
→ Le logiciel s'adapte automatiquement à l'élève : plus il a de difficultés sur certaines questions, plus le logiciel lui présentera. Cela permet à l'élève de mémoriser en un temps record.

Comment installer le CD-Rom ?

Sous Windows

1. Insérez le CD-ROM dans le lecteur prévu à cet effet.
2. Attendez le lancement automatique du programme d'installation. Si le programme se lance automatiquement, allez au point 4.
3. Si au bout d'1 minute le programme d'installation ne s'est pas lancé automatiquement, effectuez les opérations suivantes :
• Cliquez sur le bouton [Démarrer] et sélectionnez la commande Exécuter.
• Saisissez le nom du lecteur CD-ROM, suivi de la commande \Install.exe (par exemple si le lecteur se nomme D:, saisissez D:\Install.exe)
4. Suivez ensuite les instructions s'affichant à l'écran.

Sous Mac

1. Insérez le CD-ROM dans le lecteur prévu à cet effet.
2. Double Cliquez sur l'icône représentant votre CD-Rom
3. Double cliquez sur le programme «-install.dmg-»
4. Double cliquez sur le programme «-Woonoz Installer-»
5. Suivez ensuite les instructions s'affichant à l'écran.
6. Pour éjecter le CD, éjectez d'abord le volume «-NATHAN001_WOONOZ-» puis éjectez le CD «-NATHAN Bloz 001-».

Une fois l'installation effectuée, retirez le CD-ROM du lecteur et utilisez l'icône «-Woonoz Nathan-» pour lancer le logiciel.

Pour toute question relative à l'installation et au fonctionnement du CD-Rom, contactez le support Woonoz par e-mail à support@woonoz.com

Entraînez-vous régulièrement avec le CD-Rom.

Gardez-le chez vous.

Rendez-le en fin d'année avec le livre.